# JANVIER 2015

## LE PROCÈS

Yannick Haenel - François Boucq

CHARLIE HEBDO
LES ÉCHAPPÉS

**CHARLIE HEBDO**
**Fondateur** Cavanna
**Directeur de la publication** Riss
**Éditions Rotative,** BP 50311, 75625 Paris Cedex 13
**SAS Les Éditions Rotative, entreprise solidaire de presse**
RCS Paris B 388 541 336
**Commission paritaire** n° 0422C82683
**ISSN** 1240-0068

**LES ÉCHAPPÉS**
BP 50311, 75625 Paris Cedex 13
Numéro d'édition : 112
ISBN : 978-2-35766-177-6
Dépôt légal : Décembre 2020
Dessin de couverture : François Boucq
Imprimé en France par l'imprimerie Clerc
Numéro imprimeur : 14993

IMPRIM'VERT Votre imprimeur agit pour l'environnement

Certifié PEFC
Ce produit est issu de forêts gérées durablement et de sources contrôlées.
PEFC 10-31-2722
pefc-france.org

# Préface

Voici un livre de liberté. Assister au procès des attentats de janvier 2015 pour *Charlie Hebdo* a été une expérience bouleversante. Nous avons eu la sensation, Boucq et moi, de participer à un moment historique : pas seulement parce que les audiences étaient filmées, mais aussi parce qu'une vérité humaine et politique ne cessait, chaque jour, de s'y faire entendre.

La mort n'a pas le dernier mot, et cela s'appelle la justice : cette vérité plus grande que chacun de nous, nous l'avons tous comprise, aussi bien les survivants de la tuerie de *Charlie Hebdo,* de Montrouge et de l'Hyper Cacher que les familles des victimes, les policiers, les avocats, la cour et les journalistes.

Ce procès, qui était celui de l'islamisme radical, nous est apparu, au fil de ces deux mois et demi d'audience, comme une tentative plus vaste de combattre la violence de notre époque. Non seulement comme une réponse aux divisions communautaristes qui déchirent la France, mais aussi comme une réflexion sur notre monde en proie aux guerres de religion.

*Charlie Hebdo* avait republié, dès le début des audiences, les caricatures de Mahomet ; et cet acte a donné d'emblée au procès un caractère politique. Il lui a aussi conféré une dimension tragique, car tandis qu'on jugeait au tribunal les attentats de janvier 2015, de nouveaux attentats se produisaient.

Il y a cinq ans, les terroristes avaient visé des dessinateurs, des Juifs et des policiers. Aujourd'hui, c'est toute la société française qui est visée. Les attentats de janvier 2015 avaient modifié la vie en France ; et depuis que Samuel Paty a été décapité pour avoir enseigné la liberté, c'est précisément notre liberté, celle de chacun de nous, qui a changé. Nous lui dédions ces pages. Grâce à ce procès, mais aussi grâce à lui, nous sommes devenus plus libres : nous n'arrêtons plus de penser, et seule la pensée nous grandit.

**Yannick Haenel**

MER 2 SEPT

# Le premier jour

**Douleur, provocation et roman noir : c'est le premier jour du procès des attentats de janvier 2015.**

Lorsque les dix accusés sont arrivés dans le box en verre, masqués, tête baissée, les mains menottées derrière le dos, il y a eu un silence qui a interrompu le ballet des avocats, dont les robes noires, rehaussées d'élégants masques blancs, bleus ou noirs, formaient dans la salle du nouveau tribunal de grande instance de Paris une assemblée virevoltante un peu mystérieuse. Il y a eu un silence, et tout dans ce silence semblait nous demander : POURQUOI ?

Oui, pourquoi ? Pourquoi ces trois journées insensées de crimes les 7, 8 et 9 janvier 2015 ? Nous avions tous en tête ce matin, au tribunal, la si juste et courageuse « une » de *Charlie* : « TOUT ÇA POUR ÇA » — et à travers cet énoncé qui, à sa manière aussi dépitée qu'ironique, nous invitait à entendre l'effrayante disproportion entre des dessins et un massacre, nous percevions ce silence, celui de la violence, qui est toujours muette.

Aujourd'hui, premier jour du procès, le président et son premier assesseur ont lu pendant près de quatre heures la « présentation du rapport », qui qualifie l'ensemble des faits criminels survenus durant ces trois journées maudites de janvier 2015. Au fur et à mesure que s'égrenait la qualification des charges contre les accusés, et que nos regards se levaient vers eux, enfermés dans leur box en verre, les scènes de crime que nous ressassons depuis cinq ans se doublaient d'un étrange récit où venaient s'enchevêtrer les contacts entre les prévenus, leurs connexions, leurs préparatifs, leurs responsabilités.

Et l'on découvrait que ces trentenaires aux cheveux ras ou portant catogan, qui se déclaraient *« sans profession »,* entrepreneur dans le textile ou gérant de garage et qui semblaient errer dans les brumes interlopes de quelque roman noir où l'on deale et trafique, composaient en le voulant, ou sans le vouloir (le procès le dira), un circuit criminel dont la mosaïque, de minute en minute, fissurait le scénario médiatique des soi-disant « seconds couteaux » dont ce procès devrait, paraît-il, se contenter.

On découvrait des confluences, tout un réseau d'intermédiaires ourdissant peu à peu, à coups d'achats de véhicules,

d'armes de poing et d'armes longues — de *« carabines-mitraillettes »* comme dit l'un des prévenus en jouant sans doute la naïveté —, la possibilité logistique d'un massacre. Trafic d'armes qui en quelques mois rendait possible, pour les frères Kouachi, et surtout pour Amedy Coulibaly, autour duquel tourne le faisceau de complicités révélées par le dossier, de tuer dix-sept personnes.

On commençait, dès ce premier jour, à comprendre comment le pire débute : par le trafic.

On apprenait par exemple que Coulibaly avait financé son passage à l'acte grâce à des escroqueries au crédit lui permettant d'acheter et de revendre des voitures : dossiers de financement frauduleux, contractés auprès de Financo, qui montaient jusqu'à 60 000 euros.

On commençait à comprendre — et ce sera l'une des choses les plus intéressantes de ce très long procès de quarante-neuf jours — la synchronicité des tueries à *Charlie Hebdo* et à l'Hyper Cacher (car les frères Kouachi et Coulibaly se connaissaient bien, j'y reviendrai dans les prochains jours).

On voyait un système, on approchait d'une clarté terrible, celle où le dérisoire et le terrible, où la délinquance et la criminalité coïncident.

Il faut que je vous raconte aussi l'intervention de Mᵉ Isabelle Coutant-Peyre, l'avocate de l'un des détenus, qui, délibérément, cassa dès la fin de la matinée la lente avancée du procès, empêchant même le président de commencer la lecture de son rapport.

Avec l'insolence des briseuses de jeu, et tandis que le président en était encore à faire l'appel des parties civiles, des témoins, des experts, elle stigmatisa la *« cour masquée »*, qui lui semblait sans doute faire revivre de manière certes involontaire le cauchemar des cours d'exception ; puis, accusant tout à trac les services de renseignements du pays en mettant sur eux la responsabilité des tueries, en affirmant que *« les services de l'État ont failli »*, et en déplorant — pour nous embrouiller et donner avantage à son client qui semble pourtant très impliqué — une justice au service de l'État, qui favoriserait les parties civiles plutôt que la défense, elle ouvrait un boulevard aux avocats qui s'enflammèrent, comme de juste, en une comédie très télévisuelle (car le procès est filmé), et rivalisèrent d'indignations légitimes.

De fait, on pouvait se demander, et la question est cruciale, ce qu'est un préjudice : est-il du côté d'un trafiquant dont la dignité serait bafouée, ou du côté des victimes et de leurs familles qui pleurent leurs morts ? La question orwellienne de l'indécence est toujours actuelle. La concurrence des victimes est l'obscénité de notre époque.

J'ai mille choses à dire, mais comme ce texte est quotidien, je les dirai demain, après-demain, après-après-demain.

Si, encore une chose, très importante. Une chose qui fait revenir ce silence que j'entendais au début ce matin, et que je n'ai cessé d'entendre derrière le flot de paroles émanant de la passionnante investigation qui motive ce procès. Il s'agit d'un lapsus, il s'agit de douleur. En faisant le récit de la tuerie à *Charlie Hebdo*, le président du tribunal a dit le nom des morts. Nous attendions ce moment, nous savions que ce serait un moment terrible et beau : il fallait qu'un jour on dise, on redise, on dise vraiment le nom des morts de ces trois journées de janvier 2015. Parce que dire les noms est la seule catharsis, le seul salut que nous avons puisque les morts ne ressuscitent pas, hélas. Eh bien, quand le président a dit les noms, il s'est trompé : il a fait erreur sur le nom de Charb et sur celui d'Honoré. Il a dit : *« François Charbonnier »*, au lieu de « Stéphane Charbonnier ». Il a dit : *« François Honoré »*, au lieu de « Philippe Honoré ». Nous avons entendu, à ce moment, dans la salle, la douleur des parents de Charb, et cette douleur est devenue la nôtre, cette douleur est le vrai sujet de ce procès.Ce texte leur est dédié. ●

L'arrivée des prévenus dans le box, encadrés de plusieurs policiers cagoulés.

JEU 3 SEPT

# Des vies, des visages

**Récits de vie : la parole est donnée à sept détenus.**

L'ombre du virus plane sur ce procès. Hier, Me Beryl Brown, avocate de la défense, protestant contre l'usage obligatoire des masques, demandait judicieusement au président : *« Vous interrogeriez un homme dont vous ne verriez pas le visage ? »*. Aujourd'hui, celui-ci annonce, dès le début de l'audience, qu'en vertu d'un *« accord nocturne »* émanant du bâtonnier de Paris il sera possible aux détenus comme aux avocats de parler sans masque au moment des interrogatoires.

Mais voici que Me Saint-Palais, autre avocat de la défense, glace un peu l'ambiance : *« Si un seul d'entre nous se trouve contaminé, le procès sera interrompu. »* Il est d'ailleurs possible qu'une partie des avocats de la défense souhaite cette interruption, voire son report, sachant qu'il est impossible de garder quelqu'un en détention provisoire plus de cinq ans, et que nombreux sont les détenus appelés à ce procès qui franchiront bientôt ce cap.

Je vous épargne le récit des aléas de cette journée, car outre les masques, il y a les micros qui ne fonctionnent pas pour le duplex : ceux qui assistent à l'audience par retransmission dans d'autres salles n'entendent rien, ce qui vaudra plusieurs interruptions.

Bref, le procès se tient. J'ai même l'impression, assis de 9 h 30 à 21 heures sur mon banc réservé aux journalistes, qu'il tient bon.

Aujourd'hui, les accusés étaient entendus. Il s'agissait de ce moment passionnant où l'on procède à leur interrogatoire de personnalité : on les écoute sur leur « parcours de vie », non sur les faits qui leur sont reprochés — ce qu'on appelle « le fond » (cela viendra plus tard, je rappelle que ce procès est censé durer quarante-neuf jours).

Le président, dont je n'ai pas encore dit qu'il s'appelle Régis de Jorna, a eu cette phrase douce : *« La cour d'assises saisit des faits, mais elle juge des hommes. »*

Ainsi la journée a-t-elle pris couleur de psychologie fondamentale. Comment ra-

Régis de Jorna, le président de la cour, entouré de ses assesseurs.

**Un rituel : les salutations des avocats à l'avocat général.**

conte-t-on sa propre vie ? Les écrivains se posent la question, mais quelqu'un qui est incarcéré joue sa vie sur ce récit. Je voudrais avoir plusieurs dizaines de pages, des centaines, même, pour vous redire tout ce qui s'est raconté aujourd'hui (et même un livre, c'est-à-dire l'invention d'un espace pour une écoute qui va dans le détail) ; mais le trouble s'est installé lorsque les masques sont tombés et que les récits ont commencé.

Car sept personnes ont parlé aujourd'hui, et grâce à la parole qui leur était donnée, ils n'étaient plus des détenus, mais des hommes qui cherchent (qui cherchent à se défendre, à nous émouvoir, peut-être à se trouver enfin ou, qui sait, à nous embobiner).

**Christophe Raumel, qui comparaît libre.**

Je ne perds pas de vue, je ne perdrai à aucun instant de vue le gouffre des scènes de crime qui attire à lui toutes les paroles pour les vouer à un silence primitif, ce silence qui nous relie à travers l'indicible de la souffrance. Mais la vertu des procès tient au panorama qu'ils offrent sur l'humanité elle-même ; et les récits des inculpés nous ont ouvert soudain à l'infini du débat contradictoire, c'est-à-dire à cette contradiction fondamentale qui est au cœur des actions humaines : la vérité, toute la vérité, sans haine et sans crainte, nous implique tous.

Je voudrais penser un peu avec vous cette chose, et vous me pardonnerez, je l'espère, en ce deuxième jour de procès, loin du sensationnalisme, une méditation un peu abstraite. Je vous promets que je raconterai demain ce que les accusés disent de leur vie, leur malheur, mais aussi leur comédie, parfois loufoque, sans doute mensongère (car je n'oublie pas, en face d'eux, occupant une place qu'elles ne peuvent plus occuper, les vies qui ne peuvent plus se dire, les biographies que nous aurions aimé continuer à écouter, celles des victimes).

*La présomption de sincérité* existe-t-elle ? J'invente ce terme après une longue journée d'audience. Nous connaissons les coupables (ils s'appellent Kouachi et Coulibaly) ; et rien ne dit, pour le moment, que ces onze personnes que nous voyons enlever leur masque, et qui sont tous des délinquants avérés, le soient eux aussi.

C'est un doute étrange qui se forme aujourd'hui, un doute désespérant, un doute dont je ne suis pas spécialement fier, car il serait tellement plus facile de ne pas en avoir, mais le doute est la seule souveraineté. Il y a les victimes, il y a leurs familles, mais aujourd'hui, nous avons commencé à nous habituer au fait — juridique, politique, humain — qu'il y a aussi onze personnes devant nous qui sont en prison, qui se plaignent, qui bien sûr minimisent leur implication, qui cabotinent, nous mènent en bateau, ou souffrent *réellement* (et peut-être tout cela à la fois).

Ces personnes sont accusées de « participation à une association de malfaiteurs terroriste criminelle », et voici que nous les écoutons pendant des heures, un jour de septembre 2020. Est-ce que nous nous faisons complètement avoir, ou est-ce que nous offrons notre temps, notre écoute, à de petits bandits perdus qui n'ont rien à voir avec l'horreur que nous avons en tête ? La grande chose est peut-être, dès ce deuxième jour, d'être capable de se poser des questions. Cela s'appelle la justice. Elle s'élabore devant nous. ●

**Un avocat à son client :** *« Il va y avoir un débat sur le port du masque. »*

**Abdelaziz Abbad se plaint :**
*« Moi, ce dossier-là* [les attentats] *a foutu ma vie en l'air. Je refuse de citer le nom de mes "frères", car le procès est filmé en mondial. »*

**Saïd Makhlouf, ambulancier :**
*« Je suis un gros fumeur de shit – une quinzaine de joints par jour –, mais j'ai une conscience professionnelle, je n'ai jamais fumé ni avant ni pendant la conduite de mon ambulance.* [...] *En prison, je fais de la cuisine en écoutant Beethoven. »*

**VEN 4 SEPT**

# Qui sont-ils ?

**Trafics en tout genre, pognon et « services rendus » à un ami : les parcours de vie des principaux accusés.**

On ne comprend pas encore tout ce qu'ils ont fait, mais on découvre peu à peu qu'ils se connaissaient. Ils viennent de Grigny, dans l'Essonne, de Charleville-Mézières, dans les Ardennes, ou de Gilly, près de Charleroi, en Belgique. Ils ont des casiers judiciaires chargés, trafics de stupéfiants, escroqueries, extorsions, violences aggravées, recels d'armes ; mais les charges qui pèsent désormais sur les dix détenus (plus un, présent sur le banc des accusés, mais libre, et trois autres en fuite) sont bien plus graves encore : « participation à une association de malfaiteurs terroriste criminelle », et pour certains d'entre eux « port, transport d'armes ou acquisition, détention et cession d'armes en relation avec une entreprise terroriste ».

À la demande du président de la cour, qui veut connaître leur « parcours de vie », ils se racontent avec un mélange de repentance, de forfanterie et d'agressivité ; ils passent de l'autoapitoiement à la colère la plus débridée ; ils s'efforcent de faire bonne figure et en même temps ils justifient leurs travers ; il minimisent leurs forfaits et s'autoabsolvent des pires trafics avec une indulgence presque puérile, qualifiant leurs propres délits de simples *« bêtises »*, et donnant de leurs crimes les plus ténébreux des versions parfois si saugrenues qu'elles font de ces hommes englués dans la criminalité des pieds nickelés qui se cherchent des excuses.

Ils disent tous — car cette comédie est celle de leur survie — qu'ils sont innocents, qu'ils ne sont pas des extrémistes, et qu'en prison ils souffrent de cette image de terroristes que les médias répercutent à leur propos. Ils prennent soin d'avoir un mot, la plupart du temps maladroit, pour les victimes des attentats, comme leurs avocats leur ont sans doute appris à le faire.

Et à travers ces bribes d'autobiographies auxquelles ils se livrent à la demande de la cour se dessine un monde

**Metin Karasular, ancien boulanger, ne se souvient plus s'il possédait cinq ou dix bars.**

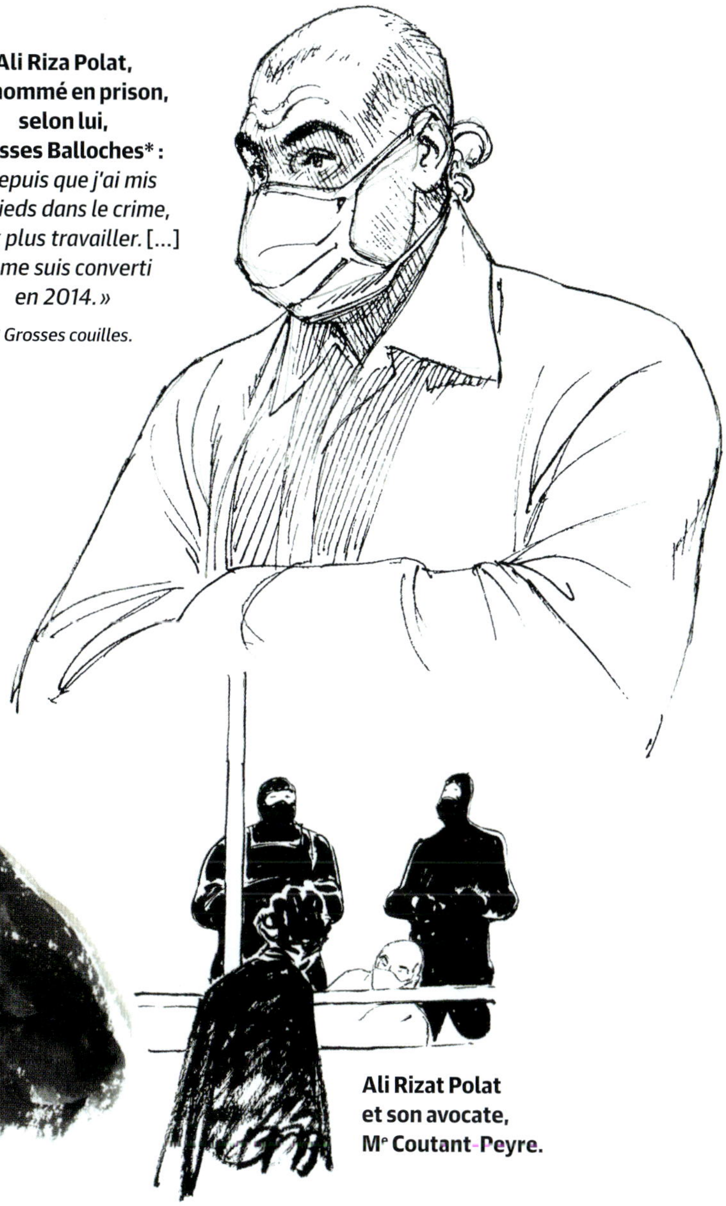

**Ali Riza Polat, surnommé en prison, selon lui, Grosses Balloches* :** *« Depuis que j'ai mis les pieds dans le crime, j'veux plus travailler. [...] Je me suis converti en 2014. »*

** Grosses couilles.*

**Ali Rizat Polat et son avocate, Me Coutant-Peyre.**

accablant, tissé de violences, d'embrouilles, de menaces, de *« services rendus »* et de règlements de comptes, où les liens entre individus tournent mal et virent au chantage, où le cœur et l'esprit sont absents, où l'existence même d'autrui est conçue comme une proie. Le désastre a souvent un air minable : ici, les « parcours de vie » sont pleins d'une brutalité sinistre.

On a ainsi entendu Metin Karasular (50 ans), ancien boulanger propriétaire de salles de jeu et gérant d'un garage, glacer le tribunal tout entier en racontant sans complexe un coup qui tourne mal — une *« embrouille »* avec des Italiens, dit-il — : *« Je les ai ligotés. »* D'un seul coup, la brutalité sortait d'un corps comme un haussement d'épaules.

On a entendu Michel Catino (68 ans), un joueur invétéré, travaillant au garage avec Metin Karasular, parler de vols de lave-vaisselle, d'argent piqué dans la caisse, et dessinant un territoire de série noire un peu vieillotte, qui se voudrait inoffensive (*« En Belgique,* dit-il, *les jeux d'argent dans les cafés sont tolérés quoique interdits »*), mais qui révèle bientôt, sous ce maquillage bénin et vieux jeu, un véritable trafic d'armes.

À travers ces parcours où la délinquance semble non seulement le seul recours, mais un mode de vie où le trafic de stupéfiants, première étape dans la vie de l'illégalité, vous enrichit autant qu'il vous intègre en vous accordant une identité sociale, on a ainsi saisi par bribes des accélérations de vérités criminelles, on a surpris de brusques connexions qui donnent vertigineusement sur les faits qui leur sont reprochés.

Ainsi Miguel Martinez (38 ans), qui certes confesse un tempérament impulsif et bagarreur — et travaillait lui aussi dans un garage avec Abdelaziz Abbad (au point de susciter cette saillie du président : *« Vous travaillez tous dans le domaine du pneu ! »*) — s'échine-t-il à donner de lui une image presque sage : *« Je ne me suis jamais associé avec qui que ce soit dans le but de faire du mal à qui que ce soit. »* Mais cette belle construction s'effondre lorsque Me Szwarc donne lecture d'un témoignage de son beau-père qui indique que Miguel Martinez regardait en riant des *« vidéos de tueries de femmes et de décapitations »*. L'intéressé bondit soudain, doigt tendu vers l'avocate, et l'on se prend à imaginer ce qui se trame d'effrayant derrière la façade soigneusement maquillée de ces récits de détenus.

Contrairement à ses camarades, qu'il semble ne pas supporter, Ali Riza Polat (35 ans) fait exploser la situation : il promet que, durant ce procès, il va régler ses

**Miguel Martinez nous explique comment se faire une bonne marge avec des pneus achetés en Allemagne.**

**Mohamed Farès :** *« Je suis timide, mal à l'aise, je ne réponds pas, c'est ma personnalité. [...] Je vis du trafic de stups depuis l'âge de 16-17 ans, je ne travaille pas. [...] Je n'ai jamais été SDF, je n'ai jamais dormi dans la rue car je dors chez les autres. »*

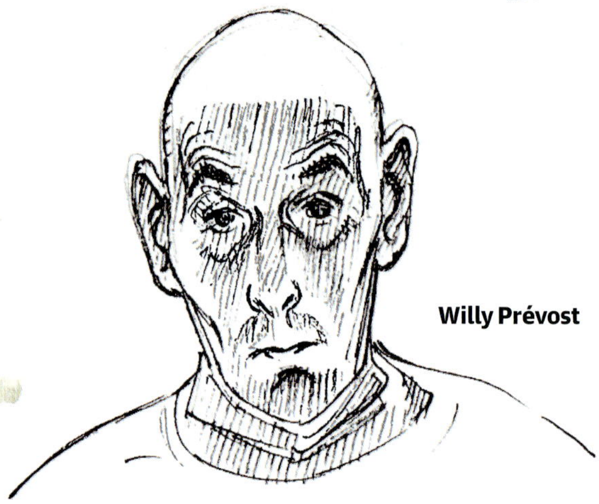

**Willy Prévost**

comptes avec des *« balances mythomanes qui sont dans la salle »* (il veut dire : parmi les autres détenus). Il choisit de jouer le jeu d'une transparence exagérée, cherchant la connivence, et déclare ainsi, avec une véhémence gouailleuse, qu'il n'aime que l'argent : *« Je veux mourir riche »*, dit-il. Quand on lui demande s'il a des loisirs, il insiste avec un certain don pour la formule à l'emporte-pièce : « *Mon loisir, c'est l'argent.* » Il parle crûment de *« magouilles »* impliquant des violences sur autrui comme d'un *« business »*.

À l'inverse de ses codétenus qui tentent parfois de filer doux, Ali Riza Polat, dont le parler haut manifeste cette désinhibition propre à ceux qui sont prêts à tout, aime à se donner de l'ampleur : il prend plaisir à se composer un personnage de caïd international prenant des avions, avec maîtresse au Liban et pognon à gogo. Mais comme le rappelle avec une cruauté involontaire l'enquêtrice de personnalité : *« Il n'a pas un casier qui lui permettrait de se raconter des histoires »*. On se rend alors compte que loin des sommes fabuleuses que ses trafics lui rapporteraient, il devait 15 000 euros à Amedy Coulibaly, dont la présence lancinante dans tous ces parcours de vie commence à rendre crédible la constellation d'un probable « groupement formé en vue de la préparation d'actes de terrorisme » que le parquet soupçonne ces inculpés de former malgré leurs dénégations. *« On a fait des stups ensemble »*, dit Ali Riza Polat de Coulibaly (comprendre : on a vendu des stupéfiants), sans doute pour relativiser.

Et voici Willy Prévost (34 ans), qui s'est fait tirer dessus à 9 ans, et parle de braquages plus ou moins foireux, mais néanmoins terribles ; il était ami de Coulibaly, il le craignait comme on craint un chef capable de vous liquider : Prévost raconte soudain comment Coulibaly l'emmène dans une forêt pour le tabasser avec une batte de base-ball. Et chacun des récits de ces détenus, méticuleusement contrôlés pour susciter notre compréhension, nous semble alors ouvrir sur l'horreur. ●

**Willy Prévost :**
*« J'ai une pensée pour les familles des victimes, les maris, les femmes, les enfants.* […] *Je suis athée. »*

**Michel Catino raconte qu'il comprend les victimes car lui aussi a perdu un de ses fils au mois de septembre, mort en montagne, en Savoie, après une chute de 40 m en faisant de la luge : il pense même que c'est louche.**

**Tentative de communication entre Willy Prévost et Christophe Raumel, pendant une suspension d'audience.**

**Christophe Raumel**

# EST-CE LES VIOLENTS QUI L'EMPORTENT ?

Durant cette première semaine du procès des attentats de janvier 2015, on aura beaucoup parlé de masques. Mais de quels masques s'agit-il ? Celui que portent, pour se prémunir contre le Covid, les magistrats de la cour d'assises, les détenus, les parties civiles, les avocats et les journalistes, ou un autre masque, celui que chacun porte spontanément pour se protéger de la violence des autres et pour dissimuler sa propre violence ?

Dès le premier jour, Me Coutant-Peyre, qui défend les intérêts d'Ali Riza Polat – le seul parmi les onze inculpés présents à l'audience (trois autres étant en fuite) à être accusé, en plus du crime de « participation à une association de malfaiteurs terroriste criminelle », de « complicité de crimes et délits commis par les frères Kouachi et Amedy Coulibaly » –, se sera engouffrée dans cette brèche, ironisant sur cette *« cour masquée »* qui sert, selon elle, les intérêts de l'État, dont elle redira, le troisième jour, dans une de ces répliques glaçantes et provocatoires dont elle a le secret : *« Je ne sais pas de quel côté est le terrorisme.* » Mais ces masques, ce sont surtout ceux dont s'enveloppe la parole.

**Amar Ramdani,**
**à propos des nombreux comptes rendus d'incident (CRI) en prison :**
***« Vous n'avez rien oublié, bravo monsieur le président ! »***

Dès le deuxième jour de ce procès qui va en durer quarante-neuf, et qui déjà met les nerfs des participants à rude épreuve, car ce procès historique est enregistré, et nécessite micros et écrans duplex qui fonctionnent mal, on a entendu les accusés raconter leur « parcours de vie » ; et si la plupart ôtaient leur masque au moment de parler, comme les y autorise la cour, il n'est pas certain qu'ils aient pour autant *tombé le masque*.

On aura assisté en effet à cette éternelle et toujours étrange performance inhérente à la comédie humaine, où la vérité et le mensonge jouent sans s'arrêter, et d'une manière à la fois monotone, roublarde, plaintive, farcesque, incohérente, sinistre et brutale, leur partition contradictoire. Il paraît que la vérité erre parmi les hommes, recouverte d'un voile qui la laisse méconnaître à ceux qui s'en prévalent, mais il semble parfois que ce voile ne s'ôtera plus jamais, que l'espèce humaine ment par passion, et n'a même plus aucune idée (mais l'a-t-elle jamais eue ?) de ce que pourrait être la vérité, c'est-à-dire la justesse du cœur et la pleine intelligence de la vie.

**Amar Ramdani :**
***« J'ai voulu faire un tour avec la voiture de luxe d'un ami. Malheureusement, j'ai eu un accident et, pour pouvoir payer la réparation, j'ai dû braquer une bijouterie. »***

Le président de la cour, Régis de Jorna, dont l'ironie bonhomme et le désir de comprendre chacun sans le brusquer dissimulent jusqu'à présent le glaive de la justice (privilégiant la balance), avait en effet invité les accusés à raconter leur enfance, leur parcours professionnel, leur vie intime. Il a répété plusieurs fois cette semaine son credo humaniste : *« La cour d'assises saisit des faits, mais elle juge des hommes. »*

On aura ainsi eu la sensation que les victimes étaient oubliées durant cette première semaine, mais c'est la loi du genre, laquelle privilégie d'emblée la parole des accusés et nous fait écouter longuement des gens qui ne suscitent pas notre sympathie, et qui ont peut-être (le procès en décidera) participé à l'élaboration d'un massacre.

Tandis que chacun d'eux raconte sa misère (car chacun a droit à sa propre misère, et chaque humain, même le pire, se croit bien sûr le plus à plaindre), la douleur des victimes continue : elle crée dans la salle d'audience un silence dont nous savons qu'il a à voir avec l'innommable. Quelque chose d'irréconciliable se creuse entre parole et silence, et si l'on cherche un sens profond à ce procès, c'est peut-être là qu'il se trouvera : non seulement rendre justice, mais trouver des mots, élaborer une parole qui fasse entendre ce qui déborde toute parole, faire parler ce silence à l'intérieur duquel les vivants et les morts se retrouvent à chaque instant, à travers le deuil, à travers la pensée, à travers une émotion plus grande que nous tous, et à travers une élucidation de ce qu'est la violence.

Les comptes rendus de ce procès que j'écris chaque jour pour le site de *Charlie,* et auxquels je vous renvoie, chers lecteurs, font partie de cette quête que je voudrais inlassable. Cette quête nous brûle, c'est elle qui fait de ce procès un moment de vérité : l'humanité et l'inhumanité s'y mélangent, le crime et l'espérance s'y côtoient ; et si la vérité judiciaire peut se dire, il n'est pas sûr que l'autre vérité, celle qui fait de nous des humains qui cherchons plus loin encore, puisse se formuler.

Car nous ne cessons de chercher, nous écoutons, nous tendons l'oreille pour percevoir cette vérité dans la nuit. Et il me semble parfois, durant les longues heures passées chaque jour sur le banc du tribunal de 9 h 30 à 21 heures, que quelque chose, à travers le foisonnement des récits et des chicanes du droit, va surgir. Mais quoi ? Ce qui pourrait combler les victimes n'existe peut-être pas, car aucune abomination ne peut s'effacer, et les morts ne peuplent que la mémoire et les cœurs ; mais justement, le dire sera une manière de le faire reconnaître. La solitude de *Charlie Hebdo* est à la fois politique et intime. Celle des familles des victimes juives et non juives d'Amedy Coulibaly, celle des rescapés, aussi.

Alors que le président évite pour le moment consciencieusement d'aborder les questions religieuses, nous verrons, je l'espère, tout au long du procès, que cette parole qui sauve, que ce silence qui à la fois détruit et protège, que le deuil et le désir de savoir sont à la fois profondément laïcs et profondément spirituels (d'une spiritualité qui outrepasse toute religion).

Nous avons donc entendu onze personnes raconter leur vie de délinquant, et minimiser leurs crimes. Certains d'entre eux se disent garagistes ou tenanciers de café, mais la plupart se déclarent sans profession : tous trafiquent, et leurs casiers judiciaires sont encombrés de délits et de crimes où les violences se multiplient au fil des années. Trafics de stupéfiants, braquages, escroqueries, violences aggravées, recel d'armes : tout y passe, du plus grotesque (un vol de lave-vaisselle perpétré par Michel Catino, un adepte des casinos, prononçant sans cesse ce mot sans peut-être se rendre compte qu'il rime étrangement avec le sien) au plus sordide (des règlements de

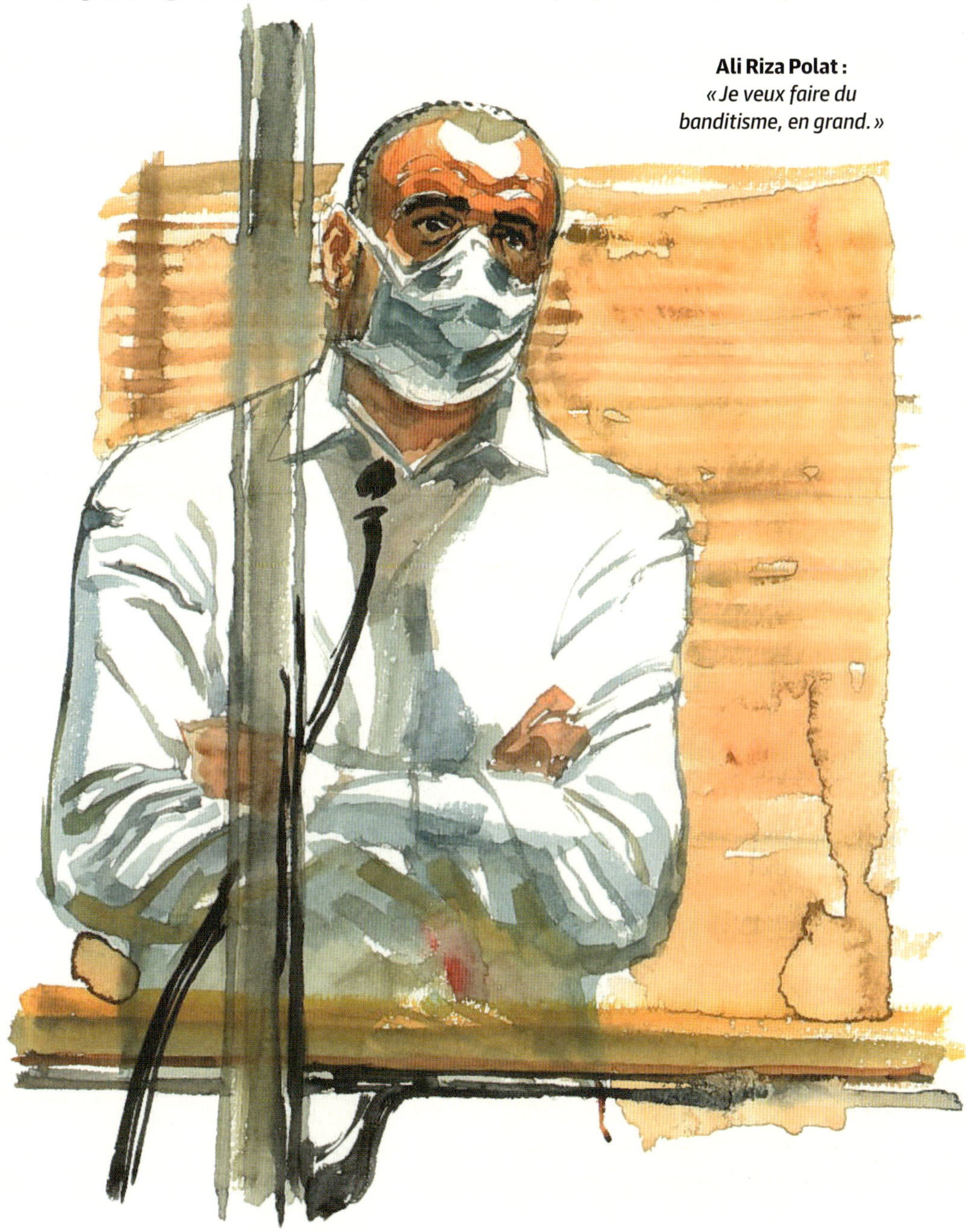

**Ali Riza Polat :**
*« Je veux faire du banditisme, en grand. »*

comptes qui tournent mal). Ces vies d'embrouilles ne cessent de dégénérer, ne donnant que sur leur propre aggravation.

Il y a eu, durant ces trois premiers jours d'audience, des moments étonnants, par exemple lorsque Metin Karasular (50 ans), un homme costaud d'origine turque, qui organisait des jeux clandestins en Belgique et gérait un garage où l'on aurait stocké des armes en vue de les fournir à Coulibaly, a explosé de rage contre les conditions de vie dans les prisons françaises : *« On nous prend pour des prisonniers de guerre, comme si nous avions combattu avec Hitler »* ; ou lorsqu'il s'exclame : *« Un homme et une femme, ça finit toujours par exploser. »*

Ou alors lorsque Miguel Martinez (38 ans), un homme d'origine algérienne au physique longiligne de basketteur et au tempérament volcanique, qui, en plus du trafic de stups (lequel lui *« payait »* ses *« sorties en discothèque »*), était carrossier et a tenu à affirmer que, dans le garage qu'il tenait avec Abdelaziz Abbad (36 ans) à Charleville-Mézières, il était vraiment pro : *« J'avais une très bonne qualité de pneus. »*

Ou lorsque Ali Riza Polat (35 ans), le plus exubérant des inculpés, très hâbleur et se rêvant un peu Scarface, accusé de complicité directe avec non seulement Coulibaly mais avec les frères Kouachi, raconte son amour du luxe et des *« voyages en avion »*, sa passion pour l'argent, sa certitude d'être un bon musulman tout en étant un mauvais citoyen (et nous assurant qu'on peut concilier religion et délinquance) ; et aussi lorsqu'il déclare un amour sans remords pour le grand banditisme : *« Je vais faire pire quand je sors. »*

Ce qu'on aura surtout appris à travers cette mosaïque d'informations données par les accusés, et en recoupant constamment des détails (les avocats de la partie civile aidant à préciser ce continuel déchiffrement grâce à l'insistance de leurs questions), c'est à quel point les onze accusés présents devant nous se connaissent, et combien, de Grigny, dans l'Essonne, Charleville-Mézières, dans les Ardennes, et Gilly, en Belgique, ils ont tissé en quelques années un réseau dont il semble que les agissements convergent sur Amedy Coulibaly et sans doute aussi sur les frères Kouachi. Ce qu'on comprend peu à peu, c'est la connexion des deux tueries, et même leur synchronicité.

Que ce soit par leurs contacts téléphoniques, par leur ADN retrouvé sur

**Me Apelbaum, l'avocat d'Abdelaziz Abbad :** *« Vous avez parlé religion avec M. Abbad ? »*

**L'enquêtrice de personnalité d'Abdelaziz Abbad :** *« Il m'a été conseillé de ne pas le faire. »*

**L'enquêtrice de personnalité d'Abdelaziz Abbad :** *« Il admet avoir fait du trafic de drogue, mais précise que "de là à tuer des innocents", non. »*

**L'enquêtrice de personnalité de Christophe Raumel.**

**Une enquêtrice de personnalité.**

**Vient à la barre l'un des fils de Michel Catino.**

**Me Metzker :**
*« Comment conciliez-vous la religion musulmane et le crime ? Est-ce que ça vous permet de vous dédouaner ? »*

**Ali Riza Polat :**
*« Je vous l'ai dit, je fais mes prières. »*

certaines armes de Coulibaly, par le traçage de leurs déplacements entre la Belgique, les Ardennes et l'Essonne, les accusés forment une constellation qui établit des connivences qu'ils réfutent, des aides qu'ils démentent, une organisation qu'ils refusent de reconnaître. Mais si cette constellation relève peut-être de ce *« groupement en vue de la préparation d'un crime »* pour lequel ils sont inculpés, elle se caractérise avant tout par la platitude apparente, du moins déclarée (et volontairement exhibée), de leurs agissements illégaux : jeux clandestins, voitures volées, escroqueries, trafics en tout genre.

Mais il serait faux de juger secondaire ce petit monde crapuleux, plus encore de considérer, comme certains l'ont fait dans la presse, ces accusés comme des « seconds couteaux ». Dans ce genre d'affaires, où le crime sert des desseins terroristes, rien de spectaculaire ne peut et ne doit affleurer : il faut que chacun ait l'air d'un second couteau, surtout pas d'un méchant d'envergure au pittoresque charisme.

À la fin de son livre *Le Lambeau,* Philippe Lançon rencontre Michel Houellebecq, et celui-ci lui dit, en citant l'Évangile selon saint Matthieu : *« Et ce sont les violents qui l'emportent. »* Ce sera à nous, qui assistons à ce procès, de contredire ce constat, de vaincre le désespoir, d'être plus forts que la destruction, et de tout faire pour que ce soit la pensée qui l'emporte. ●

**L'enquêtrice de personnalité de Saïd Makhlouf :**
*« Il est d'origine kabyle, d'où sa rancœur envers l'islam. »*

**Mme Karasular, l'épouse de Metin Karasular :**
*« C'est un bon père de famille et un bon époux. »*

**Jean-Claude Balladur, l'interprète de Mme Karasular.**

**Christophe Raumel :**
*« Je comprends les victimes. Moi, je ne valide pas ça, je ne cautionne pas ça, je n'ai pas été élevé comme ça. »*

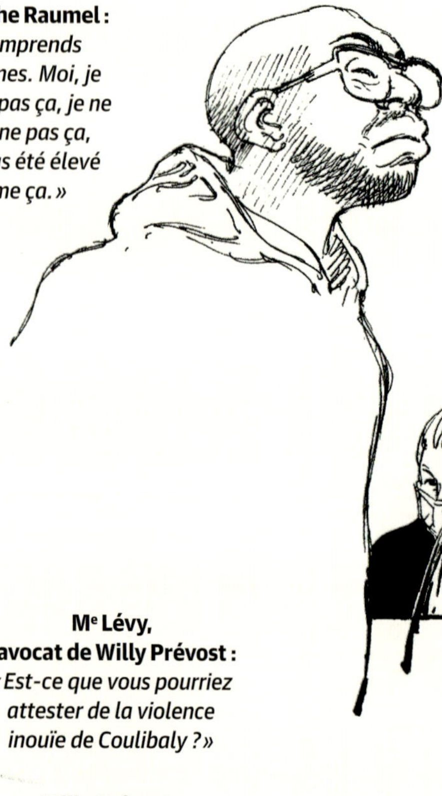

**M^e^ Witt, l'avocate de Christophe Raumel :**
*« Vos relations avec Willy Prévost ? »*

**Christophe Raumel :**
*« C'est une relation lointaine. »*

**M^e^ Lévy, l'avocat de Willy Prévost :**
*« Est-ce que vous pourriez attester de la violence inouïe de Coulibaly ? »*

**Willy Prévost :**
*« Oui. »*

**L'enquêtrice de personnalité de Willy Prévost.**

**L'enquêtrice de personnalité d'Amar Ramdani.**

**M^e^ Chevais, interrogeant Keltoum Boumeddiene, la sœur d'Hayat Boumeddiene (compagne d'Amedy Coulibaly, actuellement en fuite) :**
*« Alors, vous avez reçu des coups de téléphone de votre sœur depuis sa disparition. Combien ?*

*– Sept ou huit.*

*– Et vous dites que vous n'avez pas pensé à mémoriser les numéros sur votre portable ?*

*– Euh, non. Je n'y ai pas pensé… »*

**Keltoum Boumeddiene**

**Le président de la cour :**
*« Est-ce qu'elle* [Hayat Boumeddiene] *montrait le désir d'aller dans un pays intégriste ? S'est-elle à nouveau manifestée ?*

*– Une fois par an.*

*– La dernière fois ?*

*– En octobre 2019. »*

**Keltoum Boumeddiene :**
*« Je ne sais pas comment elle s'est extrémisée.* [...] *Quand on allait chez elle, on n'avait pas l'impression d'être chez une fanatique. »*
Selon elle, Hayat souffrait *« du regard des autres dans la société avec son niqab ».*

# 7 janvier 2015, 11 h 33
# Locaux de CHARLIE HEBDO 10, rue Nicolas Appert

1 Simon Fieschi
2 Michel Renaud
3 Charb
4 Riss
5 Gérard Gaillard
6 Fabrice Nicolino
7 Bernard Maris
8 Philippe Lançon
9 Honoré
10 Tignous
11 Cabu

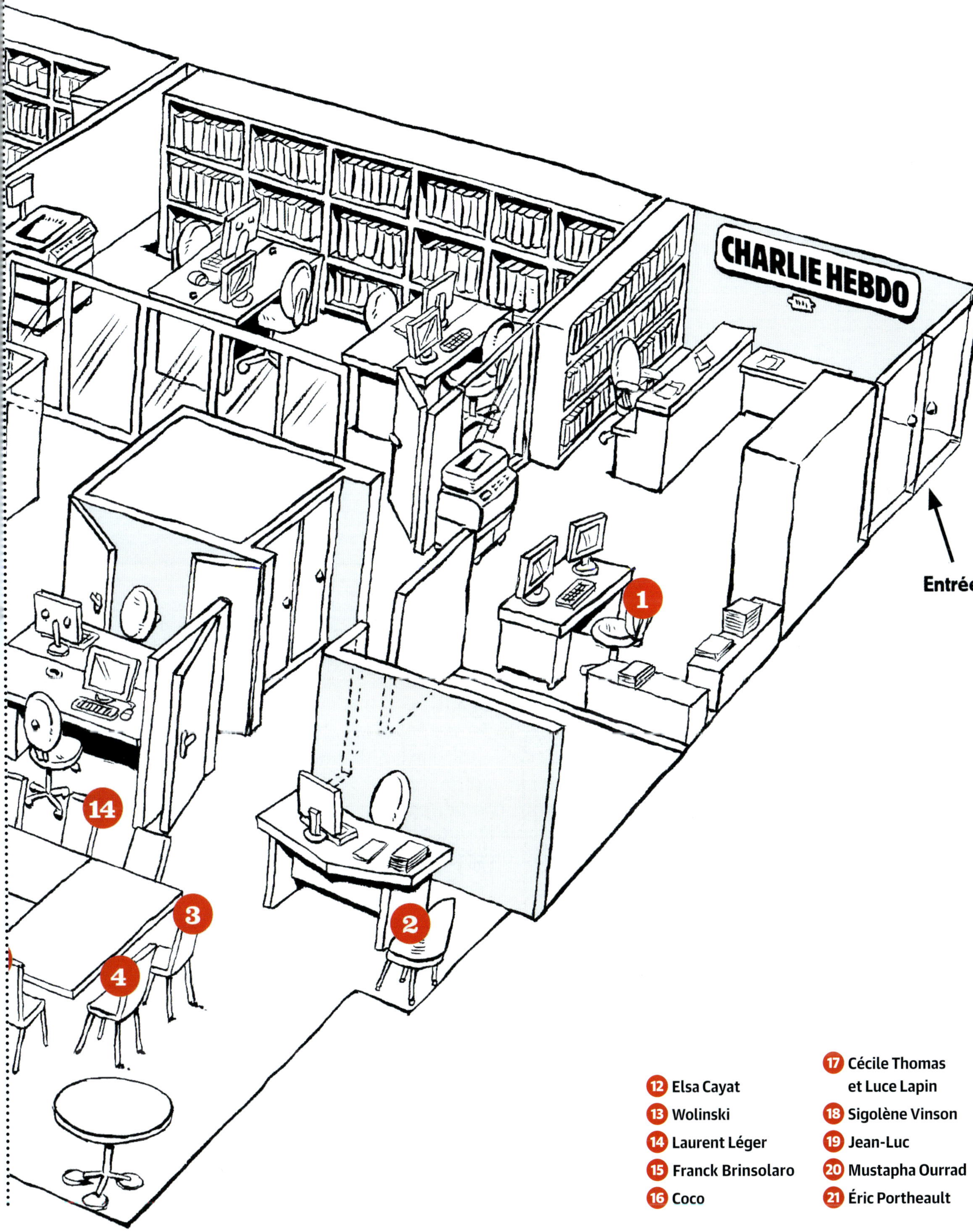


12 Elsa Cayat
13 Wolinski
14 Laurent Léger
15 Franck Brinsolaro
16 Coco
17 Cécile Thomas et Luce Lapin
18 Sigolène Vinson
19 Jean-Luc
20 Mustapha Ourrad
21 Éric Portheault

**La cour visionnant sur ses écrans les locaux de *Charlie* après le massacre, avec projection simultanée sur écran géant.**

LUN 7 SEPT

# Endurer la tragédie

**La projection d'images de la scène de crime contre *Charlie Hebdo* a ouvert aujourd'hui un abîme dans le procès.**

C'est de plus en plus difficile de rendre compte de ce procès. D'abord il y a les masques, encore et toujours ces fichus masques qui entravent la parole et qui, dans un lieu qui lui est dédié, pourraient presque sembler une censure. Le président de la cour revient d'emblée sur la dérogation qui avait été accordée par le bâtonnier de Paris aux avocats et aux accusés, lesquels avaient pu jusqu'ici, s'ils le souhaitaient, parler à visage découvert. Désormais, le masque redevient obligatoire, ce qui fait dire à Me Coutant-Peyre, toujours aux aguets pour tenter de déborder le procès par un zèle revendicatif dont elle est coutumière, que les avocats sont « muselés ».

Ce n'est pourtant pas un masque qui va tomber sur nous, mais un grand écran blanc qui, derrière la cour, descend du plafond de la salle. Ainsi recouvre-t-il ce symbole de la justice accroché au mur qu'est la balance, dont il escamote la moitié. Cette occultation est bien sûr involontaire, mais on ne peut s'empêcher, n'ayant plus qu'un plateau, de se demander de quel côté elle penche.

Le président, devenu solennel, annonce que l'audience sera désormais consacrée à l'étude du déroulement des faits relatifs aux trois journées des attentats ; et que nous commencerons par examiner l'enquête consacrée à celle du 7 janvier 2015 et aux crimes commis par les frères Kouachi. Il prévient que seront visionnées des *« scènes qui font l'objet de scellés »* ; il indique qu'elles peuvent heurter la sensibilité, et que ceux qui souhaiteraient ne pas les voir en seront avisés au moment venu, et pourront sortir de la salle.

Et voici qu'il rappelle le nom des dix-sept victimes de ces attentats, renouvelant ses excuses pour avoir fait erreur sur deux noms le premier jour des audiences, celui de Stéphane Charbonnier, dit Charb, et celui de Philippe Honoré, qui sont alors nommés, au sens le plus fort du terme, c'est-à-dire élevés à cette dimension d'humanité vibrante que la justice prodigue à travers sa parole.

Une seule personne sera entendue aujourd'hui à la barre, c'est Christian D., commissaire de la section antiterroriste de la brigade criminelle. C'est lui qui a dirigé les opérations depuis ce jour-là, c'est lui qui a mené les enquêtes. Il est alors procédé au bris des scellés par l'huissier, et en voyant ces petites enveloppes, porteuses chacune d'un CD-ROM, on se doute que ce qu'elles contiennent est capital.

Christian D. va parler pendant quatre heures ; il relate la chronologie des investigations, redisant devant nous, avec une

**Le président de la cour :**
*« Nous allons aborder le déroulement des faits ! Nous devons pour cela visionner certaines vidéos de nature à impressionner… Les personnes qui le veulent sont bien sûr autorisées à quitter la salle. »*

précision scientifique, les premiers coups de feu des frères Kouachi, leur attaque contre la rédaction de *Charlie Hebdo*, la fusillade de l'allée Verte contre les patrouilles de police, puis celle du boulevard Richard-Lenoir, enfin leur fuite.

Et à mesure que le propos de Christian D. se précise, continuant son récit des deux journées suivantes où la traque des frères Kouachi se superposa à la prise d'otages de l'Hyper Cacher, une angoisse monte en nous, tant cette histoire relève d'un cauchemar familier, dont nous avons lu tant de versions à travers des articles, des documentaires, des livres (ceux de Riss et de Philippe Lançon en particulier) — et pourtant toujours nouveau, toujours effrayant, et plus que jamais inassimilable.

On nous explique les procédures d'intervention sur une scène de crime, la manière dont sont gérées la « zone d'exclusion », c'est-à-dire la scène de crime elle-même, la « zone contrôlée », où sont regroupées les victimes, et la « zone de soutien », c'est-à-dire le centre d'accueil des impliqués (les blessés, les rescapés, les témoins).

Et voici que le commissaire Christian D. annonce qu'il va montrer des vidéos. À partir de ce moment-là, je ne suis plus sûr d'être lucide. J'ai vu quelque chose dont je ne sais si je dois en parler. Il me semble que oui, car la vérité ne doit pas avoir de voile, mais je vais me donner des limites, car la vérité peut être affreuse, et nous vivons pour trouver la paix, pas pour être en guerre, encore moins contre nous-mêmes ou contre notre mémoire.

Ce sont des photographies en couleur de la scène de crime. D'abord l'entrée, puis

**Le commissaire Christian D. :**
*« Dans l'appartement de Saïd Kouachi, on retrouve une quarantaine d'ouvrages à caractère religieux, pas forcément radicaux. »*

chaque bureau, jusqu'à la salle de rédaction. On voit les corps. Je n'en dirai pas plus. Christian D. nous indique le nombre d'impacts pour chaque victime, et je sens que je dois noter tout, chaque détail, absolument tout, je ne sais pas pourquoi je suis pris d'obsession, j'écris tout ce que dit Christian D. : chacun dans la salle, face à ces images insupportables, se raccroche à ses mots.

Puis on visionne la vidéo de surveillance de l'entrée, elle est en noir et blanc, le surgissement des frères Kouachi est si brutal que nous sommes plusieurs à reculer sur notre banc. Ils poussent Coco au bout de leurs kalachnikovs, on voit son visage dévasté. Ils tirent sur Simon Fieschi, assis à son bureau, et qui heureusement en réchappera. Puis c'est la tête cagoulée de l'un des deux Kouachi qui occupe l'écran : il fait le guet dans l'entrée en attendant l'autre. Le massacre a duré une minute quarante-neuf secondes, nous nous souvenons tous de ce chiffre parce que Riss a intitulé ainsi son extraordinaire livre. Mais il me semble que nous n'arrêtons plus d'attendre, l'œil fixé sur la tête de Saïd Kouachi, sur le vide de cette pièce enfumée par les tirs, sur le monde qui en quelques secondes a pris la couleur sinistre d'un noir et blanc impersonnel. Et puis voici que l'autre Kouachi revient, il lève une main au ciel, ils ouvrent la porte, disparaissent. Tout est noir et blanc, il n'y a plus que le crime, et nous.

Je ne sais plus, ce matin de septembre 2020, ce que ce « nous » désigne. Je sens bien que la douleur ne doit pas demeurer seule, et que l'universalité des souffrances fonde et refonde et ne cesse de faire renaître l'humanité. Mais je ne suis pas sûr qu'on puisse en être toujours capable. Ce matin, c'est trop.

Comment faire ? Comment dire ? Face à la scène de crime, la pensée se trouble, la raison s'évanouit. Personne, parmi nous, ne peut trouver décemment un abri en soi-même pour se soustraire à cette horreur.

À partir de quel moment la précision devient-elle obscène ? Je ne veux pas décrire les corps des victimes. Je les ai désormais dans les yeux, et j'ignore comment je pourrai les oublier. D'ailleurs le faut-il ? Une rescapée du massacre me disait ce matin qu'elle était venue au tribunal pour *voir*, mais qu'elle ne savait pas ce qu'elle attendait (son avocat, je crois, l'a persuadée de sortir avant la diffusion de la vidéo).

Les survivants, les familles des victimes décident : personne ne sait ce qu'il veut endurer (ou alors chacun sait trop bien). Quant à nous, qui sommes requis par ce procès, et qui cherchons à mettre des mots sur ce qui ne doit pas s'effacer, nous voici dans la nécessité — je pense que cette nécessité est belle sans trop savoir ce qu'est cette beauté — de nous demander si la vérité ne serait pas de *regarder la mort en face*. Cette expression est inexacte, car ce n'est pas la mort que nous regardons, contrairement aux victimes, qui l'ont vue, contrairement aux rescapés, qui l'ont encore dans les yeux ; ce n'est pas la mort, mais *des* morts, et plus précisément l'image des morts.

Et nous affrontons une chose qui est si grande qu'elle nous fait perdre la raison. Écrivant ce texte, je ne sais pas tout à fait ce que je fais, mais ma fébrilité me fait espérer que ces phrases trouvent la hauteur d'esprit qui accueille les justes pen-

**L'ouverture des scellés.**

sées, qu'elles s'ouvrent comme une arche pour recueillir ce qui ne meurt pas, même quand on parle des morts. Et les morts ne meurent pas tant que nous parlons d'eux : ils vivent à l'intérieur de notre parole, ils sont là, pour toujours — pas dans un film, mais dans nos cœurs.

Je continue. Ce soir, je ne peux pas m'arrêter, je dois continuer : peut-être quelque chose s'écrira qui me fera voir mieux le monde. Je n'accepte pas qu'il demeure en noir et blanc. Je n'accepte pas le crime. Je voudrais qu'on me rende compte de toutes les victimes, je voudrais penser à tous les morts, et parler à tous les vivants. Sommes-nous fous quand nous nous dédions ainsi à plus grand que nous ?

Les accusés aussi ont vu la scène de crime. J'ai vu leurs regards vers l'écran. Je crois qu'il était important que chacun — qu'il l'ait vue ou non, qu'il ait supporté d'en endurer la trace ou non — sache que la scène est là, et qu'on ne peut ni l'amoindrir ni en travestir l'impact. Que notre pensée peut choisir de l'effacer ou non, être capable de la transformer en une autre scène, où les morts ont de l'amour.

Tout le procès tend vers ce point innommable, vers cette scène qui nous a été rappelée ce matin parce qu'elle est le cœur de la tragédie. Offre-t-elle à ceux qui en soutiennent la vision une quelconque vérité ? Je ne sais pas. Sans doute pas, mais elle dit que cette vérité existe et qu'elle peut être rejointe selon le cœur de chacun (par le deuil, la conscience de l'atrocité, l'adieu à ceux qui ont fini leur vie, par l'amour qui doit se substituer au crime).

Ça a eu lieu, et rien ne doit l'effacer. Dire les noms, saluer les corps par l'endurance de notre regard : ici commence un nouveau silence. Ce silence est notre éthique, il est celui de nos battements de cœur.

Permettez-moi de continuer encore un peu. Faire la vérité implique-t-il de soutenir l'horreur ? Les rescapés, les familles choisissent le plus souvent de ne pas regarder des images qui dégraderaient la mémoire de ceux qu'ils aiment. Alors disons ceci : dans ce tribunal, dans tout tribunal peut-être, nous qui souffrons moins qu'eux, *nous regardons pour eux* — à leur place. C'est pourquoi j'ai accepté d'être là et d'écrire ce compte rendu quotidien dont je sais qu'il sera chaque jour plus difficile parce qu'il m'entraîne vers un lieu si reculé en nous que l'humain semble s'y consumer. Mais ces flammes, je les vois aussi comme des lueurs. J'en ressens la justesse, j'en devine l'innocence, j'en attends la justice. ●

**Le commissaire Christian D., à propos des locaux de *Charlie Hebdo* après l'attaque :**
*« On a repéré peu d'impacts sur les murs. »*

**Le président :**
*« Remettez votre masque, maître, quand vous posez vos questions. »*

**Me Chevais :**
*« Mais il n'arrête pas de tomber quand je parle. »*

**Le président :**
*« Remettez votre masque ! »*

**Me Chevais :**
*« Si ça continue comme ça, demain je viens avec une burka. »*

**La salle indignée :**
*« OOOOOhhh ! »*

**Le bouillonnant Ali Riza Polat, accusé d'avoir fourni les kalachnikovs, écoute les explications du commissaire Christian D.**

MAR
8
SEPT

# Les blessures inapparentes

**Des hommes et des femmes, la « partie méconnue » des victimes, les oubliés des médias, parlent, et leur parole est bouleversante.**

Hier, alors que nous venions à peine de visionner les images insoutenables du massacre de *Charlie Hebdo,* Ali Riza Polat, avec un sens aigu du timing provocateur, a demandé à être remis en liberté : *« Je suis innocent, je veux sortir »*, apostrophant carrément le procureur : *« Ça avance ? »* (comprendre : mon dossier).

À l'horreur glaçante de la scène de crime succédait ainsi le sentiment d'impunité, tout aussi glaçant, du principal accusé, suspecté d'être le complice le plus direct d'Amedy Coulibaly, qui tirait parti d'une information donnée par le représentant de la brigade anticriminelle — à savoir qu'on aurait retrouvé dans la voiture de Coulibaly une trace d'ADN non identifiée — pour clamer qu'il ne s'agissait donc pas de lui, mais d'un autre.

Julie Holveck, vice-procureure de la République antiterroriste, lui rappelle alors ses propres propos, tenus le deuxième jour du procès : *« Quand je sors, je fais pire »* ; elle invoque le risque de réitération, la gravité des faits qui lui sont reprochés, ainsi que sa dangerosité.

Ce matin, l'audience débute ainsi avec la proclamation de la cour qui rend son arrêt : rejet de la mise en liberté d'Ali Riza Polat.

On passe à l'audition des parties civiles relatives à l'attentat contre *Charlie Hebdo* : d'abord les témoins de la recherche des locaux par les frères Kouachi, ensuite ceux de l'assassinat de Frédéric Boisseau, enfin les parties civiles de *Charlie Hebdo*, témoins des faits, c'est-à-dire de la tuerie dans les locaux, qui n'ont pas été blessés.

**Jérémy Ganz, collègue et ami de Frédéric Boisseau :**
*« Tout à coup, la porte s'est ouverte et ça a fait un puits de lumière. Il a crié "Charlie" et a ouvert le feu. Il a tiré un seul coup. »*

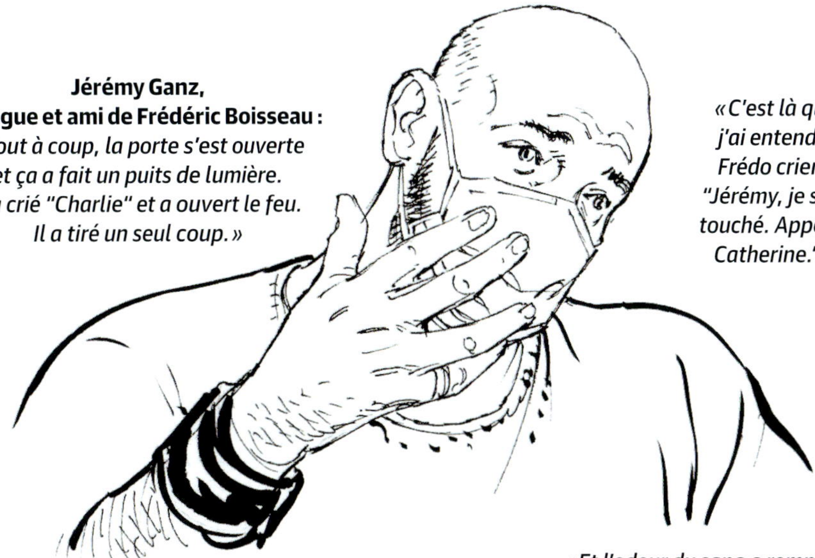

*« C'est là que j'ai entendu Frédo crier : "Jérémy, je suis touché. Appelle Catherine." »*

*« Et l'odeur du sang a remplacé l'odeur de la poudre. Il y avait déjà une flaque de sang phénoménale. Il a dit : "J'ai chaud, j'ai froid, je vais crever." Il y avait tellement de sang que le sang était caillé, à tel point que j'ai cru que c'était des bouts de poumon. »*

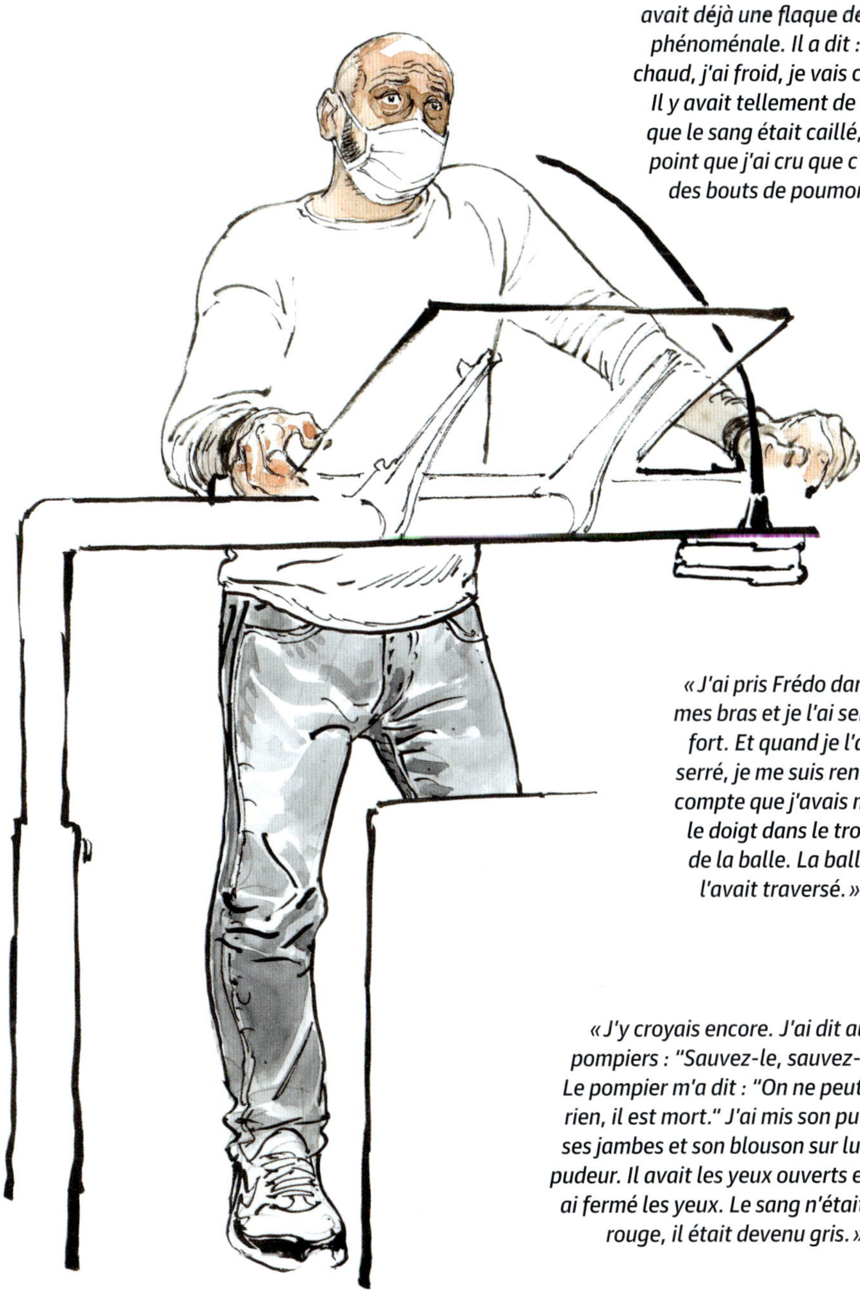

*« J'ai pris Frédo dans mes bras et je l'ai serré fort. Et quand je l'ai serré, je me suis rendu compte que j'avais mis le doigt dans le trou de la balle. La balle l'avait traversé. »*

*« J'y croyais encore. J'ai dit aux pompiers : "Sauvez-le, sauvez-le !" Le pompier m'a dit : "On ne peut plus rien, il est mort." J'ai mis son pull sur ses jambes et son blouson sur lui, par pudeur. Il avait les yeux ouverts et je lui ai fermé les yeux. Le sang n'était plus rouge, il était devenu gris. »*

À cet égard, on va comprendre aujourd'hui que les blessures peuvent ne pas être apparentes, comme l'a rappelé avec à-propos Cécile Thomas, qui dirigeait les éditions Les Échappés, lesquelles éditent les livres de *Charlie Hebdo,* et comme telle assistait à la réunion de rédaction du mercredi 7 janvier 2015 (elle se sentait coincée derrière la table dans cette salle exiguë, et a préféré occuper une chaise un peu à l'écart, dont elle a pu s'éjecter lorsque Chérif Kouachi a fait irruption). La pudeur de Cécile Thomas est extrême, elle préfère parler du livre que Charb venait de finir d'écrire plutôt que de sa douleur, mais souffrant étrangement du dos, elle dit ceci : *« Je sens cette balle dans le dos que je n'ai pas eue. »*

Écoutant Patricia G. et Virginie C., qui ont été les premières à être attaquées par les frères Kouachi dans leurs bureaux de la société Sagan, alors que les deux assaillants cherchaient *Charlie Hebdo* et qu'ils ont tiré une balle, nous découvrons également une détresse sans fond, des traumatismes qui n'en finissent plus, des arrêts de travail qui, en se répétant, vont précipiter leurs licenciements. Patricia G. dit : *« Ils m'ont tuée, ils nous ont tous tués. »* Virginie C. a cette délicatesse terrible de se sentir encore aujourd'hui coupable de ne pas avoir réussi à avertir *Charlie Hebdo* que deux tueurs les cherchaient. Mais elle ajoute aussi, attirant l'attention sur leur situation, qu'elle juge avec raison négligée, car elles sont des victimes inapparentes : *« On est un peu la partie méconnue. »*

Chantal S., qui était présente pour un rendez-vous professionnel, raconte qu'elle a continué son rythme de travail, se retrouvant seule dès le lendemain dans une chambre d'hôtel avec BFMTV en fond sonore. Voici qu'elle s'écroule sur le trottoir, la panique l'amoindrit progressivement, et on la licencie.

Puis ce sont Jérémy Ganz et Catherine Gervasoni qui parlent. Elle était la compagne de Frédéric Boisseau, la première victime des frères Kouachi, la plus oubliée aussi : *« Le premier tué, le dernier enterré »*, dit Jérémy Ganz, son collègue et ami, qui se trouvait avec lui dans la loge. Frédéric Boisseau, responsable de maintenance, était ce matin-là sur

**Patricia G., une employée de la société Sagan :**
*« J'ai vu arriver deux individus. J'ai repoussé la porte. L'homme a rouvert la porte. Il m'a demandé si je savais où était* Charlie. *Il a tiré. J'ai mis la tête dans les mains. »*
*« On a essayé de prévenir* Charlie Hebdo, *mais on n'avait pas leur numéro. »*

**Fanghui W., un employé de la société Bayoo Productions :**
*« Il bouge le fusil dans ma direction en criant : "Assis, assis ! N'ayez pas peur, on ne vous fera pas de mal. " Et à ce moment-là, il a tiré un coup de feu dans le mur. J'ai vu trembler son fusil et ça sentait la poudre. »*

**Chantal S., une employée de la société Medela :**
*« Il y avait un individu tout en noir qui me braquait avec une kalachnikov. »*

*« Il y a des articles pour bébé et il a réalisé qu'il faisait une erreur. »*

**Virginie C., une employée de la société Sagan :**
*« Je me suis dit que s'ils ne trouvaient pas* Charlie, *on allait mourir. »*

*« Je suis retournée travailler le lendemain. »*

*« Je ne voulais pas parler parce que j'avais peur qu'on me tue. On est un peu honteux d'être malade par rapport aux vraies victimes. »*

**Eric T., un employé de la société Medela :**
*« Je connaissais* Charlie *car j'étais abonné à leur newsletter. J'ai été licencié moi aussi. »*

**Catherine Gervasoni, la compagne de Frédéric Boisseau :**
*« Ça faisait cinq heures que je courais partout, et on me dit qu'il est décédé, et alors là, on se sent vide. On est rentrés. On m'a ramenée en voiture. C'est très difficile d'annoncer à ses parents, à ses enfants qu'il était parti travailler à 4 heures du matin et qu'il n'en reviendrait pas. »*

le chemin des tueurs, et alors qu'ils avaient épargné les précédentes personnes croisées, ils ont tiré sur lui, pour rien.

Y a-t-il une hiérarchie des victimes ? C'est une question fondamentale — sociale — que posent leurs témoignages, car jamais les médias n'ont en effet parlé de Frédéric Boisseau : ils ont mis en avant les dessinateurs, les policiers, mais pas une *« personne lambda »*, comme dit Jérémy Ganz, qui a ce mot très juste : *« C'est le peuple qu'on a oublié. »* D'ailleurs, dès le 7 janvier, on oublie Frédéric Boisseau : Catherine Gervasoni a raconté, à travers un témoignage bouleversant, et d'une dignité souveraine, qu'elle a passé la journée à le chercher, entre la rue Nicolas-Appert et l'institut médico-légal. Tout se passe comme si son compagnon *« n'avait pas d'importance »*, dit-elle. On ne lui disait rien, ni s'il était encore en vie ni s'il était mort. Personne ne s'occupe d'elle, personne ne la prend en compte. Un policier, enfin, lui apprend que son compagnon a été tué. Elle rentre chez elle, à la campagne, annoncer à ses enfants la mort de leur père : *« Il était parti travailler à 4 h 30 le matin et ne reviendra pas. »*

La solitude de Catherine Gervasoni, ignorée de tous le jour de la mort de son compagnon, et abandonnée à son incognito, ressemble à celle de Frédéric Boisseau, dont le nom a été délaissé par les médias, relégué dans un coin de ces journées de janvier 2015 qui ont suscité un cirque médiatique, nourri un spectacle et fait naitre des célébrités. *« Il ne mérite pas d'être passé sous silence »*, dit-elle avec une simplicité déchirante.

J'ai été extrêmement ému par la parole de cette femme, par sa manière de parler d'amour, et de remplir soudain ce procès d'une humanité humble. Il n'y aura jamais rien de plus passionnant au monde qu'une personne qui parle. La parole porte les êtres, elle les habite, les révèle à eux-mêmes ; ainsi arrive-t-il qu'en parlant ils rejoignent cette solitude essentielle qui est l'autre nom de leur entrée dans la vérité. Grâce à la parole, les êtres sont destinés à la vérité. Vivre un procès, c'est faire cette expérience.

Lorsqu'on écoutait aujourd'hui Catherine Gervasoni ou Jérémy Ganz, on avait la sensation d'une justesse absolue de la parole. C'est une chose qui arrive lorsque celle-ci coïncide avec une forme d'amour : le deuil vous donne une profondeur d'empathie qu'aucune gloire médiatique ne vous donnera jamais.

La reconnaissance que cherchent les victimes oubliées, celles qui ne se plaignent même pas, et se contentent de dire combien leur vie est dure, ce procès la leur accorde. Venir parler à la barre est une épreuve, mais elle vous gratifie, elle vous modifie. Je ne sais si elle vous libère, mais il est beau de voir à quel point ceux et celles qui parlent devant la cour, devant les accusés, les parties civiles, les avocats et les journalistes entrent dans une dimension où quelque chose de plus grand que nous se met à exister.

La journée a été dure, je vais m'arrêter d'un coup, je n'ai plus la force ce soir de vous parler des témoignages de Coco et de Sigolène Vinson, qui ont été tous les deux extraordinaires. Comme je les connais, mon émotion est si complexe qu'elle exige que je la détaille, afin de rendre grâce avec suffisamment de nuances à leur parole. J'en parlerai demain, longuement. Ce qu'elles ont dit n'a pas fini de retentir en nous. ●

**Cécile Thomas, l'ancienne éditrice des éditions Les Échappés :**
*« Juste après l'attentat, j'avais un objectif, c'était d'accompagner ces projets d'ouvrages jusqu'au bout. »*

Me Coutant-Peyre :
« Charb était-il le seul à être protégé ? »
Coco :
« Oui, c'était le seul. »
Coco :
« Je leur ai dit : "Pardon, pardon, je me suis trompée d'étage !" »
« Les seuls coupables sont ceux qui font comme si de rien n'était… et ceux qui baissent leur froc devant l'islamisme. »
« C'est le talent qu'on a assassiné ce jour-là ! »
« Ils ont dit : "On veut Charb, on veut Charb." J'étais dévastée. »
« Je me suis sentie impuissante, je me suis sentie coupable. »

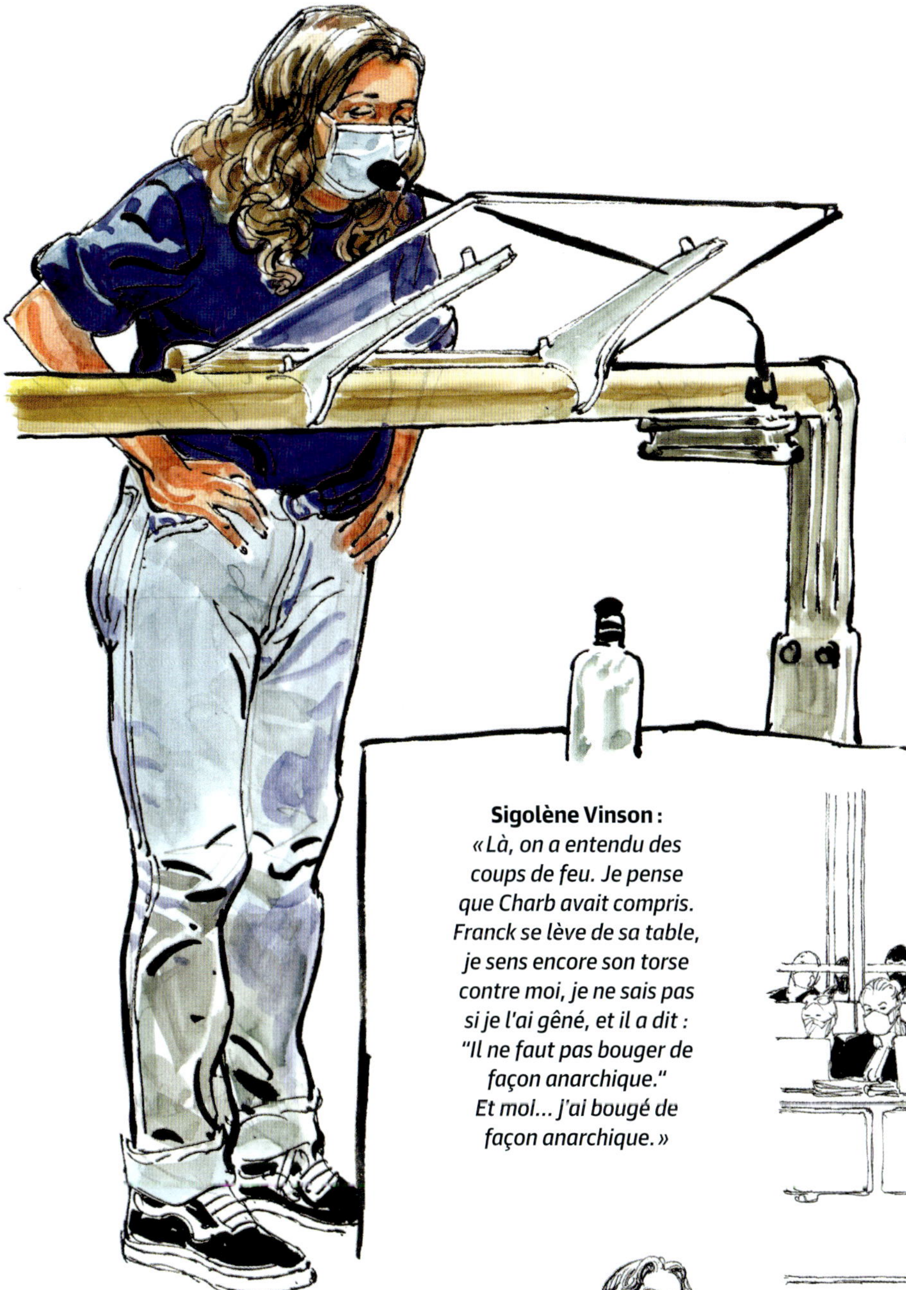

**Sigolène Vinson :**
*« Philippe avait la joue dans la main, comme un enfant pris en faute. »*

**Sigolène Vinson :**
*« Là, on a entendu des coups de feu. Je pense que Charb avait compris. Franck se lève de sa table, je sens encore son torse contre moi, je ne sais pas si je l'ai gêné, et il a dit : "Il ne faut pas bouger de façon anarchique." Et moi… j'ai bougé de façon anarchique. »*

**Laurent Léger :**
*« Toute ma vie a défilé dans ma tête. »*

**Laurent Léger :**
*« J'entends à un moment une phrase d'un terroriste qui dit : "On les a tous tués" ou "On les a tous eus." J'en entends un dire : "On ne tue pas les femmes." Pourtant, j'ai vu Elsa Cayat. »*

**Angélique Le Corre :**
*« On voit des gens aux fenêtres en face qui nous disent : " Partez !" Et là, je comprends que c'est grave. Je dis à Luz : " Ils ont pris Coco", et il me dit : "Prise d'otages." »*

*« Aujourd'hui, je me sens forte. Je voudrais juste dire que je ne suis pas terrorisée. »*

**Simon Fieschi :**
*« Je suis venu avec l'intention de témoigner de ce que font les armes de guerre. »*

**Simon Fieschi :**
*« Cette balle, elle ne m'a pas raté, mais elle ne m'a pas eu. Et je dirais que c'est pareil pour le journal. »*

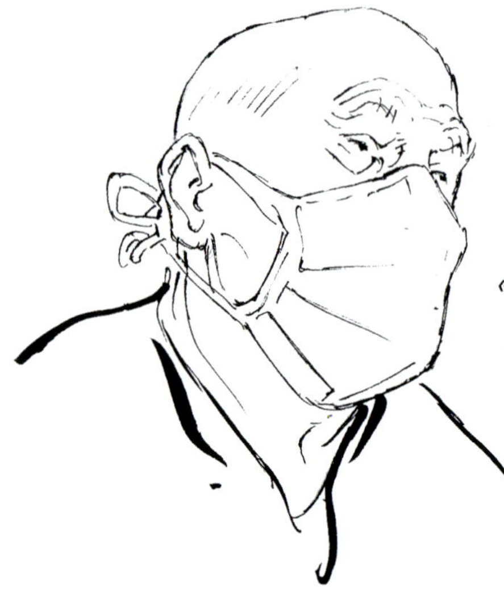

**Fabrice Nicolino :**
« Charlie, *c'est la liberté. La liberté est en danger, alors on se bat ! »*

**Le président lit la déposition de Philippe Lançon.**

MER 9 SEPT

# La parole des survivants

**L'équipe de *Charlie Hebdo* présente le 7 janvier 2015 dans les locaux du journal raconte.**

Quelle est donc cette parole qu'on a entendue ces deux derniers jours, lors du procès des attentats de janvier 2015 ? C'était au tour des parties civiles de *Charlie Hebdo* qui ont été témoins des faits, ceux qui ont été blessés aussi bien que ceux qui n'ont pas été blessés (mais on a vu hier, grâce à Cécile Thomas, qu'il n'existe pas de témoin d'une telle tuerie qui ne soit pas blessé : les blessures peuvent être invisibles, la douleur indétectable, l'exil en soi-même illimité).

Il y a dans la parole une dimension imprononçable qui se libère au contact des expériences traumatiques et se donne comme une justesse inespérée face à l'innommable. Cette parole ne remplace pas l'innommable, mais pour quelques minutes, quelques secondes, elle trouve la capacité de l'envisager avec une clarté déchirante.

C'est ce qui arrive aux êtres courageux qui n'ont pas peur d'interroger leurs ombres les plus vacillantes et de se pencher sur l'abîme qui les hante ; c'est ce qui est arrivé hier et aujourd'hui à l'équipe de *Charlie Hebdo*, à ceux qui étaient là le 7 janvier 2015 au 10, rue Nicolas-Appert et qui ne sont pas morts.

Simon Fieschi et Riss nous ont dit tous les deux que le mot « victime », en ce qui les concerne, leur semblait gênant. Simon Fieschi a trouvé plus juste le mot « survivant ». Ce texte écoute donc les survivants de *Charlie*, il essaie de vous transmettre leur parole.

Coco a raconté comment elle avait quitté la salle de rédaction à 11 h 20 pour aller fumer une cigarette avec Angélique avant d'aller chercher sa fille à la crèche. Les deux Kouachi surgissent au moment où elles sortent de la cage d'escalier, ils braquent leur arme sur Coco, qu'ils ont reconnue et qu'ils prennent en otage afin qu'elle les mène à Charb : *« On veut* Charlie Hebdo, *on veut Charb ! »* Ils menacent Angélique : *« Toi, tu restes là. »* Coco raconte cette ascension vers les locaux de *Charlie* comme les étapes d'une destruction personnelle qui va entraîner une destruction collective. Dans sa détresse, elle se trompe d'étage et pense que cette erreur lui sera fatale. On vit avec elle cette bévue de l'inconscient, on tremble avec elle car le corps des monstres pèse sur elle, on les voit, ils mangent l'escalier de leurs ombres voraces. Coco dit : *« Ils voulaient tuer. »* Elle sent leur excitation. Ils *veulent* le sang, ils *veulent* la mort.

Voici que, à la barre, Coco se baisse pour nous montrer comment elle supplie les bourreaux, mains sur la tête, dans la position de la condamnée à mort. On voit

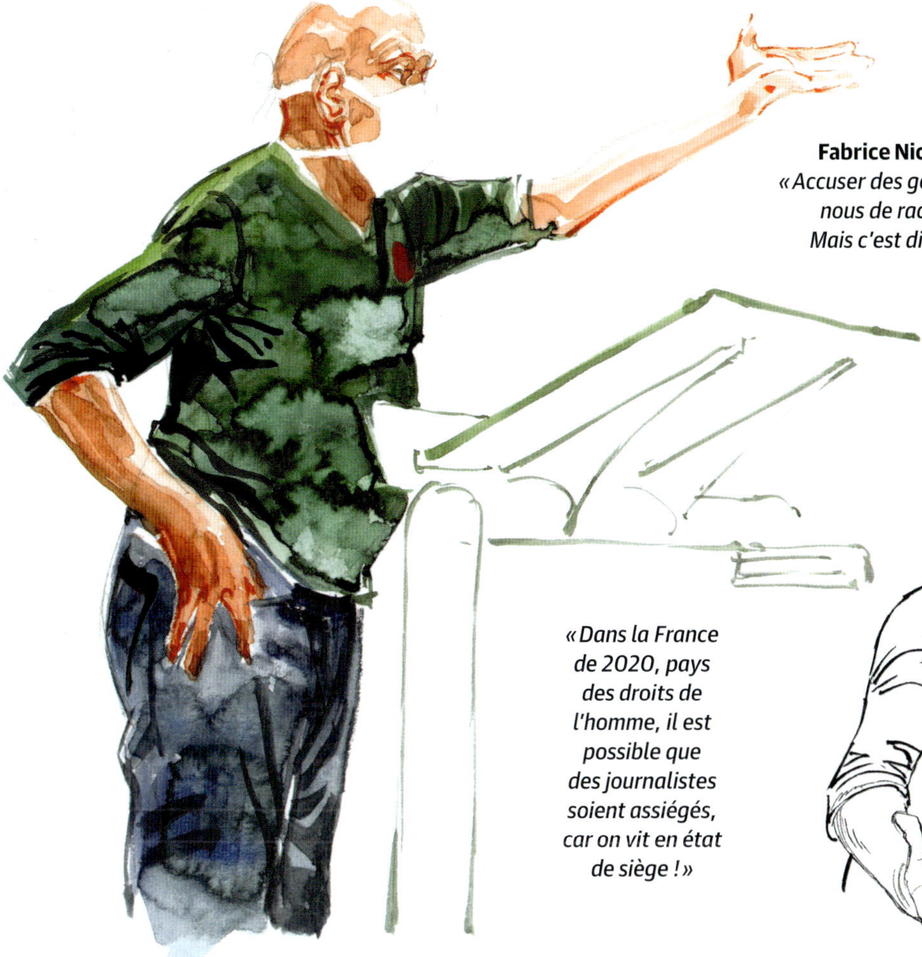

**Fabrice Nicolino :**
*« Accuser des gens comme nous de racisme ? Mais c'est dingue ! »*

*« Dans la France de 2020, pays des droits de l'homme, il est possible que des journalistes soient assiégés, car on vit en état de siège ! »*

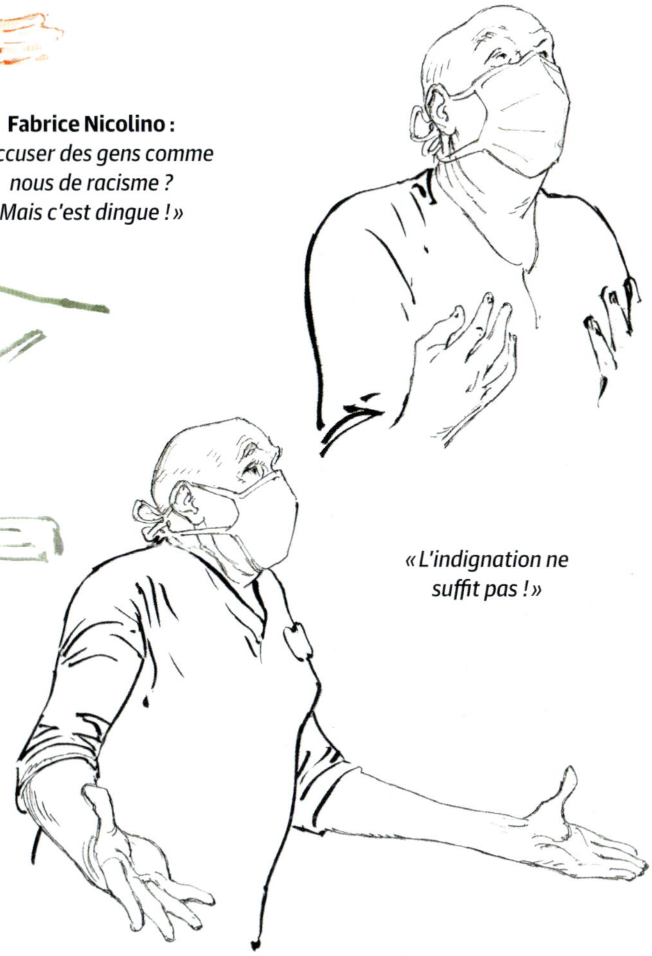

*« L'indignation ne suffit pas ! »*

soudain l'enfer dans lequel les Kouachi l'ont menée : c'est le boyau infernal, celui qui mène au lieu sans âme où les humains sont effacés. *« J'ai pensé mourir exécutée »*, dit-elle. L'effroi annule son être, elle ne pense plus qu'à sa fille, ils font demi-tour, elle avance vers le code et le tape. Ils entrent chez *Charlie Hebdo*. On l'a vue sur la vidéo de surveillance, les deux Kouachi sont derrière elle, on dirait des brutes, une masse de mort. Quant à Coco, elle avance, dit-elle, *« comme un automate, un fantôme »*. Après le massacre, elle entre dans la salle, elle tremble, il n'y a pas de mot, elle reconnaît les jambes de Cabu et évoque les miettes de pain qui sortent de son manteau.

*« J'ai eu du mal à me rendre compte que j'étais traumatisée »*, dit-elle, avec cette simplicité qu'on lui connaît, qui est une pudeur décisive. Il y avait le journal à continuer avec les survivants, elle n'avait pas pris le temps d'écouter sa douleur, elle ne prenait même pas de somnifères ni d'antidépresseurs. Elle ne veut pas s'étendre sur sa vie privée : il y a chez Coco une inflexibilité farouche qui fait d'elle, malgré sa vulnérabilité, ou grâce à sa vulnérabilité, une combattante. Elle affronte ses ténèbres comme elle affronte avec *Charlie* l'intolérance religieuse ; mais sa solitude est extrême et son sens de la culpabilité l'enferme en elle-même. Elle confie : *« J'aurais aimé qu'on vienne me poser des questions. »* Puis, après avoir dit qu'elle s'était sentie très longtemps coupable, elle achève son témoignage par ces mots, qui sonnent comme une remontée dans la lumière après cette lente traversée de l'enfer, et qui, parvenant à métamorphoser le dedans en dehors, convertissent la détresse intime en combat politique : *« Ce n'est pas moi la coupable, là-dedans, les seuls coupables, ce sont les Kouachi et leurs complices, et ceux qui les ont aidés, et même dans la société ceux qui baissent leur froc devant une idéologie islamiste. Il y a un problème de société. »*

Sigolène Vinson semble plus à l'aise que Coco et raconte sa vie comme un roman : avant *Charlie*, elle vivait dans une caravane, elle travaillait dans une paillote en Corse après avoir abandonné ses études d'avocate. Cette liberté qui l'habite imprègne son récit d'un humour léger qui est la marque de la poésie. Elle raconte la salle de rédaction, l'arrivée du tueur, elle parvient à s'extirper du massacre, elle n'est pas blessée, elle est celle à qui, quelques secondes plus tard, tandis qu'elle est au sol, Kouachi dit qu'il ne tue pas les femmes, elle est celle à qui il demande de lire le Coran. Elle a longtemps cru qu'il lui avait parlé avec douceur : *« Je suis désolée d'avoir cru qu'il était doux »*, dit-elle avec une délicatesse qui nous serre le cœur. Elle parle d'un chien qui marche dans les flaques de sang. Elle se souvient du costume en pied-de-poule de Bernard Maris, elle n'aimait pas ce costume. Elle dit que Charb portait une marinière bleu et rouge. Elle secourt Fabrice Nicolino, s'agenouille dans le sang, mouille un torchon, lui caresse le visage et le torse. Elle dit que les os de Fabrice Nicolino sortent des tibias. Elle parle de la facilité avec laquelle on peut renoncer à sa propre vie. Elle dit que son père avait été rescapé de l'attentat du bar de l'Historil à Djibouti, où elle vivait enfant. Et à propos du texte qu'elle écrit dans le premier numéro du journal après

**Riss :** *« On croyait toujours avec beaucoup d'optimisme qu'en France, on pouvait dessiner ce qu'on voulait. »*

*« C'est ça qui fonde* Charlie Hebdo, *comment être le plus libre possible. »*

l'attentat, elle a cette phrase très belle : *« Je voulais un peu de poésie pour les morts. »*

Et puis voici qu'elle nous montre son tatouage, qui représente Moby Dick, et douze barques autour de la baleine. Elle insiste sur le chiffre, comme elle a insisté auprès du tatoueur pour qu'il y en ait vraiment douze, comme le nombre de morts. Sigolène Vinson porte sur sa peau, dans sa chair, cette offrande aux morts : une barque pour leur permettre de passer à chaque instant du côté des vivants.

Je parlerai demain si je peux du témoignage de Laurent Léger, de Fabrice Nicolino, de Riss et de Simon Fieschi, lequel a dit, entre autre, ceci d'extraordinaire : *« Je n'ai pas envie d'offrir ma douleur à ceux qui me l'ont infligée. »* Mais tout ce qu'a dit Simon Fieschi relève d'une intelligence qui nous a fait du bien ; tout ce que Fabrice Nicolino et Riss ont affirmé du combat de la liberté, auquel il faut consacrer à présent nos réflexions, nous a fait respirer mieux : le poids de ce que disent les survivants de *Charlie Hebdo* ne nous alourdit pas, au contraire, lorsqu'ils parlent, ils nous gratifient.

Laurent Léger disant : *« Ils voulaient tuer le journal, effacer le journal »* et allant identifier les corps (c'est donc lui qui a *dit les noms*, comme dans un kaddish).

Sigolène Vinson aux prises avec des livres, celui de Houellebecq, qui sortait ce jour-là, le Coran que Kouachi lui inflige, *La Faute de l'abbé Mouret*, de Zola, qu'elle lit ce jour-là et perd dans le chaos.

Simon Fieschi, qui raconte son corps comme un arbre qui se réveille et dit qu'il ne peut plus faire les *« gestes fins »*, comme faire ses lacets, et qui trouve assez d'humour en lui pour nous signaler qu'il ne peut plus faire de doigt d'honneur.

Gérard Gaillard, invité ce jour-là à la rédaction, qui raconte sa terreur lorsqu'un jour, au téléphone, un inconnu lui demande : *« C'est Charlie ? »* (le type à qui il voulait parler s'appelait réellement Charlie).

Cécile Thomas, qui a cette formule à propos de Charb : *« L'élégance de l'énormité. »*

Riss, qui dit cette chose fondamentale : *« Quand on ne pratique pas une religion, on n'est pas tenu par ses interdits. »*

Tout cela est passionnant. Et je voudrais tout dire, vous rapporter le moindre détail de ce qui s'est joué devant nous durant ces journées, mais il faudrait alors que je ne cesse plus d'écrire, il faudrait que j'écrive chaque jour quatre, cinq, six heures au lieu de deux ou trois pour vous transmettre la masse d'informations, de détails, d'inflexions merveilleuses qui ont fait de ces moments une odyssée de la parole.

Je préfère réfléchir, ce soir, au sens de ce que l'on a entendu. Je préfère revenir à Coco, à la générosité sidérante dont elle a fait preuve en nous gratifiant d'une catharsis. La tragédie appelle une délivrance, et il me semble que Coco en a fait l'expérience, d'une manière que je ne saurais pas qualifier, mais dont la profondeur a ouvert une béance dans le réel.

À la fin de *L'Espèce humaine*, Robert Antelme et ses camarades, arrivés au camp de Dachau, et libérés par les Américains, en viennent à se penser comme radicalement séparés de ceux qui n'ont pas traversé leur expérience : *« Nous ne pouvons plus supporter qu'on nous touche, nous nous sentons sacrés. »* (Non pas « sacrés » au sens religieux, d'ailleurs Robert Antelme a perdu la foi à Buchenwald, mais intouchables : soustraits à la possibilité commune.)

Ainsi des survivants de *Charlie Hebdo*, tels qu'ils me sont apparus ces deux derniers jours. Leur modestie sera peut-être étonnée par mes réflexions, et je sais bien qu'à *Charlie Hebdo* on se méfie du sacré — mais pas moi : ce que j'appelle « sacré » ne possède aucune autorité et ne cherche pas à en obtenir, encore moins à soumettre qui que ce soit, ce « sacré »-là n'est pas un pouvoir, et ne relève même pas de ce qu'il faudrait sacraliser : le sacré, au sens anthropologique, est ce qui reluit sur la victime qui a échappé à la mise à mort.

Je ne sais si l'on acceptera ce que je dis là, ni même si une telle remarque est partageable. Je crois juste que la violence criminelle qui s'abat sur une personne modifie celle-ci à vie, et pas seulement pour des raisons psychologiques : l'intériorisation de la terreur, dont Coco a témoigné jusqu'à ses propres limites, se double d'une autre histoire, où l'indemne vous transmet à un

**Me Malka :** *« Avez-vous des regrets ? »*

**Riss :** *« Il n'y a pas à avoir des regrets à défendre la liberté. »*

**Zineb El Rhazoui :** *« La conspiration du silence et de la lâcheté a permis tout cela. »*

**Patrick Pelloux**

**Zineb El Rhazoui :** *« Mon inquiétude est de voir que l'idéologie islamiste totalitaire continue de se répandre. »*

territoire inconnu. On n'est pas là dans la religion, mais dans une dimension plus obscure, où existe une éclaircie que seule la parole est en mesure de vous accorder. Coco et Sigolène Vinson sont habitées par cette grâce qu'on leur avait accordée. Cette grâce est aussi une souffrance, mais elle retrace dans la parole ce qui les a coupées de la mort.

Le voyage qu'elles ont fait en elles-mêmes, *en étant épargnées*, m'a fait penser soudain, dans cette salle d'audience de la porte de Clichy, à Paris, au début du XXIe siècle, à ce que les Grecs appellent depuis Homère la *nekuia*, c'est-à-dire non seulement l'expérience de la rencontre avec les morts (et toutes les deux ont vu les morts, elles étaient avec eux), mais la traversée de sa propre mort (puisqu'elles en ont réchappé).

L'échange avec les morts, a fortiori des morts aimés, ouvre à cet impossible qui est l'objet secret de tout langage, et que tous ceux qui vivent un deuil, une perte, un arrachement connaissent : ils sentent bien qu'ils sont aspirés en eux-mêmes, comme s'ils effectuaient un voyage dans lequel ils ne se laissent porter que parce qu'ils nouent des contacts hallucinés avec leurs morts bien-aimés. Ainsi se voient-ils morts eux aussi.

Je ne suis plus très sûr de ce que je dis, d'ailleurs pourquoi devrais-je l'être, seul le doute est lumineux : écrivant pour vous, écrivant pour *Charlie Hebdo*, je cherche à accompagner ceux et celles qui parlent devant nous au procès, et j'aimerais trouver à travers leurs paroles une chose que nous pourrions tous partager.

Je reviens à Sigolène. C'était stupéfiant de l'entendre charger sa parole de tant de livres, comme si elle équipait son navire de paroles pour ce voyage qui, depuis le 7 janvier 2015, est le sien (et la littérature raconte-t-elle autre chose ?). En montrant son tatouage, elle accomplissait la *nekuia*.

Les mots sont dans la main des esprits, a dit Kafka. Les mauvais esprits sont chassés par un tatouage qui symbolise, protège et retrace la *nekuia* elle-même : il y a tout un livre écrit sur le bras de Sigolène Vinson, laquelle est elle-même écrivain, et ce livre secret raconte son expérience avec les morts et les vivants, ce 7 janvier. Elle nous a dit plusieurs fois qu'elle se fichait bien d'être une femme ou un homme : elle est une vivante, c'est-à-dire une parole incarnée. Les êtres parlants que nous sommes sont tendus vers leur propre délivrance, cela s'appelle l'amour. J'affirme que Coco et Sigolène Vinson nous ouvrant leur cœur en public ont accompli un acte d'amour.

À ceux et celles qui échappent à la mort, quelque chose leur est donné : c'est l'une des énigmes de la vie humaine. Coco, Sigolène Vinson, Riss, Fabrice Nicolino et les autres ont ce savoir ; mais qu'ils sachent qu'ils l'ont ou qu'ils l'ignorent, qu'ils le refusent ou cherchent à le déchiffrer au plus intime, ce savoir les entraîne à son tour dans une dimension intermédiaire où les vivants et les morts se rencontrent. Ce n'est pas seulement le deuil, ou alors sa forme incurvée : en échappant à la mise à mort, *ils ont pris quelque chose à la mort*. En portant trace de ce qui les affaiblit au point d'avoir voulu mourir eux aussi, ils témoignent ainsi d'une force immense dont il est certain que nous, nous ne l'avons pas. Qu'ont-ils en plus, eux qui, en perdant leurs amis, ont perdu le monde ? C'est un très grand mystère. De la poésie pour les morts, comme dirait Sigolène Vinson ? Coco dit : *« Personne ne peut comprendre ce que j'ai vécu. »*

Cette chose *en plus*, ce grand mystère, passe dans la solitude. Cette solitude, je la questionne : elle est notre politique. ●

**Les prévenus échangent entre eux dans leur box.**

JEU 10 SEPT

# Le rire, les amoureuses et la liberté

**Les familles des victimes leur rendent hommage et les membres de *Charlie Hebdo* affirment leurs idées.**

**Denise Charbonnier, la mère de Charb :** *« Il ne supportait pas ce racisme… et visiblement, il n'y a pas grand monde qui a compris ça. »*

Il y a eu aujourd'hui un moment extraordinaire. À la demande de ses proches, des dessins de Charb, assassiné avec ses amis le 7 janvier dans les bureaux de *Charlie Hebdo*, dont il était le directeur de la publication, ont été projetés sur le grand écran du tribunal. La salle riait, et après sept jours passés à détailler des horreurs et à pleurer les morts, rire nous a fait du bien à tous.

Lorsque est arrivé le dessin d'une femme en burqa avec les fesses à l'air qui entonne l'air de *« Chacun fait fait fait, c'qui lui plaît plaît plaît »*, figurez-vous que ce sont les accusés, du moins quelques-uns d'entre eux, qui n'ont pu retenir leur hilarité. Le rire plus fort que la haine ? On aimerait tellement que ce soit vrai.

En tout cas, il a été question d'amour aujourd'hui : des femmes sont venues rendre hommage à l'homme qu'elles aimaient. C'est d'abord Gala Renaud, la veuve de Michel Renaud, le fondateur du festival Rendez-vous du carnet de voyage de Clermont-Ferrand, ce grand ami des musulmans, et plus particulièrement des Palestiniens, que Cabu avait invité à venir assister à la conférence de rédaction de *Charlie Hebdo* le 7 janvier 2015, et qui, les bras chargés de cadeaux, fut assassiné, comme les membres du journal, par les frères Kouachi.

C'est aussi Valérie Martinez et Marika Bret, intimes de Charb, et Denise Charbonnier, sa mère, qui dit avec une grande justesse le manque et raconta que son mari, le père de Charb, s'était fait tatouer sur le bras son prénom : Stéphane.

C'est Véronique Cabut, la femme du grand dessinateur, qui décrivit la couleur du rire de l'homme qu'elle aimait, qui nous confia sa passion pour Purcell, dont il écoutait un air chaque soir (si bien que depuis cinq ans, écouter de la musique lui est devenu trop douloureux). Et lorsqu'elle nous a dit que Cabu, en dessinant, commençait toujours par les yeux, j'ai vu ses crayons s'agiter dans l'air en formant d'énigmatiques arabesques, comme s'il envoyait un baiser à sa femme.

C'est Hélène Honoré, la fille du dessinateur Honoré, qui parla des subtiles épaisseurs d'encre de Chine de ses dessins, qui sut dire la douceur de cet artiste constamment révolté contre les injustices sociales, et qui soudain fit étinceler à son propos une phrase dont la fausse simplicité ouvre des profondeurs : *« Personne ne pourra me dire pourquoi mon père est mort, mais je sais qu'il n'a pas vécu pour rien. »*

J'ai pensé, en écoutant ces parties civiles, comme on les appelle au tribunal, que l'amour n'était jamais triste. Que le deuil pouvait bien nous traverser, nous envelopper, nous alourdir, il ne touchait pas l'amour. J'ai pensé que seul l'amour est irréductible. Les hommes meurent, mais pas l'amour, qui est littéralement plus fort que la mort, et lui survit. Les femmes que nous avons écoutées souffrent, et pourtant l'on a senti aujourd'hui qu'une flamme en elles se soustrait à la mélancolie de la perte, une flamme qui intensifie encore leurs sentiments et rend si beaux, si nécessaires ces moments rares, lesquels, en ce lieu où l'on remue quotidiennement des ténèbres criminelles, relèvent presque du miracle.

Hélène Honoré a dit : *« Je voudrais redonner vie à mon père. »* Grâce à ses mots, il était là, comme étaient là tous ceux qui ont été évoqués amoureusement, filialement, fraternellement. Il y a le crime, il y a la mort, il y a la douleur ; et pourtant, le cœur, le rire et l'esprit sauvent le monde. Qu'une salle de cour d'assises puisse devenir un refuge pour l'amour est la chose la plus surprenante que j'aurai vécue depuis le début de ce procès hors norme.

C'est aussi le cœur et l'esprit qui nous ont frappés lorsque Simon Fieschi était arrivé la veille à la barre pour témoigner. Ce jeune homme à l'allure éternellement enfantine, et qui m'a toujours fait penser, allez savoir pourquoi, à François d'Assise, a posé sa béquille et a commencé à parler avec une précision stupéfiante de son corps qui lutte contre la paralysie depuis que Chérif Kouachi l'a transpercé de deux balles de kalachnikov, car sa colonne vertébrale a été touchée.

Ainsi, ce corps souffrant est-il devenu notre affaire à tous. Il nous en offre le récit, il parle même de sa responsabilité de survivant. Le mot *« victime »* est trop passif, dit-il ; il préfère le mot *« survivant »*, et *« en tant que survivants on a des devoirs »* : témoigner, par exemple, des dégâts que produisent les armes de guerre, témoigner de ce que *« cette idéologie »*, dit-il, *« nous a fait »*.

Cette idéologie, celle de l'islamisme, c'est lorsque Fabrice Nicolino puis Riss sont allés à la barre, fermant le ban des témoignages de l'équipe de *Charlie Hebdo,* que l'on a commencé vraiment à en faire l'objet de ce procès ; et il me semble, car Marika Bret aujourd'hui y est revenue longuement, que la dimension politique et idéologique — qui, jusqu'à présent, a semblée réservée, presque interdite, du moins absente du procès — va être chaque jour de plus en plus abordée, afin que l'on puisse déterminer à quel point les dix hommes dans le box sont imprégnés par l'islam radical, jusqu'à quel point la religion les mène et les égare.

Ainsi Fabrice Nicolino a-t-il embrasé de sa colère politique une salle d'audience jusqu'ici tendue presque exclusivement par la douleur. Cet homme, élevé dans le culte de la résistance antifasciste et qui milita à l'extrême-gauche antistalinienne, a déjà survécu à un attentat, antisémite celui-là, du cinéma Rivoli-Beaubourg où une bombe avait explosé en 1985 (revendiqué déjà par un djihad islamique et commandité par l'Iran de Khomeyni.) Hier, il a fait entendre à travers le récit de ses combats politiques son goût virulent pour la liberté et a réussi à dresser, à sa manière véhémente, une sorte de panorama des trahisons de cette gauche hypocrite qui ne veut pas affronter le danger islamiste : en accusant *Charlie Hebdo* de racisme (puisque *Charlie* ne cesse d'alerter sur ce danger) — Edwy Plenel déclarant par exemple que *Charlie* mène une guerre contre les musulmans —, cette gauche *« donne quitus à ceux qui vont venir nous tuer après »,* dit Fabrice Nicolino, qui ajouta : *« Je les déteste, je les vomis. »*

**Marika Bret :**
*« Toutes les compromissions ont tué Charb une deuxième fois. »*

En France, les attentats ont poussé sur ce substrat qui, selon lui, a préparé le terrain, isolant *Charlie Hebdo* à mort. *« Personne n'est jamais venu nous aider »,* dit-il, dénonçant la mollesse et la poltronnerie des journalistes français.

Riss a déjà raconté dans *Une minute quarante-neuf secondes* — un livre abyssal qui témoigne d'un continuel face-à-face avec la mort —, son expérience du 7 janvier 2015. Mais ses mots devant cette cour composée spécialement pour le procès des attentats dont il est l'un des survivants semblaient neufs, et comme bordés d'un silence qui leur a donné une sûreté. Riss est un homme dont les yeux infiniment tristes sont à la recherche d'une scène perdue. Cette scène n'est pas celle du massacre, dont il a confié que, s'en étant extirpé, il n'a pas voulu la voir. La pudeur est politique : si Fabrice Nicolino, par éthique, ne serre pas la main d'un fasciste, Riss, quant à lui, refuse tout rapport avec l'ignominie. Quand on dirige un journal, toute question est politique : penser à la mort est le commencement de la morale. Obligé d'enjamber le corps de Charb, il prend bien soin de ne pas laisser l'horreur gagner : *« J'ai fait attention à ne pas regarder la scène »,* dit-il.

Comme Simon Fieschi, Riss rejette le mot « victime », qui comporte un piège : *« Je mets au-dessus de tout le mot "innocence". »* Selon Riss, le monde, en sortant de la guerre froide en 1989, fait réapparaître des totalitarismes, une terreur religieuse qui prend la place du communisme dans l'idéal de soi de la gauche française : elle n'a plus d'autre alternative à la social-démocratie que l'islamisme, et va jusqu'à lui trouver des excuses, et même le flatter.

La seule vraie question, dit Riss, est : *« Pourquoi on vit ? »* Et sa réponse, qui est aussi celle de *Charlie Hebdo :* être le plus libre possible. Autrement dit, ne pas être soumis. ●

**Véronique Cabut, la veuve de Cabu :**
*« Cabu disait toujours : "Les armes se retournent toujours vers ceux qui les fabriquent." »*
*« Je voudrais rappeler à la barre son numéro de carte de presse, que je connais par cœur : 21991. »*

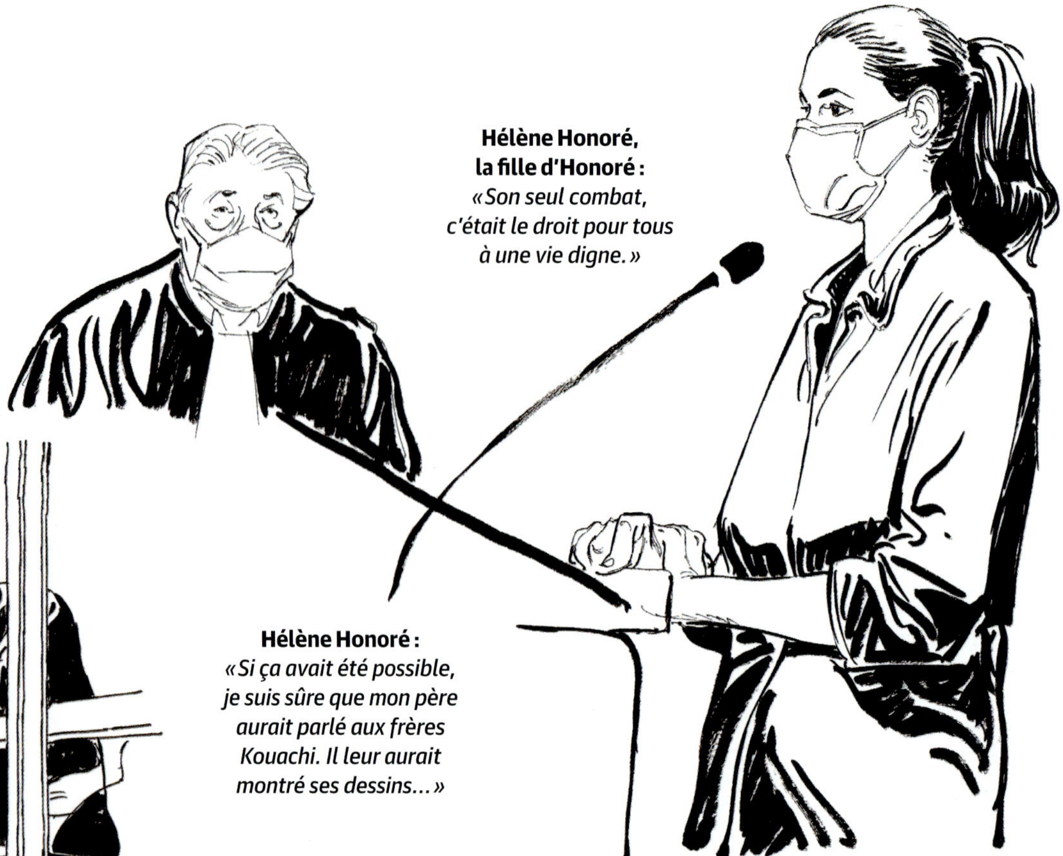

**Hélène Honoré, la fille d'Honoré :** *« Son seul combat, c'était le droit pour tous à une vie digne. »*

**Hélène Honoré :** *« Si ça avait été possible, je suis sûre que mon père aurait parlé aux frères Kouachi. Il leur aurait montré ses dessins… »*

**On projette des dessins de Charb, qui font rire l'assistance, y compris les détenus.**

**Gala Renaud, la veuve de Michel Renaud :** *« Michel aimait la vie, les gens, il était un homme heureux. »*

**Valérie Martinez, intime de Charb.**

**Marie et Jeanne Verlhac, deux des filles de Tignous, viennent parler de leur père, main dans la main.**

**On projette sur l'écran derrrière la cour un dessin de Tignous.**

**Chloé Verlhac, la veuve de Tignous :**
*« J'ai besoin d'entendre les mots de laïcité, d'égalité, de fraternité. J'ai toujours pensé que c'était un assassinat politique. »*

**Jean-François Kahn collaborait avec Tignous dans le journal *L'Événement du Jeudi*, puis à *Marianne*.**

**Antonio Fischetti vient parler d'Elsa Cayat :**
*« On pouvait dire d'Elsa qu'à partir de n'importe quel sujet, elle pouvait tirer un fil. »*

*« Certains sont* Charlie *avec leurs dessins, d'autres avec leurs textes. Elle, avec la psychanalyse, c'était sa façon d'être* Charlie. *»*

**Me Chevais :**
*« Avez-vous un message pour la jeunesse ? »*
**Jean-François Kahn :**
*« Non. »*

VEN 11 SEPT

# Notre besoin d'écoute est impossible à rassasier

**Les familles des victimes de *Charlie Hebdo* ont la parole, comme tout le monde au tribunal.**

La parole continue. C'est même ce qui constitue le petit miracle d'un procès d'assises, en tout cas de ce procès où, chaque jour depuis maintenant deux semaines, toutes sortes de paroles ne cessent de s'entrecroiser, libérant des douleurs, précisant des faits, affirmant des revendications, creusant à la fois l'enquête (que s'est-il passé ?) et les abîmes de l'humanité (comment survivre à ça ?).

Le paradoxe, c'est qu'à l'intérieur de ce lieu ultrasécurisé qui, par nature, est fermé sur lui-même et obéit à de strictes ritualisations qui sont celles de la justice, la parole est libre. Elle circule, elle prend de multiples formes, changeantes, contradictoires, passant sans cesse du pathos à la procédure, du registre de l'émotion à celui de l'information criminelle, et se dépense sans compter afin qu'une partie civile exprime son chagrin ou que la défense se plaigne des conditions qui sont infligées aux détenus.

Et même si je m'étonne qu'on n'interroge pas plus les accusés, notamment lorsque certains d'entre eux ont ri face aux dessins de Charb — car il aurait été intéressant d'avoir leur réaction à chaud —, il me semble que ce mélange d'interventions, ce continuum de prises de parole ne cesse de refonder ce que, précisément, on a voulu ôter à *Charlie Hebdo* : la liberté d'expression. Chacun a pu, durant ces jours consacré au 7 janvier, et plus particulièrement à ce qui s'est passé dans les locaux de *Charlie Hebdo,* venir parler d'un être cher, apporter une lumière tremblante ou revendicative, affirmer, accuser, déplorer, faire entendre un manque, un désaccord, une colère — et surtout, écouter.

Stig Dagerman, ce merveilleux écrivain suédois, a écrit un livre fondamental d'à peine une dizaine de pages qui s'appelle *Notre besoin de consolation est impossible à rassasier.* Tous, dans cette salle d'audience, nous sentons à quel point notre besoin d'écoute est infini, à quel point ce besoin est la grande chose, à quel point, c'est vrai, il est impossible à rassasier. Si l'écoute prenait la place même de la parole, si elle se substituait intégralement à celle-ci (au mauvais penchant de la parole, à sa perversion, à ce qui en elle favorise la destruction) — autrement dit, si l'on ne faisait qu'écouter (l'autre, tous les autres) —, le crime n'existerait pas.

Il existe donc un lieu où l'on peut parler, où l'on peut à la fois saluer la mémoire d'un mort, parler d'amour, affirmer ses convictions, défier un pays ; où des détenus peuvent raconter longuement leur parcours de vie, où des enfants peuvent parler de leur père, où le contradictoire devient le gage d'une sorte de *démocratie directe de la parole.*

On dira que je suis naïf, et que je découvre des évidences. On dira aussi que la parole, dans un tribunal, n'est pas vraiment partagée, les accusés ayant été cette semaine relégués dans une passivité qui les exaspérait, et très peu — trop peu — sollicités pour préciser des faits qui nous semblaient parfois exiger un éclairage contradictoire.

Mais il n'empêche : nulle part ailleurs, il n'existe, dans la société, un tel rassemblement de paroles, sauf dans la littérature (mais la littérature n'est pas la société, elle est une résistance à la société). Aujourd'hui, plus personne n'écoute personne. La contradiction n'est plus considérée comme un moment du dialogue, chacun ne parle que pour soi ou sa communauté d'intérêts ; et d'ailleurs, les gens ne se mélangent plus car ils ne supportent plus de rencontrer quelqu'un qui n'est pas d'accord avec eux. D'où aussi les problèmes de *Charlie Hebdo* : les problèmes que ce journal pose, les problèmes qu'il subit.

Aujourd'hui, les témoignages des parties civiles relatives à la journée du 7 janvier se sont achevés, et nous ont permis d'entendre des proches de Bernard Maris, « l'économiste de *Charlie* », assassiné avec ses collègues. Le portrait qu'en ont fait sa compagne, Hélène Fresnel, sa fille, Gabrielle, son fils, Raphaël, son ami Marc Semirot et ses collègues Anne Isla et Claude Dupuis nous a permis de mieux connaître un homme qui s'intéressait à tant de choses différentes, et avec une énergie telle qu'il était sans doute devenu *le dernier universel.*

Sa compagne, Hélène Fresnel, a rappelé sobrement sa *« capacité à aimer »,* une vertu assez rare par les temps qui courent. Sa fille, Gabrielle, nous a confié qu'un jour, en se promenant ensemble pour aller au musée, cet homme qui travaillait à la fois à *Charlie Hebdo* et à la Banque de France, qui faisait des chroniques à France Inter et donnait des cours à l'université, qui s'intéressait à Houellebecq et au CAC 40, lui a dit : *« J'adore voir les gens sourire dans la rue »* ; puis elle a lu une page d'un de ses livres et nous avons entendu ceci, qui me plaît, et me rappelle un peu Nietzsche : *« Aucun problème politique ne doit résister à un gros rire. »*

Puis Chloé Verlhac, la femme de Tignous, est venue lui rendre hommage, et nous a fait partager l'histoire de leur beau couple, celle d'une petite-fille de déportés juifs polonais et d'un enfant des cités ; puis elle nous a montré ses dessins, et de nouveau un peu d'humour nous a sauvé de la pesanteur.

Louisa Ourrad, la fille de Mustapha Ourrad, le correcteur assassiné de *Charlie Hebdo,* a brossé le portrait d'un homme si discret qu'elle a peur, en parlant devant nous, de trahir sa confiance. À peine arrivé à Paris, en 1980, cet Algérien de Kabylie va déposer sur la tombe de Baudelaire, dont il connaissait des poèmes par cœur, deux gitanes — les cigarettes qu'aurait fumées le poète, disait-il, s'il avait vécu à notre époque.

Enfin, Jean-François Kahn, en l'honneur de Tignous, et Antonio Fischetti, en l'honneur d'Elsa Cayat — qui était une psychanalyste libre, une irrégulière —, ont chacun médité à voix haute sur ce qu'il en est de vivre à une époque où l'on peut être tué pour des dessins, sur ce qu'est la tolérance dans le désaccord, sur ce qu'il y a derrière les mots : *« Aller vers ce qui nous échappe,* a dit Antonio Fischetti, *pas vers ce qu'on a. »* Mettons que cette phrase soit notre programme, celui de la liberté. ●

**Raphaël Maris, le fils de Bernard Maris :** *« On m'a arraché quelque chose de très cher. J'étais un peu dans la fascination, dans l'admiration de ce qu'il faisait. »*

**Gabrielle Maris, la fille de Bernard Maris :** *« J'aurais voulu être à Charlie ce jour-là. J'avais envie d'être auprès de lui, de lui tenir la main… »*

**Ali Riza Polat commence à menacer les coaccusés assis dans le box en face du sien :** *« Mardi, on va régler nos comptes ! Rendez-vous mardi, vous allez voir ! »*

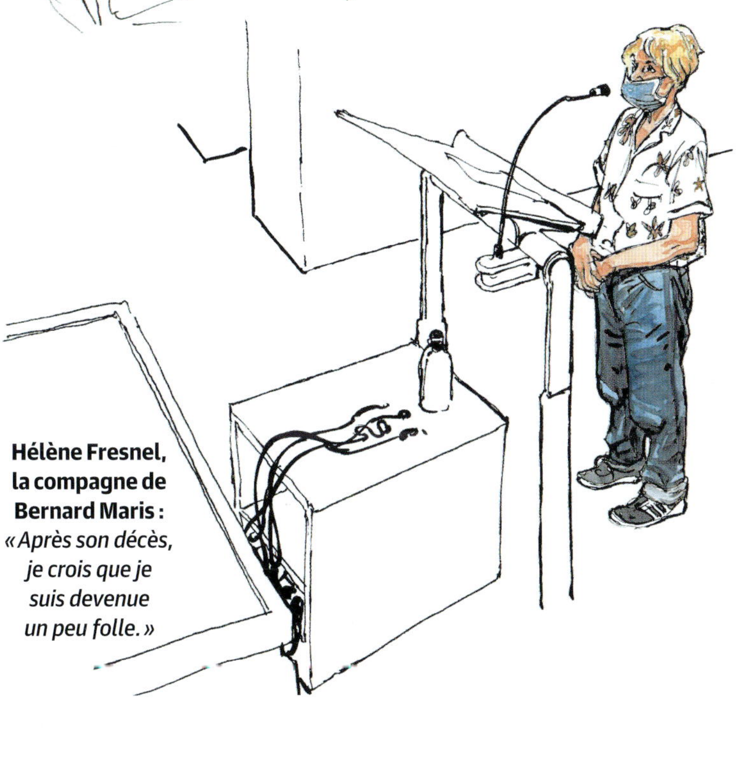

**Hélène Fresnel, la compagne de Bernard Maris :** *« Après son décès, je crois que je suis devenue un peu folle. »*

# LA GRANDEUR DES TÉMOINS

**Les survivants et les familles des disparus ont parlé, et c'était bouleversant. Les accusés aussi ont parlé, et ça a été le malaise.**

Cette deuxième semaine de procès a été terrible. Nous nous sommes approchés au plus près du massacre du 7 janvier, nous avons avancé, tremblants, vers la scène du crime, en écoutant la reconstitution qu'en a donnée Christian D., le commissaire divisionnaire de la section antiterroriste de la brigade criminelle qui a procédé aux enquêtes, puis en recueillant successivement les témoignages de celles et ceux qui ont été sur le chemin des frères Kouachi avant qu'ils ne s'engouffrent dans les locaux de *Charlie Hebdo* : des femmes et des hommes qui ont vu le canon des kalachnikovs pointé sur eux, qui ont supporté les détonations des coups tirés par Chérif Kouachi, frustré de s'être trompé de numéro dans la rue Nicolas-Appert, qui tous ont été terrorisés et qui, pour certains d'entre eux, sont retournés au travail l'après-midi, le lendemain, pour s'écrouler quelques jours plus tard dans la rue, ne plus être capables de se lever le matin, et finir par être licenciés.

Puis il y a eu le témoignage stupéfiant de Jérémy Ganz, qui s'était rendu ce matin-là avec son collègue Frédéric Boisseau sur le site « allée Verte » pour faire un repérage de maintenance du circuit de chauffage. Il a raconté comment, cherchant tous les deux dans la loge du gardien à paramétrer les contrôles d'accès à l'immeuble en vue du travail à venir des équipes qu'ils encadrent, la porte s'est ouverte, et un homme criant *« Charlie ! »* a ouvert le feu directement, touchant Frédéric Boisseau. *« Il allait m'abattre,* dit Jérémy Ganz. *J'ai dit qu'on était dans la maintenance, et que c'était notre premier jour. »* Alors, Kouachi a baissé son arme.

Il entend son ami Frédo l'appeler : *« Je suis touché »,* dit-il. La violence de la balle l'avait projeté contre le mur. *« L'odeur du sang remplaçait l'odeur de la poudre »,* dit-il. Jérémy Ganz raconte alors ce que personne ne peut raconter : être auprès d'un ami qui meurt, un ami qui ne doit pas mourir, un ami pour qui on doit tout faire, un ami qu'il faut sauver.

Jérémy Ganz a raconté ce moment seconde après seconde, comment il n'avait cessé d'appuyer sa main sur le corps de Frédéric Boisseau pour faire un point de compression, comment, alors qu'il est en train de défaillir parce qu'il est diabétique et qu'il fait une crise d'hypoglycémie, il avait traîné son ami comme il avait pu dans les toilettes de la loge pour se cacher car il craignait le retour des Kouachi, comment le silence, le bruit des coups de feu au loin, les paroles chuchotées de son ami, la police qui ne répond pas au téléphone avaient fait de ce petit espace où ils s'étaient réfugiés tous les deux le lieu de la dernière angoisse. La poignée de la porte se met à bouger, Jérémy Ganz l'avait verrouillée, mais il pense que c'est fini : *« Ils vont rafaler. »* Il craint même la police, qui pourrait le prendre pour le forcené à cause des traces de sang. Il prend son ami Frédo dans ses bras et le serre très fort : *« Mon doigt est entré dans le trou de la balle,* dit-il. *J'avais beau appuyer devant, ça sortait dehors. »* Et voici qu'on l'appelle par son prénom, c'est un collègue à lui. Il déverrouille, ce sont les pompiers, ils déshabillent Frédéric Boisseau, et très vite annoncent qu'il est mort. Jérémy Ganz prend soin de recouvrir le corps de son ami avec son pull et son blouson, et lui ferme les yeux. Le sang, dit-il, était gris. *« J'en pouvais plus »,* dit sobrement cet homme, qui a suscité par son témoignage l'admiration de tous.

En écrivant ce texte, où j'essaie de restituer comme je peux le dévouement, la pudeur, l'amour dont cet homme a fait preuve, je me dis : voilà quelqu'un. Nous ne sommes pas seuls au monde, il y a des gens comme Jérémy Ganz. Avoir entendu cet homme qui a accompagné son meilleur ami jusqu'au bout, qui nous a dit sans voile, avec la précision du cœur, ce qu'est un homme qui meurt, est un honneur pour nous tous. Toute cette semaine m'a transformé, et en particulier cet homme.

J'ai déjà raconté sur le site du journal ce qu'ont dit ensuite les survivants de *Charlie Hebdo*. Je n'ai pas la force de redire encore une fois les mots bouleversants de Coco, d'Angélique Le Corre, de Sigolène Vinson, de Laurent Léger, de Cécile Thomas, de Gérard Gaillard, de Simon Fieschi, de Fabrice Nicolino, de Riss, c'est-à-dire de tous ceux qui sont encore là pour parler. Vous me pardonnerez, j'espère, chers lecteurs, mais tous ceux qui ont entendu leurs témoignages aussi insoutenables qu'extraordinaires, témoignages qui élargissent la notion même d'humanité, sont renvoyés à leurs limites. La mienne n'est pas de ne pas arriver à écrire pour eux (je l'ai fait, je le fais chaque soir après le procès), mais de le répéter après l'avoir écrit (de le répéter à ma femme, à mes amis, à vous : cela, je ne le peux plus car c'est à ce moment-là, à la deuxième fois, que je craque).

Vous comprenez, n'est-ce pas ? Je suis là pour essayer chaque soir de vous *redire l'indicible qui s'est dit,* mais il ne m'est plus possible, au bout de la semaine, lorsque vient le moment d'écrire en plus pour le journal sur papier, d'y revenir et de *résumer* ce qui se passe dans ce procès, car la densité quotidienne des paroles, la profondeur des douleurs qui s'y expriment, l'extrême pudeur qui s'y manifeste appellent une écriture presque instantanée qui leur donne voix, et c'est ce que je fais quotidiennement, chaque soir, à travers un texte qui est publié chaque matin sur le site de *Charlie Hebdo* : j'invite les lecteurs fidèles du journal, même ceux qui n'ont pas l'habitude de lire sur écran ou de s'informer sur Internet, à aller quand même sur le site, les articles sont en lecture libre, et je crois qu'ils disent au plus près ce que Boucq et moi, lui à travers son trait qui devine les psychés, et moi à travers des phrases, nous voyons, entendons, ressentons.

Dans son livre *Une minute quarante-neuf secondes,* Riss écrit : *« Chaque phrase sera une fausse victoire, car il faudra en écrire des milliers d'autres, qui jamais ne suffiront à esquisser le portrait de l'abîme. »* Il a raison.

Si j'ai tenté de raconter, ou plutôt de transmettre ce qu'a dit Coco, ce qu'a dit Sigolène Vinson, dont les témoignages font désormais partie des choses les plus intenses que j'aie entendues de ma vie, c'est parce qu'elles ont osé faire le « portrait de l'abîme ». Alors nous aussi, nous nous y devons. Je ne cesse de me demander comment elles font, comment font tous les survivants pour dire et revivre cela, et pour supporter que nous, qui n'y avons pas été, osions leur parler, et même leur parler de ça ; je me demande comment leur patience endure notre ignorance ; comment leur trauma peut prendre cette forme si claire, si modeste, si interrogative, si pleine d'une grandeur incomparable.

La minutie de l'investigation, la mémoire des témoins, les paroles trouées des survivants, puis l'émotion des familles qui ont perdu l'un des leurs (parmi elles, Véronique Cabut, Hélène Honoré, Denise Charbonnier, la mère de Charb, ou Chloé Verlhac, la femme de Tignous, Louisa Ourrad, la fille de Mustapha Ourrad, toutes admirables) – ces heures de témoignages, déployées chaque jour pendant huit heures, ont composé cette semaine une immense parole qui m'a semblé être portée par une chose plus grande encore, comme s'il y avait une parole à l'intérieur de la parole, comme s'il y avait une mémoire commune.

Chaque témoin nous gratifie, chaque parole agrandit le monde, et si la solitude s'accroît lorsqu'on revient sur le malheur et qu'on approfondit le crime, elle ouvre aussi, en nous livrant accès au monde le plus béant, à cette communauté qui relie les humains dès lors qu'ils ont abandonné toute violence. Ce qu'on apprend en écoutant Coco ou Véronique Cabut ou Catherine Gervasoni, la compagne de Frédéric Boisseau, est inestimable. Il nous incombe alors de nous dédier à leurs paroles, de les relayer et de tenter à notre tour, en méditant l'horreur, le deuil et l'amour, de déchiffrer toutes les lumières qu'elles nous offrent.

Il s'est passé aussi ceci de très important : on a montré des dessins de Charb, de Tignous et d'Honoré. Ils ont été projetés sur grand écran. On a ri, tout le monde a ri, même les détenus ont ri. On a vu, tout le monde a vu l'innocence, l'universalité de la drôlerie. Les accusés eux-mêmes, donc, ont découvert que c'étaient ces gens-là, des dessinateurs merveilleux, des artistes capables d'une telle drôlerie, qui avaient été tués. Ce moment-là de rires nous a fait à tous un bien fou, mais il nous a aussi beaucoup troublés. Beaucoup de commentateurs ont dit que c'était une victoire de *Charlie.* C'est possible, mais alors la victoire est désespérante. Car il ne s'agit ni de victoire ni de défaite, il ne s'agit pas de vaincre, ce ne devrait pas être une guerre. La fille d'Honoré a imaginé ce que son père aurait pu, rien qu'avec un dessin, montrer aux Kouachi : *« Mon père serait allé leur parler, il leur aurait montré des dessins »,* a-t-elle dit avec beaucoup d'émotion. Honoré dessinait en effet pour dénoncer les conditions de vie en prison. Tignous dessinait pour dénoncer les injustices sociales. Les dessins de *Charlie Hebdo* donnent la parole à ceux qui n'ont pas la parole. Et c'est eux, les dessinateurs de *Charlie,* qui sont tués. Ils sont tués par des gens que leurs dessins, politiquement et socialement, défendent : des enfants de la banlieue que leur frustration sociale aveugle, et que le fanatisme religieux capture et rend monstrueux. Franchement, on n'appelle pas ça *se tromper de cible* ? À l'abjection du meurtre s'ajoute la bêtise consternante, et l'on sait que la bêtise conduit au crime, la preuve.

**Les dessinateurs, placés sous le président de la cour et ses assesseurs.**

Mais voici que vers 16 heures, il s'est passé quelque chose d'inouï. Je le sentais venir, car toute la semaine les accusés se plaignaient d'être relégués dans le silence. J'ignore si ce que je vais en dire sera juste, j'en ai parlé avec d'autres personnes, les avis sont tranchés.

À la fin de cette semaine de témoignages, vendredi en fin d'après-midi, le président a invité les accusés à s'exprimer. Ils ont parlé, ils se sont adressés aux familles, ils ont transmis leurs condoléances, ont dit qu'ils n'avaient rien à voir avec ces horreurs, et voici que certains sont allés plus loin, ont voulu témoigner à leur tour et dire leur émotion, leur peine pour les survivants, ont cité les noms de ceux et celles qui les avaient bouleversés, ont dit pourquoi ils se sentaient proches, bref *se sont reconnus.*

On a atteint ici un point critique. Était-ce un grand moment d'émotion, comme on dit à la télé, ou une comédie ? (Car les accusés, ne l'oublions pas, jouent leur survie.) Le malaise a envahi la salle d'audience, mais une chose est sûre : *la vitre du box qui se dresse entre eux et nous a explosé.*

Les conséquences d'un tel événement sont incertaines, mais il me semble confusément que c'est allé trop loin. On ne peut reprocher à quiconque de faire preuve d'humanité, même à un prisonnier. Mais quand bien même elle était sincère (qui pourra jamais le savoir ?), leur empathie était en même temps une agression. Un excès intrusif. Car l'empathie peut être néfaste, surtout dans le cas d'un survivant qui a déjà du mal à supporter sa propre perception de ce qu'il a vécu, et ne peut que supporter plus difficilement encore qu'on s'en mêle, a fortiori si celui qui s'en mêle est soupçonné d'avoir participé, de près ou de loin, au crime dont il ne se relève déjà pas.

On aimerait penser qu'il n'y a pas de hiérarchie de parole, et que celle d'un accusé ne vaut pas moins que celle d'un autre : un prisonnier qui peut parler, c'est une liberté qui nous est accordée à tous. Mais qu'un accusé commente le témoignage d'une survivante, et immisce sa parole dans sa vie à elle, voici qu'on rencontre une limite. Faut-il vraiment que la vitre du box explose et que chacun aille vers l'autre ? La parole est libre, mais elle est toujours violente. Et s'épargner la violence est légitime. ●

LUN
14
SEPT

# Pour Ahmed Merabet

**Les policiers décrivent leur affrontement dans la rue avec les Kouachi.**

On se souvient que, après le massacre qu'ils ont perpétré dans les locaux de *Charlie Hebdo*, les Kouachi ont continué dehors. Une fois dans la rue, ils ont ouvert le feu sur des policiers qui arrivaient en VTT et sur d'autres policiers, ceux de la BAC (brigade anticriminalité), venus en voiture.

On a entendu aujourd'hui à la barre des policiers qui ont tous témoigné du caractère absolument asymétrique de la confrontation : entre les pistolets automatiques de service et les kalachnikovs, il y a un monde — justement celui qui sépare la sécurité de la guerre. *« Je ne pouvais rien faire face à ce type d'arme »*, dit Géraldine B., qui depuis ce jour ne se sent plus capable de porter l'uniforme : *« Je ne peux plus, on est des cibles »* (elle a demandé sa mutation dans un bureau en province).

Jean-Sébastien B., chef de bord de la BAC du 11e arrondissement, va jusqu'à confier qu'il avait beau tirer, *« ils ne bougeaient pas, ils n'avaient même pas entendu »* : face aux fusils d'assaut des Kouachi qui apparaissent soudain dans une rue calme de Paris comme une monstruosité, les coups de feu tirés par une simple arme de service semblent dérisoires.

Les policiers décrivent un chaos comme ils n'en avaient jamais vu ; et durant cette journée où nous avons écouté leurs témoignages, c'est leur fragilité — leur *capacité à être fragiles* — qui m'a frappé. La fragilité n'est pas une faiblesse. Les Kouachi étaient des êtres faibles, d'où leur brutalité. Pas les policiers, qui, au contraire, n'auront cessé, ce jour-là et aujourd'hui à travers leurs récits, de développer une sorte d'éthique de la fragilité, laquelle, précisément, se préoccupe des autres et sauve des vies. *« On passe notre temps à rassurer les gens »*, a dit David C. — et il m'a semblé que c'était une bonne définition de la police.

Arrive alors le récit d'une scène stupéfiante, dont vous vous souvenez peut-être pour l'avoir vue à l'époque à la télévision, filmée par le téléphone d'un voisin. Les Kouachi, après avoir tranquillement changé le chargeur de leur kalachnikov, remontent dans leur voiture et foncent vers le boulevard Richard-Lenoir. Un véhicule sérigraphié de la police apparaît dans l'autre sens et bouche le passage. Les Kouachi sortent et, portes ouvertes, mitraillent la voiture de police avant de reprendre leur marche.

Nous écoutons le conducteur, Alban L., et son collègue Mathieu B. raconter comment ils évitent les balles (un *« petit miracle »*, disent-ils) ; et comment, tandis que Mathieu B. réplique à l'aveugle à travers le pare-brise, Alban L., sous une pluie de morceaux de verre et de balles qui sifflent, parvient à faire une marche arrière acrobatique qui leur sauve la vie (on retrouvera le véhicule criblé, notamment au niveau des appuis-tête).

Les récits que nous avons entendus ont ceci de passionnant qu'au fur et à mesure des versions qu'en donnaient les policiers présents sur les lieux (mais depuis des points de vue différents), une narration se complétait, s'ajustait, se stabilisait, comme dans un puzzle. Cette narration multiple convergeait vers un point tragique : la mort de l'un des leurs, Ahmed Merabet, assassiné par Chérif Kouachi sur le trottoir, au niveau du 62, boulevard Richard-Lenoir.

Cette mort est le centre terrible de tous ces récits, et chaque policier n'aura fait, en racontant les événements de cette journée, que retarder le moment où sa narration allait croiser le corps d'Ahmed Merabet.

Sa famille — trois de ses sœurs et sa compagne — est venue saluer avec émotion la mémoire de cet homme de 40 ans altruiste et travailleur, *« musulman pratiquant et attaché aux valeurs de la République »*, comme l'a rappelé sa sœur Nabiha. Il venait de réussir le concours d'officier de police judiciaire, et c'était son dernier jour sur le terrain. Son portrait est apparu sur le grand écran du tribunal, et il nous a semblé qu'un deuil partagé fondait la plus digne des cérémonies, celle qui lie les êtres au temps et à la mémoire.

Les policiers ont tous rappelé qu'Ahmed Merabet avait été exécuté lâchement : alors qu'un premier tir l'avait blessé à la cuisse et qu'il était tombé à terre, Chérif Kouachi s'était approché de lui avec sa kalachnikov. Ahmed Merabet, désarmé (on comprendra plus tard qu'il n'avait tiré aucune balle), a été tué à bout pourtant.

Ce crime abject était ainsi le douzième de la journée. Mais comme l'a dit magnifiquement sa compagne, Morgane : *« Le monde entier le voit comme un homme à terre, mais c'était un homme debout. Et nous aussi,* dit-elle, *nous sommes debout. »*

La famille s'est plainte avec raison d'avoir dû subir, et de subir encore aujourd'hui, la vidéo de la mort d'Ahmed Merabet. N'hésitons pas à qualifier la diffusion de cette vidéo sur les chaînes d'information en continu d'infamie. N'hésitons pas à dire notre dégoût de ces chaînes qui, au nom de l'information, osent exhiber, au mépris de toute décence — et de la loi —, des images d'assassinat. De quelle infecte jouissance les décideurs des programmes d'information télévisuelle se délectent-ils pour ainsi profaner l'image d'un homme ? De quelle impunité dégueulasse vient donc ce droit qu'ils s'octroient ?

Aujourd'hui, enfin, Ahmed Merabet a retrouvé publiquement sa vraie mémoire ; et il a été salué par tous.

Encore une chose qui m'a marqué : quand Jean-Sébastien B., chef de bord de la BAC du 11e arrondissement, monte enfin les escaliers qui mènent à *Charlie Hebdo*, nous qui avons suivi toute la semaine dernière les récits des survivants, nous le suivons pourtant avec appréhension. Qu'espérons-nous follement ? La porte est ouverte, il y a du sang, il y a une odeur de poudre. Il entre et voit, dit-il, *« des ombres dans le brouillard »*. Il fait le tour des bureaux et s'assure qu'il n'y a plus d'assaillants ; il voit les morts et il évite de regarder leurs visages. Plusieurs fois, il parle du silence : un *« silence de mort »*, dit-il, en s'excusant de ne pas trouver meilleure expression (de fait, il n'y en a pas).

Dans le récit de Jean-Sébastien B., on est en enfer. Ses mots sont imprégnés par les plus vieux récits du monde, ceux qui nous font accéder à cela même que nous redoutons le plus : un lieu d'où le vivant est exclu. Et là, voici que se lèvent, au milieu de la poudre, les survivants. Ils sont calmes, dit-il, *« ils ne font pas de bruit »*. Et c'est alors qu'il a cette phrase qui dit tout à la fois la subtilité de sa perception et l'existence d'un au-delà de l'horreur : *« Ils avaient peur de pleurer. »* (Riss, la semaine dernière, avait dit lui aussi le silence du carnage, et la nécessité de parler à voix basse pour ne pas *« troubler les morts »*.)

Il faudrait être reconnaissant à tous ceux qui savent raconter : leur précision nous sauve. Elle nous donne une clarté sur ce monde si criminel qu'il nous semble parfois que rien ne lui échappe. Eh bien si : il y a le cœur des récits. Raconter, c'est empêcher que la mort n'ait le dernier mot. J'écris ce texte pour dire ceci, qui est très simple : *à la fin, ce n'est pas la mort qui gagne*. Les récits sont plus forts que la mort. ●

**Morgane Khelifaoui, la compagne d'Ahmed Merabet, face aux accusés :** *« Je suis debout, et vous n'aurez ni ma haine ni mon pardon. »*

**Fouzia Merabet, une des sœurs d'Ahmed Merabet :** *« Mon frère était tellement fier de son uniforme. »*

**Mariam Merabet, une des sœurs d'Ahmed Merabet.**

**Nabiha Merabet, une des sœurs d'Ahmed Merabet :** *« Ma mère, cinq ans après, elle dort toujours avec son tee-shirt sous son oreiller. »*

**Vincent B., collègue d'Ahmed Merabet.**

**Les avocats de la famille d'Ahmed Merabet.**

**Mathieu B., membre de la BAC, qui a répliqué avec son arme dans la voiture de police pendant que son collègue, Alban L., faisait marche arrière.**

**Géraldine B., membre de la brigade VTT :** *« Je pensais que ça devait être des enfants avec des pétards. »*

**Jean-Sébastien B., chef de bord de la BAC :** *« J'ai pensé qu'il s'agissait de collègues d'une unité d'élite. »*

**Élodie S., membre de la BAC :** *« Tout à coup, les VTT arrivent, et on voit les frères Kouachi sortir. »*

**Me Coutant-Peyre :** *« S'il y avait eu une voiture de police devant les locaux de* Charlie *ce jour-là, pensez-vous que ça aurait pu empêcher la tuerie ? »*

**Alban L., membre de la BAC :** *« Non. Il y aurait eu deux collègues morts de plus. »*

MAR 15 SEPT

# L'enquête : la fuite des Kouachi et leur neutralisation

**Le commissaire responsable de la sous-direction antiterroriste raconte le déroulé de l'enquête concernant les Kouachi.**

Le 7 janvier 2015, après avoir tué onze personnes à *Charlie Hebdo* et un policier sur le boulevard Richard-Lenoir, les Kouachi s'enfuient au volant de leur Citroën, une C3 noire. On peut se demander, au vu du caractère erratique de cette fuite, si celle-ci était planifiée, ou si leur plan a été déjoué. On peut s'étonner, par ailleurs, qu'un véhicule qui a fait l'objet de plusieurs fusillades croisées avec des policiers en plein cœur de Paris parvienne à disparaître des radars à partir de la porte de Pantin (il ne réapparaîtra que le lendemain, lorsque les Kouachi le décideront et braqueront une station-service sans leur cagoule, la tête volontairement découverte, afin d'être repérés et d'attirer à eux la police pour un nouvel affrontement).

Aujourd'hui, un seul homme est à la barre. C'est le commissaire Nicolas G., responsable de l'enquête pour la SDAT, la sous-direction antiterroriste. Il parle toute la journée sans notes, sa mémoire est précise, son langage est net. Il explique comment l'enquête s'est organisée, il en explicite la méthodologie, détaille les pôles de commandement, puis relate la chronologie de la fuite hors de Paris des Kouachi et nous rapporte la série de gardes à vue qui concerne les membres de leur famille, aussitôt appréhendés.

De ces gardes à vue, où sont interrogés la sœur des Kouachi, leur frère, leurs beaux-frères, il ressort un isolement social des Kouachi, on pourrait presque parler, comme font les sociologues, d'*« indigence sociale »* : voilà des gens qui ne s'intéressent à rien ni à personne, qui ne sortent jamais, qui vivent repliés sur leur famille, et se consacrent — d'une manière *« sectaire »*, dit la sœur — à la religion musulmane.

L'examen de cet entourage presque exclusivement familial détermine un environnement radicalisé. De Mourad Hamyd, le beau-frère de Chérif Kouachi, qui sera arrêté plus tard pour avoir voulu rejoindre Daech en Syrie, et dont on découvrira qu'il avait un compte Facebook prônant l'islam radical (mais dont la garde à vue de janvier 2015, telle que la raconte le commissaire Nicolas G., n'avait permis de déceler qu'un homme *« modéré »*), à Aïcha Kouachi, la sœur, qui envisageait de retourner au Qatar pour vivre pleinement sa religion (et qui aurait évoqué une émission de télé où elle avait vu Cabu, dont ses frères lui avaient dit qu'il était *« l'auteur des caricatures »*), tout raconte un ancrage islamiste.

On apprend également que les deux frères étaient fusionnels, et que Saïd, asthmatique et malvoyant, était sous l'emprise de Chérif, *« son gourou »*, dit leur sœur, qui ajoute : *« Ils se considéraient comme juste en dessous du Prophète. »*

Le commissaire déroule durant plus de six heures le récit extraordinairement détaillé de la fuite des Kouachi telle qu'elle a été reconstituée par son enquête, récit dont je rappelle qu'il le fait sans notes, et avec un sens très « littéraire » de la narration, comme le dira avec un peu de malice Me Coutant-Peyre lorsqu'il refusera d'en dire plus sur les zones d'ombre.

C'est ainsi que l'on suit, pendant plusieurs heures, une espèce de roman vrai criminel tout à la fois haletant et déceptif, voire décevant — car à la fin, nous n'ap-

**Le commissaire Nicolas G. :**
*« Le 7 janvier, de 13 h 15 à minuit, 1 700 appels ont été traités. Les frères Kouachi ont été vus un peu partout : dans le train entre Bordeaux et Strasbourg, dans un appartement squatté à Reims, dans un bus... »*

prendrons pas grand-chose que nous ne savions déjà.

D'abord la C3 emboutie dans un poteau sur la place du Colonel-Fabien (Paris 19e) puis abandonnée, avec la carte d'identité de Saïd Kouachi laissée à l'intérieur. Le vol d'une Clio. La nuit du 7 au 8 janvier passée dans la forêt d'Ermenonville (bivouac repéré quelques jours plus tard par un garde-chasse). Le braquage d'une station-service près de Villers-Cotterêts (dans l'Aisne). La Clio embourbée dans un bois où ils ont passé la nuit du 8 au 9 janvier (et

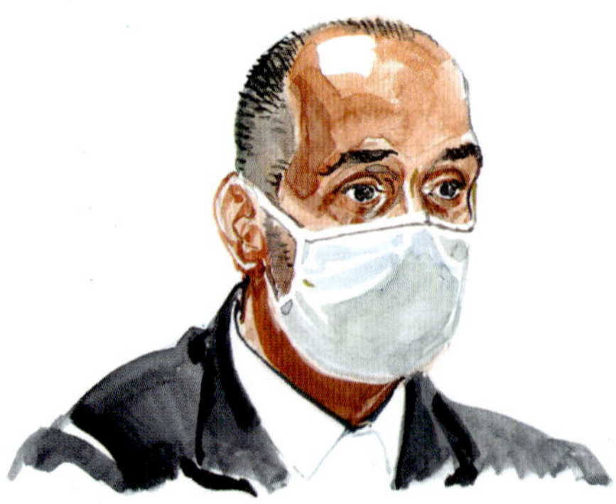

**Le commissaire Nicolas G. :**
*« Perquisition au domicile de Saïd Kouachi : trois téléphones, deux consoles de jeux et des supports numériques. »*

où ils laisseront leurs cagoules, une sangle avec des mousquetons, dont je reparlerai, et des chargeurs de kalachnikov). Un nouveau braquage de voiture sur la départementale à Montagny-Sainte-Félicité (dans l'Oise), où ils menacent une automobiliste qui leur donne les clés de son véhicule, une Peugeot 206 avec laquelle ils se rendent à l'imprimerie de Dammartin-en-Goële (en Seine-et-Marne), où, au bout d'un périple zigzaguant d'environ 160 km, ils prennent un otage, Michel Catalano, le directeur de l'imprimerie, puis ouvrent le feu sur les gendarmes : le GIGN tue alors les deux hommes.

Notons que l'enquête n'a pas permis d'établir d'où venaient les armes des Kouachi. On a retrouvé sur les fusils d'assaut des traces d'ADN, celui des frères Kouachi, bien sûr, mais aussi un mélange d'ADN avec Amedy Coulibaly, et un ADN inconnu, le même que sur la sangle aux mousquetons, et sur les plaques d'immatriculation de la C3 utilisée pour aller à *Charlie Hebdo*.

Cet ADN inconnu a beaucoup fait parler l'inénarrable Ali Riza Polat, le principal accusé, qui la semaine dernière en déduisait rien moins que son innocence — car selon sa logique singulière, cet ADN inconnu prouvait que ce n'était donc pas lui le revendeur d'armes — et qui, aujourd'hui, s'est lancé dans une accusation opaque, quoique très fleurie (les autres accusés étant qualifiés de *« grosses merdes »*), accusation censée le dédouaner, et faisait intervenir un autre dossier en cours : quelques individus crapuleux avec qui, si j'ai bien compris, il avait fait affaire par le passé (et qui lui devraient une quinzaine de millions) l'auraient accusé de terrorisme afin de l'envoyer en prison pour profiter seuls de leurs profits. Ali Riza Polat précisa à cette occasion qu'il n'avait rien à voir avec le terrorisme : *« Je cherchais juste des armes pour mes braquages »*, dit-il, avec cette drôle de manière qu'il a de se défendre.

Comme l'enquête n'avait apporté aucun élément (*« Tous les éléments qu'on possède viennent de l'Hyper Cacher »*, résumait parfaitement le président), on se posa beaucoup de questions, aussi bien du côté des parties civiles que du côté de la défense. Aurait-il été possible d'éviter de tuer les Kouachi pour qu'on ait des gens à juger ? Les commanditaires ne courent-ils pas toujours ? Ne feraient-ils pas partie de l'ancienne bande des Buttes-Chaumont, comme Chérif Kouachi ? Qu'en est-il, justement, de Djamel Beghal, qui vit librement en Algérie, et à qui Coulibaly et Kouachi rendaient visite comme à leur mentor ?

**Le commissaire Nicolas G. :**
*« Saïd Kouachi avait 1/10 à un œil. Il ne pouvait lire au-delà d'un mètre de distance. »*

**Le commissaire Nicolas G., à propos d'Aïcha, la sœur des frères Kouachi :**
*« Chérif Kouachi n'accepte pas son mariage avec Maxime Berdeaux. Il aurait aimé qu'elle se marie avec un "frère". »*

Et de nouveau cette question, de plus en plus désespérante : comment tout cela a-t-il été possible ? Pourquoi Amedy Coulibaly, dont la cour va examiner dans les jours qui viennent les actes criminels, et les frères Kouachi étaient-ils sans surveillance au moment des attentats ?

Lorsque Me Coutant-Peyre pose ces insistantes questions au commissaire Nicolas G., celui-ci répond que ses services ne peuvent pas rendre compte de tout. Ainsi les réponses se trouvent-elles renvoyées à d'autres services, qui eux-mêmes les renverront à d'autres. On espère mieux d'une enquête qui ne fait, au soir du dixième jour de procès, que commencer à déployer ses clartés. On attend entre autres que quelqu'un de la DGSI vienne au procès et — s'expliquant — nous explique.

À la fin de l'audience, on nous a fait écouter l'enregistrement de la conversation téléphonique que Chérif Kouachi a eue avec un journaliste de BFMTV le 9 janvier, alors qu'il était dans l'imprimerie de Dammartin. Ils se tutoient, comme des jeunes. Le journaliste essaie d'obtenir des informations, Kouachi, à chaque fois, dit : *« C'est pas ton problème. »* Puis lorsque le journaliste demande s'ils vont encore tuer des gens, Kouachi dit : *« On n'est pas des tueurs. On tue pas, nous. »* Le journaliste lui rappelle la tuerie de *Charlie Hebdo*. Kouachi dit alors, en désignant la France : *« C'est vous qui tuez des enfants en Syrie. »* Puis il raccroche. Le silence qui s'ensuit est glaçant.

Le président le brise avec autorité : *« Accusés, levez-vous. »* Il demande aux accusés s'ils connaissent les Kouachi : *« Connais pas »*, *« Je les ai jamais vus »*, *« Je connais pas ces gens »*. On sort de la journée harassé, vide, avec l'idée qu'il faudra tout recommencer demain. ●

MER
16
SEPT

# Réflexions sur la parole

**Aujourd'hui parlaient les deux gendarmes arrivés en premier à l'imprimerie le 9 janvier 2015, ainsi que les deux otages des Kouachi.**

Michel Catalano, l'homme qui, le 9 janvier 2015, a été pris en otage par les Kouachi dans son imprimerie de Dammartin-en-Goële, l'a dit aujourd'hui : *« J'étais venu au procès pour avoir des réponses, mais finalement, ce que j'ai le plus apprécié, ce sont les paroles des victimes. »*

Ce sont encore des paroles, leur complexité, leur répétition, leur malheur, leur violente timidité, leur détresse véhémente, leur pudeur en colère, leur endurante dénudation qui ont rempli l'espace de la cour d'assises durant toute la journée.

J'en parlerai en détail demain, j'essaierai de saluer, *en vous les transmettant*, les témoignages des gendarmes Mélanie S. et Francis F., arrivés les premiers sur le site de l'imprimerie CTD de Dammartin-en-Goële, ceux de Michel Catalano, le gérant de l'imprimerie — que les Kouachi ont pris en otage, et qui a osé parler avec eux par-delà la peur —, et de son graphiste Lilian L., qui est resté caché dans un réduit pendant plus de huit heures, et dont le récit est saisissant.

J'essaierai d'être fidèle à l'expérience qu'ils ont prodiguée tous les quatre, qui relève du courage, de l'angoisse, de la déréalisation de soi et de la reconstruction qui en est le pendant hypothétique. Ils ont livré chacun une parole de vérité qui les a mis à nu devant nous ; mais avant de vous raconter ce qu'ils ont dit, j'éprouve le besoin ce soir de méditer sur l'extraordinaire nécessité dont ils ont fait preuve. Que se passe-t-il lorsque, depuis le début de ce procès, les survivants, les témoins, les parties civiles se mettent à parler ? Permettez-moi de méditer un peu avec vous sur cette parole qui nous est adressée, et qu'on n'entend nulle part ailleurs dans la société.

Une telle parole explore, approfondit, ressasse, elle nuance et s'emporte, elle éclaire ; mais toujours, et même lorsqu'elle décortique la douleur, elle est salutaire. *« Word, save us »* (« Parole, sauve-nous »), disait le grand écrivain irlandais James Joyce.

Le salutaire n'a pas besoin de grandes orgues divines, il réside, comme on le voit, ou plutôt comme on l'entend chaque jour depuis le début de ce procès, dans le fait de se rendre disponible à sa propre parole, et à en faire l'expérience publiquement.

J'ignore comment font les parties civiles pour trouver en eux la ressource d'affronter ce contraire de l'intimité — cette contre-intimité qu'implique *la parole à la barre* —, mais il est clair qu'un certain chamanisme inhérent à la parole s'active pour eux devant nous (j'ose le mot « chamanisme », car il dit bien ce qui affecte physiquement les témoins, un mélange de dépossession et d'inspiration).

Est-ce l'adrénaline ambiguë qui anime la justice, cet art public de la vérité ? La parole, telle qu'elle transfigure celui ou celle qui en fait l'expérience à la barre, métamorphose les victimes en quelqu'un d'autre (c'est ce que j'appelle le salutaire de la parole : sortir quelqu'un de ce *« piège »*, comme dit Riss, qu'est la victimisation).

Il est indéniable que toutes celles et ceux que nous écoutons depuis onze jours sortent *en parlant* de leur statut de rescapés, et trouvent non pas une solution, encore moins une guérison à leur souffrance, mais une identité nouvelle que le fait d'avoir parlé leur confère. Identité mystérieuse, flottante, dont certains amis de *Charlie Hebdo* m'ont dit la légèreté nouvelle. Une légèreté brûlante, celle de l'entendement qui s'allume.

Car le crime dont ils ont été l'objet les cantonne dans le monde du crime : une victime ne se définit que par rapport à ce monde qu'elle subit. Sortir du monde du crime impliquait ainsi un plongeon dans la parole devant tous. Acte fou qui retourne cette autre folie dont ils ont été la cible. Alors l'innocence qui est la leur depuis le début retrouve sa propre légitimité : elle se donne à travers l'épreuve du feu de la parole.

C'est ainsi que je comprends, que j'entends, que je partage les témoignages depuis l'ouverture de ce procès, car que pourrais-je faire d'autre, assis sur un banc de la salle d'audience, sinon participer à cette immense entreprise de réappropriation de leur innocence par les victimes ?

Michel Catalano a raison : il y a une enquête, et nous allons savoir, grâce à la science policière, comment se répartissent les responsabilités des accusés (ou celles d'énigmatiques absents) quant à la fourniture du matériel, et en particulier des armes et des véhicules ayant conduit au passage à l'acte terroriste. Mais il y a aussi une autre histoire qui se joue quotidiennement devant nous, et elle met en jeu le désir qu'a chacun de sauver sa vie.

Il m'arrive de me demander si notre présence, à nous auditeurs, est légitime ; je veux dire qu'assister à de tels moments de vérité peut être gênant. Mais, à chaque fois, je comprends que précisément nous nous devons au fait, à l'acte d'être là, afin que l'opération de la parole ait lieu, et que celle-ci soit efficiente. Après tout, le propre de la parole est d'être adressée. La justice implique un tiers muet dont l'écoute garantit que la parole aura été affrontée. C'est pourquoi j'écris ce texte chaque jour : à ma manière interrogative, je signale que la parole a été exercée, et qu'elle nous a été transmise en s'accomplissant.

Je ne crois pas aller trop loin, du moins je l'espère ; il ne me semble commettre aucun sacrilège en prenant ainsi au sérieux les victimes que j'entends parler au tribunal (il me semble même, au contraire, en prendre soin à ma manière, c'est-à-dire par l'écriture) : les paroles des survivants sont adressées à qui veut les entendre, et l'objet de ce texte quotidien consiste à leur dire qu'il y a quelqu'un pour elles, pas seulement moi, bien sûr, mais tous ceux qui pensent à ce qu'ils écoutent. Voilà, je tends l'oreille, nous sommes nombreux à tendre l'oreille afin que la parole de celles et ceux qui parlent puisse advenir.

Notre désir n'est pas de nous approprier cette parole, encore moins de profiter de sa solitude ; mais, en la déchiffrant — en l'accompagnant de notre soin pensant —, de rendre possible qu'il y ait quelqu'un à l'autre bout, *dans le dos de la parole* (puisque nous qui écoutons sommes assis derrière la personne qui parle à la barre, et nous ne voyons que son dos).

En un sens, je (nous) témoigne(ons) pour les témoins. Notre place implique que nous ne prenions la place de personne. Nous écoutons. Nous disons (par l'écriture) que nous écoutons. Nous offrons notre écoute à ceux qui ne peuvent venir écouter. Ainsi nous vouons-nous à un travail qui nous met à notre tour à l'épreuve et fait de nous, auditeurs de ce procès, des personnes sans identité judiciaire, qui n'appartiennent du moins ni à la défense ni aux parties civiles mais qui, en écrivant, tentent de s'approcher de la justice. ●

**JEU 17 SEPT**

# Les solitudes

**Se sont succédé à la barre, ces derniers jours, des gendarmes et les otages des Kouachi.**

Ce qui est frappant, dans les témoignages de Mélanie S. et de Francis F., les deux gendarmes arrivés en premier le 9 janvier 2015 devant l'imprimerie de Dammartin-en-Goële et qui ont contribué à la neutralisation des Kouachi, c'est leur solitude, et même leur abandon : on les a lâchés. Leur hiérarchie militaire, dont la veulerie et la stupidité se devinent à travers leur détresse, n'a eu aucune considération pour leur bravoure, ni même pour l'accomplissement de leur tâche (on renifle sans peine, derrière tout cela, la jalousie médiocre de leurs chefs).

On ne leur a jamais demandé s'ils allaient bien, leur isolement a été total, bridé par le cadre militaire, qui rend impossible toute plainte et ne prévoit aucune écoute : un éventuel suivi psychologique serait à jamais consigné dans votre dossier, et vous serait reproché, comme nous le raconte Mélanie S., qui, depuis ce matin où les Kouachi leur ont tiré dessus à la kalachnikov, ne supporte plus aucune violence. Il suffit d'une porte qui claque, dit-elle, pour que la terreur de ce jour-là revienne. Et parlant à la barre en uniforme, elle semble encore, cinq ans après, sous le choc : *« On était dépassés »*, dit-elle. Et de fait, le monde d'une brigade de gendarmerie de province, tel qu'il nous apparaît à travers son témoignage, relève du tranquille accompagnement de la sécurité routière, pas de la scène de guerre à laquelle, soudainement, elle a été confrontée.

Son collègue Francis F., en uniforme également, salue militairement la cour, puis ôte sa casquette. Lui aussi est seul, mais d'une solitude hiératique, la solitude de celui qui exécute les ordres et n'en reçoit aucune récompense. Son supérieur hiérarchique, le commandant de brigade, ne le félicitera jamais, et n'appuiera pas ses demandes de mutation. Ce qu'a réussi à faire Francis F. relève pourtant de l'exploit : il est la seule personne qui, durant ces trois jours de janvier 2015, aura

**Michel Catalano :**
*« Il m'a demandé : "Vous êtes juif ?" J'ai répondu : "Non, je suis français d'origine italienne." À ce moment-là, j'ai cru que j'allais mourir, car si j'avais été juif, je ne serais pas là aujourd'hui. »*

*« Ils m'ont dit qu'ils voulaient que ça se termine dans les bois, mais que ça n'avait pas pu se faire et que ça serait donc chez moi. »*

**MIchel Catalano entouré d'avocats.**

*« Je me disais : "S'il y a une intervention, je vais prendre une balle." Ensuite, tous les téléphones n'ont pas arrêté de sonner en boucle. C'était assourdissant et là, je n'avais plus de repères parce que mes seuls repères, c'était mes oreilles. »*

**Lilian L., un graphiste employé de l'imprimerie de Michel Catalano :**
*« J'ai eu le temps de me cacher sous l'évier. J'étais dans ma boîte, j'y suis resté huit heures et demie. »*

*« J'ai entendu des pas, mon cœur s'est arrêté de battre. Ensuite, j'ai entendu qu'ils échangeaient avec M. Catalano. »*

été capable d'atteindre un des Kouachi par un tir. Alors que Chérif Kouachi, surexcité par l'arrivée d'un véhicule de la gendarmerie, sort de l'imprimerie et tire en rafale sur celui-ci, Francis F. — qui a pris soin de se cacher et s'est mis en « position de contact feu » (l'arme prête à tirer) — riposte quand Kouachi le vise. Face aux tirs de la kalachnikov, Francis F., avec sa *« petite arme »*, comme l'appellera plus tard Michel Catalano dans son témoignage, loge une balle dans le cou de Chérif Kouachi, lequel se replie alors dans l'imprimerie en rampant (on peut supposer que cette grave blessure infligée au terroriste affaiblira son action, ce qui a sans doute sauvé des vies en réduisant la puissance de feu des Kouachi lors de leur sortie hors de l'imprimerie et de leur *« neutralisation »*, comme l'appellent les policiers).

La solitude de Michel Catalano est d'une autre nature. Ce gérant de l'imprimerie, qui aura côtoyé pendant des heures les Kouachi et risqué sa vie à chaque instant de ce suspense suffocant qu'a été son étrange séquestration (la moindre contrariété des Kouachi pouvant lui coûter la vie), raconte qu'à un moment, alors qu'il ne cesse d'aller au-devant de chaque incident potentiel, refoulant les visiteurs qui sonnent à la porte de son entreprise, préparant le café pour les terroristes, soignant Chérif Kouachi blessé au cou par le tir de Francis F., passant des coups de téléphone à leur demande, écoutant leurs sermons religieux, leurs revendications géopolitiques et subissant leurs propos antisémites, les Kouachi remarquent sur son bureau un petit support décoratif avec le dessin d'une pin-up dans le style américain des années 1950. La conversation s'envenime : *« Ça, c'est blasphème »*, lui dit Chérif Kouachi. La représentation, trop suggestive à son goût, s'accompagne du dessin d'une Jeep américaine. Kouachi, soupçonneux : *« Vous êtes juif ? »* Catalano répond qu'il est français d'origine italienne. Aujourd'hui encore, sa réponse lui semble absurde. *« Si j'avais été juif,* dit-il, *je ne serais pas là pour parler. »*

Ce qui tourmente Catalano tandis que les Kouachi circulent dans son imprimerie pendant une partie de la journée, c'est qu'il couvre son employé Lilian L., à qui, lorsque les Kouachi ont débarqué en tout début de matinée, il a intimé l'ordre d'aller se cacher. Ce jeune homme, venu lui aussi à la barre témoigner de sa *« séquestration »* (c'est le terme employé dans le dossier), va donc passer plus de huit heures caché dans un réduit de la cuisine, sous l'évier, recroquevillé entre le siphon qui lui cisaille le

**Me de Villèle :**
*« Vous avez dit que vous aviez cru mourir. Qu'est-ce qui vous motive à continuer à faire ce métier ? »*

**Mélanie S., gendarme appelée sur le site de l'imprimerie de Dammartin-en-Goële :**
*« J'aime mon métier. »*

**Mélanie S. salue la cour, se retourne en joignant les talons et repart dignement rejoindre sa place.**

**Mélanie S. :**
*« Pour moi, on était en train de mourir. Les tirs nous atteindraient d'un moment à l'autre. »*

**Francis F., le gendarme qui a atteint Saïd Kouachi au cou devant l'imprimerie :**
*« Par mon action, je rends hommage aux victimes. J'ai en moi la détermination à lutter contre l'injustice. »*

dos et les bouteilles de produits ménagers, retenant son souffle, angoissé à l'idée que son téléphone, glissé dans la poche arrière de son pantalon et qu'il ne parvient pas à atteindre à cause de l'exiguïté, ne vienne, en vibrant, à faire un bruit qui pourrait attirer l'attention des Kouachi, lesquels se tiennent dans le bureau de Michel Catalano, qui jouxte sa cachette.

Le récit par Lilian L. de ses huit heures de réclusion dans son placard nous a fait entrer dans un territoire de la solitude où l'insupportable ouvre sur une contrée indescriptible, où ni la force ni la faiblesse ne possèdent encore le moindre sens, où tout n'existe plus qu'en termes vibratoires, où la pesée du temps et la compression de l'espace font de vous un animal désorienté pour qui vie et mort se confondent.

Il y a quelque chose d'intraitable au cœur de la solitude de chacun, et si cet intraitable qui nous assure nerveusement la survie a pris chez Michel Catalano la forme d'une diplomatie fébrile, il a revêtu chez Lilian L., tout au long de son calvaire, la forme d'une angoisse. Angoisse qui lui donne une acuité terrible, et que l'enfermement exacerbe car ses perceptions ne sont plus que sonores : *« Mon seul repère, c'était mes oreilles »*, dit-il.

Voici qu'il entend des pas qui s'approchent. L'un des Kouachi cherche de la nourriture, il est entré dans la cuisine, ouvre un placard, puis le frigo, puis le petit meuble sous le micro-ondes, à quelques centimètres de l'endroit où il se cache : *« J'ai vu son ombre à travers l'embrasure. »* Kouachi se penche sur l'évier, fait couler l'eau, se lave les mains. L'eau s'écoule dans le siphon et goutte le long de son dos. La serviette est pendue sur la porte du placard. S'il la prend pour s'essuyer, le placard va s'ouvrir. *« J'étais tétanisé »*, dit Lilian L., Kouachi s'éloigne sans s'essuyer les mains.

Puis, dans l'après-midi, les téléphones se mettent à sonner partout dans l'imprimerie, ce vacarme lui vrille la tête, il en profite pour bouger et s'emparer du sien : il y a des centaines de textos, il écrit à sa mère, et celle-ci le met en contact avec le GIGN qui encercle l'imprimerie. Il a peur de mourir dans leur assaut ; il leur donne des informations de l'intérieur ; il croit que son ami Michel Catalano est mort ; il attend d'être délivré ; il est sous l'évier depuis plus de huit heures ; il n'en peut plus. Après cette expérience qui l'a traumatisé, Lilian L. dit : *« Je suis resté enfermé quatre mois chez moi. »* Il s'est *« réfugié dans les jeux vidéo »*, prolongeant ainsi une claustration dont il est possible qu'on ne sorte pas si facilement. L'expérience de la solitude l'a séparé du monde : il dit qu'il ne veut plus qu'on le reconnaisse, ni les médias ni qui que ce soit ; il refuse la reconnaissance, il veut retrouver l'anonymat, il veut qu'on floute son visage sur les photos, il ne veut plus exister que dans sa solitude à lui, celle qui est sans témoin, celle qui est son seul miroir.

J'imagine que pour ceux qui sont passés par l'expérience de leur propre mort, la solitude a remplacé toute altérité. Elle est leur autre, elle est tous les autres, elle est le monde, qui à la fois n'existe plus et scintille tout entier, fragile, dans ce coin intérieur. J'imagine Lilian L. s'enfonçant dans la nuit, seul, rivé à son ordinateur. La solitude est ce frère qui seul vous comprend. La compréhension des autres est insatisfaisante, incomplète, secrètement indésirable (mon texte lui-même fait partie, peut-être, de cette pesanteur importune). Seule votre solitude vous comprend, car c'est celle, rien d'autre, qui vous a maintenu en vie. ●

**Amine Belhoucine, le frère de Mohamed et Mehdi Belhoucine, en fuite, accusés d'avoir aidé Amedy Coulibaly.**

**Un avocat :**
*« Vous dites que vous vous considérez comme sunnite, avec une pratique d'un islam modéré, comme quelqu'un de respectueux de la république et de la démocratie. Comment pouvez-vous expliquer l'inversion de ces valeurs ? »*

**Amine Belhoucine :**
*« Par la manipulation. »*

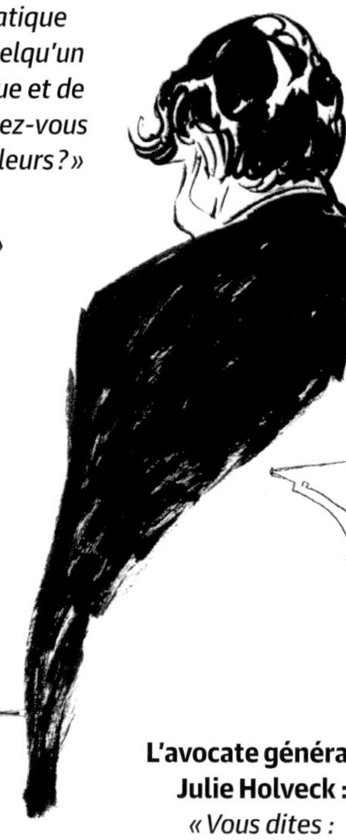

**Abdeljalil Chikha-Belgacem fréquentait les frères Belhoucine et a envisagé de partir en Syrie.**

**Amine Belhoucine :**
*« Mehdi m'a demandé de garder le téléphone pour rester en contact avec eux en Syrie… Mais ma mère a cassé le téléphone. »*

**M^e Richard :**
*« Et vous savez pourquoi ? »*

**Amine Belhoucine :**
*« Elle devait être en colère. Je sais pas. »*

**L'avocate générale, Julie Holveck :**
*« Vous dites : "Ils m'avaient presque convaincu d'aller en Syrie." »*

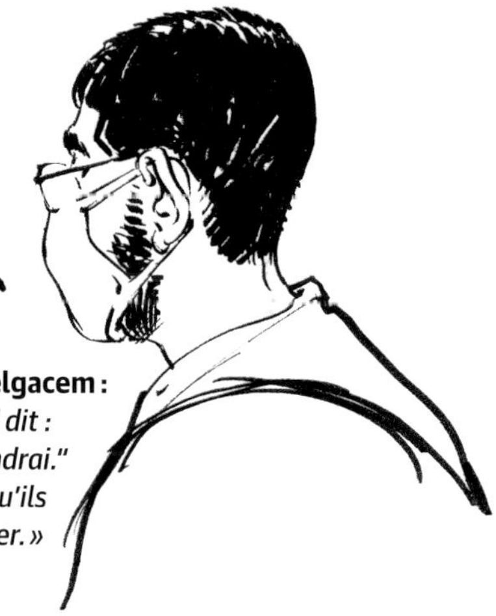

**Abdeljalil Chikha-Belgacem :**
*« Finalement, j'ai dit : "OK, je vous rejoindrai." J'ai dit ça pour qu'ils arrêtent d'insister. »*

**Michel F., l'officier de la police saisi de la tentative d'assassinat de Romain D. et de l'assassinat de Clarissa Jean-Philippe :**
*« On sait que l'arme utilisée le 7 janvier 2015 sur la coulée verte est aussi associée à la cartouche 7.62 non percutée retrouvée le 8 janvier au matin sur la scène de crime à Montrouge. »*

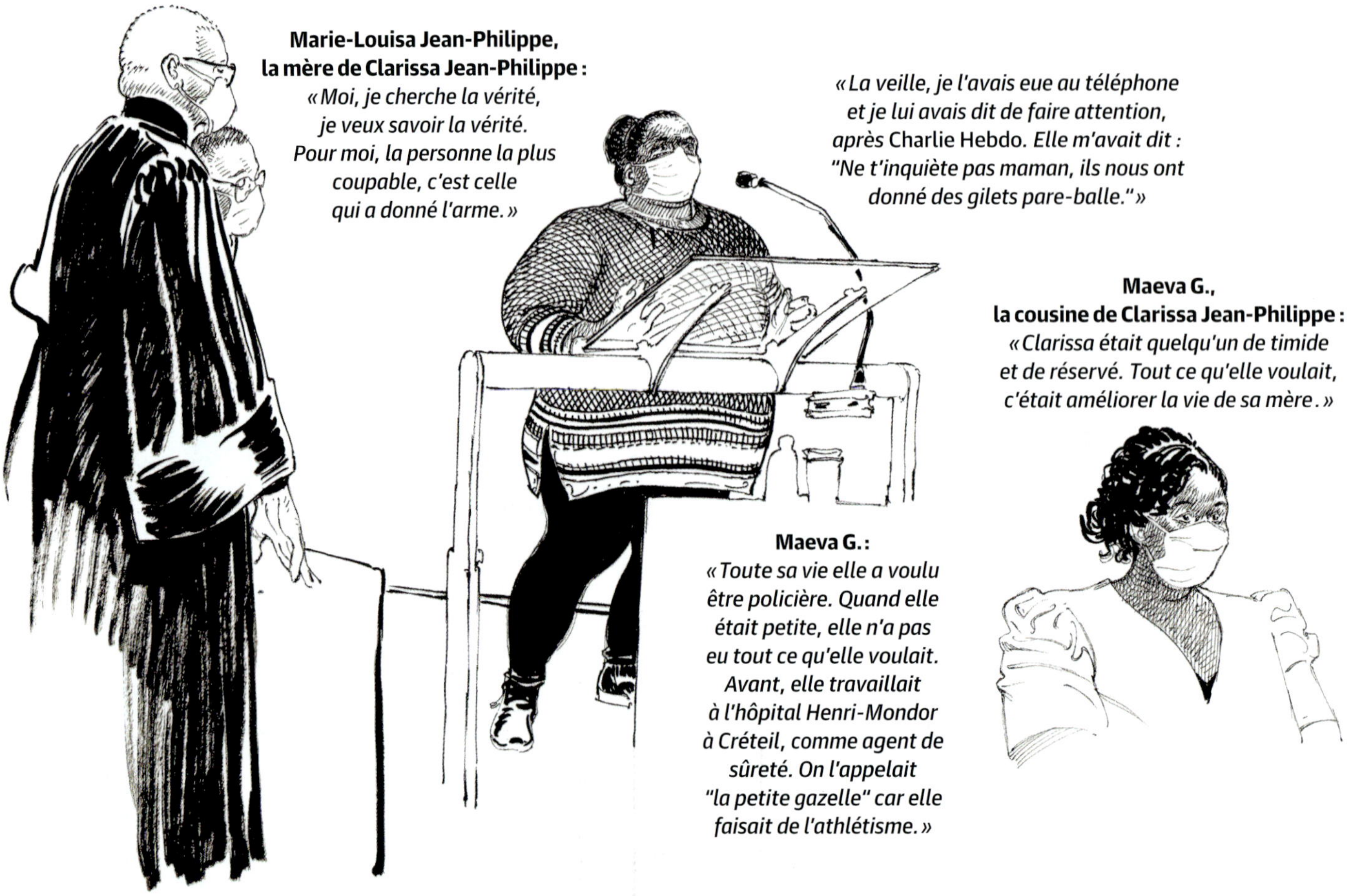

**Marie-Louisa Jean-Philippe, la mère de Clarissa Jean-Philippe :**
*« Moi, je cherche la vérité, je veux savoir la vérité. Pour moi, la personne la plus coupable, c'est celle qui a donné l'arme. »*

*« La veille, je l'avais eue au téléphone et je lui avais dit de faire attention,* après Charlie Hebdo. *Elle m'avait dit : "Ne t'inquiète pas maman, ils nous ont donné des gilets pare-balle." »*

**Maeva G., la cousine de Clarissa Jean-Philippe :**
*« Clarissa était quelqu'un de timide et de réservé. Tout ce qu'elle voulait, c'était améliorer la vie de sa mère. »*

**Maeva G. :**
*« Toute sa vie elle a voulu être policière. Quand elle était petite, elle n'a pas eu tout ce qu'elle voulait. Avant, elle travaillait à l'hôpital Henri-Mondor à Créteil, comme agent de sûreté. On l'appelait "la petite gazelle" car elle faisait de l'athlétisme. »*

Après la mort des Kouachi sous les balles du GIGN, nous revenons en arrière. Car une autre séquence et une autre enquête démarrent le 7 janvier au soir et, pendant deux jours, se superposent à celles du massacre de *Charlie Hebdo*. Cette séquence, cette enquête mettent en cause un certain Amedy Coulibaly, qui va perpétrer des crimes sans raison apparente à Fontenay-aux-Roses (Hauts-de-Seine) et à Montrouge (Hauts-de-Seine), avant de passer une troisième fois à l'acte en commettant un attentat contre l'Hyper Cacher de la porte de Vincennes (Paris 20e), exécutant quatre personnes de confession juive, et se réclamant de l'islam radical.

C'est le commissaire Michel F., à l'époque chef du service départemental de la police judiciaire des Hauts-de-Seine, qui vient à la barre faire la narration de cet enchevêtrement de procédures, où d'une part l'expertise balistique (les étuis retrouvés à Fontenay et à Montrouge) va permettre de relier les deux crimes, et d'autre part une trace d'ADN sur une cagoule abandonnée va permettre d'identifier le tueur dès l'après-midi du 8 janvier.

**VEN 18 SEPT**

# Le sans-pourquoi

**Tentative d'assassinat de Romain D., assassinat de la policière Clarissa Jean-Philippe : les crimes qui précèdent l'attentat contre l'Hyper Cacher.**

Premier crime : cinq coups de feu sur la personne de Romain D., un homme qui faisait son jogging sur la coulée verte, à Fontenay-aux-Roses. On est en janvier, c'est le soir, il fait nuit. Romain D., qui a survécu à ses blessures au prix d'opérations incessantes, n'a pas vu le visage de son agresseur. Il se souvient d'un homme assis sur un banc de la passerelle, avec une doudoune noire à capuche fourrée. L'homme lui tire une balle dans le bras, il s'écroule, l'homme se penche vers lui, le braque : *« Prends ça, enculé »*, dit-il. Il s'enfuit, son assaillant l'atteint encore quatre fois, mais il parvient à se cacher dans le jardin d'un pavillon voisin.

Tout semble accuser Amedy Coulibaly, qui vivait à quelques centaines de mètres du lieu de l'agression, et dont l'arme retrouvée à l'Hyper Cacher a servi également à tirer sur Romain D. ; mais celui-ci a reconnu quelqu'un d'autre, et ce quelqu'un est dans la salle, parmi les accusés, c'est Amar Ramdani. Les deux hommes se toisent à travers la vitre du box : *« Je suis sûr à 80 % que c'est lui. »* Amar Ramdani rétorque : *« Moi je suis sûr à 100 % que je n'ai jamais tiré sur cet homme. »* L'enquête donne raison à ce dernier : le soir des faits, son téléphone a borné à Garges-lès-Gonesse (Val-d'Oise).

L'enquêteur Michel F. affirme que tout désigne Amedy Coulibaly, qui aurait, selon lui, voulu faire un essai afin de tester son arme avant de passer à l'action : *« Ces armes sont démilitarisées avant d'être remilitarisées, donc peu fiables. »* Coulibaly aurait ainsi pris le premier venu comme cible — comme cobaye.

Par quelle effroyable tournure d'esprit peut-on *essayer* une arme sur une cible humaine, comme si c'était un tesson

**Romain D., le joggeur atteint par un mystérieux tireur :**
*« Pendant un mois et demi, j'ai été opéré tous les deux jours. »*

*« Je suis tout seul dans cette histoire. »*

**L'officier de police Michel F. :**
*« S'agissait-il d'un essai avant de passer à l'action ? On peut l'envisager. Pour vérifier si une arme fonctionne, le lieu était un très bon choix : discret, isolé. »*

de bouteille ou un cadavre de pigeon ? Ici s'ouvrent des abîmes dans l'infamie. Car on va découvrir le point d'inhumanité auquel quelqu'un comme Amedy Coulibaly est parvenu : non seulement pour lui le meurtre d'un homme est sans importance (il tue froidement et au hasard), mais il va jusqu'à le commettre *sans raison*.

Deuxième crime : celui, le lendemain matin, d'une policière municipale, à Montrouge. Elle se nomme Clarissa Jean-Philippe, elle a 26 ans, elle est originaire de Martinique, et sa mère, à la barre, nous dira qu'elle venait juste de réussir le concours de la police municipale. Elle et son collègue Jonathan B., qui vient témoigner à la barre en uniforme de policier, et rappelle qu'ils étaient tous deux désarmés (*« On n'avait rien autour du ceinturon »*), raconte qu'ils sont appelés ce jour-là vers 7 h 30 avenue Pierre-Brossolette pour un « accident matériel » (un choc de voitures sans victimes). Alors qu'ils s'occupent, avec des agents du service propreté de la ville, de dégager la chaussée, voici qu'un homme, « de type africain », vêtu d'une doudoune à capuche, s'avance vers eux et tire avec un fusil d'assaut sur la jeune femme, ainsi que sur l'un des agents, qu'il va blesser grièvement à la joue.

Cette irruption de la violence, racontée par plusieurs témoins, procure un effroi sordide. Quelque chose en Coulibaly relève du démoniaque, et je crois que cette dimension du personnage n'a pas encore été envisagée. La froideur dont il témoigne, sa manière d'errer constamment (c'est-à-dire de faire erreur) lorsqu'il commence une action, voire de se perdre dans ses propres plans, d'afficher une sorte de sarcasme neutre et de glacer tout rapport, cela définit la présence en lui du diable. Ne souriez pas à ce mot : rien n'est plus sérieux que le démoniaque, rien n'est pire que la jouissance de la malfaisance. Laurent J., l'agent de la ville qui a tenu tête à Coulibaly et s'est battu avec lui, l'empêchant d'utiliser son fusil d'assaut, l'a dit très clairement : *« Son visage était comme de la cire. Il n'avait aucune expression. Ses yeux étaient écarquillés comme je n'en avais jamais vu. »* Ce qui anime le démoniaque, c'est une pulsion de mort concentrée, qu'aucun sentiment ne dilue. *« Tu veux jouer, tu vas crever »*, lui dit Coulibaly avant de le mettre en joue (l'arme s'enraye, comme si le diable n'avait pas prise sur Laurent J., dont l'intelligence directe a littéralement fasciné le tribunal).

Une chose importante sur laquelle cet homme a insisté, et qui a suscité de nombreuses questions des avocats de la partie civile, est l'existence, non loin de la scène de crime, de l'école juive Yaguel-Yaacov. Un faisceau d'éléments laisse penser que Coulibaly avait projeté d'y faire un carnage (sinon que serait-il venu faire à Montrouge ?) ; il se serait peut-être égaré en remontant l'avenue au lieu de la descendre ; peut-être aussi est-il venu trop tôt, l'école n'ouvrant qu'à 8 heures : errant sur l'avenue, il aurait alors croisé Clarissa Jean-Philippe et les autres. Et la bagarre avec Laurent J. aurait finalement fait rater son plan, Coulibaly ayant dû fuir au milieu de la circulation

**Jonathan B., le collège de Clarissa Jean-Philippe :**
*« À 7h30, on reçoit un appel pour un accident matériel rue Pierre-Brossolette. Les services techniques arrivent. Nous sommes quatre au moment des faits, et nous discutons de ce qui s'est passé avant, à* Charlie Hebdo. *»*

*« J'arrive à un arrêt de bus. Je reviens en arrière et je vois ma Clarissa à terre. Je lui dis : "Ça va aller, ça va aller." Et ma cheffe m'a dit d'aller refaire la circulation. »*

*« On entend "paf !". On entend deux coups de feu. Je vois mon collègue des services techniques se battre avec un homme. Je sors mon tonfa, je le poursuis sur 200 m. Je ne suis pas armé. Je courais derrière lui, et je peux vous dire qu'il avait une bonne foulée. Il était tout en noir. »*

*« On était nus. On était nus ce jour-là. Je pense qu'on l'a arrêté, peut-être, dans l'action qu'il allait peut-être faire à la synagogue. »*

automobile et disparaître en s'emparant d'une voiture. *« Ce qu'il a fait le lendemain,* dit Laurent S., *c'est une preuve de plus : il n'a pas attaqué un commissariat. »*

Je reviens à la nature du crime de Coulibaly. Pourquoi alors avoir tué Clarissa Jean-Philippe ? Parce qu'elle était policière ? Pour le symbole ? Par rage d'avoir raté son but ? Pour rien ? Bien sûr, nous savons aujourd'hui qu'Amedy Coulibaly a donné à ses crimes antisémites de l'Hyper Cacher la dimension d'un acte djihadiste. Mais si l'assassinat de Clarissa Jean-Philippe relève de l'attentat, c'est-à-dire d'une logique de terreur visant à créer un climat de mort, il détient son pouvoir de l'arbitraire dont il est le symptôme le plus barbare : pouvoir tuer n'importe qui à n'importe quel moment est le propre du terrorisme. Lorsqu'il tire sur Clarissa Jean-Philippe, Coulibaly se fiche qu'une idéologie légitime son crime : celui-ci est sans raison. L'arbitraire est l'autre nom de l'abomination. Le crime sans cause fait peser sur toute vie humaine, quelle qu'elle soit, la possibilité d'être prise pour cible ; il projette son règne morbide sur nos libertés, réduisant celles-ci à la survie qu'autorise la chance.

J'aimerais essayer de penser les crimes de Coulibaly parce que, justement, plus encore que ceux des Kouachi — ou du moins d'une manière différente —, ils ont à voir avec l'impensable. Il me semble qu'ils ne sont pas entièrement réductibles à l'idéologie islamiste, ou disons que s'ils s'y soumettent, celle-ci ne les définit pas intégralement : il reste une part — et certains soirs, il me semble que c'est la pire —, qui relève d'une autre dimension. L'islamisme radical, balbutié chez ces gens-là comme une psalmodie criminelle dont on se demande en quoi elle a à voir avec Allah et Mahomet, est surtout un bon prétexte pour tuer. La part la plus noire du crime chez Coulibaly est purement gratuite, elle est sa jouissance même, la dimension démoniaque qui a pourri son âme, et qui le pousse à tuer quelqu'un pour rien. À assassiner telle ou telle personne, au hasard, dans la rue, le matin, le soir, peu importe. Nous autres qui passons nos vies à chercher, qui voulons comprendre, qui nous imaginons que même le mal a ses raisons, nous ne sommes sans doute pas à la hauteur d'un phénomène qui touche à la racine même de la malfaisance : sa terrible gratuité. Le mal peut bien se donner toutes les raisons du monde, au fond, il n'en a pas : il est sans cause. Nous demandons pourquoi, mais il est possible qu'il n'y en ait pas, de pourquoi, car c'est dans l'absence de sens — dans l'insensé — que gît réellement le mal.

Primo Levi raconte dans *Si c'est un homme* qu'un jour, à Auschwitz, il tend le bras vers la fenêtre gelée de son baraquement et casse une congère qu'il porte à sa bouche pour se rafraîchir. Un soldat nazi lui dit que c'est interdit. Pourquoi ? demande Primo Levi. Le nazi répond : *« Hier ist kein warum »* (« Ici, il n'y a pas de pourquoi »).

Tirer sur un homme qui court dans la nuit pour essayer son arme, tuer à bout portant une policière qui passe par hasard dans la rue relèvent du *sans-pourquoi.* C'est le comble de la barbarie, c'est ce qui a eu lieu durant les trois journées de janvier 2015, c'est désormais une modalité de notre monde, ou plutôt de l'im-monde. ●

**Laurent J., l'agent de la ville qui a tenu tête à Amedy Coulibaly :**
*« Quelques minutes avant de partir, j'ai dit à ma copine, qui me disait de faire attention : "Quel gogol va faire un attentat à Montrouge ?" »*

**Laurent J. voit près de lui un individu sortir une kalachnikov de son sac et tirer :**
*« Pour moi, c'était une blague, et je lui ai dit : "Avec ce qui s'est passé hier, tu fais des blagues comme ça ?" Et là, je vois Éric défiguré, avec des bouts de mâchoire à 30 cm, il avait la tête explosée. Je me retrouve face à Coulibaly. »*

*« Je me suis dit : "Si je veux survivre, il faut que je lui rentre dedans." Et là, j'ai eu un voile noir. Je me souviens que je tenais le canon et la crosse de la kalachnikov et je me disais : "Si tu lâches, t'es mort. Si tu lâches, t'es mort." Et là, il m'a dit : "Tu veux jouer, tu vas crever." J'ai attrapé sa manche et je voyais le canon de son pistolet qui passait devant ma tête. »*

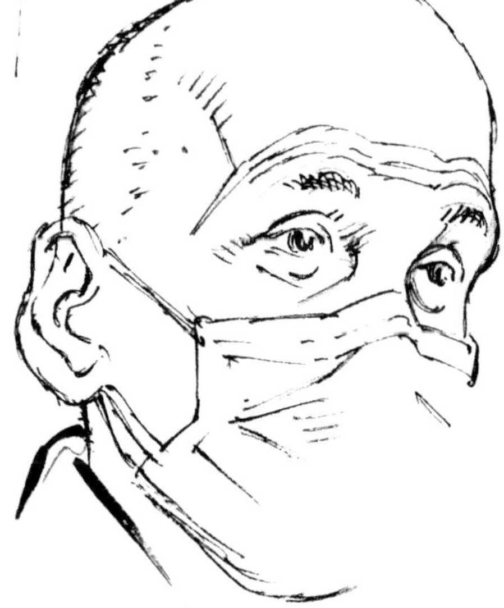

*« Je pense que, pendant quelques minutes, je suis devenu fou, et c'est probablement ça qui m'a sauvé. »*

*« J'ai été attaqué le jeudi matin, et le lundi matin, j'étais au travail. »*

*« J'ai tout de suite dit : "La seule cible qu'un terroriste pouvait attaquer dans le quartier, c'est une école juive." »*

LUN 21 SEPT

# La manifestation de la vérité

**Alors que le commissaire Christian D. fait le récit de l'enquête relative aux crimes de l'Hyper Cacher et qu'Anne Hidalgo s'invite à la barre, petite méditation sur le concept de vérité.**

Aujourd'hui, les avocats de la défense ont quitté la salle d'audience pour protester contre l'audition de la maire de Paris, Anne Hidalgo, venue parler de la prise d'otages de l'Hyper Cacher, en vertu des pouvoirs discrétionnaires du président de la cour. De fait, on s'est demandé ce que les belles paroles de la maire de Paris pouvaient bien apporter à la manifestation de la vérité, car une cour d'assises est un lieu — l'un des derniers dans notre société si clivée — où la parole, celle des accusés comme celle des victimes, est réellement *écoutée*, où elle ne cesse de s'approfondir et d'élargir avec elle notre capacité à penser (par exemple la manière dont s'incarnent la justice, l'innocence, la communauté, la violence) ; mais on a pu constater aujourd'hui que la parole du personnel politique relève au contraire d'une insignifiance qui n'en finit pas de nous irriter.

Nous attendons tout de la justice, car elle demeure un lieu où la parole, en advenant librement, produit avec elle de la pensée. Mais il semble bien que nous n'ayons plus grand-chose à attendre de la politique, si celle-ci s'obstine à ânonner sa prédication républicaine un peu simplette, à faire appel à des valeurs dont la consensualité serait, disons, acceptable si elles n'étaient pas dévitalisées à ce point par un usage automatique de notions pourtant essentielles : la parole politique s'est tellement dévaluée que lorsqu'une élue prononce le mot « République », il nous semble vide.

Cela fait trois semaines que nous vivons une expérience fondamentale — la défaillance du politique, en tant que parole qui pense, n'en est ainsi que plus terrible. Écouter les témoins, entrer avec les survivants dans un travail de dévoilement de soi qui révèle le monde, suivre nuance après nuance les récits des enquêteurs de la police, c'est construire la possibilité d'une communauté de paroles contradictoires qui fondent la justice. Mais dès lors que s'énonce une parole qui ne tient qu'à elle-même, une parole qui ne calcule sa propre efficacité qu'en fonction d'un usage qui va s'exercer hors de la salle d'audience, qui cherche en d'autres termes sa publicité, se donne à entendre une forme de fausseté.

J'aime bien que les avocats et la cour nous rappellent sans cesse que l'objet de ce procès relève de la « manifestation de la vérité ». Celle-ci engage chacun de nous et nous rappelle que la parole est un agir. Ainsi la prestation d'Anne Hidalgo nous a-t-elle paru déplacée, non seulement parce que la venue du personnel politique dans une enceinte judiciaire pose problème, mais aussi parce que sa parole n'était tout simplement pas à la hauteur des enjeux considérables qui chaque jour animent les témoins, les policiers, les survivants, les avocats dans leur quête d'un sens à donner à des scènes où se sont déroulés des crimes qui, précisément, sont politiques.

Me Coutant-Peyre dépose des conclusions.

À propos de la vérité, il me paraît important de rappeler que sa conception juridique vient du droit romain : la *veritas* relevant de l'élucidation logique des faits, c'est-à-dire de la vérification de ce qui a existé. Mais il existe une autre conception occidentale de la vérité, et celle-ci prend sa source dans l'ontologie présocratique, c'est-à-dire dans une conception de l'être qui a précédé les constructions dominantes de la raison : les Grecs la nommaient *l'alèthéia*, c'est-à-dire le dévoilement, ce qui surgit de son retrait.

Cet événement de la vérité, son surgissement à travers la parole, coïncide-t-il avec la vérité comme procédure de vérification ? C'est la nature d'un tel procès que de nous convier, me semble-t-il, à cette double expérience. D'un côté, écouter des paroles et se rendre disponible au vertige intérieur des témoignages ; de l'autre, remonter le fil minutieux des accusations. La défense, et en particulier Me Coutant-Peyre, qui semble bien souvent en porter la parole générale, insistait aujourd'hui sur le fait que *« la seule question sur laquelle la cour est saisie est la culpabilité ou non des accusés »*.

On peut penser que cette question, pour passionnante (et négligée) qu'elle soit, n'est pas exclusive : parvenir à qualifier la justesse des responsabilités de chaque accusé est l'un des objets de ce procès — ce sera sa *veritas* ; mais l'autre objet réside sans doute dans l'établissement d'une forme de dévoilement qui ne pourra être quantifié, ni peut-être même résumable, tant il se place sur un plan qui échappe à la stricte déduction : quelque chose à la fin se sera descellé à travers la parole, et cette chose, plus grande que chacun de nous, et réductible à aucun, se sera manifestée comme *alèthéia*.

C'est la raison pour laquelle ce procès est si important : on ne peut penser la violence de nos sociétés occidentales, dont la dimension criminelle de l'islamisme est l'un des enjeux fondamentaux, et le cœur même du procès des attentats de janvier 2015, sans se rendre disponible aux deux notions de la vérité. Élucider les faits ne suffira pas : nous avons besoin d'un autre dévoilement, celui qui nous fera entendre combien les déchirements qui fracturent la France exigent d'être regardés en face, et que celle-ci affronte ses propres gouffres. ●

**Le commissaire Christian D. :**
*« Parmi les otages, une personne était de religion catholique, une autre personne était plutôt intéressée par le bouddhisme. Amedy Coulibaly demandera aux otages quelle est leur confession. »*

*« Rien n'indique qu'Amedy Coulibaly ait fait des repérages auparavant. Il a vingt bâtons de dynamite qui auraient pu entraîner un effondrement de l'immeuble. Il commande ces armes par trois, on peut se demander s'il n'avait pas prévu d'avoir des complices. »*

**Anne Hidalgo, la maire de Paris :**
*« Nous avons décidé de donner le titre de "citoyen d'honneur" à* Charlie. *Je viens témoigner pour réaffirmer les valeurs de la République et de la laïcité. »*

**Avant l'audition du commissaire, Ali Riza Polat parle avec son avocat.**

**Le commissaire Christian D. :**
*« La caméra GoPro va montrer les trois premières exécutions, puis une séquence où Amedy Coulibaly parle d'Israël et de la France. À partir de 14 h 30, il va tenter d'obtenir une connexion Internet, il veut améliorer le débit pour pouvoir diffuser sa GoPro. Il a un ordinateur. Il est venu avec son ordinateur. Il a fait cinq fichiers qu'il a séparés et les a téléchargés sur un serveur appelé "up to box". Sur l'ordinateur d'Amedy Coulibaly : "Moi je fais ça pour la satisfaction d'Allah." »*

**Le commissaire Christian D. :**
*« De 14 h 32 à 17 h 01, il se sert de son ordinateur pour suivre BFM, i-Télé et les chaînes d'information. Il explique qu'il est en contact avec les frères Kouachi et qu'il lutte contre l'oppression des musulmans en France et dans le monde. Le téléphone va être engorgé par les appels. Quand on arrive, l'assaut est le dernier recours. C'est le summum des difficultés qu'un service de police a pu rencontrer dans une prise d'otages. »*

**Le président fait défiler des captures d'écran des caméras de vidéosurveillance du magasin Hyper Cacher.**

MAR 22 SEPT

# Précisions sur l'Hyper Cacher

**Le commissaire, les survivants, les familles racontent l'ignominie : tuer des Juifs parce qu'ils sont juifs.**

Écouter le récit de la tuerie de l'Hyper Cacher est un cauchemar. Le commissaire Christian D. nous a précisé le déroulement minute après minute de ces quatre heures et quatre minutes si affreuses que la plupart des survivants, exilés désormais en Israël, ne veulent pas venir témoigner.

Mais nous avons beau souffrir à l'écoute d'un tel récit, nous n'avons que cela pour ne pas succomber à la barbarie : la précision. Je ne sais si elle est capable de sauver quoi que ce soit en ce monde brouillé par l'impunité des instantanéités, mais elle est une éthique possible. L'approximation est obscène ; la bouillie verbale, criminelle ; seule la précision demeure morale.

Alors soyons précis. À 13 h 05, le 9 janvier 2015, Amedy Coulibaly, *« habillé en kaki, caméra sur son torse avec des lumières rouges »* — selon les mots de Patrice O., le gérant de l'Hyper Cacher, qui sera blessé et parviendra à s'enfuir —, entre dans le magasin de la porte de Vincennes et tire sur Yohan Cohen, la première personne qu'il croise, un jeune employé du magasin portant une kippa, qui rangeait les Caddies et s'écroule en hurlant de douleur. Coulibaly commence alors sa sinistre déambulation, et tue successivement, en à peine un quart d'heure, trois clients : Philippe Braham, François-Michel Saada et Yoav Hattab, pendant que Yohan Cohen agonise.

Le premier, Philippe Braham, est exécuté après que Coulibaly lui a demandé son nom, et y a reconnu un patronyme juif. Son épouse, Valérie, venue à la barre parce que, dit-elle, elle a *« besoin de parler de son mari »*, raconte qu'elle lui avait fait une liste de courses pour shabbat. Il y était allé dès le jeudi mais n'avait pas tout pris. Elle l'avait *« engueulé »*, dit-elle avec des accents terribles de culpabilité, et *« le pauvre, il y était retourné »* le lendemain, c'est-à-dire le vendredi 9, *« pour ne pas me contrarier »*. Entendre cette femme se remémorer leurs préparatifs, et raconter que c'est elle, désormais, qui, à la place de son mari, raconte pour ses trois enfants la sortie d'Égypte à la table de shabbat, et leur récite toute la prière avec la photo de leur père posée au milieu des plats, nous serre le cœur.

François-Michel Saada, lui aussi, venait pour chercher des pains de shabbat. Il est arrivé à l'Hyper Cacher au moment où Coulibaly avait exigé des caissières qu'elles ferment le rideau métallique, et il s'était baissé pour passer. Zarie S., l'une des deux caissières, témoigne : *« Monsieur, ne rentrez pas »*, lui dit-elle. Il est au téléphone et répond : *« Je prends juste une ou deux choses, je fais très vite et je sors. »*

**Benjamin Hattab, le père de Yoav Hattab :**
*« Les gens qui ont donné l'arme, ce sont eux qui sont responsables de la mort de mon fils. »*

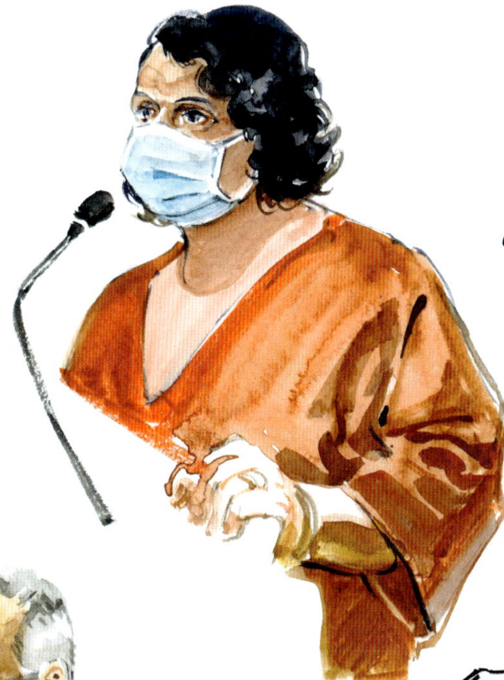

**Annie-Laure Saada, la sœur de François-Michel Saada :**
*« Mes frères sont nés à Tunis et moi, en France. Il a fait ses études à l'école publique. Nous sommes tous les quatre des purs produits de l'école laïque. »*

**Bruno Lévy, le beau-frère de François-MIchel Saada :**
*« Dans la vie, on doit choisir des amitiés, on doit assumer ses amitiés. Si on veut des mitraillettes, c'est pas pour aller faire des courses. »*

**Bruno Lévy :**
*« Mon beau-frère venait d'un milieu modeste. Il avait pu faire des études. Il était fier d'être républicain. »*

**Valérie Braham, la veuve de Philippe Braham.**

**Eric Cohen, le père de Yohan Cohen :**
*« Je ne veux pas regarder ceux qui sont là… Comment peut-on aider des gens à tuer des innocents ? »*

**Franck Chabenet, l'oncle de Yohan Cohen :**
*« C'est toute une famille qui est détruite. »*

**Valérie Braham :**
*« Ça fait six ans que je suis confinée. »*

**Odia Hattab, une des sœurs de Yoav Hattab :**
*« C'est mon héros, il s'est sacrifié pour les autres. »*

Elle n'arrive pas à le convaincre, et alors qu'il s'avance dans le magasin, il voit Coulibaly et comprend, se retourne pour s'enfuir, s'écroule, touché par une balle dans le dos, et meurt. Coulibaly le traîne à l'intérieur. Puis le rideau est baissé complètement. *« J'ai pensé,* dit Zarie S., *qu'on était en train de s'enterrer vivants. »*

Yoav Hattab fait partie des clients, il était venu chercher du vin pour shabbat, lui aussi est très jeune, 20 ans à peine. Et comme le disent à la fois son père, directeur de l'école juive de Tunis, et sa sœur, il s'est sacrifié pour les autres : *« Il est monté pour sauver ses frères français. »*

En effet, lorsque Coulibaly est entré dans le magasin et a fait feu, les clients se sont rués vers le fond des rayons avant de descendre dans la réserve où un employé, Lassana B., qui s'occupait des palettes de surgelés, va les cacher dans la chambre froide et la chambre congélateur en coupant le courant (je parlerai demain de Lassana B., dont le témoignage a été capital et l'action, décisive). À un moment, Coulibaly exigera des caissières qu'elles aillent chercher ceux qui se cachent en bas. Il braque l'une des deux, et dit à l'autre : *« T'as dix secondes pour chercher ceux qui sont cachés en bas, sinon je la tue. »* Zarie S. descend, leur explique, mais personne ne veut monter : *« Personne n'a voulu me suivre »*, dit-elle. Elle sait que si elle ne remonte pas, il tuera sa collègue, et si elle remonte sans les autres, il la tuera aussi. Elle remonte, et Coulibaly est déjà occupé par autre chose, il veut appeler la police, il lui faut un téléphone et c'est encore Zarie S. qu'il sollicite, qui doit composer le numéro, écouter la bande enregistrée : *« Pour un appel urgent, veuillez patienter »*, subir le sarcasme de Coulibaly : *« Vous êtes pas assez importants pour la police »* et finalement, tomber, au commissariat, sur une voix à qui elle dit : *« Je vous passe le preneur d'otages. »*

Plus tard, elle redescendra, car Coulibaly veut regrouper les otages, et des gens vont monter. Parmi eux, donc, Yoav Hattab, qui voit tout de suite que le terroriste a posé l'un de ses fusils d'assaut sur un sac de farine. *« On y pensait tous »,* dit Zarie S. Yoav Hattab s'empare de l'arme et veut tirer, mais la balle ne part pas. Coulibaly l'exécute d'une balle dans la tête, puis il appelle tout le monde, ouvre son sac et exhibe toutes ses armes pour leur faire peur. Il y a des explosifs, de quoi faire sauter tout l'immeuble, comme le précisera le commissaire D.

**Me Korchia**

**Zarie S. :**
***« Il m'a dit que les frères Kouachi et lui faisaient partie d'une même équipe, qu'ils s'étaient scindés en deux. Eux étaient responsables de* Charlie Hebdo, *lui de la police et de nous. J'ai bien compris qu'il en avait après nous parce qu'on était juifs et français. »***

Coulibaly demande alors où sont les caméras et charge un des otages de les détruire. Il renverse les Caddies, fait asseoir tout le monde par terre, dans un rayon, devant lui, et s'assied sur une chaise au bout, puis se met à tenir des propos sur la Syrie, sur l'armée française qui tue là-bas des enfants, sur les pays musulmans qui sont opprimés. Les otages disent qu'ils n'y sont pour rien, Coulibaly leur répond : *« En payant vos impôts, vous financez l'armée française, vous êtes coupables. »*

Zarie S. dit qu'il y avait les corps, le sang, l'odeur des balles. Pendant plus de quatre heures, elle et les autres vivent de plain-pied avec la mort. Lorsque Coulibaly la chargeait de quelque chose à faire, elle devait *« enjamber les morts »*. À un moment, comme Yohan Cohen, le premier touché, gémissait de douleur, Coulibaly a demandé aux otages s'ils voulaient qu'il l'achève. Ils disent : *« Non, laissez-le tranquille. »*

À un moment, nous dit-elle durant son témoignage, dont j'entends encore, au moment d'écrire ce texte, les silences et la manière si tragique qu'elle a d'attendre l'arrivée de chaque mot, de le prononcer d'un seul souffle, et de recommencer à attendre, à un moment, tout au début de ce cauchemar, Coulibaly a dit ceci, l'a éructé plutôt, en la menaçant, alors qu'elle s'était accroupie sous sa caisse en pensant qu'elle allait mourir (car il venait de tirer dans la caisse) : *« Vous, les Juifs, vous aimez trop la vie. Vous pensez que c'est la vie le plus important, alors que c'est la mort le plus important. »*

Je reviendrai demain sur cette phrase, qui dit tout. Elle dit l'antisémitisme délirant de Coulibaly — mais y a-t-il un antisémitisme qui ne soit pas délirant ? —, elle dit la folie nihiliste du terrorisme, elle dit encore autre chose, plus secrète, sur sa conception de l'islam, mais j'ai besoin de reprendre mes esprits pour vous parler de cela : écouter les paroles de Zarie S. m'a bouleversé, et les retranscrire est une expérience difficile dont je perçois dans la nuit qu'elle participe à une transmission dont ces phrases ne sont qu'un moment. La vérité qu'elle a portée à travers son témoignage relève d'une arche, une arche de noms, une arche mémorielle de détails. Les détails font mal, les familles des victimes ont dit que la précision du récit de Zarie S. les avait fait souffrir, et elle s'en est excusée, mais elle se devait de dire toute la vérité — c'est-à-dire de ne pas abandonner ce champ de mort à Coulibaly. La vérité relève ce que l'infamie a couché. Dans la bouche de Zarie S., la précision, qui est le langage de la vérité, accède à une lueur. Lueur terrible, parce qu'elle ne fait qu'éclairer les morts, pas les ressusciter. Mais cette lumière des mots, et du souffle qu'on entend entre chacun de ses mots, change tout. Elle compose une cérémonie qu'elle nous offre à tous afin de sanctifier selon le deuil et la mémoire ce qui relève de la vie elle-même : les morts ont droit à la vie par la parole de ceux qui les évoquent. Ainsi, grâce à Zarie S., le shabbat, dont Coulibaly a voulu priver les Juifs, a-t-il lieu quand même. Car lorsqu'on n'a plus le jour, ni le lieu, ni même la prière, on a encore la parole qui les fait exister tous les quatre, et ainsi la parole nous dit-elle qu'à la fin, ce n'est pas la mort qui gagne. ●

MER 23 SEPT

# Le labyrinthe, le monstre et l'indemne

**De nouveaux témoignages éclairent la topographie de l'Hyper Cacher et nous font comprendre la guerre spirituelle qui s'y est jouée.**

Nous avons écouté mercredi les derniers témoignages concernant l'Hyper Cacher. Nous avons entendu des otages qui se cachaient en bas, dans la réserve, ceux qui, lorsque les premières détonations ont retenti, se sont précipités au fond du magasin, vers l'escalier : *« Nous, les gens de la chambre froide »*, a dit Noémie S., et à travers ces mots se trouvait nommée la différence fondamentale qui a structuré les événements criminels de l'Hyper Cacher. Ceux d'en haut, les otages livrés, entre les rayons, à la proximité des morts, sur lesquels régnait Coulibaly ; et en bas, les vivants qui ne voulaient pas rejoindre ce règne des morts, malgré les demandes répétées de Zarie S., dépêchée par Coulibaly pour faire remonter tous les otages vers lui.

En haut, le monde muet d'une soumission à la folie de Coulibaly ; en bas, ceux qui avaient encore leur téléphone et communiquaient dans le noir, et bientôt, comme l'a rappelé Jean-Luc S., les pieds dans l'eau à cause de la décongélation des chambres froides.

Nous était révélé plus crûment, au fil des témoignages, le caractère mythologique de cette épouvantable scène de crime : l'enfer est un labyrinthe arpenté par un monstre qui déambule à travers les couloirs où s'entassent ses victimes, tandis que les survivants qui cherchent l'issue y tournent en rond ou se cachent. *« La porte de secours était condamnée »,* a

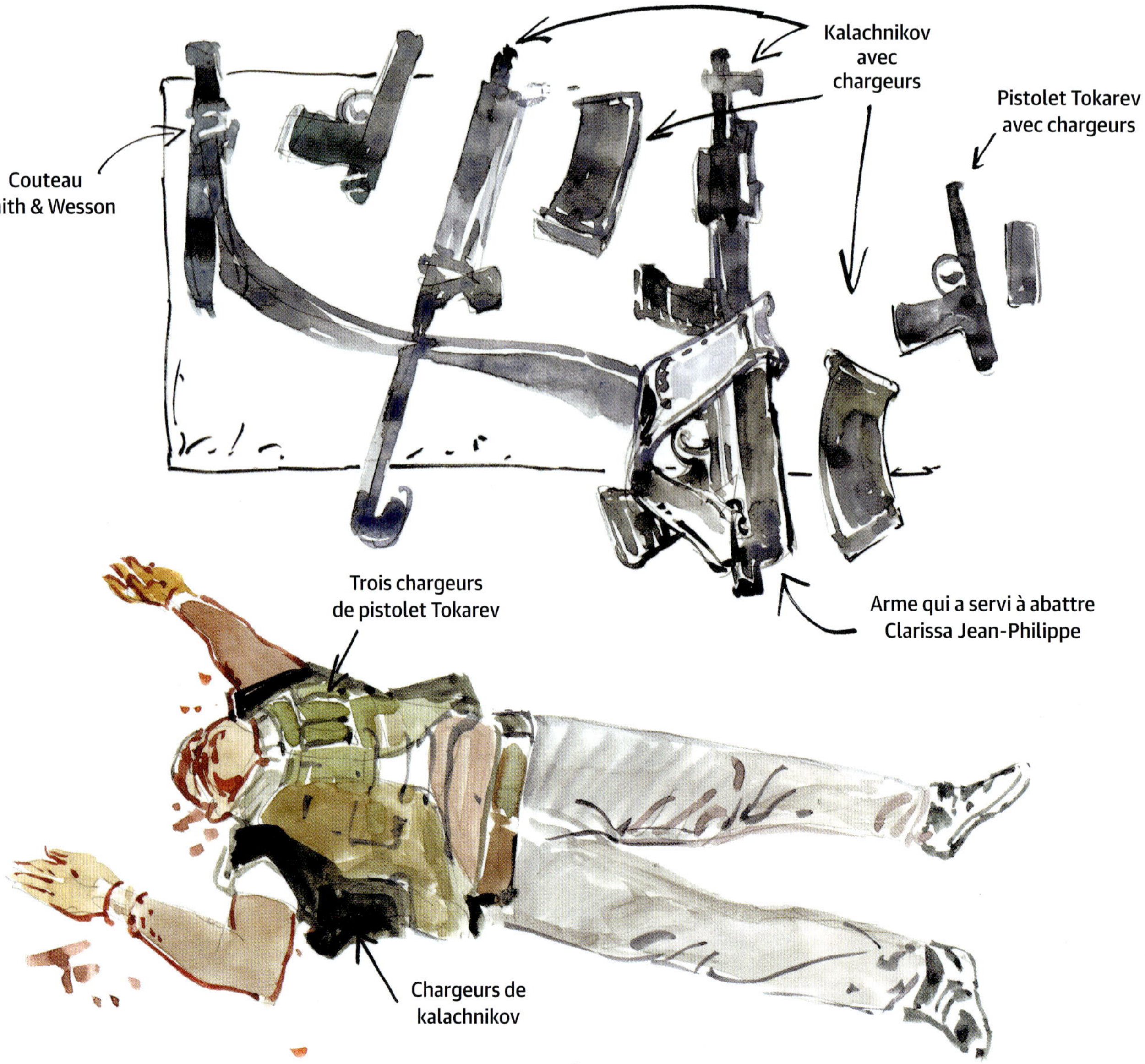


**ARMES DE COULIBALY À L'HYPER CACHER.**

dit Rudy H., et nous avons alors entendu sa phrase comme un énoncé symbolique : en enfer, il n'y a pas d'issue.

Pourtant, au milieu du labyrinthe, avec la grâce déchirante des êtres qui possèdent la lumière (son prénom signifie *« celle qui illumine »*), Zarie S. assurait le passage entre ceux d'en bas et ceux d'en haut — autrement dit, elle protégeait tous les vivants. C'est elle qui, par l'attention qu'elle a prodiguée au lien constant entre le bas et le haut — en faisant communiquer l'incommunicable —, a maintenu le sacré qui, seul, garantit la vie au sein même du règne de la mort.

Si Coulibaly, assis sur son trône dérisoire, s'était ordonné, en entassant autour de lui des cadavres, grand prêtre de cette religion de la mort qu'est pour lui l'islam, Zarie S. composait dans l'espace un autre usage de l'esprit. Ce n'est pas pour rien qu'au moment de témoigner elle a su nous guider à travers les ténèbres de la parole, et ouvrir à celle-ci la clarté d'un salut : cette femme qui est devenue infirmière, et qui donc prend soin quotidiennement des autres, a accompagné, deux jours après la tuerie, les morts en Israël pour être présente aux enterrements. Le sens du sacré qui l'habite sans peut-être même qu'elle en ait conscience coïncide chez elle avec la vérité. C'est le sens de l'une de ses phrases : *« Je dois dire la vérité, même si elle est difficile. »*

Ainsi l'espace que Coulibaly était venu profaner par le crime n'a-t-il cessé d'être combattu lumineusement — et contré — par cette femme dont l'itinéraire entre les rayons a eu vertu d'en rédimer le seuil.

Je rappelle que ce lieu s'appelle l'Hyper Cacher, et que s'il relève du genre de la supérette, son signifiant le désigne comme fournissant, dans l'ordre de la nourriture, l'absolu de la bénédiction. À sa manière prosaïque, il donne ainsi sur le sacré : tout ce qui s'y déroule n'appartient pas qu'au visible, mais également à l'invisible, c'est-à-dire au partage continuel entre l'hostile et le favorable.

J'ai lu quelque part, dans un traité sur le judaïsme, je crois, qu'être juif, c'était renverser dans son corps la malédiction en bénédiction. En l'écoutant parler à la barre, mais aussi en observant sa présence silencieuse dans la salle d'audience, j'ai perçu à travers Zarie S. la puissance de l'indemne, c'est-à-dire cette dimension qui échappe à l'enfer, qui est *non damnée*.

Son attention à la fois la sépare du monde (en tout cas du monde infernal)

**Le président refuse de diffuser les images de la caméra GoPro que Coulibaly portait sur lui, mais lit la retranscription des dialogues entre lui et les otages, enregistrés par ce procédé.**

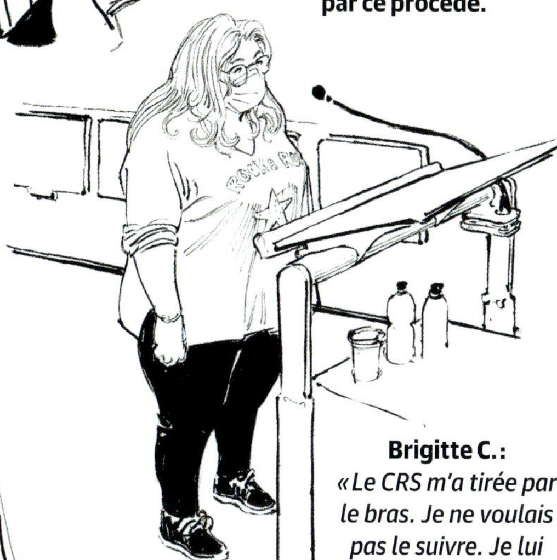

**Claire N. :** *« J'aimerais retrouver ce sentiment de sécurité que j'avais avant. »*

**Brigitte C. :** *« Le CRS m'a tirée par le bras. Je ne voulais pas le suivre. Je lui disais : "Le terroriste va se réveiller." »*

**Brigitte C. :** *« Il a dit : "Vous verrez qu'un jour en France, il y aura un drapeau islamique à l'Élysée." »*

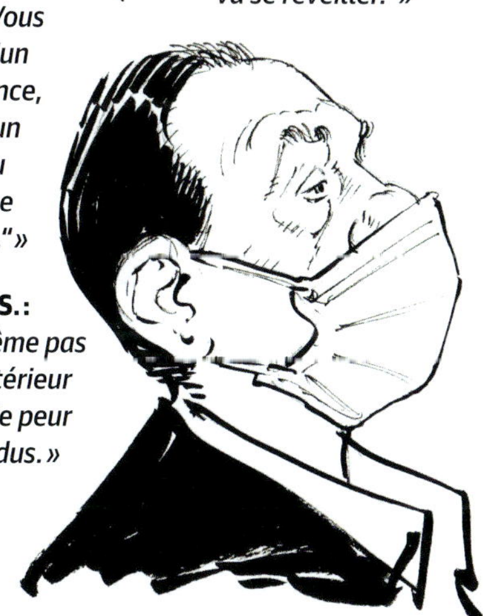

**Jean-Luc S. :** *« On n'osait même pas respirer à l'intérieur du congélo, de peur d'être entendus. »*

**Élie O., dont le témoignage semble fantaisiste :** *« J'ai joué à l'Arabe. Je parle l'arabe couramment, je connais le Coran. J'ai dit à Amedy Coulibaly : "On va faire les prières ensemble." »*

**Jean-Luc S. :** *« Après l'attaque, je suis rentré chez moi. j'ai commencé à me sentir seul. J'ai réalisé qu'il n'y avait personne qui pouvait comprendre ce que nous avions vécu. »*

**Noémie S. :** *« On était six, il y avait un bébé, d'une patience extrême. Notre priorité, c'était qu'il ne pleure pas. »*

**Me Coutant-Peyre:** *« Monsieur le Président, j'avais laissé mon carnet de notes hier soir et il n'y est plus. Il y avait dedans toutes mes notes depuis le début du procès. »*

**Le président:** *« Bien, maître, nous essaierons de faire toute la clarté à ce sujet. »*

**Mario Stasi, président de la Licra (Ligue internationale contre le racisme et l'antisémitisme):** *« Ce procès doit être un moment d'éveil, de réveil. »*

**Noémie Madar, présidente de l'UEJF (Union des étudiants juifs de France):** *« Nous, juifs de France, nous avons pris l'habitude de ne pas nous sentir en sécurité. »*

**Dominique Sopo, président de SOS Racisme:** *« La liberté de critiquer les dogmes religieux est consubstentielle à la démocratie. L'antisémitisme est profondément attentatoir au lien social. Le bouc émissaire est précisément choisi parce qu'on sait qu'on ne risque pas grand-chose. »*

**Pierre Mairat, co-président du MRAP (Mouvement contre le racisme et pour l'amitié entre les peuples):** *« Il y a une résonance dans ce procès qui rappelle la barbarie qu'ont subie les déportés dans les camps. »*

et l'accorde au cœur des autres. Je vais citer longuement, et je vous prie de m'en excuser, la philosophe Simone Weil, qui, en parlant merveilleusement de ce point crucial dans *La Personne et le Sacré*, éclaire l'innocence qui, au sein de l'Hyper Cacher, a survécu au mal:

*« Seule l'opération surnaturelle de la grâce fait passer une âme à travers son propre anéantissement jusqu'au lieu où se cueille l'espèce d'attention qui seule permet d'être attentif à la vérité et au malheur. C'est la même pour les deux objets. C'est une attention intense, pure, sans mobile, gratuite, généreuse, et cette attention est amour. Parce que le malheur et la vérité ont besoin pour être entendus de la même attention, l'esprit de justice et l'esprit de vérité ne font qu'un. L'esprit de justice et de vérité n'est pas autre chose qu'une certaine espèce d'attention, qui est du pur amour. »*

Je voudrais également creuser ce qu'avait dit hier Lassana B., l'homme qui a ouvert les portes d'en bas pour cacher les otages, l'homme qui a trouvé l'issue et s'est enfui, échappant au vœu de mort de Coulibaly. Mais sa puissance d'indemne à lui provient non des invisibles du judaïsme, mais de sa manière de vivre la fraternité entre musulmans et juifs — de créer un passage entre les deux pratiques religieuses, comme Zarie S. faisant passer son « espèce d'attention attentive à la vérité et au malheur » d'un étage à l'autre du labyrinthe. Car devenir un passage, c'est le destin de Lassana B., ce musulman qui faisait sa prière à Allah dans le magasin juif où il travaillait.

Nous avons découvert alors, en l'écoutant avec « attention », une étrange symétrie entre lui et Coulibaly, comme s'ils étaient deux figures inversées dans l'esprit: tous les deux musulmans, tous les deux originaires de la région de Kayes, au Mali, et venant de villages éloignés d'à peine 20 km. Mais l'un avait destiné son esprit au mal, et l'autre avait trouvé sa vocation en allant parler dans les écoles: *« L'humanité est plus importante que la religion »*, déclara sobrement Lassana B. Et l'on rappela la phrase du président du Mali: *« Coulibaly a jeté le drapeau malien par terre. Et toi, Lassana, tu l'as ramassé. »* Ce drapeau n'est pas seulement celui d'un pays.

À l'intérieur de l'Hyper Cacher s'est donc jouée une partie entre les esprits. Les scènes de crime ne peuvent être intégralement explicitées par une enquête policière: la parole retrace des moments d'une autre histoire, qui a lieu de manière invisible et dont il semble qu'elle mène en secret les comportements des personnes. Ainsi des extraordinaires, des très émouvants Zarie S. et Lassana B., ces deux jeunes gens, l'un musulman, l'autre juive, qui ont fait en sorte que l'Hyper Cacher résiste à cette profanation intégrale qu'est la mort, et ne devienne un cimetière pour chacun des otages.

Je voudrais insister pour finir sur leur modestie, alors que Coulibaly et ses discours de mort étaient arrogants. La mort est toujours arrogante. La vie, quant à elle, sourit doucement. ●

**Rudy H. :**
*« J'ai demandé : "Qui est-ce qui est là-haut ? " Elle m'a répondu : "C'est une personne de couleur avec une kalachnikov." Là, j'ai compris que c'était la personne de Montrouge. »*

*« Je suis descendu à la réserve. On a essayé de se cacher à droite, à gauche, dans les W-C, dans la réserve. »*

*« On est restés quatre heures dans le frigo. On était en contact avec la BRI via mon téléphone. On avait des doudounes, on était bien couverts. »*

*« Quand je suis entré, j'ai vu le premier mort à deux mètres de moi. Je n'ai pas le droit de me plaindre, je suis en vie et en bonne santé. »*

**Sophie G., partie vivre à l'étranger après les faits et qui témoigne par vidéo :**
*« Il m'a dit : "Toi, tu y vas. Il a fallu que j'enjambe le corps de ce pauvre garçon, et j'ai descendu l'escalier. J'ai fait remonter certains otages. Quand il m'a dit : "Il n'y a plus personne ?", j'ai dit : "Non." Dieu merci, il n'est pas descendu vérifier. »*

*« On lui a demandé de libérer l'enfant. il a refusé en disant que ça pouvait être une monnaie d'échange. »*

*« On recevait des coups de téléphone de journalistes qui nous demandaient combien il y avait de morts, dans quel état ils étaient… »*

*« Je me souviendrai toute ma vie du rideau de fer qui commençait à se lever et j'ai entendu les policiers qui disaient : "Allez les gars ! Allez les gars ! Allez les gars !" »*

*« Les policiers avaient peur qu'on ait des explosifs sur nous, alors ils nous ont gardés pendant un temps. »*

JEU
24
SEPT

# Les renseignements qui manquent

**Alors qu'un chef de la DGSI (les services de renseignement pour la sécurité intérieure) devait s'exprimer, le malaise d'un accusé oblige le président à suspendre l'audience et fait craindre le Covid.**

Après trois semaines de débats consacrés aux témoignages des victimes des attentats, dont la parole nous a entraînés très loin dans l'exploration des abîmes (ceux du mal, de la douleur et d'une lumière intérieure aussi fragile qu'impérieuse), le procès prenait hier un virage important en direction de l'examen des faits reprochés aux différents accusés.

La matinée avait commencé avec l'audition par visioconférence d'un chef de service de la DGSI, dont l'image entièrement floutée projetait sur l'écran un halo blanchâtre qui faisait peut-être allusion à l'opacité du dossier ou plus ironiquement encore aux nombreux blancs d'une enquête qui semble avoir couru après des fantômes.

Nous avons toutefois pensé que nous tenions enfin un représentant des services de renseignements français, et qu'il allait être possible de le confronter à l'insuffisance, voire à l'échec de la surveillance des frères Kouachi et d'Amedy Coulibaly, dont il semble qu'on connaissait l'implication dans les réseaux islamistes français, et qu'on a laissés tranquillement se préparer à commettre des attentats en France.

Nous allions avoir des réponses, ou du moins nous allions enfin poser des questions, par exemple pourquoi, alors que la France était désignée dès 2014 par l'État islamique comme étant une cible potentielle, la surveillance de *Charlie Hebdo,* pourtant visé régulièrement par les islamistes radicaux (et explicitement condamné à mort depuis mai 2013 par le magazine en ligne *Inspire*, publié par al-Qaida), avait-elle été allégée en 2014 ?

Mais après un début d'exposé aussi passionnant que terrible sur al-Qaida et l'État islamique — et plus précisément sur ce que ce chef du renseignement français appelle un *« projet théologique totalitaire et génocidaire »* —, voici que la séance a dû s'interrompre, frustrant une nouvelle fois les attentes d'une salle d'audience qui pour une fois était pleine à craquer et bruissait fébrilement, chacun ayant conscience qu'aujourd'hui se jouait une partie décisive avec l'audition non seulement de ce membre de la DGSI, mais aussi de Peter Cherif, suspecté d'être le commanditaire des attentats, et dont une visioconférence, depuis la prison où il est incarcéré, était prévue.

Nous étions en train de visionner la vidéo de revendication de l'attentat contre *Charlie Hebdo,* que le chef de service de la DGSI s'apprêtait à analyser pour nous ; et déjà une impression pénible émanait de la voix monocorde et de l'exultation narcotique de ce membre de l'AQPA (al-Qaida dans la péninsule arabique) qui fêtait l'héroïsme des Kouachi, comme si, glorifiés sur l'écran juste au-dessus de la cour, les terroristes étaient de retour, lorsque M^e^ Marie Dosé, l'avocate d'un des accusés, Nezar Mickaël Pastor Alwatik, a signalé que celui-ci, pris de malaise, était en train de vomir.

Le président a d'abord coupé le son de la vidéo, puis figé l'image, et tandis que la confusion avait envahi le tribunal et que l'audience était précipitamment suspendue, l'écran exhibait de nouveau au-dessus de nos têtes son halo blanc, comme si notre questionnement ne devait trouver décidément pour toute réponse qu'une image figée, et que la fébrilité qui s'était aujourd'hui emparée de tous s'était projetée maladivement dans le symptôme d'un seul.

Si M. Pastor Alwatik devait être testé positif au Covid, c'est tout le procès qui serait arrêté, et l'écran qui demeurerait blanc. ●

**Chef de service de la DGSI (agent immatriculé 562 SI) :**
*« 1440 Français sont partis faire le djihad, le plus gros contingent d'Europe. Entre 2014 et 2015, de très nombreuses femmes sont parties. »*

**Chef de service de la DGSI (agent immatriculé 562 SI) :**
*« À l'arrivée, ils étaient enregistrés et s'entraînaient à la manipulation des armes. Des enfants de 12 à 14 ans de la région toulousaine sont morts au combat. Les femmes doivent se trouver un mari pour remplacer les combattants disparus. 400 à 500 enfants sont nés sur place. »*

*« Avant les attentats de 2015, on avait comme moyens l'écoute, la filature et la source humaine. Il n'y avait pas de source humaine avec les Kouachi, qui vivaient en vase clos. En 2014, il fallait trois semaines pour obtenir des écoutes normales. À chaque fois, il a fallu motiver pour maintenir la surveillance des Kouachi pendant deux ans. »*

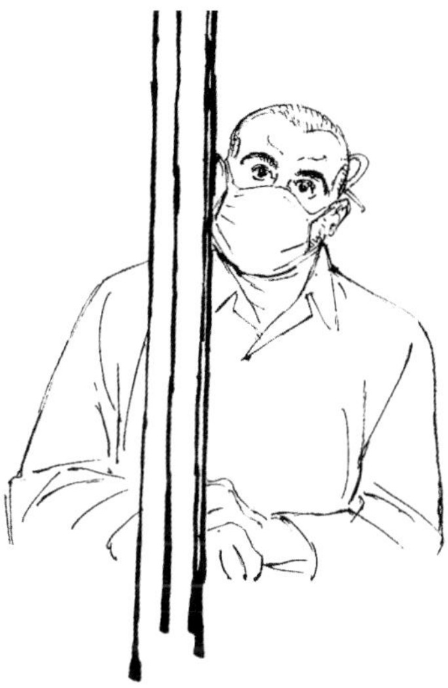

*« En 2005, la publication des caricatures dans un journal danois provoque une flambée de violence. Il est proposé 100 000 $ si le dessinateur est tué. 150 000 $ s'il est exécuté par égorgement. »*

*« C'est un énorme regret de ne pas les avoir entravés. Les gens qui font ce métier le font par conviction, et c'est un énorme regret pour nous de ne pas avoir pu réussir à empêcher ces attentats. »*

*« Après son voyage à Oman, Chérif fait l'objet d'une fiche S et d'une surveillance de nos services. La surveillance n'apporte pas grand-chose. Au final, il n'y a rien de concret. Les écoutes durent jusqu'en décembre 2013, soit deux ans. On n'observe pas d'activité particulière. En 2014, on refait le travail avec Saïd Kouachi, mais il n'y a rien qui en sort. »*

*« La torture est utilisée quotidiennement, les exécutions publiques sont quotidiennes. C'est une société qui détruit toute trace d'autre religion. Cela se traduit par le génocide des hommes Yézidis. Aujourd'hui on exhibe les génocides, on ne se cache plus comme à Katin. C'est un projet totalitaire, génocidaire. »*

*« Les frères Kouachi ont commencé à être observés dès 2004-2005, à l'occasion de la seconde guerre d'Irak. En 2005 a été interpellé Chérif Kouachi qui sera condamné à trois ans de prison pour tentative de départ en Irak. Chérif Kouachi rencontrera et fréquentera Amedy Coulibaly en prison. »*

VEN 25 SEPT

# La taqiyya

**Un chef de la DGSI nous parle de la nébuleuse terroriste et les épouses des Kouachi, de leur couple. Des deux côtés : le secret.**

Nous voici au cœur de l'enquête, c'est-à-dire à l'intérieur d'une temporalité fondée sur la dissimulation. La *taqiyya* — ou *taqiya* — est une attitude promue par les organisations islamistes qui consiste à garder sa foi secrète, à ne rien manifester de son islam intérieur afin de déjouer les intentions de l'ennemi infidèle ; cette pratique de précaution — cette tactique — vient du plus profond de l'ésotérisme chiite, c'est-à-dire d'une application mystique du Coran : le véritable fidèle ne communique pas sur Allah, il en garde cachée la lumière dans sa poitrine.

La *taqiyya* relève ainsi d'une technique du secret, et l'on comprend au fil de ce procès qu'une partie s'est jouée, et ne cesse de se jouer partout sur la planète, entre les adeptes de cette dissimulation coranique et les services secrets du monde entier qui, à leur manière profane, se soumettent eux aussi à un art stratégique de la non-divulgation.

Dans la salle d'audience de la cour d'assises, on assiste ainsi chaque jour, et hier plus particulièrement puisque était présent un membre de la DGSI, à des séquences ambiguës et passionnantes de *taqiyya* : un jeu de masques — pour ne pas dire de dupes — se déroule ainsi devant nos yeux, et ce jeu met aux prises les services (police et sécurité intérieure) avec les ramifications d'une nébuleuse terroriste. Des deux côtés, une *taqiyya* interdit la manifestation de la vérité, laquelle est pourtant l'objet même de la justice, qui en attend la révélation pour exercer son pouvoir.

Voici énoncé le paradoxe d'une enquête (voire d'une quête) qui ne cesse de prendre à nos yeux figure métaphysique : comment accéder à la vérité lorsque la dissimulation est la règle ? Au bout de quatre semaines d'audiences, il est clair que la *taqiyya* ne se réduit pas à l'usage défensif de quelques délinquants camouflant leur passage à l'acte terroriste, mais à un rapport plus général avec le réel qui a contaminé tout l'environnement de ces personnes : la *taqiyya* s'est étendue à l'entièreté de l'existence et elle imprègne si bien l'entourage des Kouachi et de Coulibaly qu'elle leur est devenue consubstantielle.

Alors qui, ce vendredi d'audience où la tension ne cessait de monter à la suite de l'attentat commis le matin même, se dissimulait-il le mieux ? L'agent de la DGSI, dont l'identité était protégée par l'opacité d'une vitre floutant entièrement son visage, ou Izzana Hamyd, ex-femme de Chérif Kouachi, et Soumya Bouarfa, ex-femme de Saïd Kouachi, toutes les deux présentes à la barre et racontant leur vie conjugale « normale » ?

Rien n'est plus indiscernable que la banalité : Soumya Bouarfa s'obstinant à ne rien reconnaître d'anormal dans la vie qu'elle menait avec Saïd Kouachi, répétant jusqu'à la nausée que leur pratique de la religion était « normale » et que leur couple était « normal », ne faisait en un sens que perpétuer la *taqiyya*. Ruse intégrale ? Hypocrisie méprisante ? Absence à soi-même qui l'obligerait, pour survivre à son ignorance, à ne surtout plus jamais accéder à la vérité ? L'attitude de cette femme qui prétend avoir compris en regardant la télévision que son mari n'était pas allé le matin du 7 janvier 2015 *« faire les soldes »* avec son frère relève d'une complexité qui nous tient à distance : simule-t-elle ? Est-il vraiment possible qu'elle n'ait rien su ?

**De l'agent 562 SI de la DGSI, nous ne verrons que des mains floutées.**

Izzana Hamyd, la femme de Chérif Kouachi, se pose une question : *« Qu'est-ce que je n'ai pas vu ? »* Et de fait, est-ce la gravité de ce que préparait son mari qu'elle n'a pas vue, ou est-ce son mari lui-même, et avec lui, la nature de leur vie ? Autrement dit, ces deux femmes ont-elles été manipulées par leurs maris qui les tenaient à l'écart de leur véritable projet ? (Car justement elles parlent devant nous des « projets » qu'ils avaient ensemble, par exemple, pour Izzana Hamyd, celui d'avoir un enfant.)

À l'inverse, est-il possible qu'elles continuent la *taqiyya* ? Celle-ci est plus grande que la personne qui s'y soumet et, en un sens — j'ai lu cela dans un ouvrage sur la doctrine chiite —, la *taqiyya* est l'élément même d'Allah, ainsi perpétuer la dissimulation fait-il partie de l'observance. Mais on peut surtout penser qu'elle se perpétue toute seule, et que ces deux femmes, surtout Soumya Bouarfa, se dissimulent naturellement, par une méfiance devenue consubstantielle qui situe leur être et leur propos très loin de toute vérité possible, et sans doute aussi pour se protéger de l'effondrement (car même elles, bien sûr, ont droit au deuil, à un deuil d'autant plus terrible que personne ne peut réussir à le concevoir, voire à l'admettre, tant les crimes de leurs maris sont infâmes).

*« Pouvez-vous nous parler de la* taqiyya *?*

*– C'est une attitude prônée pour se fondre dans le territoire. Un exemple est Mohamed Merah. »*

L'imperméabilité de son témoignage a pu par conséquent susciter de l'agacement, voire de la colère dans la salle d'audience : ainsi Me Élie Korchia, avocat de la partie civile, a-t-il affronté Soumya Bouarfa avec une brusquerie subtile, visant à la démasquer : *« Ce n'est pas votre mari qui avait un problème aux yeux, c'est vous qui avez été aveugle pendant tout ce temps. »*

Mais peut-on vraiment démasquer une telle personne ? Peut-on pousser dans ses retranchements une femme dont les réponses lapidaires pouvaient paraître hautaines, mais qui était capable à la fois de manifester une forme d'insensibilité et de rouerie, c'est-à-dire de pousser la simu-

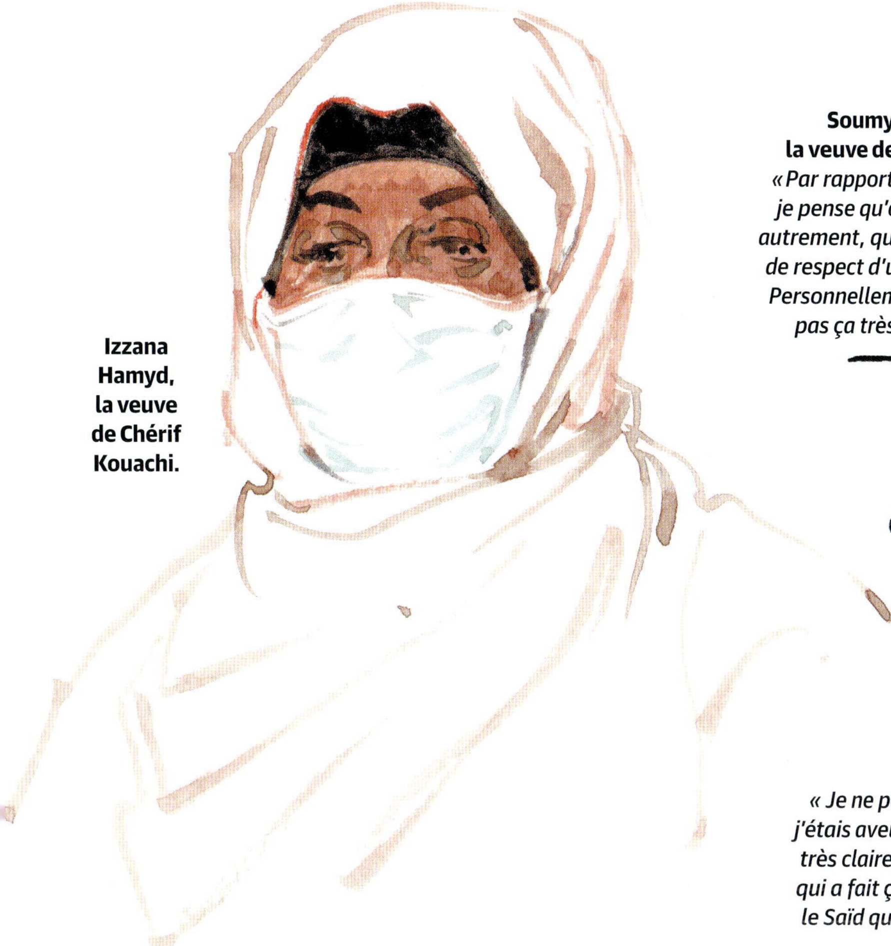

**Izzana Hamyd, la veuve de Chérif Kouachi.**

**Soumya Bouarfa, la veuve de Saïd Kouachi :**
*« Par rapport aux caricatures, je pense qu'on peut faire rire autrement, que c'est un manque de respect d'une communauté. Personnellement, je ne trouve pas ça très intéressant. »*

*« Je ne pense pas que j'étais aveugle. Je voyais très clairement. Le Saïd qui a fait ça, ce n'est pas le Saïd que j'ai connu. »*

lation jusqu'à un point d'indistinction ? La *taqiyya*, encore une fois, devient le naturel de gens qui s'astreignent à vivre coupés de tout. Rien, pas même les saillies agressives des avocats, n'aura su lui faire dire ce qu'elle ne voulait pas dire et que peut-être elle-même ne savait pas qu'elle voudrait dire ou ne pas dire. Car, dans son cas, qu'y a-t-il à dire, a fortiori devant une cour de justice ? Comme son mari, Saïd, elle sera restée, devant nous, sous les radars.

La dissimulation a ceci de vertigineux qu'à travers ses strates et ses méandres se dissout consciencieusement tout rapport avec la vérité — et qu'elle échappe même à celui qui la pratique. Ainsi les Kouachi se taisaient-ils au point d'épouser physiquement l'air ensommeillé, hypnotique de leur propre silence. Et leurs femmes, surtout Soumya Bouarfa, n'ont peut-être plus aucun rapport avec l'idée même de vérité. *« Je ne l'ai pas reconnu ce jour-là sur les images de* Charlie Hebdo *»*, nous dit Izzana Hamyd à propos de son mari, Chérif Kouachi. Et, de fait, ce n'est pas seulement son mari, c'est leur vie qui s'est effacée du miroir lorsqu'elle cherche à la regarder, comme si elle se rendait compte qu'il n'y avait personne dans cette vie, pas même elle (*« Je n'ai plus d'identité »*, dit de son côté Soumya Bouarfa).

**Izzana Hamyd**

*« Quand j'ai vu les images où il est sorti de Charlie Hebdo, je voyais qu'il avait une détermination. Je ne l'ai pas reconnu. Pour moi, ce n'était pas le Chérif que j'avais avec moi à la maison. »*

**Me Barré, avocate des parties civiles, s'adressant à Christian D. :** *« Combien d'individus radicalisés sont surveillés ? »*

**Le commissaire Christian D. :** *« Aujourd'hui, le service a en charge 8 000 personnes. Ça ne veut pas dire que le service peut faire des surveillances sur tous. Donc on ne peut pas prendre en compte ce nombre de manière concrète. »*

À force de dissimuler, l'existence échappe à la reconnaissance des autres : c'est le but. Mais elle se soustrait également à notre propre reconnaissance : nous ne sommes plus nulle part. Chez Izzana Hamyd et Soumya Bouarfa, ce n'est pas seulement qu'il n'y a plus personne sur le canapé où leur mari jouait à la Playstation, c'est que le processus d'effacement de la *taqiyya* s'est accompli intégralement : la mort est la réalisation de la dissimulation. La mort est le voile absolu. À leur manière rétive, hermétique à la logique de manifestation de la vérité qui est la nôtre, elles sont encore dans la *taqiyya*. Ce n'est pas seulement qu'elles *ne veulent pas* collaborer avec une justice que dans leur for intérieur elles ne peuvent reconnaître, ne serait-ce que par amour pour leur mari, ou parce que leurs principes religieux sont plus forts que la justice française, mais parce qu'elles continuent à vivre dans l'enveloppement de la dissimulation : la *taqiyya* s'est substituée à leur existence, comme elle avait absorbé leurs maris.

On n'a pas prise sur elles, comme la DGSI n'a pas eu prise sur leurs maris. Alors peu importe, à la fin, qu'elles s'embrouillent dans la chronologie de leurs rencontres avec Coulibaly et Hayat Boumeddiene revenus d'un pèlerinage à La Mecque et débarquant soi-disant à l'improviste après plusieurs années de silence pour les couvrir de cadeaux, ou que Soumya Bouarfa ne témoigne d'aucune émotion face aux massacres perpétrés par son mari (*« C'est grave »*, dit-elle, avec la compassion d'un robot) ; nous sommes obsédés accidentalement par l'idée qu'elles pourraient trahir quelque secret, livrer une information décisive, et notre niaiserie est grande car, quand bien même elles laisseraient échapper un signe, celui-ci n'appartiendrait jamais qu'à la *taqiyya*, pas à la vérité.

Et la description qu'elles font de leur vie sinistrement banale ne dit finalement rien d'autre que l'insignifiance tout à la fois naturelle et voulue de ces couples qui ne communiquent pas et que ce qu'elles appellent la pratique « rigoriste » de la religion sépare — les femmes restant d'un côté, et les hommes de l'autre. On se dit que chez les Kouachi, il ne faisait pas bon vivre, mais aussitôt l'on convient de notre propre arrogance car, après tout, ces journées d'inertie qui nous semblent horriblement étouffantes, horriblement nulles, avec ces hommes passant leur temps à la maison, sur le canapé, à jouer à la Playstation ou à prier, et ces femmes se consacrant à leurs maris (c'est-à-dire leur faisant la cuisine), sont choisies, c'était leur vie, et elles nous disent à leur manière qu'elles l'aimaient.

Le bon terroriste islamiste, celui qui va mourir en tuant les blasphémateurs, les Juifs et les policiers, ne vit pas selon nos critères. À la lettre, il n'a pas de vie : celle-ci est vide, elle est sans signe. Elle ne doit rien signifier pour ne pas être aperçue et déchiffrée par l'ennemi ; peut-être même se doit-elle avant tout de n'être rien pour satisfaire au dépouillement voulu par Allah.

Vide naturel des Kouachi dont on dirait qu'ils n'ont rien dans la tête et dont la vie est consternante de vacuité — ou absorption totale de leur personnalité et de leur emploi du temps dans la cause unique qui les dirige ? Les deux à la fois, sans doute : mélange qui, précisément, ne peut qu'échapper par nature aux services de renseignements.

Le matin du jour où ils vont tuer douze personnes à Paris, ils disent à leurs femmes qu'ils vont *« faire les soldes »*, et bien sûr, elles trouvent ça *« normal »*. Les mots *« soldes »*, *« normal »* me hantent : je ne peux plus les supporter.

Encore quelques mots, concernant Coulibaly, cette fois-ci : lorsque le chef de service de la DGSI évoque son cas, il explique que celui-ci n'était pas un *« objectif de service »* parce qu'il n'attirait pas l'attention. À chaque incarcération, l'administration pénitentiaire parle de sa *« conduite exemplaire »*, et lorsqu'il sort de prison en 2014 et prépare son *« grand coup »*, les services de renseignements n'y voient que du feu car *« il n'apparaît pas sur les surveillances des salles de prière »*.

Le chef de la DGSI que nous avons entendu en audition floutée va même jusqu'à affirmer qu'à cette époque Coulibaly ne manifestait pas *« d'orientation religieuse »* alors que ses amis, parmi lesquels Landry Mahoukou, l'un de ses « compagnons d'incarcération », ancien membre du collectif rap Bisso Na Bisso, que nous avons entendu en fin de journée, témoignent qu'il a soudain troqué ses CD de rap, dont il était passionné, pour des chants coraniques. Et, de fait, à la maison d'arrêt de Fleury-Mérogis, il rencontre à partir de 2005 Djamel Beghal, vétéran du djihad et ancien membre du GIA, qui l'initie à l'islam radical, mais la DGSI ne constate à sa sortie de prison *« aucun élément particulier »* et donc n'effectue *« aucun suivi »* : il était *« connu comme petit délinquant ayant été, au contact de Beghal, possiblement radicalisé »*.

C'est le cœur même du problème, c'est l'impossible conjonction entre deux mondes dont les modes opératoires diffèrent radicalement, dont les manières de vivre ne communiquent pas : celui des terroristes et celui des services de renseignements. La *taqiyya* est si puissante qu'elle devient culturelle, sociale — elle devient le monde lui-même. D'un côté, des personnes qui, après s'être illustrées par la violence spectaculaire de leurs passages à l'acte ont appris à se fondre dans la vie quotidienne et à convertir cette violence en insignifiance (et la vie des Kouachi, telle que nous l'ont racontée leurs femmes relève de cette banalité insupportable). De l'autre, des fonctionnaires qui sont dans l'obligation de justifier la moindre surveillance, et qui, s'ils n'obtiennent pas de résultats rapides — si la surveillance ou l'écoute téléphonique n'ont rien donné —, sont tenus de suspendre leurs opérations et de mettre les effectifs sur d'autres cibles plus tangibles. En vivant le temps qu'il faut dans la *taqiyya*, les candidats au passage à l'acte terroriste parviennent à la longue à ne plus être surveillés du tout, comme s'ils avaient anticipé l'inéluctable retrait des écoutes et des caméras, comme s'ils s'étaient ajustés à la temporalité impatiente de la sécurité française et savaient que, face à elle, c'est leur patience, leur puissance d'inertie qui vaincraient.

C'est là, dans cette disjonction, que s'engouffrent ceux qui veulent échapper aux radars. Et sans doute n'y a-t-il même pas lieu, à la fin, d'en faire le reproche à ceux qui n'ont pu arrêter à temps le massacre : dans cette zone grise, amorphe, écœurante d'insignifiance qui se délite entre les efforts désespérés de la surveillance du territoire français et l'absence d'existence de ceux qui vont détruire nos vies gît la vérité de la menace.

Lorsque la salle d'audience s'éteint un soir comme celui d'hier, et que nous regardons sur nos téléphones le compte rendu de l'attentat qui s'est perpétré le matin, rue Nicolas-Appert, à l'endroit même où avait eu lieu il y a cinq ans celui dont la cour d'assises fait le procès, nous voici pris d'un accablement, d'une tristesse sans fin. ●

**Ali Riza Polat**

**Me Metzker :**
*« Comment se fait-il que Farid Benyettou soit encore en liberté alors que c'est le mentor des frères Kouachi ? »*

**Les accusés suivent les débats dans leur box.**

**Ali Riza Polat :**
*« Je vais tout balancer, vous allez voir ! »*

**Me Maktouf**

LUN
28
SEPT

# Des trous dans la raquette

**Des commissaires de la brigade criminelle nous ont détaillé les préparatifs des attentats.**

**L'enquêtrice de la SAT (section antiterroriste), chargée d'analyser la téléphonie des frères Kouachi et d'Amedy Coulibaly, détaille la semaine précédant les attentats au moyen d'un immense tableau.**

**L'enquêtrice de la SAT :** *« Quand on parle d'enquête téléphonique, on parle de l'analyse des fadettes* [factures détaillées]. *Cela consiste à étudier, analyser et essayer de comprendre ce que l'utilisateur a pu faire au cours d'une période choisie. »*

Au fil des jours, le puzzle se complète. Après avoir passé quatre semaines à scruter les scènes de crime et à recueillir les témoignages qui en éclairent la tragédie, nous nous tournons vers ce qui l'a précédée, nous en examinons les préparatifs. Sans doute manquera-t-il des pièces à un tel puzzle, dont nous savons qu'il doit composer avec le silence même qui a rendu possibles les horreurs de janvier 2015, avec le secret de la conjuration terroriste, avec cette *taqiyya* propre à l'islam radical, dont j'ai longuement parlé hier, et qui a mis en défaut les services de renseignements français : pendant l'audition, vendredi, du chef de section antiterroriste de la DGSI — l'agent 562 SI —, on ne cessait de parler des *« trous dans la raquette »* ; et certains ironisaient même sur cette pauvre raquette qui ne serait au final qu'un grand trou au-dessus duquel s'effilocheraient quelques cordes élimées — mais n'en croyez rien, et sachez qu'à travers ces trous, à travers ce grand trou qu'est aujourd'hui, en France, une enquête antiterroriste, on voit. Et ce qu'on voit donne le vertige.

Une enquêtrice de la section antiterroriste de la brigade criminelle est ainsi venue à la barre partager le résultat de ses investigations quant à la téléphonie des Kouachi et de Coulibaly. Face à leurs déplacements, celle-ci permet en effet de reconstituer leurs emplois du temps et de resserrer le filet sur les préparatifs qui ont mené aux attentats — préparatifs, rappelons-le, qui mettent en cause onze personnes, dont il s'agit, pour cette cour d'assises spécialement composée, de connaître le degré d'implication dans les crimes commis contre *Charlie Hebdo* et l'Hyper Cacher.

On a ainsi appris que Coulibaly possédait dix-sept lignes mobiles identifiées de septembre 2014 à janvier 2015. Que les Kouachi avaient envoyé un dernier SMS le 7 janvier 2015 à 10 h 19 avant de partir pour *Charlie Hebdo*, et qu'il était destiné à Coulibaly. Que la plupart des accusés qui chaque jour se morfondent derrière leur vitre en Plexiglas, c'est-à-dire Ramdani, Polat, Pastor Alwatik, Prévost, Makhlouf et Raumel, ont communiqué avec Coulibaly entre le 1er et le 7 janvier.

Il me serait impossible de vous raconter avec précision l'ensemble de leurs croisements, de leurs itinéraires en voiture, de leurs rendez-vous : ils composent un roman où chacun d'eux, achetant un véhicule, le convoyant, le revendant ou le garant dans la rue de Coulibaly, participe à l'élaboration d'un crime. Impossible pour l'instant de savoir si cette participation les rend complices de celui-ci, ni même s'ils savaient à quel crime ils participaient, car ce véhicule, une Renault Mégane Scénic, est celui que Coulibaly a utilisé pour aller à l'Hyper Cacher.

Grâce à la téléphonie et à la vidéosurveillance, une scène s'offre soudain comme une béance qui s'ouvre dans la nuit du 6 au 7 janvier, c'est-à-dire la veille des attentats contre *Charlie Hebdo* : la rencontre, à minuit, devant une station-service de Gennevilliers, de Chérif Kouachi et Amedy Coulibaly.

Au fur et à mesure que l'enquêtrice égrène le faisceau d'éléments qui font venir à la réalité une telle scène, nous voyons se déployer au cœur des ténèbres d'une nuit glaciale de janvier la lueur incertaine, flottante, affreusement banale de deux silhouettes en capuche qui marchent dans une rue de banlieue. Ils ont l'air de quidams un peu lourds, ils sont lents et surexcités, ils sont plats et déterminés, mais ce qu'on ne voit pas, c'est que ces deux

hommes ont reçu des ordres d'al-Qaida et de l'État islamique, ou du moins en appliquent-ils comme ils peuvent le message théologico-criminel : ce sont des monstres qui mettent au point un massacre. Rien de grandiose dans le mal : deux types traînent dans la nuit.

Les informations affluent, les journées qui précèdent les 7, 8 et 9 janvier sont pleines de rencontres croisées, et des armes, venues de garages belges, passent entre Gentilly, Épinay-sur-Seine, Athis-Mons ou Viry-Châtillon, des voitures s'échangent, qu'on remplit de matériel de guerre, et il n'est pas sûr que chacun sache ce qu'il fait dans cette nébuleuse où l'on se rend des services, où l'on a des dettes, où l'on continue avant tout à faire son business, c'est-à-dire à propager le mal.

Il y a des ADN retrouvés, il y a un embrouillamini d'agissements et de dénégations, de l'argent aussi — Coulibaly en avait partout, dans les poches et dans son appartement — et un véritable arsenal d'armes acquises, semble-t-il, après qu'elles ont transité chez un certain Claude Hermant, « armurier » du nord de la France, dont nous reparlerons (il est inculpé dans un autre procès). Tellement d'armes que le commissaire de la brigade

**Philippe M., chef de section à la brigade criminelle :**
*« Dans l'Hyper Cacher ont été retrouvées deux clés : une d'une voiture Renault Mégane Scénic, une d'une moto Suzuki. »*

*« Amedy Coulibaly loue le logement de Gentilly sous sa propre identité, sans chercher à se cacher. »*

*« Hayat Boumeddiene et Amedy Coulibaly ont commis des escroqueries afin d'acquérir des véhicules. Ils obtenaient des crédits auprès d'organismes spécialisés grâce à de faux documents. »*

**L'enquêtrice de la SAT :**
*« Amedy Coulibaly utilisait dix-sept lignes mobiles, une ligne fixe et une ligne saoudienne. De septembre 2014 à janvier 2015, seules sept d'entre elles seront utilisées. Les correspondants les plus fréquents seront Amar Ramdani, Ali Riza Polat, Nezar Mickaël Pastor Alwatik, Landry Mahoukou et Willy Prévost, qui deviennent les correspondants exclusifs de Coulibaly à partir de janvier 2015. »*

criminelle Philippe M. pense que Coulibaly ne devait pas être le seul à passer à l'action.

Certains parmi les accusés ont peut-être eu peur de Coulibaly, d'autres continuent et continueront toujours à ne se rendre compte de rien, éberlués qu'ils sont par l'épaisseur incompréhensible du crime. Ils pensent peut-être même qu'ils n'ont rien fait de vraiment mal : il y a dix-sept morts, assassinés par les Kouachi et par Coulibaly, et qu'ils en aient conscience ou non, c'est avec leur aide logistique que ce carnage a eu lieu. Ils s'imaginent peut-être qu'on peut travailler avec des criminels sans en être un soi-même. Ils se racontent une histoire d'immunité qui n'existe que dans les polars à deux sous. Ils devraient écouter Kafka qui leur dit : *« Ne laisse pas le mal t'embrouiller et ne crois pas que tu peux avoir des secrets pour lui. »*

Nous avons appris qu'entre une séance de PlayStation et deux pages du Coran, Chérif Kouachi vendait à la sauvette, dans le 19e arrondissement de Paris, des vêtements et des bijoux de contrefaçon venus de Chine. Et que Coulibaly, de son côté, multipliait avec sa femme, Hayat Boumeddiene, des escroqueries consistant à obtenir des crédits à la consommation avec de faux papiers ; ainsi achetaient-ils des voitures qu'ils revendaient pour financer leurs actions, car contrairement à ceux du Bataclan, les attentats de janvier 2015 sont des *« actes autofinancés »*, comme l'a dit Philippe M. en détaillant les perquisitions.

Une dernière chose : en visionnant la vidéo de revendication de Coulibaly, celle qu'il avait pris soin d'enregistrer avant l'Hyper Cacher, nous avons pu constater, en même temps que la jouissance de l'horreur dont elle témoigne, le caractère terriblement *cheap* d'une telle infamie. Là où l'islam radical promeut depuis le Moyen Âge un événement de rupture, c'est-à-dire un projet de civilisation qui relève de l'acte messianique et s'affirme à travers une terreur théologico-politique (car historiquement, cet islam-là désire la guerre), on pouvait assister à la piteuse mise en scène d'un homme déguisé en soldat du califat, qui balbutie dans un arabe plus qu'approximatif son allégeance à l'État islamique et débite des slogans primaires *(« Vous attaquez le califat, on vous attaque »)* : ainsi le pire des crimes se donne-t-il des airs religieux susceptibles, en le légitimant, de lui conférer une mort glorieuse. Mais il n'y a pas de gloire à assassiner des innocents, et cette absence d'esprit — cette effrayante platitude — se voyait dans la vidéo : on ne trompe pas le sacré. ●

**Philippe M. :**
*« Hayat Boumeddiene n'est pas partie en Syrie les mains vides. [...] Une partie de l'argent obtenue frauduleusement a pu être emportée par Hayat Boumeddiene lors de son départ en Syrie. »*

**Miguel Martinez et Metin Karasular dans leur box.**

**Le président :**
*« Pourquoi y a-t-il deux autres gilets pare-balles dans cette voiture* [de Coulibaly] *? »*

**Philippe M. :**
*« Compte tenu de ce qu'on trouve dans la Mégane et dans le logement de Gentilly, il y a de fortes présomptions qu'Amedy Coulibaly n'avait pas vocation à passer seul à l'action. »*

**Philippe M. :**
*« Les armes d'Amedy Coulibaly ont été acquises par un armurier du Nord, à l'exception d'un revolver dont on n'a pu retracer l'origine, comme celles des kalachnikovs des frères Kouachi. »*

MAR 29 SEPT

# Un coffre rempli d'armes

**L'examen de la téléphonie de certains accusés proches de Coulibaly nous trouble, mais prouve-t-il vraiment quelque chose ?**

On projette une carte des déplacements d'Amir Ramdani et Saïd Makhlouf.

Hier, la journée d'audience a commencé par un incident. Les avocats des victimes de l'Hyper Cacher ont appris que, pendant qu'ils célébraient la veille la fête religieuse de Yom Kippour, M^e^ Coutant-Peyre avait demandé qu'ils ne reviennent pas *« sans faire un test »*. Ainsi avait-elle insinué, selon ses méthodes serpentines et faisant allusion au rassemblement évangélique qui serait à l'origine de l'épidémie de Covid en France, que les fêtes religieuses favorisaient la suspicion en matière de maladie. L'indignation de ses collègues de retour de Yom Kippour fut à la hauteur des propos de M^e^ Coutant-Peyre : dénonçant une ignominie, ils alléguèrent des propos stigmatisants, déchiffrant à travers ce flottement de mots pernicieux une forme d'antisémitisme.

Ainsi remarque-t-on qu'il est impossible à la société française de s'affranchir de ses passions religieuses : elles reviennent sans cesse, même dans une enclave laïque comme un tribunal ; et sans doute est-il devenu impossible en France d'affirmer une laïcité qui semble chaque jour de plus en plus imaginaire, comme si la République avait du mal à rassembler ce qui déborde de toute part, comme si la France n'était tout simplement plus du tout laïque, si tant est qu'elle l'ait jamais été.

Bref, nous reprîmes le fil du procès. Une enquête judiciaire peut-elle révéler tous nos secrets ? Je me posais la question en allant hier matin au tribunal pour la vingtième fois depuis le début de ce procès qui interroge désormais les agissements des onze accusés. On se doute bien que malgré les moyens considérables qui sont aujourd'hui à la disposition de la police, notamment en matière de traçage téléphonique et de vidéosurveillance du territoire, aucune élucidation ne saurait être exhaustive et qu'il demeure impossible de tout connaître de la vie de quelqu'un, de son emploi du temps et surtout de ses intentions : la dissimulation est le propre des humains — j'ai presque envie de dire que la dissimulation est leur vérité. Ainsi savons-nous que celui qui a quelque chose à se reprocher n'en parlera que s'il y a intérêt : en d'autres mots, personne, à ce procès, ne dira rien.

Les Kouachi sont morts, Coulibaly aussi, mais il y a onze personnes qui ont été mises en examen et sont incarcérées depuis plusieurs années. Qu'ont-elles fait exactement ? La plupart d'entre elles encourent vingt ans de réclusion criminelle pour « participation à une association de malfaiteurs terroriste » : la gravité d'une telle accusation est si intimidante qu'elle semble écraser la possibilité même d'accéder à des faits concrets qui leur seraient imputés. Leur « groupement » demeure nébuleux : ils se voient, se croisent, vont en voiture les uns vers les autres, et de plus en plus à mesure qu'approche le 7 janvier 2015 (on le sait car leurs téléphones accrochent une borne qui permet de les localiser), mais on ne sait rien de ce qu'ils se disent.

Trente-sept millions de données téléphoniques ont ainsi été analysées dans ce dossier, nous dit une officier de police judiciaire, qui parle en visioconférence, dissimulée derrière un cache. Et justement, plusieurs accusés sont dans le box parce qu'ils ont échangé des SMS ou des appels avec Coulibaly dans les jours précédant ses passages à l'acte criminels, dont Nezar Mickaël Pastor Alwatik et Amar Ramdani, tous deux incarcérés à la prison de Villepinte en même temps que Coulibaly, lequel y était entre 2010 et 2014 : ils auraient fait partie de ce qu'un témoin nomme *« la secte de la buanderie »* de cette maison d'arrêt.

Les méandres des bornages téléphoniques et leur déchiffrement par plusieurs policiers qui sont venus à la barre durant la journée composent un paysage d'informations aussi fastidieux que lacunaire, les déductions sur les actions proprement dites des accusés nous semblant successivement lumineuses puis négligeables.

Ainsi éprouvait-on une lassitude à voir que dans ce nœud de déplacements incessants de Coulibaly à travers la région parisienne, et de rendez-vous dont on ignore l'objet, Amar Ramdani, bien qu'indubitablement présent dans la toile d'araignée, associé à ce tramage de malfaisance et apparaissant bel et bien dans l'emploi du temps d'un homme qui va commettre un attentat, semblait, faute de preuve, être là pour rien.

Mais comment peut-on traîner au cœur d'une conspiration terroriste sans le savoir ? Que faisait-il avec Coulibaly si ce n'est lui rendre des services ? Ces gens ne se voyaient pas pour le plaisir gratuit de l'amitié. À l'inverse, on peut se demander à quoi il aura servi au juste : à négocier une voiture auprès d'un garagiste ? Il était là, Coulibaly était un ami de prison, il est possible qu'il n'ait pas eu connaissance des desseins de ce dernier, et surtout pas de figurer parmi les dernières personnes à demeurer sur la téléphonie de Coulibaly jusqu'au dernier jour.

Idem pour son lointain cousin Saïd Makhlouf : ce que l'on aura entendu aujourd'hui à son propos ne relève que d'un faisceau d'informations faibles, si ce n'est qu'on retrouve son ADN sur la lanière d'un Taser de Coulibaly, trace effarante qui nous alerte sans qu'on puisse en savoir

**Une enquêtrice qui s'est intéressée aux liens entre Amar Ramdani, Saïd Makhlouf et Mohamed Farès.**

**Un enquêteur de la SDAT (sous-direction antiterroriste), chargé d'enquêter sur Willy Prévost et Christophe Raumel.**

**Le commissaire Nicolas G. :** *« Nous avons trente-sept millions de données téléphoniques sur ce dossier. »*

**On diffuse la vidéo de revendication des attentats d'Amedy Coulibaly, tournée dans son appartement de Gentilly.**

*« Trente lignes différentes. Quinze cartes Sim en trois mois. Six cents SMS échangés entre Ramdani et Coulibaly, dont trente-neuf au mois de janvier 2015. »*

**Amedy Coulibaly dans une vidéo, à propos des attentats :** *« Ce qu'on est en train de faire, c'est totalement légitime vu ce qu'ils font. C'est complètement mérité, depuis le temps. Vous attaquez le califat, vous attaquez l'État Islamique, on vous attaque. Vous pouvez pas attaquer et rien avoir en retour. »*

**Le président de la cour d'assises spécialement composée, Régis de Jorna, et son premier assesseur, Stéphane Duchemin.**

plus. Ramdani et lui, en tout cas, se rencontrent pour détruire leurs téléphones sur le parking d'une zone industrielle, le soir de la tuerie de l'Hyper Cacher, s'y rendant chacun avec la voiture d'un voisin, pour plus de discrétion.

Reste le cas de Pastor Alwatik, qui échange cinq cents SMS avec Coulibaly entre septembre 2014 et janvier 2015. Ils roulent ensemble pendant près de quatre heures le 5 janvier à travers la région parisienne. Et là, pour expliquer comment son ADN a bien pu être sur deux armes de poing qu'on a retrouvées au « domicile conspiratif » de Coulibaly, c'est-à-dire dans la planque où il entreposait son arsenal, Pastor Alwatik raconte que, sur le parking d'une galerie commerciale, il ouvre le coffre de la Seat, tombe sur des sacs remplis d'armes, touche deux armes et referme le sac sans rien dire à Coulibaly, auquel, le lendemain, il ne répond plus quand celui-ci l'appelle.

On se demande bien pourquoi cet homme aurait touché ces armes : il ne faut pas être grand clerc pour savoir que des empreintes sur une arme vous conduisent aux assises, ce qui est le cas.

La question se pose donc de savoir si ces trois personnes que Coulibaly a tenues dans son orbite — sous son emprise ? — jusqu'au bout, roulant durant des journées entières autour de Paris pour les voir les uns après les autres, ont participé d'une manière ou d'une autre à l'élaboration des attentats. Il y a des voitures, il y a des armes, et eux sont au milieu : ils conduisent certaines voitures, ils touchent certaines armes. On n'en sait pas plus.

(Je rappelle que si la téléphonie nous renseigne sur ses trajets — chaque téléphone accrochant une borne —, elle ne nous dit rien de leur objet, car si les opérateurs ont accès à la mémoire des appels pendant un an, ils n'ont pas accès au contenu des messages, qui d'ailleurs ont été consciencieusement effacés par les protagonistes de cette affaire.)

Ces personnes que Coulibaly sollicite jusqu'au bout devaient-elles participer aux attentats ? L'arsenal qui est en sa possession semble démesuré pour une unique personne. Alors, que s'est-il passé : certains d'entre eux se sont-ils défaussés au dernier moment ? Coulibaly, malgré la pression qu'il exerçait sur eux (car presque tous lui devaient de l'argent), a-t-il échoué à les convaincre ? Ou alors a-t-il mené son action tout seul depuis le début, s'entourant simplement de fournisseurs à qui il ne dévoilait rien ? Hier, on aura appris qu'il n'y a pas de vérité téléphonique. ●

Me Lévy,
à propos de la garde
à vue de Willy Prévost.
Tic de langage du président :
*« Je dirai… je dirai… »*
Intervention de
Jean-Michel Bourlès,
l'avocat général.
Un avocat de la partie civile
au sujet des difficultés d'écoute :
*« Je voudrais aussi déposer une
requête, monsieur le président. »*

**Tic de langage de Me Saint-Palais, un des avocats d'Amar Ramdani :**
*« En l'état… en l'état… »*

**Me Simeray, un des avocats de Saïd Makhlouf, prend la parole.**

**Me Malapert, une des avocates de Nezar Mickaël Pastor Alwatik.**

**Tic de langage de Me Pugliesi, une des avocates d'Amar Ramdani :**
*« On est d'accord… on est d'accord… »*

**Willy Prévost, pendant qu'on évoque sa garde à vue.**

**Saïd Makhlouf et Amar Ramdani.**

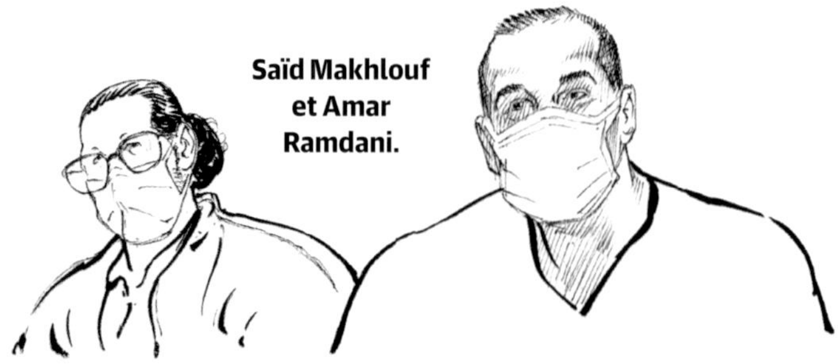

**Nezar Mickaël Pastor Alwatik et Mohamed Farès.**

**Pendant une suspension d'audience, Willy Prévost s'adresse à Christophe Raumel :**
*« Hé ! Dis à ton baveux qu'il devrait la fermer ! »*

**Christophe Raumel :**
*« Quoi ? Tu me traites de baveux ? »*

**Willy Prévost :**
*« Non, mais lui il ferait mieux de la fermer. Toi, tu vas voir quand je serai sorti... »*

**Christophe Raumel :**
*« Hé, bouffon ! Tu vas rien faire, t'es naze ! »*

**Pendant une interruption, Saïd Makhlouf et Amar Ramdani en conciliabule.**

**Surnom d'Ali Riza Polat donné par Willy Prévost et Christophe Raumel :**
*« Fils de pute de bombardier. »*

**Ali Riza Polat :**
*« M'sieur le président, j'peux avoir la parole ? »*

**Le président :**
*« M. Polat, vous l'aurez, mais ce n'est pas le moment. »*

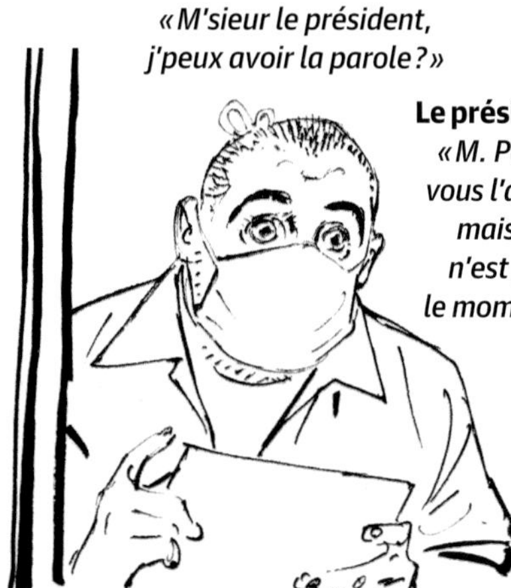

**Mohamed Farès et M^e Akorri, son avocate.**

**Pendant que M^e Lévy, l'avocat de Willy Prévost, interroge le commissaire sur la garde à vue de son client, Ali Riza Polat l'encourage d'un :** *« Vas-y maître, démonte-le ! »*

**L'intraitable Ali Riza Polat aime bien tout diriger, y compris les avocats.**

**Un enquêteur de la SDAT, à propos des gardes à vue de Willy Prévost et Christophe Raumel :** *« Le 6 janvier, sur demande d'Amely Coulibaly, Prévost et Raumel ont retiré le tracker de la moto retrouvé à Montrouge. »*

**Saïd Makhlouf, Amar Ramdani et Ali Riza Polat, un peu fatigué, en fin de journée.**

**Une enquêtrice de la SDAT, chargée du volet armes lillois :** *« À l'Hyper Cacher ont été retrouvés deux fusils d'assaut d'origine tchécoslovaque et deux pistolets semi-automatiques. À Gentilly, quatre autres pistolets Tokarev, ainsi qu'un revolver. »*

MER 30 SEPT

# Le cœur de la question

**On aborde le volet des armes : qui les a achetées, et à qui ?**

D'où viennent les armes des Kouachi et de Coulibaly ? Comme l'a dit hier Me Coutant-Peyre : *« On arrive au vrai sujet. »* Et l'enquêtrice de la sous-direction antiterroriste qui était à la barre pendant presque quatre heures, décrivant minutieusement un trafic qui pourrait incriminer plusieurs des accusés qui sont dans le box, a eu cette phrase décisive, et d'une justesse sans réplique : *« Quand on vend des armes, on s'expose à ce qu'elles soient utilisées. »* Autrement dit, la responsabilité des vendeurs d'armes ne se négocie pas : celui qui vend une arme est un criminel au même titre que celui qui l'utilise. Une telle mise au point avait le mérite de la clarté, d'autant que me revenait avec précision le témoignage de Simon Fieschi, survivant de la tuerie de *Charlie Hebdo,* qui, il y a plusieurs semaines déjà, était venu nous *« raconter ce que fait une balle de kalachnikov »* lorsqu'elle transperce un corps.

S'agissant des armes des Kouachi, c'est-à-dire avant tout deux fusils d'assaut et un lance-roquettes, leur provenance, rappelle le président de la cour, n'est pas établie, rien n'est traçable, on ne sait pas qui les a fournies.

Concernant Coulibaly, des pistes sont ouvertes, que plusieurs enquêteurs ont détaillées pour nous ; au milieu de l'arsenal retrouvé à l'Hyper Cacher et dans l'appartement conspiratif qu'il louait à Gentilly, huit armes provenaient en effet du nord de la France : fusils d'assaut d'origine tchécoslovaque, pistolets semi-automatiques Tokarev, revolver de la marque Nagant.

Ces armes provenaient d'une entreprise slovaque qui les vendait, démilitarisées, par Internet. En Slovaquie, une telle chose est légale ; pas en France. C'est un certain Claude Hermant qui les remilitarisait avant de les revendre. Tout le dossier passe par cet homme, condamné à huit ans de prison en 2019 pour trafic d'armes en bande organisée, et qui donc, au grand dam des avocats de la défense, ne peut plus endosser l'entière responsabilité des complicités pour assassinat.

Figure de l'extrême droite identitaire lilloise et ancien indicateur des douanes et de la gendarmerie, Claude Hermant sera présent aujourd'hui au procès en qualité de témoin ; et l'on peut gager qu'il y aura de l'électricité dans l'air, peut-être même des révélations, car au fond, l'objet de ce procès, en termes de stricte élucidation des faits, consiste à trouver le maillon qui manque entre Coulibaly et lui.

Précisément, les enquêteurs qui se succèdent à la barre ne cessent de déduire de la téléphonie de deux des accusés, Amar Ramdani et Saïd Makhlouf, une série de voyages dans le nord de la France peu conformes à leurs démarches habituelles d'escroqueries à la voiture. Alors vont-ils acheter des armes pour Coulibaly ?

Les accusés contestent ; et prétendent que s'ils ne se rendaient pas dans le Nord pour leur commerce frauduleux, c'était avant tout pour aller voir des prostituées. *« Ça fait un peu loin,* ironise l'avocat général. *Des prostituées, il y en a à Paris. »*

Alors oui : vont-ils acheter des armes pour Coulibaly ? Et si ce n'est pas eux, qui y va ? Qui prend soin d'armer le bras d'un homme dont la violence et la radicalité religieuse sont notoires ? Je pose la question crûment, et je ne suis pas le seul : le procès a entamé depuis quelques jours une plongée dans l'examen minutieux des allées et venues de chacun des accusés durant les jours, les semaines, les mois qui ont précédé les attentats ; et ces méandres, pour fastidieux qu'ils soient, composent une constellation d'indices et de connivences qui portent en eux la vérité, c'est-à-dire le nom de celui ou de ceux qui ont commis l'ignominie d'aider criminellement Coulibaly.

L'un des enquêteurs ayant brossé du boulevard de Metz, à Lille, un tableau de délinquance extrême, il en ressortait qu'un certain nombre d'individus pourraient bien avoir participé à un trafic d'armes qui aurait servi les desseins criminels de Coulibaly. Je ne vais pas entrer dans le détail de ce mauvais roman noir, dont l'action, lente et lourde, nous entraînerait dans les bas-fonds de la criminalité la plus odieuse ; mais sachez que, si le montage déductif des services de police en charge de la téléphonie s'avérait juste, le trafic d'armes à l'origine de la tuerie de l'Hyper Cacher et de l'assassinat de Clarissa Jean-Philippe se déroulerait ainsi : Claude Hermant vend les armes à un certain Samir Ladjali, de la pègre lilloise, qui les revend à Mohamed Farès, l'un des accusés qui est dans le box — figure bien connue de la délinquance du boulevard de Metz —, qui lui-même les fournit à Amar Ramdani et Saïd Makhlouf, qui les apportent en région parisienne à Amedy Coulibaly. ●

**Une enquêtrice de la SDAT :** *« Claude Hermant remilitarisait les armes. La balistique a montré que des munitions retrouvées chez lui et à l'Hyper Cacher avaient le même marquage. »*

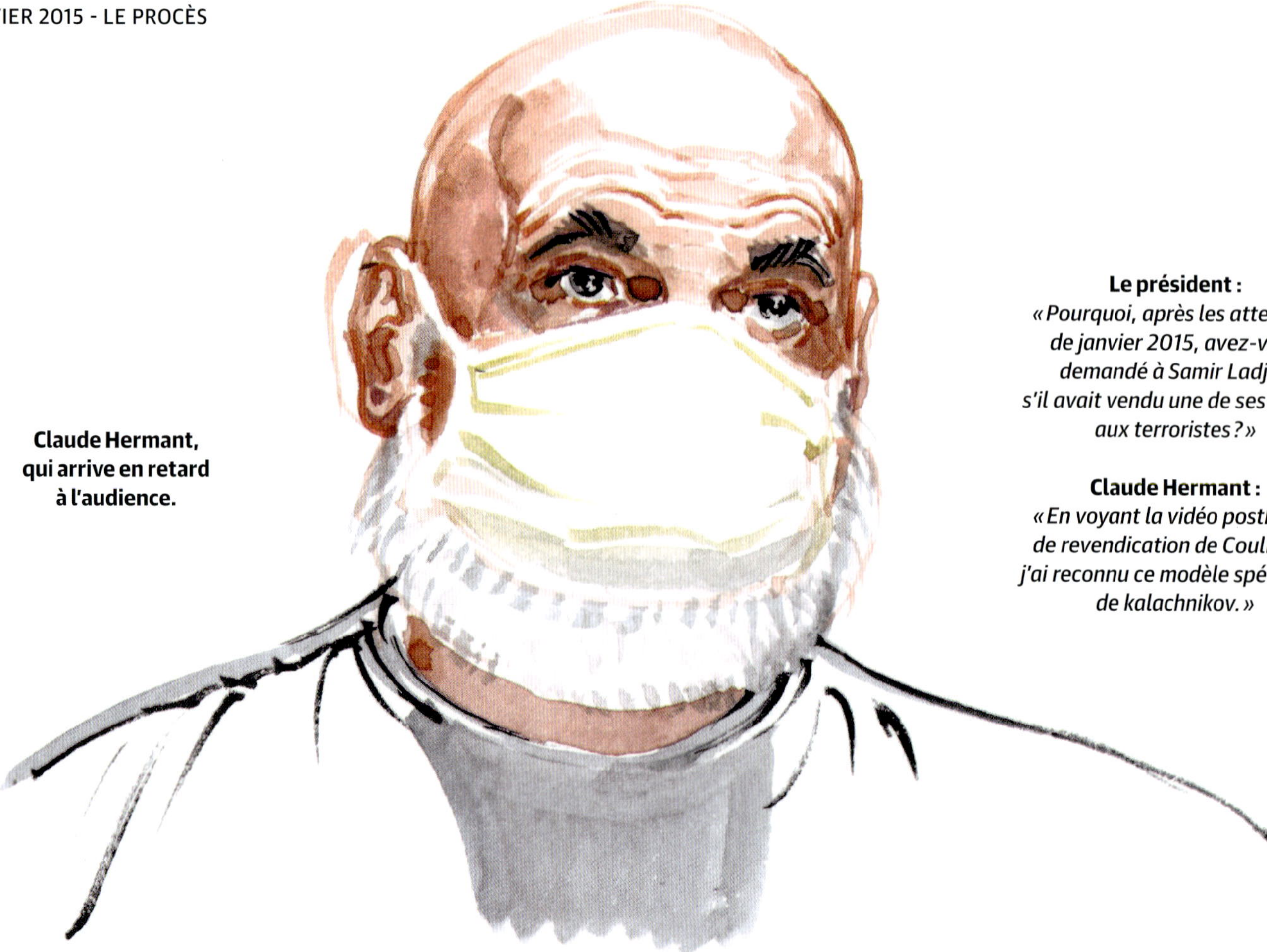

**Claude Hermant, qui arrive en retard à l'audience.**

**Le président :** *« Pourquoi, après les attentats de janvier 2015, avez-vous demandé à Samir Ladjali s'il avait vendu une de ses armes aux terroristes ? »*

**Claude Hermant :** *« En voyant la vidéo posthume de revendication de Coulibaly, j'ai reconnu ce modèle spécifique de kalachnikov. »*

JEU 1er OCT

# L'insupportable

**Claude Hermant parle, et rien n'avance, sauf l'ignominie.**

Je vous parlais hier de Claude Hermant, cet homme qui est à l'origine du trafic d'armes ayant rendu possible l'assassinat de Clarissa Jean-Philippe et la tuerie de l'Hyper Cacher, et dont les fusils d'assaut et les pistolets semi-automatiques ont été retrouvés en possession de Coulibaly. La défense ayant sollicité son témoignage, nous l'attendions ce matin, dès le début de l'audience. Nous l'avons attendu longtemps.

Le président avait pris soin de nous communiquer, pour patienter, un message de Patrick Halluent, autre témoin, autre trafiquant du Nord, belge celui-là, qui prétextait des risques sanitaires liés au Covid pour ne pas se déplacer jusqu'à un tribunal français. Ce à quoi Me Cechman répliqua : *« Pour un trafiquant d'armes, s'enquérir de la morbidité de ses concitoyens est relativement amusant. »*

Puis le président suspendit l'audience, et alors que la plupart des avocats et des journalistes avaient quitté la salle, nous sommes restés, Riss et moi, à discuter du numéro de *Libération* dont l'équipe de *Charlie Hebdo* était hier l'invitée. C'est ainsi qu'en relevant la tête nous avons surpris trois accusés hilares penchés derrière la vitre de leur box sur la lecture d'un journal : ils lisaient *Charlie*.

Quand enfin Claude Hermant a fait son apparition, mi-molosse, mi-gladiateur, tee-shirt XXL trempé de sueur, le crâne rasé d'un Marlon Brando en surpoids et l'air d'un barbouze de roman de gare, le président de la cour, contre toute attente et à rebours de la procédure qui exige qu'on laisse parler un témoin sans lui poser de questions au préalable, s'est mis à lui passer un savon pour son retard, mais aussi pour son activité : *« Vous êtes un trafiquant d'armes »*, lui a-t-il dit, ce qui, de fait, était difficilement réfutable. *« Ça vous fait quoi,* continuait le président, qu'on n'avait pas encore connu aussi incisif, *d'être devant cette cour d'assises, sachant que les armes que vous avez eues entre les mains ont fini entre celles de terroristes qui ont tué des personnes ? »*

Claude Hermant jura qu'il n'y avait pas de nuit sans qu'il y pensât. Puis, prenant le ton d'un policier confessant une bavure, il développa une théorie selon laquelle il s'agissait d'un *« énorme loupé »* : *« Il y avait la possibilité d'arrêter ces attentats,* dit-il, *les services étaient dessus. »* Claude Hermant ne cessa en effet de se présenter comme une « source » de la gendarmerie de Lille, un « infiltré » qui n'aurait vendu des armes que sous le contrôle de la gendarmerie : *« Je vends des armes pour infiltrer »*, osa-t-il.

Cette fable, avérée jusqu'à un certain point par des gendarmes qui témoignèrent à leur tour en réalisant l'exploit de ne rien dire, devint aussi pénible que grotesque lorsque Hermant, bandit notoire et condamné, commença non seulement à justifier ses pires forfaits par sa soi-disant couverture, mais à prétendre, sans rire, se protéger derrière le secret-défense. Voilà que cet homme responsable de la tuerie de l'Hyper Cacher — et dont certains avocats de la défense pensent qu'il devrait être mis en examen pour complicité de terrorisme

— se permettait de taire son trafic pour préserver la confidentialité de ses opérations. Il se permettait également de justifier son trafic, parlant de son commerce comme d'une activité légale, qu'il compara à celle de Marcel Dassault. Ainsi précisa-t-il sa vocation : *« Je réponds à la demande d'un million de passionnés, de chasseurs »* — ce à quoi le président, décidément désireux d'en découdre, répliqua : *« Des fusils d'assaut pour des chasseurs ? »*

Il aurait effectué des commandes d'armes par centaines ? *« J'étais aux ordres des gendarmes »*, répond-il, imperturbable. Alors qu'en est-il ? Dans la procédure lilloise, qui l'a jugé pour trafic d'armes et condamné à huit ans de prison (peine qu'il a semble-t-il déjà purgée, puisqu'il se présentait ici en liberté conditionnelle), on peut lire : *« A rendu des services en qualité d'informateur et a fini par croire à son impunité* [...] *Personne responsable de sa dérive criminelle, son statut d'informateur favorisant une telle dérive. »*

Je crois qu'on ne saurait mieux dire. On en vient d'ailleurs à se demander si Hermant, tenu à l'écart de la procédure terroriste, n'est pas effectivement protégé. Et puis on en revient à la sempiternelle question : qui est responsable de la remise d'armes finale à Coulibaly ? Car ces armes ont effectivement été rapatriées en région parisienne afin d'être livrées à Amedy Coulibaly, qui, pour cette tâche, avait délégué

**Claude Hermant :**
*« Je vomis les extrêmes, je ne suis pas d'extrême droite. Oui, j'étais au service d'ordre du Front national. Je suis de gauche et patriote. Mon père était mineur et communiste. J'ai été élevé dans les corons avec l'amour des ouvriers. Moi, le pouvoir en place me convient. »*

**Le président :**
*« Vous vous dites « survivaliste « ? »*

**Claude Hermant :**
*« Un survivaliste, c'est quelqu'un qui prend des précautions. Un policier est survivaliste, un pompier est survivaliste. Un survivaliste, c'est pas un branque qui attend que le calendrier maya lui dise quand la lune va lui tomber sur la tête, au fond de son jardin. »*

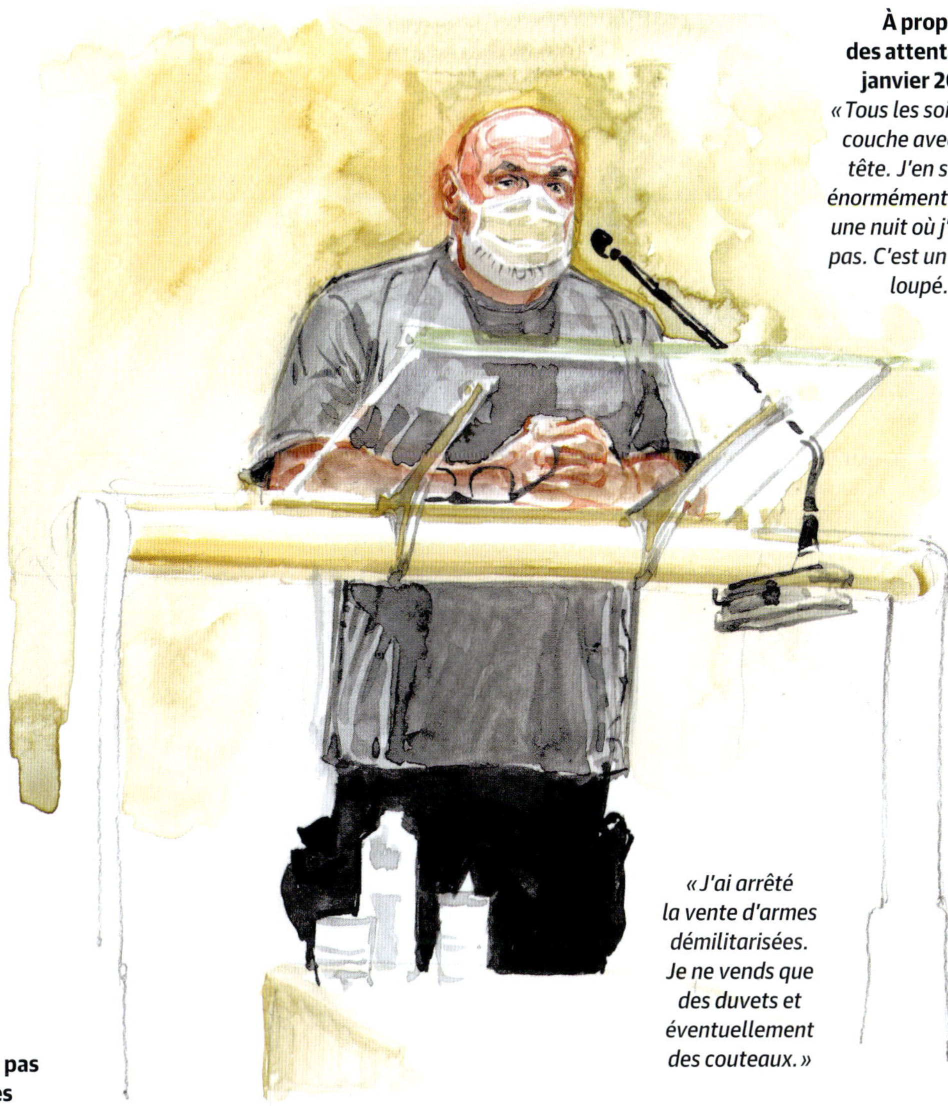

**À propos des attentats de janvier 2015 :**
*« Tous les soirs je me couche avec ça en tête. J'en souffre énormément. Y a pas une nuit où j'y pense pas. C'est un énorme loupé. »*

*« J'ai arrêté la vente d'armes démilitarisées. Je ne vends que des duvets et éventuellement des couteaux. »*

**Patrick Halluent ne se présentera pas au tribunal, prétextant des risques sanitaires du Covid. Me Cechman :**
*« Pour un trafiquant d'armes, s'enquérir de la morbidité de ses concitoyens est relativement amusant. »*

**Christophe Dubroeucq, trafiquant d'armes concurrent de Claude Hermant, surnommé *« Il Monstro »*.**

**Christophe Dubroeucq aurait présenté Samir Ladjali à Claude Hermant, qui lui acheta des armes et qui les aurait ensuite revendues aux terroristes de janvier 2015.**

**Samir Ladjali, appelé comme témoin au procès, ne se présentera pas. Il est en fuite et a bénéficié d'un non-lieu.**

**Le président :**
*« Vous reconnaissez que vous avez vous-même vendu des armes ? »*

**Christophe Dubroeucq :**
*« Oui. »*

**Le président :**
*« Pourquoi ? »*

**Christophe Dubroeucq :**
*« Je suis un passionné d'armes, c'est pas parce qu'on fait du tir qu'on tire sur les gens. »*

certains de ses comparses. L'audition de Claude Hermant n'ayant rien fait avancer, on peut continuer à penser que ces comparses (peut-on oser le mot « complices » ?) sont présents dans le box des accusés : je rappelle que les seuls, parmi eux, à avoir effectué des voyages dans le nord de la France sont Amar Ramdani et Saïd Makhlouf, qui s'obstinent à prétendre n'y être allés que pour donner des couvertures à un ami détenu et y avoir des *« relations tarifées »*, comme ils disent (l'un, Ramdani, ayant alors attendu l'autre, Makhlouf, dans la voiture).

Je m'arrête : il est des soirs où ce procès devient extrêmement pesant, où la violence de ce qui se déchaîne à travers l'impudence criminelle nous prend à la gorge. Comment supporter ce monde où tout semble souillé par le trafic ? Où les criminels jouent aux vertueux, où les gendarmes disent qu'ils ne sont pas experts en armes et simulent une ignorance intenable, où un Claude Hermant, au comble de la mythomanie et du foutage de gueule, dit : *« Je suis de gauche »,* et où finalement apparaît au tribunal, en toute fin d'audience, comme dans un cauchemar, le rival d'Hermant, son âme damnée mutique, qui semble porter en lui la masse d'ignominie de tout ce procès, un homme surnommé *« Il Monstro »,* dont je ne veux même pas écrire le nom.

C'est vrai, c'est insupportable. Il faudrait alors se détourner et ne plus y penser, oublier les menteurs et les délinquants. Oublier ce monde infernal où le massacre des innocents est recouvert par le blabla des impunis. Mais il y a les morts, il y a les survivants, et eux, je ne veux pas les oublier : alors je vais au procès chaque jour écouter le pire, et j'écris. ●

**Me Coutant-Peyre se plaint de ne pas avoir récupéré son carnet noir, contenant toutes ses notes depuis le début du procès.**

**Me Coutant-Peyre interroge le gendarme Laurent B., chargé de démenteler des trafics d'armes liés à Claude Hermant :**

*« Donc, pour vous, vous n'y êtes strictement pour rien dans ces épouvantables dégâts qui ont eu lieu début janvier 2015 ? »*

**Laurent B. :**

*« Tout à fait. Je n'ai rien à dire. On n'est pas responsables. »*

**Le commissaire Philippe P. :**

*« Je travaille sur l'extrême droite, sur tout ce qui est identitaire. Claude Hermant, c'est un personnage dont mes compétences ne me permettent pas d'examiner ses caractéristiques psychologiques. »*

*« Claude Hermant mythifie les gens qu'il côtoie, il est manipulateur et intelligent. C'est quelqu'un d'extrême droite, la plus revendicative, la plus identitaire. »*

**Me Saint-Palais**

*« La Maison flamande, c'est une association d'associations, de jeunes « petits blancs « d'un niveau intellectuel très faible, qui sont mythifiés par Claude Hermant. Sur les murs vous avez des runes, des héraldiques. Claude Hermant se présente comme un « éducateur «. »*

*« Il y avait eu un grafitti* « Heil Hitler », *mais qui avait été écrit* « Hein Hitler «, *comme* « Heineken « ... »

*« Avec Claude Hermant, on est dans l'imaginaire et la manipulation. Il faut le décrypter. Mon rôle était d'être au plus près de cet individu qui ne m'a jamais impressionné mais qui m'a parfois effrayé. M. Hermant n'est pas un homme de confidence, c'est un homme d'intérêt. »*

**Sur les activités de Claude Hermant au Congo :**

*« On rencontre en Afrique des gens qui vous racontent une mythologie de ce qu'ils ont fait, et quand on gratte un peu, on s'aperçoit qu'il n'y a pas grand-chose. »*

**Pendant la suspension d'audience, trois accusés lisent le dernier numéro de *Charlie Hebdo*.**

**En attendant l'arrivée de Claude Hermant, Saïd Makhlouf, Amar Ramdani et Ali Rizat Polat regardent les dessins du dessinateur de France Inter.**

VEN 2 OCT

# Le volet belge

**Un garage, une vente de voiture appartenant à Coulibaly, un sac-poubelle et une liste d'armes.**

Après avoir examiné ce qui se passait autour de Lille, c'est-à-dire de possibles achats de kalachnikovs pour le compte d'Amedy Coulibaly auprès du trafiquant d'armes Claude Hermant, nous abordons le volet belge de cette enquête, qui met en cause Metin Karasular, Michel Catino et l'insaisissable factotum vitupérant de Coulibaly, Ali Riza Polat, lequel apparaît partout durant les semaines précédant les attentats, et ne cesse, depuis le début du procès, de s'agiter dans le box, brandissant à tout bout de champ des pages du dossier d'instruction ou transmettant à grands gestes des notes à son avocate, Mᵉ Coutant-Peyre.

Nous voici donc à Charleroi. Le commissaire de la section antiterroriste Éric F., qui témoigne en visioconférence depuis la Belgique, déploie, en s'appuyant sur la téléphonie et les déclarations des accusés, un panorama très clair de son enquête : il semblerait que, sous couvert d'une transaction liée à la vente d'un véhicule, des armes aient transité de Metin Karasular à Amedy Coulibaly via Ali Riza Polat.

Au cœur de son récit, il y a un garage. Il appartient à Metin Karasular, dont le profil et la réputation, précise Éric F., sont bien connus dans le milieu criminel belge. Les mots du commissaire sont durs : ce quinquagénaire kurde sans revenus déclarés, qui cumule les condamnations, est *« instable », « vénal », « violent ».* Autour de lui gravitent des truands attirés par les jeux clandestins qu'il organisait dans le café dont il fut à une époque le gérant. Il serait en lien avec les milieux radicaux islamistes, et une affaire de trafic d'armes aurait plané sur ses agissements.

Son compère Michel Catino, assis à côté de lui dans le box, est un quasi-septuagénaire adepte des casinos, plus ou moins invalide, dont les gilets d'un autre âge, les cheveux longs qui tombent des deux côtés d'une calvitie et l'allure de retraité en font un personnage ensommeillé d'un roman de Simenon, mais à son regard acéré de ténèbres, on perçoit sans mal que cette atmosphère de sieste provinciale dissimule des brusqueries ambiguës et l'éventualité d'une malfaisance.

Le garage, donc. *« Sale, délabré »*, dit le commissaire. *« Un couple de concierges vit à l'arrière dans une caravane au milieu des crottes de chien »*, précise-t-il, avec un sens aigu de l'atmosphère. C'est là que Karasular, qui a reconnu Coulibaly à la télévision et s'est mis à paniquer, mène la police lors d'une *« perquisition par consentement »*. Celle-ci découvre alors dans ce garage sans comptabilité ni ordinateur des sacs-poubelle remplis de documents. Parmi eux, une liste d'armes, écrite à la main, correspondant à celles que Coulibaly a utilisées. Dans la chambre à coucher, au-dessus de l'armoire, des papiers avec le numéro de téléphone d'Ali Riza Polat, dont on découvrira à l'aide de l'expertise graphologique que c'est lui qui a rédigé la commande d'armes.

On s'aperçoit alors, grâce aux témoignages de Karasular et aux déductions que permet la téléphonie, que Coulibaly est venu plusieurs fois au garage, accompagné de son « lieutenant » Polat, dont Karasular dit qu'il se comportait *« comme un soldat face à son commandant »*. Il s'agissait pour Coulibaly de vendre à ce garage une Mini Cooper qu'il avait achetée à Bordeaux 27 000 euros au moyen d'un crédit à la consommation contracté par son épouse, Hayat Boumeddiene, et qui ne pouvait être revendue en France. Les aléas de ce paiement constituent à eux seuls un roman brouillardeux rempli de scènes glauques et de menaces, Coulibaly revenant personnellement à Charleroi réclamer son argent. Et l'on comprend enfin, de la bouche d'un autre enquêteur, celui de la SDAT cette fois, que la somme dérisoire sur laquelle les parties finissent par s'entendre masque une contrepartie en matériel, dont témoigne la liste d'armes rédigée par Polat.

**Miguel Martinez, Metin Karasular et Michel Catino.**

**À propos du garage de Metin Karasular :** *« Lorsque nous arrivons à l'intérieur du garage, il y règne un très grand désordre. Il n'y a aucune existence légale à ce garage, pas de registre de commerce. »*

**Éric F., commissaire de la section antiterroriste de Charleroi, en Belgique, entendu en visioconférence, à propos de Metin Karasular :** *« Un joueur qui s'adonne aux dés, aux cartes, connu comme organisateur de jeux clandestins, quelqu'un de peu fiable, vénal. »*

*« Il a des liens avec les milieux radicaux. Il se disait proche du PKK, mais il a également des contacts dans les milieux radicaux islamistes. »*

**Le président pendant la visioconférence.**

La voiture disparait quelque part en Grèce, et Polat obtient, selon l'enquêteur, *« des explosifs retrouvés à l'Hyper Cacher et une partie des armes des frères Kouachi »*, ainsi que, selon toute vraisemblance, un pistolet Nagant, identifié parmi les armes de Coulibaly et qui, à l'époque, était en vente libre en Belgique, *« suite à une faille dans la législation »*, dit le commissaire belge.

Celui-ci s'étonne que Karasular et Catino aient coupé leurs téléphones dès le 8 janvier, alors que la photographie de Coulibaly n'avait pas encore été rendue publique. Et cette circonstance très aggravante sera beaucoup discutée, voire contestée durant la journée par les avocats qui jugent toute cette construction exagérée, mais qui, à part des erreurs dans l'interprétation de la téléphonie, n'ont pourtant pas grand-chose à lui opposer.

Ainsi Me Beryl Brown, l'avocate de Michel Catino, ironise-t-elle lorsqu'on laisse entendre que Catino aurait acheté le pistolet Nagant et qu'il serait *« armé en permanence »* (ce qui fait rire l'intéressé dans le box) : *« Vous l'imaginez déambuler dans Charleroi avec un Colt à la ceinture ? »*

Roman vrai ? Roman halluciné ? Se donnent à voir en tout cas les coulisses inattendues des attentats de janvier 2015. Et le décor un peu minable de ce « volet belge » ne nous divertit pas du tout. Au contraire, il nous invite à penser combien l'abomination habite partout : derrière ce garage foireux, il y a les scènes de crime, il y a les morts couchés dans la salle de rédaction de *Charlie Hebdo* et dans les rayons de l'Hyper Cacher. ●

**L'avocat de Metin Karasular échange avec le commissaire Éric F.**

**Le président :**
*« Est-ce qu'en matière d'ADN, les certitudes existent ? »*

**Le docteur P. :**
*« On n'est jamais sûrs de rien. Quand on a des prélèvements purs, on a beaucoup plus de certitudes qu'avec des prélèvements sur des objets. »*

**Le docteur P., spécialiste des expertises génétiques.**

**Me Apelbaum, l'avocat d'Abdelaziz Abbad.**

**La docteure F., spécialiste des expertises génétiques :**
*« Nous avons dû procéder à l'analyse biologique de 406 scellés. [...] Il fallait les comparer avec les profils de 113 personnes. [...] Le laboratoire a mis en évidence 66 ADN masculins et 23 ADN féminins. 33 ADN masculins et 18 ADN féminins sont restés inconnus. »*

SAM 3 OCT

# Les experts et le prédicateur

**Des experts en écriture et en balistique nous éclairent, tandis que Farid Benyettou, le mentor de Chérif Kouachi, nous égare.**

Il paraît que les experts sont ennuyeux. C'était tout le contraire samedi, à l'audience du procès des attentats de 2015. Se sont succédé à la barre Anne B., experte en écriture du laboratoire de police scientifique de Paris, et Joseph T., expert en balistique.

Que peuvent nous apporter l'écriture et la balistique ? Tout simplement des preuves. Et entendre enfin des conclusions tangibles avait quelque chose de rassurant, après une semaine passée à ne faire que des hypothèses sur la présence ou non des uns et des autres dans des lieux plus ou moins incertains, où l'on supputait que des armes auraient été éventuellement achetées.

Anne B. analysa devant nous un document écrit à l'encre rouge qu'on avait retrouvé à Charleroi, dans un sac-poubelle de Metin Karasular : un pense-bête sur lequel figurait, sous forme de liste, une série de questions relatives au prix du kilo d'explosifs C4, d'un détonateur, de balles de kalachnikov et de chargeurs.

La comparaison d'écritures manuscrites entre ce document et plusieurs lettres écrites en prison par l'un des accusés, Ali Riza Polat, établissait que cette liste pour le moins compromettante — car correspondant à du matériel utilisé dans les attentats — était bel et bien de la main de cet homme, dont il semble chaque jour de plus en plus clair qu'il était le complice, et même le lieutenant d'Amedy Coulibaly.

Il était agréable, en contrepoint de la barbarie des faits criminels dont nous subissons chaque jour le récit, d'entendre parler de cette chose tout à la fois vibratoire et frémissante, la chose la moins contrôlable, la plus subjective, la plus émotive : l'écriture. On nous a ainsi parlé de lettres et de jambages, de *« ligne de base sinueuse »*, d'*« attaques séparées »*, de *« majuscules avec décalage »*, de cette respiration sémiotique qui anime nos traces et de l'intimité même des formes qui sont à l'œuvre lorsqu'on écrit.

C'était passionnant, le monde a semblé pour un instant lumineux, et lorsque Me Coutant-Peyre, qui défend Ali Riza Polat, a voulu mettre en doute le niveau de certitude scientifique d'une telle étude qui accablait son client en le reconnaissant coupable, Anne B. ne s'est pas laissé faire : le *« taux de présomption »* que son expertise avait établi était maximal, il n'y avait aucun doute à avoir, c'était bien Polat le *« scripteur »* d'une telle liste, c'est lui qui voulait acheter des explosifs, des détonateurs, des munitions et des chargeurs pour des kalachnikovs.

**Anne B., experte en écriture:** *« J'ai désigné M. Polat et M. Karasular comme auteurs de deux pièces. »*

Grâce à Joseph T., expert en balistique de la police technique scientifique, nous avons compris que, contrairement à ce que voulait nous faire croire il y a quelques jours Claude Hermant pour maquiller son trafic d'armes et en atténuer la gravité, on ne vend pas d'armes sur le marché criminel sans leurs munitions : *« C'est la munition qui est importante »*, a dit Joseph T.

Ainsi nous a-t-il expliqué que la remise en état d'une arme qui a été démilitarisée est nécessairement corrélée à la mise à disposition de cartouches, car il est évident que l'acheteur d'une telle arme devra faire des essais : *« Chez Hermant,* a-t-il dit, *on a beaucoup de cartouches. On est au-dessus des tirs d'essai, on est dans la vente. »* Et l'on se souvenait alors avec amertume que Claude Hermant est en liberté, et continue à empoisonner le monde de son trafic.

Puis arriva celui que nous attendions tous depuis le début de ce procès : Farid Benyettou, 39 ans, silhouette de jeune intellectuel, qui se présenta à la surprise générale comme *« chauffeur poids lourds »*. Le célèbre prédicateur de la bande des Buttes-Chaumont, le gourou de la jeunesse islamiste, le référent religieux de Chérif Kouachi, le doctrinaire des djihadistes français était à la barre, et nous allions mieux comprendre ce qui s'était passé en France depuis le début des années 2000 au sein de l'islam radical car il y avait joué un rôle de premier plan.

Il commença par faire amende honorable, et sa *« pensée pour les victimes »* rencontra un silence lourd : *« Je n'ai jamais caché mes responsabilités dans le parcours des Kouachi,* dit-il. *J'aimerais revenir en arrière, réparer les choses. Je suis désolé. »*

Celui qui a « encouragé » Chérif Kouachi dans sa vocation et son parcours de djihadiste (et en a recruté bien d'autres encore pour aller en Irak) a raconté qu'il s'est présenté spontanément le 8 janvier aux services de la DGSI, dès qu'il avait vu à la télévision les Kouachi crier dans la rue : *« On a tué le Prophète. »* D'emblée, ce lapsus a attiré notre attention sur la part du refoulé chez Benyettou. L'inconscient révèle les cachettes littérales : lui qui se déclare *« déradicalisé »* aurait donc tué en lui le Prophète ? Les Kouachi avaient bien sûr clamé ce jour-là qu'ils avaient *« vengé »* le Prophète, mais il est vertigineux et terrible de constater que l'inconscient de celui qui a conduit les Kouachi à passer à l'acte avoue que cela n'honore pas Mahomet qu'on massacre la rédaction de *Charlie Hebdo,* mais que cet acte le tue, c'est-à-dire que l'islam meurt du terrorisme.

**Farid Benyettou, ancien mentor spirituel de Chérif Kouachi :**
*« Pour moi, c'est en prison que les choses ont évolué. J'ai été forcé de me mélanger à d'autres détenus, des Corses, des Basques, ce qui m'a aidé à voir les choses différemment et ce qui m'a été reproché par d'autres djihadistes. »*

*« Chérif était très lié à al-Qaida. Il disait avoir vu en rêve le Prophète qui lui avait dit que Ben Laden lui avait parlé de l'islam. Pour lui, Ben Laden avait été envoyé par Dieu. »*

*« Chérif Kouachi voulait me marier à sa sœur. Il était très intrusif. Il écoutait celui qui lui disait ce qu'il voulait entendre. »*

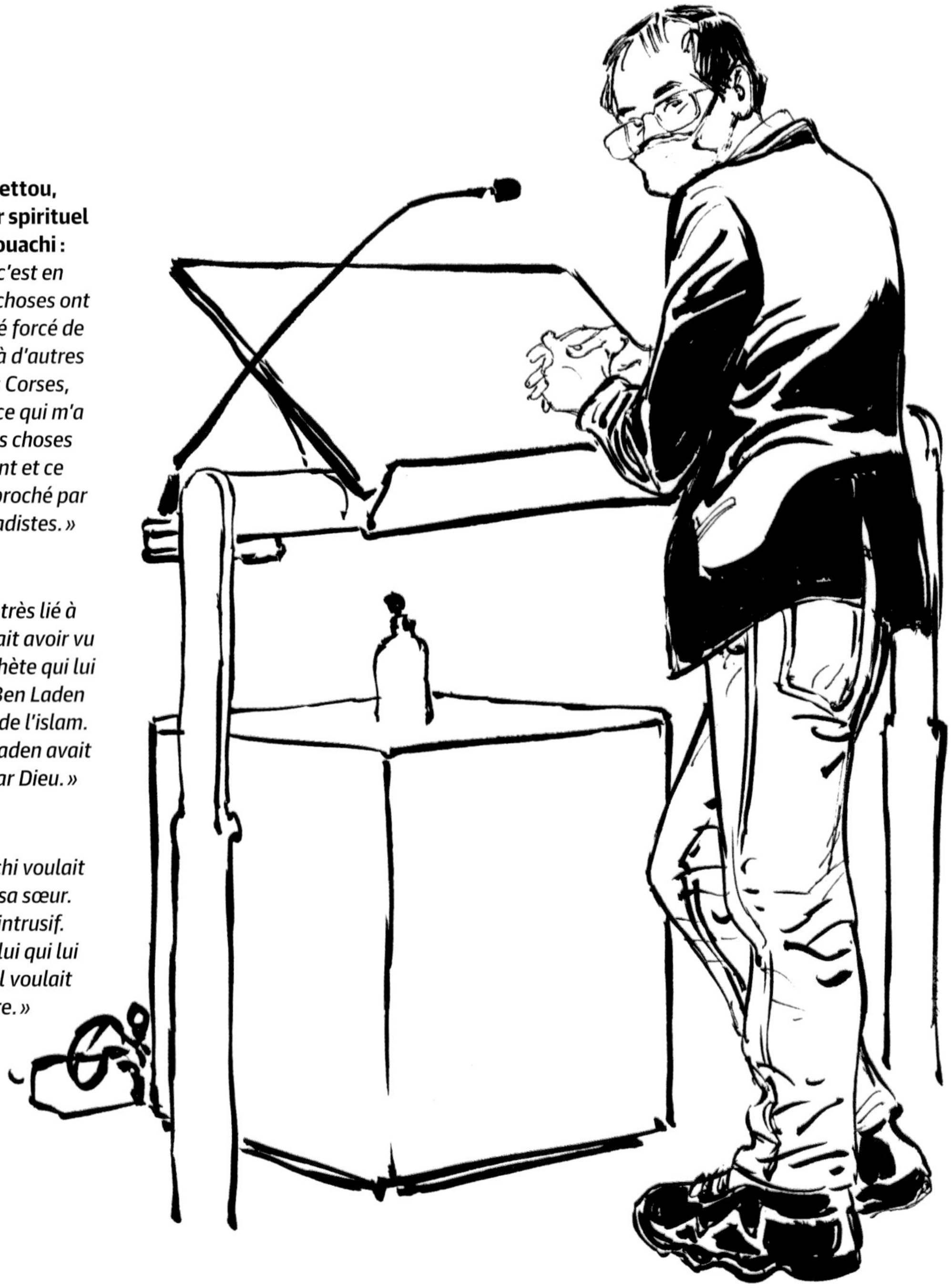

**Un avocat de la partie civile :**
*« Qu'est-ce que vous pensez des caricatures de Mahomet ? »*

**Farid Benyettou :**
*« Pour moi, c'est une forme d'expression. J'ai grandi avec* Les Guignols de l'Info. *J'étais fou des* Guignols de l'Info. *La caricature est un droit. »*

**Farid Benyettou :**
*« C'est une question qui est très présente dans les groupes. C'est chez les Frères musulmans que j'ai le plus entendu parler de ces histoires de caricatures. »*

**On lui demande s'il est « Charlie » :**
*« Oui, je suis* Charlie. *»*

L'empressement fébrile de Benyettou à se justifier relevait-il de l'effet classique produit par la cour d'assises, même sur le plus averti des professionnels du mensonge, ou d'une ruse, une dissimulation à l'intérieur de la dissimulation ? Toujours est-il que Farid Benyettou raconta son parcours de « déradicalisé » sans que ses contradictions ne fussent masquées : lui qui justifiait la démarche des candidats au djihad par les textes et fournissait à chacun d'eux une garantie théologique propre à transformer une simple violence politique en mission religieuse, et qui avait alors une influence déterminante sur ses camarades des Buttes-Chaumont, n'a pas eu le courage, prétend-il, de leur dire qu'il avait *« coupé »*. En effet, après son séjour en prison, où il aurait cessé d'avoir une vision radicale de l'islam (à cause, dit-il, de l'affaire Merah), Benyettou continuait pourtant à voir ses amis, en particulier, et jusqu'en octobre 2014, Chérif Kouachi : *« Il venait directement à ma porte »*, confesse-t-il avec la détresse feinte d'un enfant qui ne parviendrait pas à se débarrasser d'un ogre.

On a bien sûr du mal à croire qu'un homme charismatique qui donnait la permission de tuer à ses élèves se retrouve soudain contraint face à eux, pétri de scrupules ou tremblant à l'idée de les contredire. C'est pourtant la version qu'il nous sert de son changement de vocation : mener le djihad en Irak lui semblait légitime, mais pas en France. On se demande bien pourquoi cet idéologue devient soudain si plein de réticences à l'idée que la guerre de l'islam pût devenir mondiale, et donc plus seulement cantonnée à la poudrière du Moyen-Orient. Farid Benyettou aimerait donc la France ? Il vaut mieux en rire. Ce n'est pas sa justification par son rejet de Daech, et la proclamation du califat en juin 2014 qu'il juge théoriquement étrangère à ses visées, qui va nous convaincre : depuis toujours, les textes dont il est un brillant herméneute vouent l'islam à un destin théologico-guerrier

**Farid Benyettou :** *« Pour moi, le djihad, c'était à l'extérieur de la France, où au contraire je pensais qu'il fallait profiter de la liberté d'expression. Alors que dans les autres pays, les djihadistes ne pouvaient pas s'exprimer. [...] Mon beau-frère qui était du GIA était venu en France diffuser cette idéologie. »*

mondial. Le « djihad régional » dont il se prévaut pour limiter ses crimes aux yeux de la justice française est une fable.

Bref, le voici en 2014 obligé de tenir tête à ses anciens protégés, ou plutôt non, dit-il, il *« n'ose pas »*, il n'a pas le *« courage de leur dire »*. Chérif Kouachi le harcèle, dit-il, et lorsqu'ils se rencontrent, celui-ci lui raconte ses rêves : *« Il voyait en rêve le Prophète. Pour lui, Ben Laden était annoncé par le Prophète. Al-Qaida était le groupe qui portait la vérité. »* Farid Benyettou, quant à lui, ne dit rien. La scène serait cocasse si Benyettou, en la racontant, ne cherchait pas avant tout à donner le change.

Est-ce que les attentats auraient eu lieu si les Kouachi n'avaient pas rencontré Farid Benyettou ? Autrement dit, est-ce lui qui leur a donné cette autorisation qu'ils venaient chercher des années plus tôt lorsqu'il s'agissait de faire le djihad (ce que ne feront pas les Kouachi, qui ont choisi une action contre la France) ?

Quand on lui reproche de ne pas avoir parlé alors aux Kouachi, et de ne pas être parvenu, lui le prédicateur si efficace, à les convaincre de se détourner de leur projet criminel, Benyettou prétend que Chérif Kouachi n'écoutait que ce qu'il voulait entendre.

Jean Baudrillard avait décelé que l'esprit du terrorisme était la *« réversion »*. Le terroriste s'applique à *« ne jamais attaquer le système en termes de rapports de force »*, mais à brouiller le domaine des luttes. Ainsi de la prestation judiciaire de Farid Benyettou samedi, devant la cour d'assises, qu'on peut interpréter, tout comme la panoplie de repenti dont il s'affuble, comme une mise en scène, c'est-à-dire comme une séquence de *taqiyya*. Cet art stratégique de la dissimulation est le cœur de l'islam radical et une manière de continuer à faire la guerre ; en un sens, c'est elle qui réalise le djihad mondial. On sait à quel point Benyettou est un théologien averti qui n'ignore rien de la *taqiyya*. Il était évident samedi pour tous ceux qui assistaient à son audition qu'il était en train de la pratiquer devant nous.

Me Richard Malka, avocat de *Charlie Hebdo,* a même posé la question : *« Comment reconnaître un faux repenti qui pratique la* taqiyya *? »* Question si pertinente qu'elle en devient absurde, puisqu'elle exigerait, pour qu'on puisse y répondre, que la dissimulation elle-même se démasque, ce qui ne peut avoir lieu.

Notre malaise est immense, car dans la *taqiyya,* il n'existe plus de contradiction : il n'y a plus ni mensonge ni vérité, et c'est là, dans cette béance de l'indistinction, dans ce vertige de l'indiscernable que Benyettou se tenait : la ruse de son discours allait jusqu'à manifester, pour nous égarer, l'apparence tactique de la contradiction.

La *taqiyya* était à l'origine une doctrine de tolérance qui autorisait la duplicité chez les fidèles pour échapper à la persécution. Maintenant, elle est devenue une arme stratégique visant à nager dans les eaux de la *dunya* (la vie matérielle, impure, occidentale). Ainsi, rien n'est plus efficace, à une époque où l'on ne peut plus disparaître des radars — où tout est surveillé —, que d'apparaître à outrance : n'est-ce pas ce que fait Farid Benyettou, spectacularisant une repentance qui n'est jamais qu'une modalité de sa *taqiyya* ? Lorsqu'en janvier 2017, il se produit dans l'émission de télévision *Salut les Terriens !* de Thierry Ardisson avec des lunettes noires et un badge « Je suis Charlie », il brouille tous les messages en les vidant de leur sens.

Le renversement des valeurs, poussé à ce point de provocation, dissout toute différence possible entre la vérité et le mensonge. L'objet de la dissimulation ne consiste plus à cacher la vérité mais à la néantiser, à faire en sorte qu'elle ne soit plus repérable, donc qu'elle n'existe plus. Plus besoin de se cacher, comme on le faisait historiquement dans l'islam, lorsque par exemple Hasan ibn al-Sabbah et les Assassins (ou hachichiyyin) semaient la terreur dans le monde musulman et régnaient par l'absence en se réfugiant dans la forteresse d'Alamut. D'Alamut à l'émission de télé d'Ardisson, les lieux de la *taqiyya* ont changé, et sans doute peut-on dater cette métamorphose tactique à mai 2011, c'est-à-dire à la mort de Ben Laden, débusqué dans sa cachette par les forces spéciales américaines. Il n'y a plus de cachette tenable sur terre, même pour un djihadiste : se cacher ne consiste plus à se taire mais à parler, à venir par exemple à la barre d'une cour d'assises en France. ●

**Willy Prévost :** *« Radicalisé, je sais même pas c'est quoi. »*

LUN 5 OCT

# Willy Prévost

**La sixième semaine de procès commence avec l'interrogatoire de Willy Prévost.**

**Me Lévy, l'avocat de Willy Prévost.**

La série des interrogatoires commence avec celui de Willy Prévost. Selon l'ordonnance de mise en accusation, il encourt vingt ans de réclusion criminelle pour participation à une association de malfaiteurs terroriste criminelle. L'instruction lui reproche d'avoir acheté pour Amedy Coulibaly le véhicule Renault Mégane avec lequel celui-ci s'est rendu à l'Hyper Cacher, d'avoir fourni à ce dernier trois gilets tactiques, deux couteaux, deux gazeuses lacrymogènes et un Taser, enfin d'avoir enlevé le traceur GPS de la moto Suzuki que Coulibaly a utilisée pour se rendre à Montrouge lorsqu'il a assassiné la policière Clarissa Jean-Philippe.

Willy Prévost a 34 ans, il a grandi dans la même cité qu'Amedy Coulibaly, la Grande-Borne, à Grigny, dans l'Essonne. Le « quartier », il ne sera question que de cela durant les quatre heures de cet interrogatoire pendant lequel cet homme long et nerveux, au crâne rasé et au parler incisif, va témoigner d'un système de domination dont il aura été toute sa vie la victime.

*« J'étais pas son pote, j'étais son petit du quartier »*, dit-il à propos de Coulibaly, son aîné de quatre ans. Blessé par balle alors qu'il avait à peine 9 ans (une balle perdue lui aurait alors perforé le ventre), Willy Prévost a ensuite vécu la *« vie de galère »*, comme il l'appelle, celle des enfants du quartier livrés à eux-mêmes, que la déscolarisation expose à la pauvreté, à une iner-

**Le président :**
*« Est-ce que Coulibaly avait un mentor ? »*

**Willy Prévost :**
*« Jamais il m'a parlé d'un mentor. C'était lui le mentor. C'était un personnage. J'ai pas vu de gens qui le guidaient. »*

**À propos d'Amedy Coulibaly :**
*« J'aimerais dire pourquoi il a basculé, mais j'ai pas vu son basculement. »*

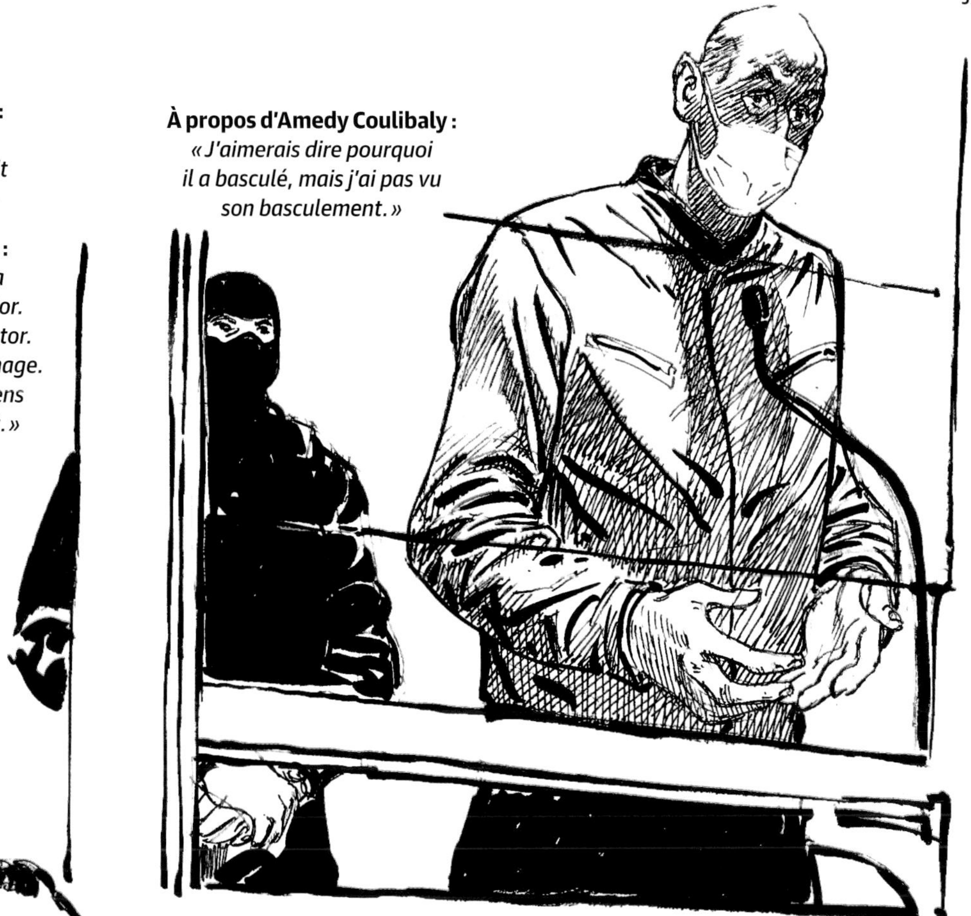

*« J'ai de la compassion pour les victimes, quelque chose comme ça. »*

*« Mais je comprends pas le terrorisme, je comprends pas. »*

*« Comme insulte ? Je dirais jamais "sale juif", jamais ! "Fils de pute", oui ! »*

**Me Malka :**
*« Sur la photo, vous portez la barbe sans la moustache, comme le font les musulmans salafistes. »*

**Me Cechman :**
*« M. Prévost, est-ce bien vous qui êtes sur cette photo ? »*

**Willy Prévost :**
*« Oui. C'est quoi le problème ? »*

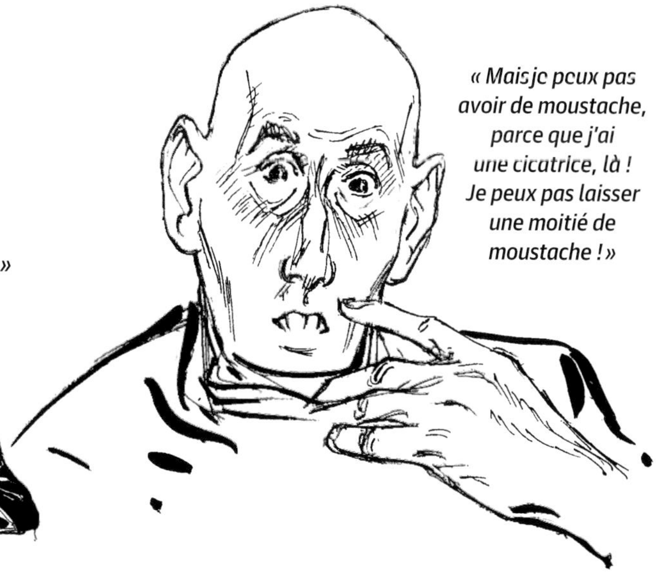

*« Mais je peux pas avoir de moustache, parce que j'ai une cicatrice, là ! Je peux pas laisser une moitié de moustache ! »*

tie rageuse, à des liens qui les soumettent. Il raconte, c'est une sale histoire. On est en 2008 -2009. Il a 22 ans, il est sorti de prison, il y avait côtoyé Coulibaly, qu'il connaissait *« depuis tout petit »*. Celui-ci lui demande un *« service »* qui consiste à conduire une voiture pour un transport de drogue. Il est en vacances dans le Sud et refuse de remonter. Le convoi se passe mal, la voiture se fait interpeller, Coulibaly a perdu beaucoup d'argent, il en veut à Prévost, lui dit que c'est sa faute et lui demande 30 000 euros.

Cette dette arbitraire fixe une fois pour toutes la position de pesanteur de Willy Prévost, celle du vertige de la violence subie et de la vie sous pression. Voici que Coulibaly vient chez lui armé, l'amène en voiture dans une forêt et le tabasse à coups de batte de base-ball. Séjour aux urgences. *« Il était vraiment abîmé »*, dit son père. Il ne porte pas plainte : *« Impossible au quartier, sinon on s'en prend aux familles. »* Coulibaly ne cessera de lui *« envoyer des gens »*, au point que Prévost tentera de quitter le quartier, mais il n'a pas d'argent et s'il part du domicile parental, c'est pour squatter chez des copains avec qui il passe ses nuits à fumer du shit et à jouer à la console.

À propos de Coulibaly, dont il n'imaginait absolument pas qu'il pût commettre des crimes terroristes et dont il jure qu'il ignorait la radicalisation (cette ignorance aura beaucoup fait douter la salle, tant elle semble improbable pour des gens qui se côtoient), il dit : *« J'étais sous la contrainte. »* Mais il est clair que cette emprise qu'il subit et dont il se sert habilement devant la cour d'assises n'empêche pas la camaraderie : dans la logique de la cité, les liens sont inextricables et leur vérité relève de l'ambivalence. Ainsi, que Coulibaly et Prévost soient « amis » n'empêche pas que Prévost puisse être menacé par Coulibaly : l'emprise fait partie des liens de solidarité qui se tissent dans le « quartier » ; elle en est la manifestation perverse.

Hier, les avocats de la partie civile semblaient ne pas comprendre ce nœud de contradictions à l'intérieur duquel se formulent l'existence de Willy Prévost, son désespoir, son entrave, sa rouerie. Ils en arrivaient même à mettre en doute la menace qui pesait sur la tête de Prévost, celle qui lui garantissait un statut de victime alors même qu'on l'accuse d'être du côté des bourreaux : pourquoi, disaient-ils, ne pas fuir Coulibaly au lieu de collaborer avec lui ?

C'est sans doute méconnaître le mécanisme des interactions de promiscuité ; chacun vit avec les autres, au point que la vie individuelle existe peu, existe moins qu'à travers d'autres contextes sociaux (dans la bourgeoisie, la solitude est facile). Non pas qu'il y ait plus d'égalité, au contraire : Coulibaly est le chef, et Prévost est assigné par celui-ci à la position servile de l'esclave à disposition. Et l'on sait combien l'esclave ne peut se détacher du maître. A fortiori dans une cité comme celle de la Grande-Borne, il est non seulement possible, mais absolument banal de vivre sous l'influence criminelle de quelqu'un et de continuer à le fréquenter quand même chaque jour. Le chantage infiltre l'amitié, et rien, dans ce type de rapports, n'est étanche.

Prévost se tuait à le dire : on peut être camarade avec celui qui vous tient sous son joug. Une situation n'exclut pas l'autre : dans une cité, les liens de solidarité se métamorphosent à chaque instant en leur contraire. Les interactions sont constamment changeantes, jamais à sens unique : elles se substituent à la loi absente car la stagnation sociale implique le renversement perpétuel de tout lien en aliénation. Coulibaly l'aîné aide Prévost, Coulibaly frappe Prévost, Prévost aide Coulibaly, et l'on apprend même, bouche bée, que le père de Prévost, qui a peur de Coulibaly, refait la cuisine de la mère de ce dernier et se retrouve à aller en voiture chez Ikea avec lui, c'est-à-dire avec un homme qui, quelques jours plus tard, va assassiner cinq personnes.

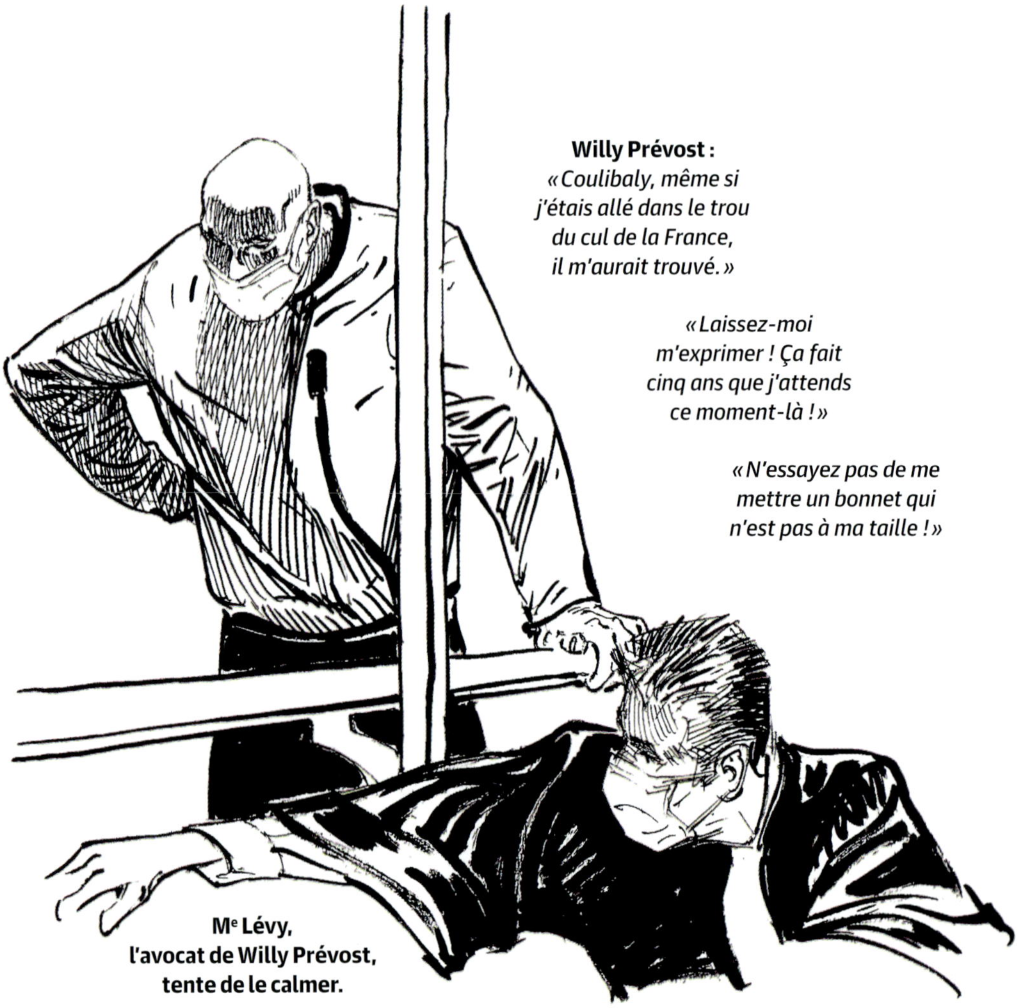

**Willy Prévost :**
*« Coulibaly, même si j'étais allé dans le trou du cul de la France, il m'aurait trouvé. »*

*« Laissez-moi m'exprimer ! Ça fait cinq ans que j'attends ce moment-là ! »*

*« N'essayez pas de me mettre un bonnet qui n'est pas à ma taille ! »*

**Me Lévy, l'avocat de Willy Prévost, tente de le calmer.**

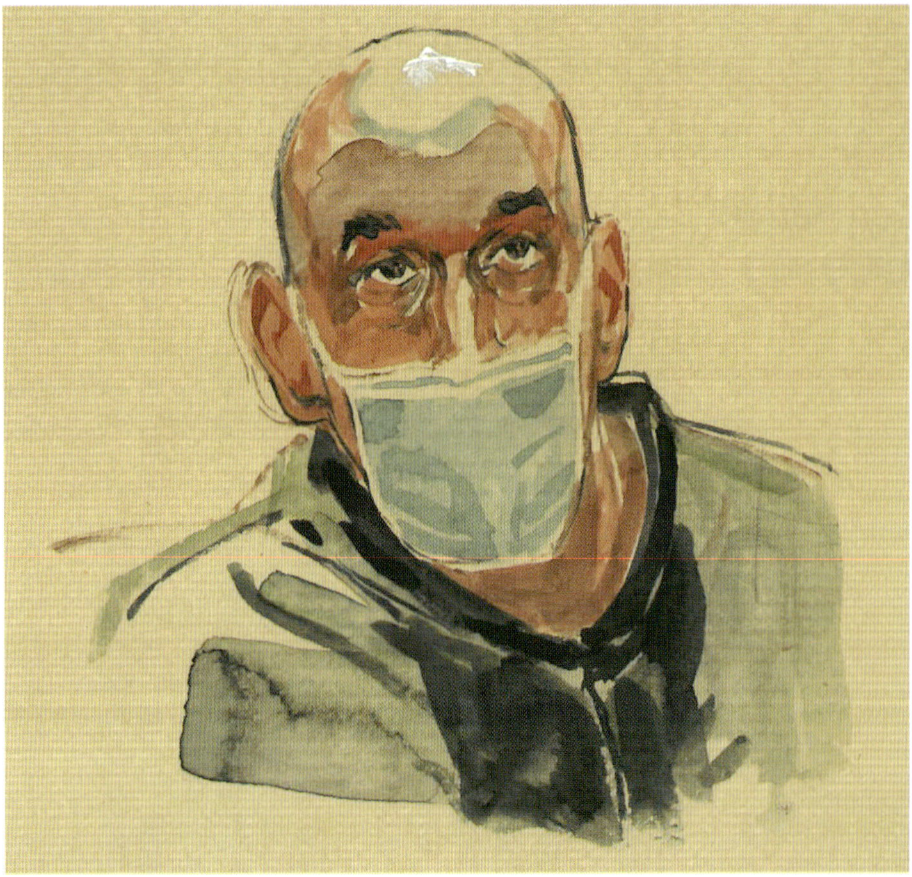

**M^e^ Coutant-Peyre pose une question à Willy Prévost sur Amedy Coulibaly, dont on rappelle qu'en 2009, il a rencontré Nicolas Sarkozy à l'Élysée pour une conférence sur le thème de l'emploi :** *« C'est pas parce que Coulibaly a rencontré Sarkozy qu'il est devenu un caïd ! »*

**Le président, à l'attention de M^e^ Lévy, l'avocat de Willy Prévost :** *« Maître, avez-vous une question pour ramener la sérénité ? »*

**M^e^ Lévy :** *« M. Prévost, comment voyez-vous votre avenir ? »*

**Willy Prévost :** *« Moi mon avenir, c'est construire une vie comme tout le monde : travailler, avoir des enfants, prendre des vacances… »*

Chacun raconte avant tout l'histoire de sa blessure, et l'on se met nécessairement en scène d'une manière avantageuse : que Prévost néglige des aspects de sa vie, qu'il taise une partie des manigances qui l'accuseraient plus encore, qu'il accentue sa soumission à Coulibaly, c'est de bonne guerre. Mais la pauvreté sociale est sans réplique, et si la société française ne veut pas lui donner d'excuse, c'est pourtant elle qui la fabrique : un jour, il faudra bien que la « République », si prompte à se glorifier elle-même, regarde d'un peu plus près les dégâts qu'elle provoque.

Autre chose : on constate, durant ce procès, que Coulibaly a mis en place pour lui-même un système par lequel il tient ses comparses, et dont Prévost est l'exemple le plus flagrant, celui d'une dette, la plupart du temps imaginaire. Il inflige une dette à autrui afin de construire une situation d'ascendant qui lui permettra à tout moment d'extorquer à celui-ci un « service », en l'occurrence une action qui, en réalisant son appartenance, le « mouillera » sans recours, comme dans un rite initiatique de servilité proche du chantage. Ainsi Coulibaly aura-t-il pu construire sa logistique jusqu'aux derniers jours en profitant des liens de dépendance qu'il avait créés autour de lui : perversité relevant à la fois d'une pratique de « quartier » et de sa trahison absolue.

À un moment de l'interrogatoire, on diffuse une photographie de Willy Prévost à l'époque de son arrestation. Il est barbu, et comme le fait remarquer M^e^ Malka, sa barbe sans moustache rappelle celle des salafistes. Prévost, debout derrière la vitre du box, enlève alors son masque pour exhiber une cicatrice sous la lèvre : les poils ne poussent plus sous cette cicatrice. *« Je vais pas faire des poils ici, et pas de poils là, je peux pas laisser une moitié de moustache ! »* s'exclame-t-il.

Est-il converti à l'islam ? Un des témoins l'a laissé entendre. Il nie violemment : *« Je suis parti aller acheter des gilets et on me parle de religion »*, dit-il en s'énervant. Il se met alors, dans le box, à tourner le dos à ceux qui lui parlent, surtout à celles qui s'adressent à lui. Et il ne faut pas avoir l'oreille bien fine pour entendre à travers ses propos une misogynie des plus extrêmes, une rage contre les femmes qui semble incontrôlable, presque terrifiante.

Willy Prévost ne conteste pas les achats qu'il a effectués pour Coulibaly.

*(Suite page 97.)*

**Nadine Prévost, la mère de Willy Prévost :**
*« Avec mon fils, ça va, y a pas de problème, je sais pas quoi vous dire. »*

**Me Lévy :**
*« Madame, avez-vous eu des problèmes de santé dernièrement ? »*

**Nadine Prévost :**
*« J'ai failli avoir un AVC. »*

**Willy Prévost pendant l'audition de sa mère.**

**Le président :**
*« Vous connaissiez Amedy Coulibaly ? »*

**Nadine Prévost :**
*« Oui, au début ça se passait bien, puis après il y a eu des problèmes. Ils l'ont amené à la Sapinière pour le taper, quoi. Après il est revenu chez moi deux fois, armé, et on a été menacés. »*

**Éric Fonce, le père de Willy Prévost :**
*« Mon fils, c'est un grand nounours, il a jamais fait de mal à personne. C'est un gentil. Il rend service à tout le monde, voilà où ça l'a entraîné. »*

**Caroline Prévost, la sœur de Willy Prévost, tente de répondre aux questions qu'on lui pose :**
*« Non… je m'en souviens pas… »*

*« Mon frère il est adorable, il est protecteur. »*

**Willy Prévost :**
*« Dans le quartier, on m'appelle "Bourou". "Prévost", ils connaissent pas, c'est "Bourou". »*

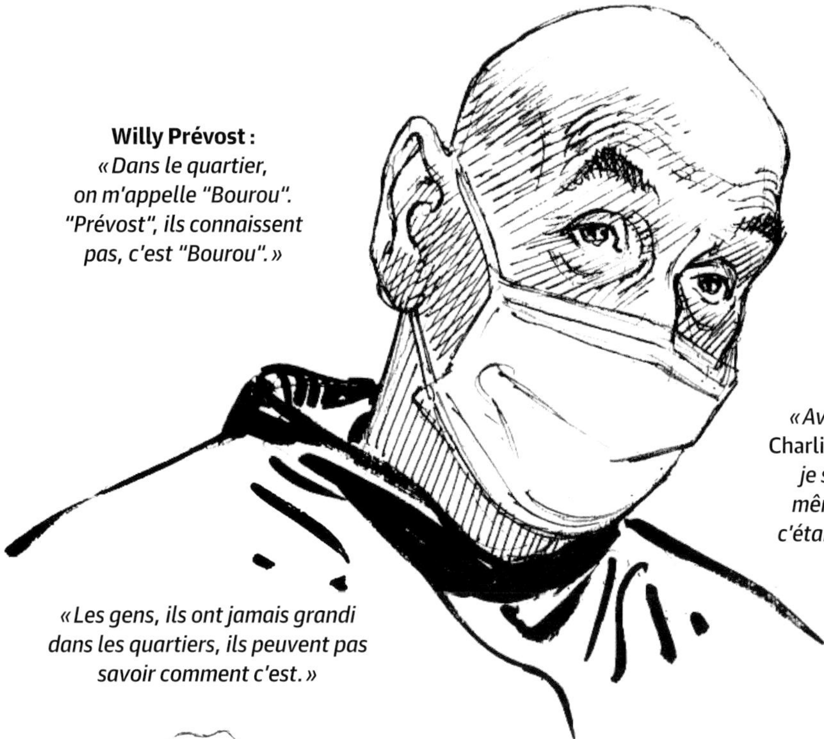

*« Avant ça,* Charlie Hebdo, *je savais même pas c'était quoi. »*

*« Les gens, ils ont jamais grandi dans les quartiers, ils peuvent pas savoir comment c'est. »*

Il reconnaît l'intégralité des faits qui lui sont reprochés, mais dit ne pas savoir quel usage allait en faire son ami et tortionnaire. Les gilets tactiques, les couteaux et le reste, tous ces achats sont *« légaux »*, comme il le rappelle : on trouve cela en armurerie. Mais savait-il que Coulibaly allait s'en servir pour une attaque terroriste ? Prévost, dont l'image de lui-même est complètement dégradée (mais sans doute joue-t-il aussi à se déconsidérer pour des raisons stratégiques), estime que Coulibaly ne l'aurait jamais intégré à un tel projet. Il imaginait *« faire des courses »* pour un simple braquage, auquel — lui, l'humilié absolu — il n'espérait même pas être associé. ●

**L'expert psychiatre, à propos de Willy Prévost :**
*« Il est peu porté sur la symbolisation et l'abstraction. [...] Il n'a pas de souvenir de son premier rapport sexuel, ce qui est assez rare. Peut-être n'en aurait-il pas eu. »*

**À la barre des témoins, Stanislas Fonce, le frère de Willy Prévost, parle à la cour avec désinvolture :**
*« Ah non ! J'ai jamais entendu ça de ma bouche. »*

**Après un clin d'œil à son frère, il quitte la salle avec la même attitude qu'à son arrivée :**
*« Allez, salut ! »*

MAR 6 OCT

# Christophe Raumel

**Interrogatoire de Christophe Raumel, le seul accusé qui comparaît librement.**

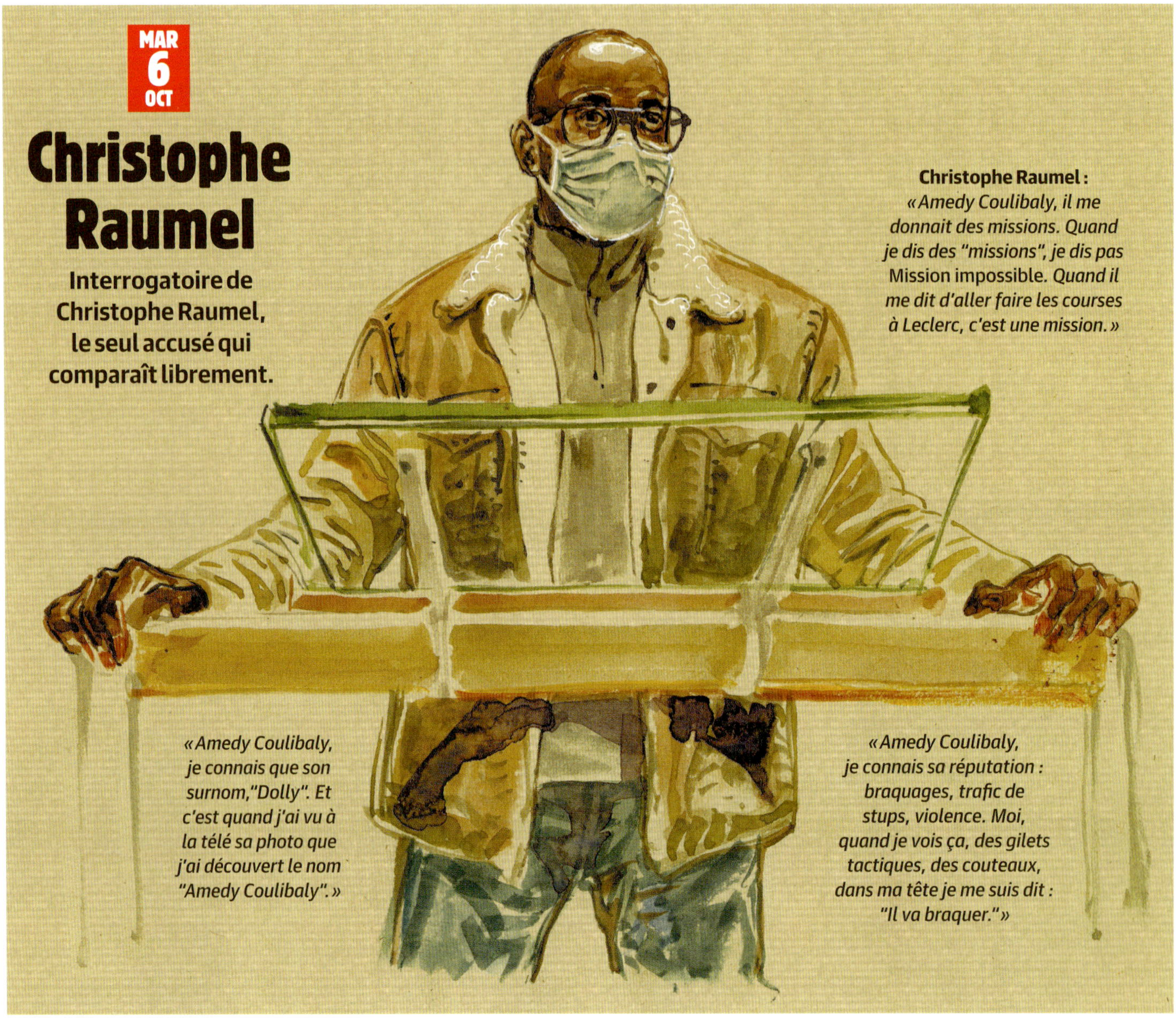


Christophe Raumel est ce jeune homme de 30 ans, le crâne lisse, la peau noire, souvent vêtu d'un jogging et arborant de grosses lunettes, qu'on voit depuis le début du procès assis sur un strapontin, juste devant les avocats de la défense. Il est le seul, parmi les accusés, à comparaître librement : après avoir déjà fait trente-neuf mois de prison, il est placé sous contrôle judiciaire. Les faits qui lui sont reprochés sont a priori moins graves que ceux des autres accusés ; il aurait participé, avec Willy Prévost, à l'acquisition d'un véhicule Renault Mégane pour Amedy Coulibaly, ainsi qu'à l'achat de trois gilets tactiques, de deux couteaux, de deux gazeuses lacrymogènes et d'un Taser ; il aurait également stocké ce matériel à son domicile et fait enlever le traceur GPS d'une moto Suzuki mise à disposition de Coulibaly.

Bref, on lui reproche exactement la même chose qu'à son comparse et ami Willy Prévost, mais l'instruction a jugé que, contrairement à celui-ci, *« il ne connaissait pas Amedy Coulibaly »*, et donc ne pouvait pas savoir que ces achats, ce stockage, cette intervention avaient pour but un crime de nature terroriste.

D'ailleurs, que savait-il ? La question est valable pour chacun des accusés, et c'est précisément à l'enquête, mais aussi à la cour et aux avocats (puisqu'en cour d'assises la procédure est orale) d'en déterminer le degré : le crime ne relève pas seulement de ce qu'on a fait, mais aussi de ce qu'on sait.

Justement, Christophe Raumel dit qu'il ne sait rien : il n'a rien vu, n'était pas au courant, ne se pose pas de questions. Le mot *« normal »* revient toutes les trente secondes dans ses propos : il ne sait rien, et d'ailleurs, tout était normal. Il dit qu'aller dans une armurerie de Montrouge acheter des gilets tactiques et un Taser était « normal » et qu'il ne savait pas pourquoi il y allait ; c'est Willy Prévost qui lui avait demandé de venir avec lui.

Christophe Raumel est le type qui reste dans la voiture. Il dit : *« J'accompagne, je suis le décor.* » Cette morne image de lui-même donne sur un vide dans lequel ses paroles, brèves, nerveuses, toujours au bord du néant, semblent s'écraser : non seulement il ne sait rien, mais il n'a rien à dire. Est-ce uniquement la méfiance de trop parler, et de trahir ainsi quelque chose qu'on n'aurait pas dit, un détail de trop qui mouillerait plus encore son acolyte Willy Prévost ou contredirait ses déclarations précédentes ? Sans doute, car il est évident qu'on ne passe pas trente-neuf mois en prison sans se préparer à venir à la barre, sans ajuster son propos, sans répéter avec l'avocat ce qu'on dira et ne dira pas.

Mais il semblerait plutôt qu'en parlant et en ne parlant pas, Christophe Raumel neutralise l'usage du langage : non pas qu'il parle pour ne rien dire, mais ce qu'il dit s'est vidé de toute présence. Son existence même semble évasive, au bord de l'effacement. Willy Prévost lui demande de planquer chez lui les gilets, les couteaux et le Taser ? « *Si je peux aider, j'aide.* » Et plus tard, il rectifie, car c'était trop dire : « *Je l'aide sans l'aider.* » Coulibaly frappait Willy Prévost ? « *J'étais pas au courant.* » On l'arrête au lendemain des attentats ? « *Je pensais que j'étais pas impliqué.* » Et tout ce matériel chez lui ? « *Les achats, c'est pas moi.* » Il a cette formule qui le soustrait à sa propre existence : « *Je suis pas mélangé dans le problème.* »

Il y a une brusquerie de l'absence à soi, une violence à ne pas être là. Mais alors où est-on ? Christophe Raumel, qui a un enfant (une fille), raconte — mais le mot « raconter » est trop fort — qu'il l'amène à la crèche, puis qu'il va traîner toute la journée dans le quartier, vers le centre commercial, avec son ami Prévost. En traçant ces mots, il me semble déjà donner trop d'épaisseur à ses propos : Raumel dit juste qu'il est « *du matin au soir avec Willy Prévost* ».

Que font-ils exactement ? La question ne peut pas se poser, du moins si on la pose restera-t-elle sans réponse, car elle met en jeu un rapport avec l'existence qui suppose que celle-ci puisse se remplir, ou plus simplement s'animer. Mais dans cette zone de l'existence où vivent Raumel et Prévost, rien ne se remplit, rien ne s'anime, l'idée même d'activité n'existe pas. Il y a derrière ce vide des immensités de violence qui elles-mêmes ont du mal à parvenir jusqu'à l'existence. À un moment du crime, plus rien n'est là : deux types continuent à parler, ou plutôt à se taire, assis sur un muret, entre deux immeubles. Les scènes de crime se succèdent à quelques kilomètres de là ; ils ont fait des choses qui étaient en rapport, ils ont été un peu là, dans une voiture, et celle-ci se retrouve devant la scène de crime. Mais existent-ils ? Pour avoir fait quelque chose, encore faut-il exister — ou alors ça existe tout seul.

Justement, Christophe Raumel parle comme ça, en disant « *ça* ». « *Ça parlait pas de religion* », dit-il. Ou alors : « *Ça disait qu'il était converti.* » « *Ça* », c'est qui ? Le quartier, sans doute. Le « on-dit » du quartier. La parole qui lui manque à lui, et que la rumeur assume en l'assourdissant.

Mais il n'est pas seulement passif : on voit bien qu'il cherche à tout amortir, comme font depuis la nuit des temps les accusés. Lui aussi camoufle, recouvre,

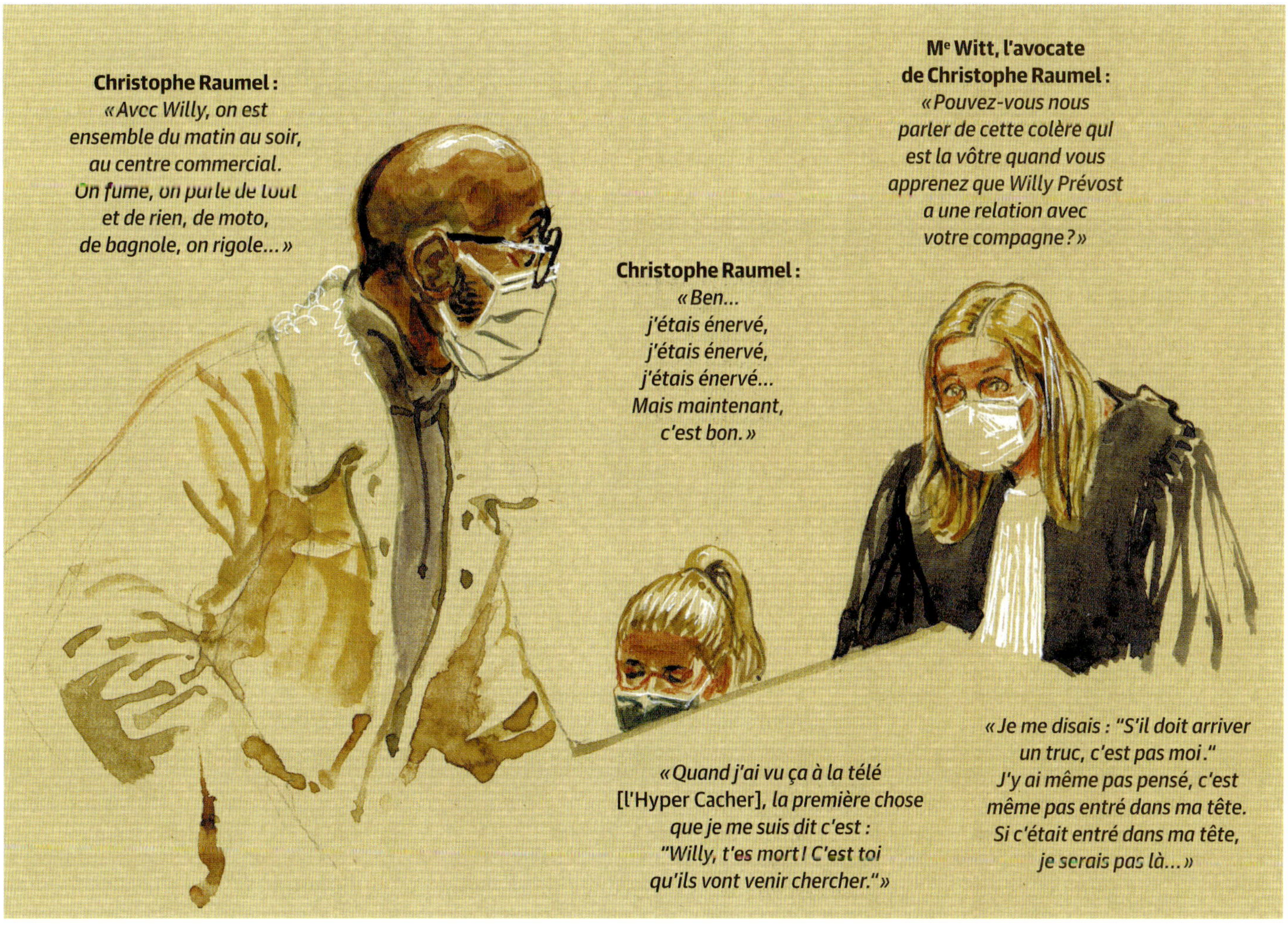

**Aminata S., l'ancienne compagne de Christophe Raumel.**

**Aminata S. s'emporte contre Me Witt, l'avocate de Christophe Raumel, qui tente de remette en cause le fait que son client la battait :** *« Et vous êtes avocate ? Ça sera pas pour longtemps, alors ! »*

**Aminata S. :** *« J'ai peur de lui, de ce qu'il peut faire [...] Non, je suis désolée, il a fait des années de prison car il est accusé de faits réels, mais ça n'a pas changé. Ça c'est parce qu'il est devant vous, il essaie de se faire passer pour un petit canard. »*

estompe, atténue afin que plus rien ne dépasse, et qu'à travers ce flou des platitudes ne surnage qu'une indistinction aussi ennuyeuse que sa vie, d'où ne pourrait en aucun cas sourdre un forfait aussi spectaculaire qu'un crime.

Il faut que par la parole se brouille la possibilité même qu'il y ait un peu de vie, et comme Christophe Raumel y parvient, on se dit finalement, en subissant ses propos si lacunaires, qu'il est très fort. Force, faiblesse. Passivité, agressivité. Tout se mêle, et la violence précipite un tel mélange, lui donnant enfin existence. Un expert en psychiatrie est venu et a dit : « *Il est désinséré du monde. Le monde n'a pas vraiment de sens pour lui.* »

Alors à la fin était-il l'homme de main de Willy Prévost comme celui-ci était l'homme de main de Coulibaly ? On le lui demande, mais ça semble déjà trop dire, et ne plus l'atteindre : le corps de Christophe Raumel n'endosse aucune identité. Une telle réticence relève peut-être du scrupule, mais l'évitement chez lui cherche précisément à ce que plus rien ne puisse se caractériser. Dans ce flou, les rapports humains n'ont plus tellement de sens : « *Quand je vais dehors, j'attrape un petit, je lui donne deux euros : va m'acheter une canette. C'était pareil, Willy et moi.* »

Va m'acheter quoi ? Un gilet tactique ? Un Taser ? Il y a un point où la subordination rencontre une forme d'inexistence. C'est peut-être ce que cherchent les bandits lorsqu'ils délèguent le sale travail : à un moment de la chaîne de responsabilités, il n'y a plus personne. Ce moment, dans les crimes d'Amedy Coulibaly, s'appelle

**Le docteur Roland C., psychiatre, intervient en vidéoconférence pour parler de Willy Prévost et Christophe Raumel.**

**À Christophe Raumel, qui avait un jour dit d'Ali Riza Polat :** *« C'est un gros fils de pute de bombardier ! »*

**Ali Riza Polat répond de son box :** *« Je t'en veux pas, t'inquiète. »*

**Élodie Raumel, la sœur de Christophe Raumel, questionnée par Me Witt, l'avocate de son frère.**

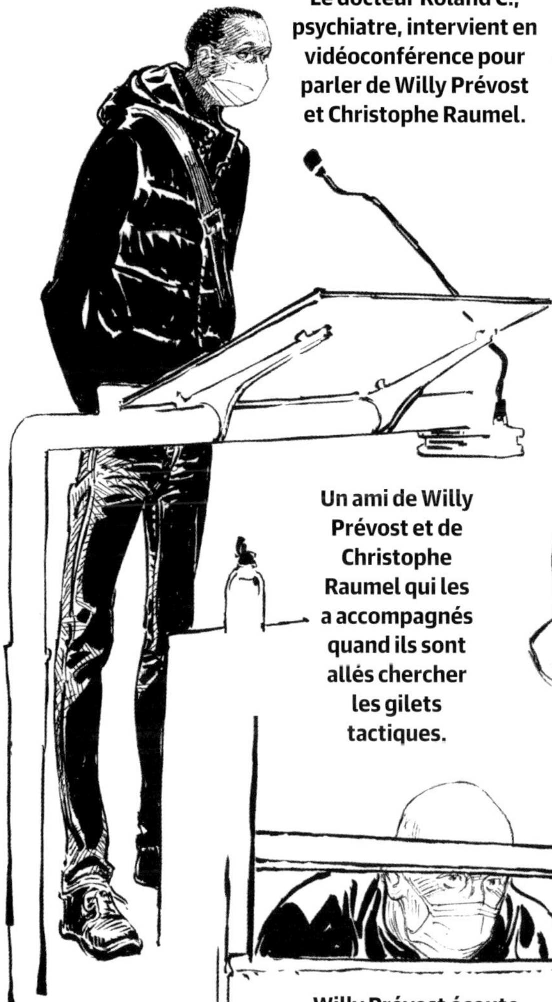

**Un assesseur indique à Christophe Raumel que le juge d'instruction avait remarqué une trace à son front, signe de prières répétées.** *« Je priais beaucoup en prison, je l'avais* [cette marque au front], *après j'ai commencé à ralentir. Je l'avais aussi aux genoux et aux pieds. »*

**Un ami de Willy Prévost et de Christophe Raumel qui les a accompagnés quand ils sont allés chercher les gilets tactiques.**

**Willy Prévost écoute Christophe Raumel.**

**Christophe Raumel, à propos de la mort d'Amedy Coulibaly :** *« Quand un ennemi meurt, même si c'est votre ennemi qui meurt, vous êtes triste. La mort met tout le monde d'accord. On est des êtres humains, quand même. »*

*« Je m'en veux grave. J'ai honte, mon nom il sort partout. Clairement, j'ai honte. »*

Christophe Raumel. Mais l'inexistence n'existe pas. Et toujours quelque chose revient. Un reste, un symptôme, un cri.

On a beau se réfugier dans l'omerta existentielle, ça finit par parler, et alors c'est affreux. D'abord il y a ses déclarations anciennes qui refont surface : une avocate de la partie civile, Me Cechman, nous lit des extraits d'une de ses dépositions, et toute la construction d'évitement de Raumel s'effondre car les mots sont clairs, ils accusent : *« Willy Prévost m'a utilisé »*, *« Il savait ce qui allait se passer. »*

Et voici que sa compagne, ou plutôt son ex-compagne, vient témoigner. On est au courant qu'elle l'a trompé avec Willy Prévost pendant qu'il était en garde à vue, et tout devient très gênant. Il faudrait raconter un jour à quel point écouter la vie des autres sur les bancs d'un tribunal, assister à ce grand déballage des existences, relève d'une situation presque intolérable. Et pourtant nous sommes là, il faut qu'il y ait quelqu'un pour entendre, pour attester, pour faire exister. Bref, la jeune femme arrive, elle est belle, habillée de rose, avec de hauts talons, et dans cette inexistence morfondante que Raumel a bâtie, elle fonce. Elle pleure, elle dit que cet homme avec qui elle a eu un enfant et qu'elle a quitté, cet homme qui ne sait rien, qui n'a rien vu, qui n'était pas là, passait son temps à la battre, et qu'il y a encore quelques jours, puisqu'il est libre de ses mouvements, il est venu chez elle à minuit et l'a menacée en lui interdisant de dire au procès qu'il la frappait. Il n'y a plus rien à dire. ●

MER 7 OCT

# Amar Ramdani

**Interrogatoire d'un accusé qui veut nous séduire.**

**Amar Ramdani :** *« Je vous dis et je vous le redis : je suis pas une balance et je serai jamais une balance, même si ça me porte préjudice. Je parle pas des gens. »*

**Une question posée par la cour :** *« Comment avez-vous réagi quand vous avez appris ce qu'Amedy Coulibaly avait fait ? »*

**Amar Ramdani :** *« Franchement j'étais dans les vapes. J'étais sonné, comme si j'avais reçu un gros coup de bâton derrière la tête. J'ai toujours du mal à assimiler. »*

*« Quand je vois que les frères Kouachi vivent à Reims et que moi je fais des escroqueries à Reims, je me dis : "Ça y est, ils vont me mettre les deux affaires sur le dos." »*

J'observe Amar Ramdani depuis plus d'un mois. Il est dur, sinueux, ses yeux pétillent, c'est un séducteur. Quand, il y a plusieurs semaines, la parole fut donnée aux accusés après les témoignages des survivants de la tuerie de *Charlie Hebdo* et des familles des victimes, il avait récité un poème de Boris Vian et avait alors repéré chez Sigolène Vinson, l'une des rescapées du massacre, cette brèche sidérante qu'elle avait réussi à ouvrir dans l'horreur : d'une manière très ambiguë, il s'y était engouffré. En effet, allant chercher des forces au plus profond de l'innommable, Sigolène Vinson, que Chérif Kouachi avait épargnée en lui demandant de lire le Coran, s'était raccrochée à ce moment-là, pour ne pas mourir, à ce qu'elle nomma, à la stupéfaction générale, *« le regard doux »* du terroriste. Amar Ramdani, avec la tranquille assurance du prédateur, s'était précipité dans cette extraordinaire faille, et retournant la situation en une sorte de transfert identificatoire, avait alors évoqué *« le regard doux »* de Sigolène Vinson elle-même.

Ramdani était-il sincère ou sa délicatesse était-elle le comble de la perversion ? Les deux à la fois, peut-être. Son empathie avait en tout cas divisé la salle, et remué jusqu'à l'intolérable les parties civiles. Nous savons depuis qu'il y a dans le box quelqu'un qui voit tout, surtout les femmes.

Hier, le président de la cour a rappelé qu'il encourait vingt ans de réclusion criminelle pour participation à une association de malfaiteurs terroriste. On lui reprochait d'avoir eu des contacts physiques et téléphoniques très fréquents avec Amedy Coulibaly jusqu'au 6 janvier 2015, d'être intervenu dans la recherche et la fourniture d'armes, d'être en relation avec deux accusés dont l'ADN a été relevé sur des armes retrouvées à l'Hyper Cacher, et d'avoir fourni un soutien financier à Amedy Coulibaly en l'assistant dans la vente d'une voiture provenant d'une escroquerie et en lui remettant de l'argent.

**Jean-Michel Bourlès, l'avocat général :** *« Pour quelle raison allez-vous vérifier dans les fichiers si Amar Ramdani n'a pas commis d'autres délits ? »*

**Emmanuelle C., l'ex-compagne d'Amar Ramdani et ancienne gendarme :** *« Je suis curieuse. Je suis gendarme et une femme. J'ai la double casquette de la curiosité. »*

**Emmanuelle C. :** *« Moi je connais* Charlie Hebdo *surtout par mon père qui aime bien ce genre de journaux. Il aime bien* Le Canard Enchaîné. *Enfin, il ne l'achète plus depuis que je me suis retrouvée en couverture, quoi… »*

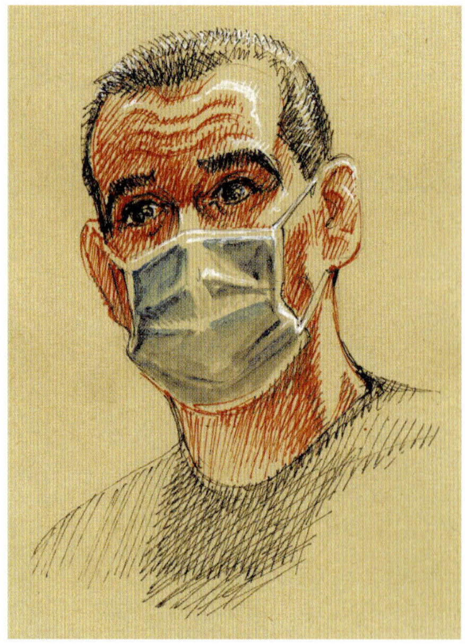

**Me Szwarc :** *« Est-ce que vous portiez une djellaba après avoir quitté votre uniforme ? »*

**Emmanuelle C. :** *« Non, jamais ! Je sais pas très bien qui a inventé ça. »*

La liste de ce qu'on lui reproche est longue, mais Amar Ramdani maîtrise parfaitement la parole, et la défense qu'il a produite hier a fait l'effet d'un verrouillage. L'accusé contrôlait en effet chacune de ses assertions, vérifiant au préalable ses dires précédents lors des auditions, et réajustant sans cesse son discours selon l'angle sous lequel on l'affrontait. Il apparaissait d'ailleurs que c'était ainsi qu'il avait procédé durant l'instruction, ne dévoilant jamais rien de ce qu'on lui imputait, ne prononçant jamais aucun nom sans que celui-ci n'ait au préalable été cité, et n'offrant par conséquent que peu de prise à l'accusation. De fait, durant les quelques heures d'interrogatoire d'hier, on ne pouvait avoir de son emploi du temps, et notamment de ses rencontres avec Amedy Coulibaly — lesquelles se sont accélérées quelques jours avant les attentats —, qu'une idée approximative, les repères donnés par la téléphonie et ses déplacements ne laissant la place qu'à des hypothèses qu'il prenait un malin plaisir à récuser.

Autrement dit, il justifiait tout : ses empreintes sur un billet de 50 euros saisi chez Coulibaly, l'ADN de son cousin Saïd Makhlouf sur la lanière d'un Taser découvert à l'Hyper Cacher, ses coups de téléphone à répétition à Coulibaly, enfin ses déplacements dans le nord de la France, à proximité d'un lieu où l'on a déterminé que les armes de Coulibaly avaient été achetées.

Il serait fastidieux de détailler la passe d'armes à laquelle se sont livrés avec Ramdani toutes celles et ceux qui ont tenté, durant cet interrogatoire, de faire sauter le verrou d'un discours bien trop surveillé pour ne pas être coupable. Mais quelques incohérences, ou plutôt des justifications moins rigoureuses, ouvraient des fissures dans le béton ramdanien.

En effet, l'évocation d'un oubli à répétition d'une remise d'argent à Coulibaly masquait maladroitement le nombre excessif de rencontres avec celui-ci les 5 et 6 janvier (d'autant que Ramdani, exceptionnellement — j'y reviendrai —, s'embrouilla lui-même l'esprit avec ses propres versions). On avait alors la sensation que Ramdani posait un cache sur un emploi du temps invérifiable et peut-être criminel. Ce cache, avec ses rendez-vous un peu boiteux, et ses billets qu'on oublie

**Stéphane Duchemin, le juge assesseur :** *« Il vous a été reproché de faire passer un courrier dans une chaussure à M. Ramdani, alors qu'il était incarcéré. »*

**Emmanuelle C. :** *« Oui, c'était un courrier de soutien. »*

**Stéphane Duchemin :** *« Ça ne fait pas très gendarme dans l'âme, ça ! »*

**Emmanuelle C.** *« Oui… Excusez-moi de rester une femme, un être humain, avec mes émotions. »*

**Stéphane Duchemin :** *« M. Ramdani avait dix-neuf lignes de téléphone et, en tant qu'enquêtrice, ça ne vous a pas inquiétée ? »*

**Emmanuelle C. :** *« De mon souvenir, j'ai eu trois numéros à lui sur un an et demi. Et quand il m'appelle en masqué… »*

**Agnès G., une ancienne compagne d'Amar Ramdani :** *« Il ne buvait plus. Il ne fumait plus. Sa pratique religieuse s'était accentuée. »*

*« Il ne m'aimait plus parce que je n'étais pas musulmane. »*

*« Quand il est revenu de prison, il a dit qu'il s'était converti. Il était apaisé… »*

*« J'ai appris qu'il me trompait par la télévision. »*

**Christophe Raumel n'a pas digéré l'intervention de son ancienne compagne :** *« Hier, on a fait des déclarations sur moi. Je voudrais dire que j'ai jamais été violent ! »*

et qu'on va essayer de trouver par deux fois jusque dans l'appartement d'un ami (alors même, l'avocat général l'a rappelé, que des retraits d'argent venaient d'être effectués), tout cela prenait figure douteuse. Même chose pour la reconstitution a posteriori de la scène où Coulibaly, allongé sur le divan-lit de Makhlouf, aurait pu recevoir son ADN, à supposer que la lanière de son Taser fût par exemple sortie de son pantalon, et qu'un ADN pût se transférer de la sorte.

Bref, on voyait bien que ça clochait, mais impossible de lire en dessous, d'autant que Ramdani jouait le flou, renforçant ses situations d'alibi à mesure qu'un raisonnement venait tenter de les bousculer.

Un séducteur est quelqu'un qui prodigue à l'autre une reconnaissance dont il attend qu'elle lui revienne : je te vois, alors regarde-moi. La séduction passe toujours par un miroir qu'elle tend vers les autres, et dans lequel elle cherche en retour à s'imprimer. C'est ainsi que Ramdani se met en jeu à l'interrogatoire juridique : là où par exemple Christophe Raumel se contentait de fournir une réponse, ou Willy Prévost de se murer dans une distance farouche, il cherche avant tout à créer une relation. Il prend soin d'envisager la personnalité de son interlocuteur et répond en fonction. Précisément, ça fonctionne. Ainsi n'est-il pas inquiété. Mais il est intéressant de constater que la seule personne qui aura su casser la séduction est aussi celle qui aura obtenu de lui qu'il se contredise et fasse légèrement vaciller son beau discours, assez du moins pour qu'on voie se détacher sous la structure soudain mise à nu d'effarants créneaux où le pire a pu avoir lieu, des échanges conspiratifs, des remises d'argent qui débordent largement les sommes dérisoires qu'il évoque, et au milieu de cet espace-temps soudain libéré, un transport d'armes.

Cette ouverture est venue de Me Nathalie Senyk, qui aura eu l'intelligence de refroidir le miroir que Ramdani, en bon séducteur pervers, lui tendait : *« Je vous trouble, maître ? »* lui dit-il en préambule. Phrase éminemment freudienne, phrase

**Me Senyk :**
*« Est-ce le 5 ou le 6 janvier que vous avez remis les 200 euros à Amedy Coulibaly ? »*

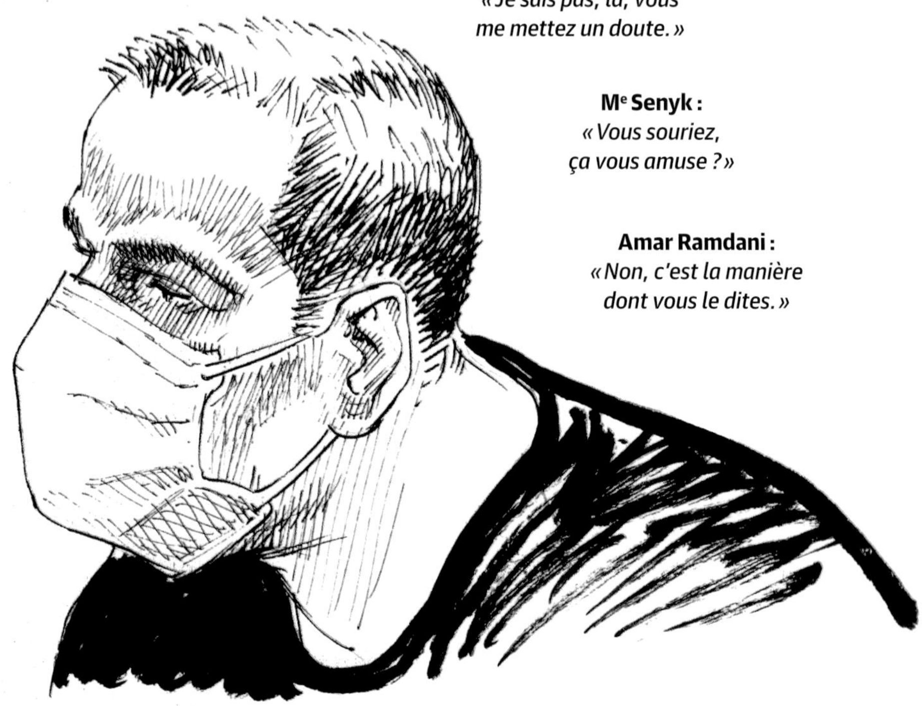

**Amar Ramdani :**
*« Je sais pas, là, vous me mettez un doute. »*

**Me Senyk :**
*« Vous souriez, ça vous amuse ? »*

**Amar Ramdani :**
*« Non, c'est la manière dont vous le dites. »*

**Une question posée par la cour :**
*« Est-ce qu'Amedy Coulibaly a revendiqué son appartenance à l'EI, sans que ce soit réellement explicite ? »*

**Amar Ramdani :**
*« Jamais de la vie. »*

**Amar Ramdani :**
*« Quand on était ensemble, on s'est raconté nos vies. [...] Au début des années 2000, on s'est dit des choses que j'ai racontées à lui et pas à d'autres. S'il me disait le moindre truc sur ça* [l'Ei], *je coupais les ponts. »*

typique — osons-le — de l'hystérique, c'est-à-dire de celui qui cherche constamment un maître sur lequel régner (ici, « maître » coïncidant littéralement avec le titre qu'on donne aux avocats). Phrase qu'elle esquiva, comme si Ramdani n'avait rien dit, et ainsi le miroir disparut.

Le dispositif de Ramdani étant débloqué, Me Senyk put le confronter soudain à la fragilité de sa construction, qu'elle ébranla avec habileté en remarquant qu'il s'était trompé sur la date de remise des 200 euros à Coulibaly : *« Le 5 ou le 6 janvier ? »* Elle insista : *« Le 5 ou le 6? »* Ramdani, méfiant, pesait les conséquences de sa réponse, jaugeait ce qu'en conséquence l'on découvrirait ou non, et gagna du temps : *« Je sais pas, là, vous me mettez un doute. »* Et de fait, sa réponse ouvrit la possibilité d'une brèche, car on s'aperçut alors qu'il n'était pas possible qu'il prétextât autant de fois un oubli d'argent pour justifier le nombre excessif, c'est-à-dire suspect, de ses rendez-vous avec Coulibaly.

Si on ne lui envoie pas de signaux de reconnaissance, le séducteur est perdu, et son charme aussitôt s'éteint. C'est sans doute ainsi qu'on parviendra à décoincer le dispositif ramdanien : en refusant la connivence, mais sans non plus le brusquer, l'intimidation ne fonctionnant pas sur un esprit qui se nourrit du contrôle.

Une remarque : cet homme, qui fut peut-être le plus proche de Coulibaly, non comme un éventuel lieutenant mais comme son égal, qui fit partie comme lui du groupe de la buanderie de la maison d'arrêt de Villepinte, et qui n'avait pas avec lui de *« relation dominant-dominé »* mais de l'amitié, cet homme raconta hier qu'en prison Coulibaly lui faisait à manger et qu'il lui préparait son sac quand il allait au mitard. Autrement dit, il ne cessa de parler de Coulibaly comme de sa femme, de son épouse symbolique. Il ajouta que lors de leur dernier rendez-vous Coulibaly était *« tactile »,* manière de nous dire qu'*il l'avait séduit* — manière de nous faire savoir que même ce type dont tout le monde avait peur, et qui se révélera un monstre, il était capable, lui, Amar Ramdani, de le neutraliser. Car Ramdani, c'est peut-être là que gît sa vérité, change non seulement toute personne avec qui il est en relation en sa femme, mais règne aussi sur elle. Pas étonnant qu'à l'audience, alors qu'étaient appelés les témoins de Ramdani, nous vîmes se succéder, justement, *ses femmes* — dont l'une, Emmanuelle C., une gendarme qui est allée très loin dans l'illégalité pour lui, et dont je reparlerai demain, puisque la cour consacre à cet accusé coriace non pas une journée mais deux. ●

**Mᵉ Saint-Palais, l'un des avocats d'Amar Ramdani :**
*« On vous reproche également d'être intervenu dans la recherche et dans la fourniture des armes. Avez-vous touché les armes ? »*

**Amar Ramdani :**
*« Jamais ! Jamais de la vie ! »*

**Mᵉ Saint-Palais :**
*« Est-ce que vos voyages à Lille et à Roubaix, outre la visite de garages, le trafic de stupéfiants et de prostituées, avaient-ils un autre objet ? »*

**Amar Ramdani :**
« *Exclusivement stupéfiants.* »

*« Y a un truc un peu frustrant dans le box, c'est que les enquêteurs ils viennent, ils disent n'importe quoi. Et nous, on peut pas intervenir. »*

JEU
8
OCT

# Le feuillet manquant

**Les témoins d'Amar Ramdani se succèdent et on dirait que l'islamisme radical n'existe pas.**

« J*e suis témoin de moi et pas des autres* » : voilà ce qu'on aura pu entendre de la bouche d'un des nombreux témoins d'Amar Ramdani en cette lente journée d'octobre, l'une de ces journées dont on se dit qu'elle n'aura fait qu'ajouter de l'opacité à notre attente. Les témoins se sont succédé *pour ne rien dire,* et on avait un peu la sensation que c'était précisément pour cela qu'on les avait choisis, comme si Amar Ramdani avait réussi à nous faire entendre, à travers une galerie d'amis qu'il avait connus en prison, qu'il n'y avait rien derrière les soupçons qui pèsent sur lui, vraiment rien. Et on aura ainsi pu entendre, tant le mot a été répété au fil de la journée, combien dans l'adverbe « vrai-ment » la vérité elle-même fait comprendre qu'elle n'est qu'un mensonge.

Chacun est venu dire qu'il n'avait rien vu, rien entendu, que d'ailleurs il n'était pas vraiment là, et donc qu'il valait mieux demander aux autres car il ne savait pas, n'avait jamais su ou peut-être avait oublié. Il y a même un témoin de Ramdani — du reste était-ce un témoin de Ramdani ou de quelqu'un d'autre, il ne savait pas lui-même et posa une question d'une profondeur abyssale involontaire : de qui suis-je le témoin ? —, il y a même un témoin, donc, qui était *« présent à son propre mariage »,* comme il l'a joliment dit, mais *« en retard de deux heures »,* si bien qu'il n'avait pas grand-chose à en dire, et ne se souvenait plus si untel ou untel était invité.

Nous apprîmes malgré tout qu'en prison ou ailleurs l'ambiance était bonne, *« bon enfant »* même (le mot fut parfois utilisé avec l'adverbe *« vraiment » : « vraiment bon enfant »*) ; et nous étions tout près d'être heureux avec les témoins, avec Ramdani et ses si bons amis, et de partager l'excellente nouvelle d'un bonheur du banditisme français, quand les témoins qui n'ont rien vu ni entendu ont fini par ne même plus venir témoigner de ce rien, l'un étant en fuite, l'autre s'excusant, et le dernier, plein de bonne volonté, venant à la barre pour s'entendre dire que son témoignage était pour le moment irrecevable en raison d'une *« difficulté procédurale »* : pas de chance, il manquait un feuillet dans le dossier de son audition.

Personnellement, je n'ai pas eu d'autre choix que me raccrocher à la belle métaphore du feuillet manquant pour ne pas sombrer dans cette léthargie qui nous guette en octobre, l'après-midi, lorsque le rien s'ajoutant au rien, le temps lui-même devient évasif, à l'image d'un témoin morfondant. Car ce qui manque ne prend pas nécessairement la forme d'un mystère, mais parfois celle de *l'envers d'un mystère* ou d'une lacune ennuyeuse : ce festival d'atténuations, offertes d'un témoignage à l'autre, visait à noyer toute éventuelle aspérité dans une insignifiance où se dissolvent les preuves. Comme l'a dit Ramdani : *« On ne sort pas les noms »* ; d'ailleurs, le moindre détail avoué aurait l'air d'une trahison.

Ainsi, au bout d'une journée d'omerta tenace, avons-nous bien compris que celle-ci porte sur le *« côté religieux »,* comme l'appelle l'un d'entre eux ; et à force d'entendre que Coulibaly n'était pas radicalisé, que Ramdani n'était pas radicalisé, que personne n'était radicalisé, le message a fini par être entendu *vrai-ment* : l'islamisme radical est introuvable.

Mieux : si l'on écoute ce qui se dit à la barre du procès des attentats de janvier 2015, l'islamisme radical n'existe pas. Coulibaly n'était pas un extrémiste, *« il faisait sa prière comme tout le monde »,* il ne faisait que plier du linge à la buanderie de la maison d'arrêt de Villepinte, la « secte de la buanderie » elle-même n'était qu'un mythe, une blague lâchée par un témoin récalcitrant et fort en gueule, et comme *« l'ambiance était bonne »* et que personne n'avait des *« idées religieuses »,* les attentats eux-mêmes ne peuvent pas avoir eu lieu, *vrai-ment*, c'est impossible d'avoir assassiné des Juifs parce qu'ils étaient juifs, et des journalistes parce qu'ils riaient de Dieu, et des policiers parce qu'ils étaient policiers : *vrai-ment, « la religion ça n'existe pas »,* et le crime non plus bien sûr. ●

**Mᵉ Pugliesi, l'une des avocates d'Amar Ramdani.**

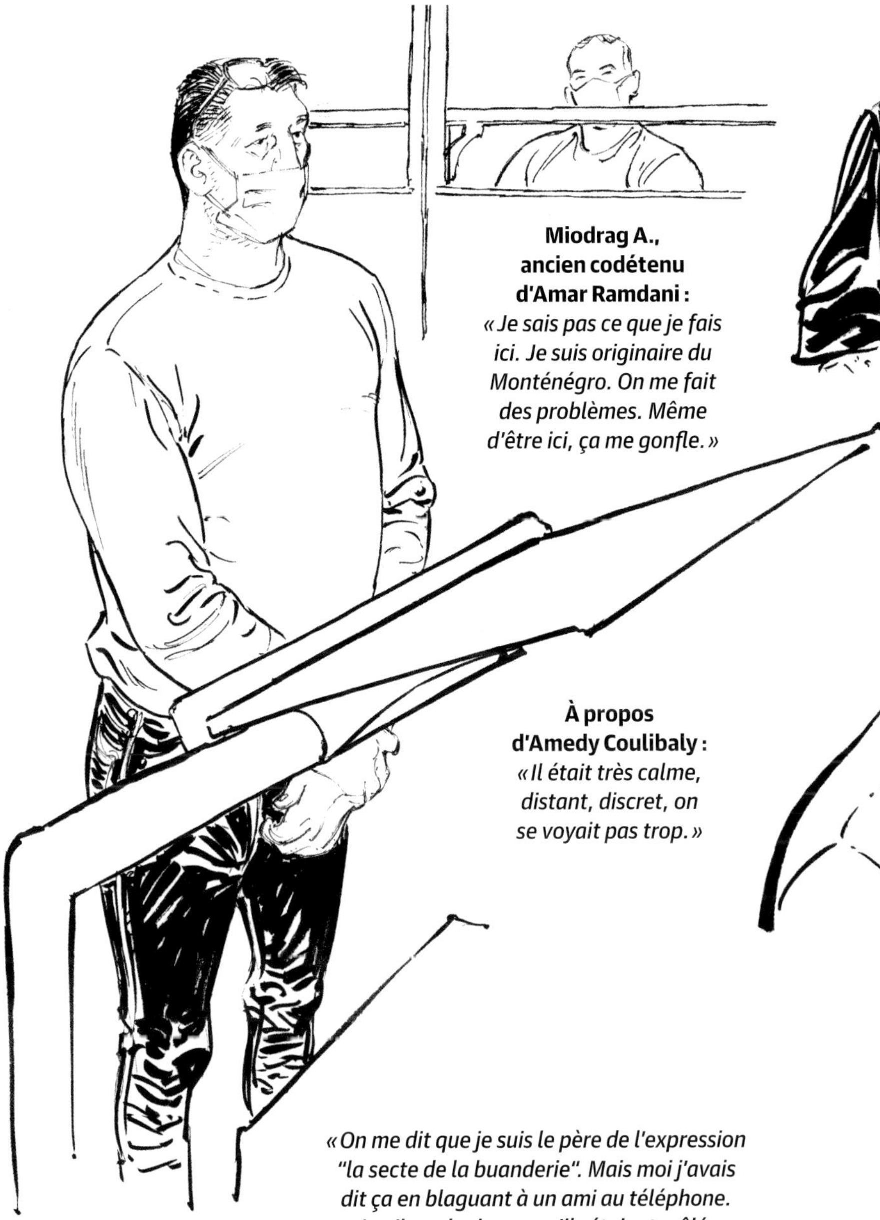

**Miodrag A., ancien codétenu d'Amar Ramdani :**
*« Je sais pas ce que je fais ici. Je suis originaire du Monténégro. On me fait des problèmes. Même d'être ici, ça me gonfle. »*

**Me Korchia :**
*« C'est vous qui avez eu cette formule célèbre de "secte de buanderie". Vous auriez pu parler de bande ou d'équipe. Vous avez fait référence au mot "secte", qui implique une notion de religion. »*

**Miodrag A. :**
*« J'ai dit "secte", mais ça n'a aucun rapport avec la religion. »*

**À propos d'Amedy Coulibaly :**
*« Il était très calme, distant, discret, on se voyait pas trop. »*

**Miodrag A. échange un clin d'oeil avec Amar Ramdani.**

**On lui rappelle ce qu'il avait dit dans sa déposition :**
*« C'était des intégristes musulmans. [...] Les gars qui le fréquentaient* [Coulibaly] *ne laissaient s'approcher que des musulmans. »*

*« On me dit que je suis le père de l'expression "la secte de la buanderie". Mais moi j'avais dit ça en blaguant à un ami au téléphone. Je n'imaginais pas qu'ils étaient mêlés à ça. Ce sont les policiers qui ont utilisé cette expression "secte de la buanderie". »*

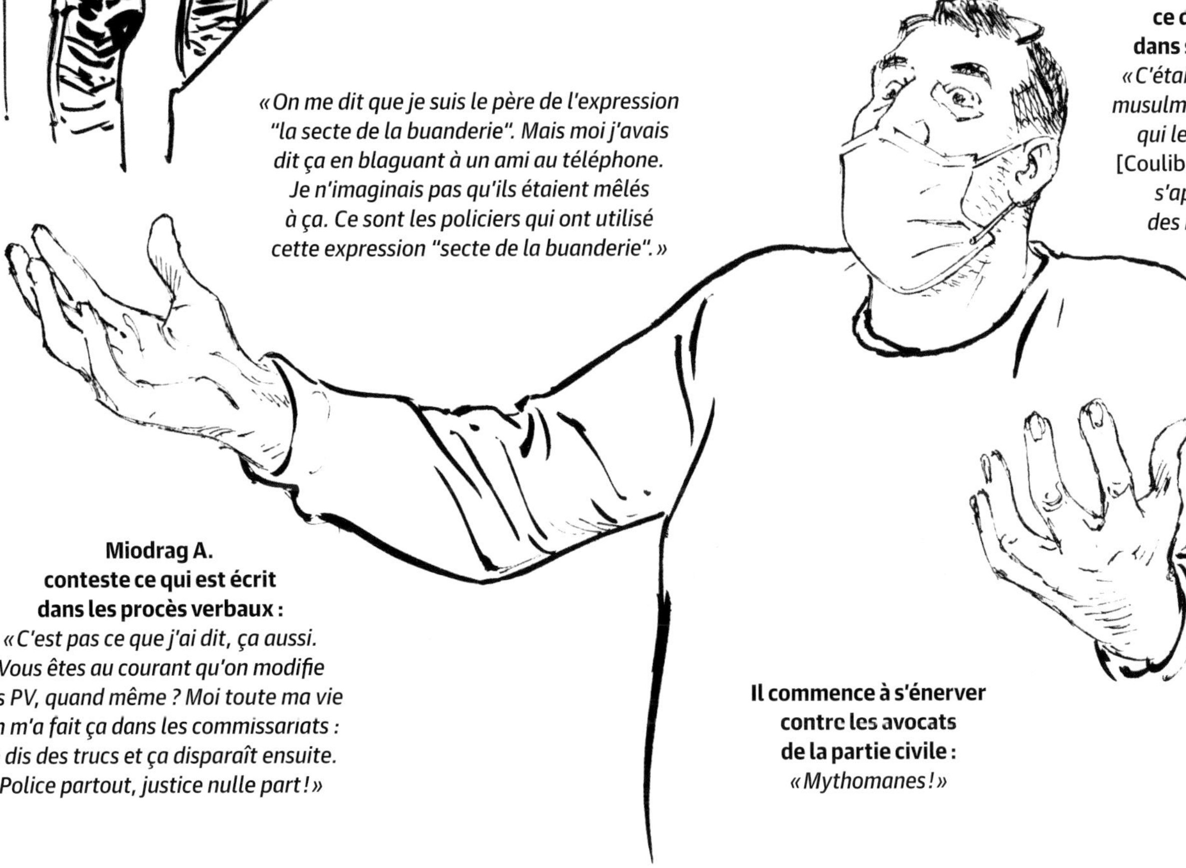

**Miodrag A. conteste ce qui est écrit dans les procès verbaux :**
*« C'est pas ce que j'ai dit, ça aussi. Vous êtes au courant qu'on modifie les PV, quand même ? Moi toute ma vie on m'a fait ça dans les commissariats : je dis des trucs et ça disparaît ensuite. Police partout, justice nulle part ! »*

**Il commence à s'énerver contre les avocats de la partie civile :**
*« Mythomanes ! »*

**Un témoin :**
*« Coulibaly, non, je connaissais pas. Vous savez, j'habite un quartier où il y a plusieurs personnes. »*

**Régis de Jorna, le président :**
*« Vous faisiez des escroqueries, vous fournissiez des fausses pièces d'identité pour acheter des voitures, c'est ça ? »*

**Le témoin :**
*« J'ai fait les faux papiers, ah oui, c'est vrai ! »*

**Le président :**
*« Vous aviez une dette de shit que vous remboursez par une escroquerie ? »*

**Le témoin :**
*« Oui, c'est vrai, parce que je suis quelqu'un de réglo. »*

**Le président :**
*« Faire des faux papiers, vous trouvez ça réglo ? Vendre de la drogue, vous trouvez ça réglo ? »*

**Le témoin :**
*« Dans le sens où on a fait une affaire et il fallait le rembourser. »*

**Un témoin mutique.**

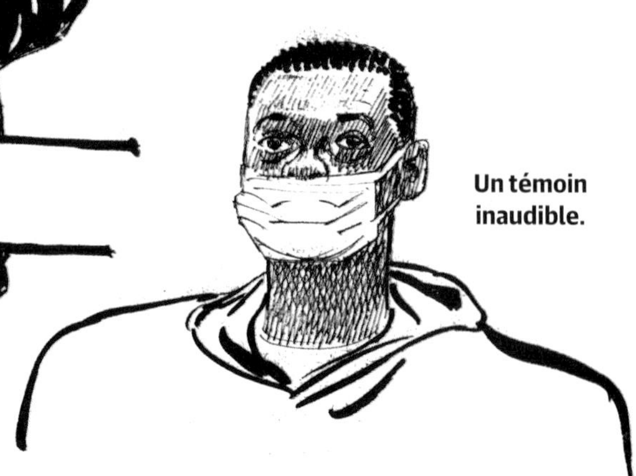

**Un témoin inaudible.**

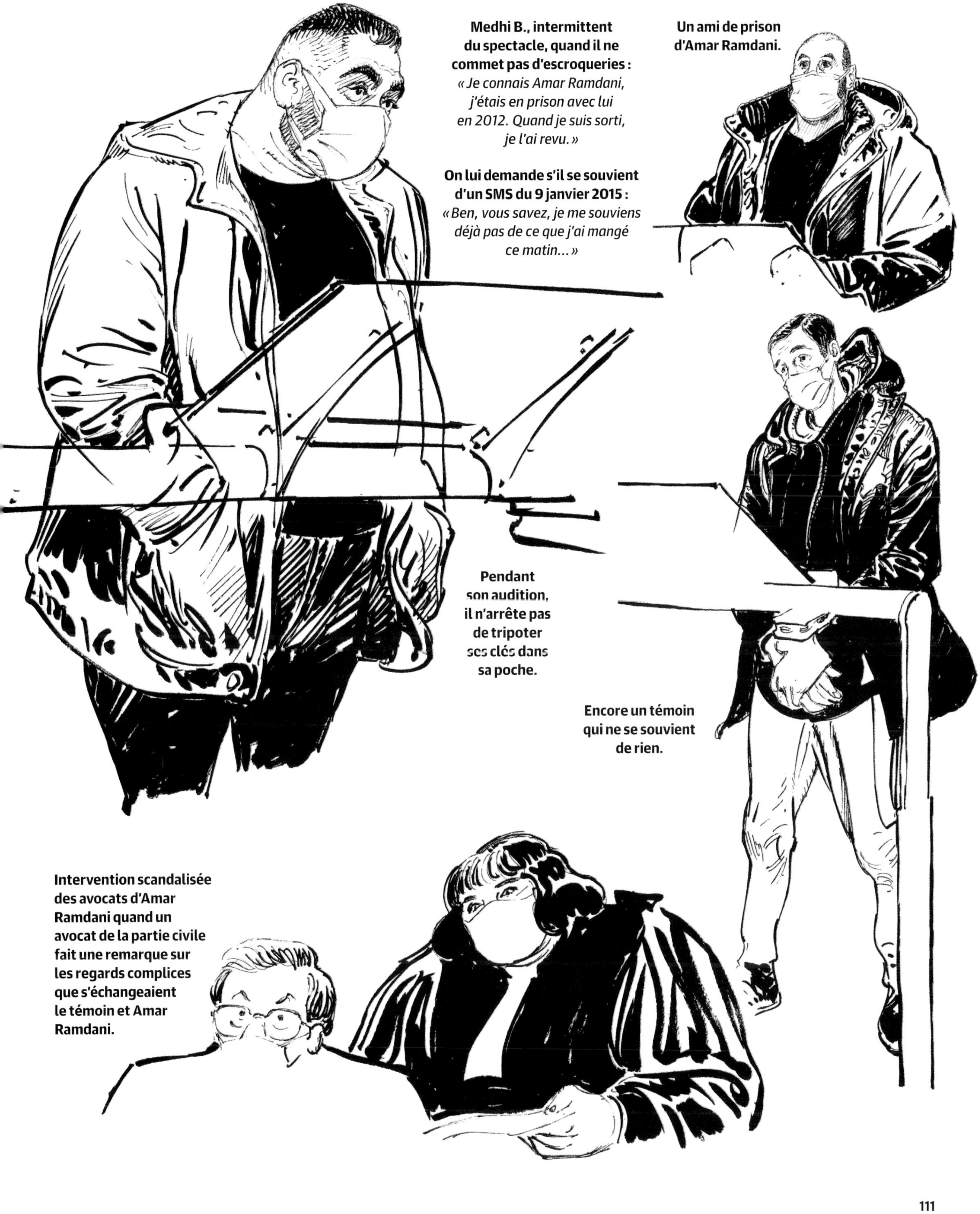
**Medhi B., intermittent du spectacle, quand il ne commet pas d'escroqueries :** *« Je connais Amar Ramdani, j'étais en prison avec lui en 2012. Quand je suis sorti, je l'ai revu. »*
**On lui demande s'il se souvient d'un SMS du 9 janvier 2015 :** *« Ben, vous savez, je me souviens déjà pas de ce que j'ai mangé ce matin… »*
**Un ami de prison d'Amar Ramdani.**
**Pendant son audition, il n'arrête pas de tripoter ses clés dans sa poche.**
**Encore un témoin qui ne se souvient de rien.**
**Intervention scandalisée des avocats d'Amar Ramdani quand un avocat de la partie civile fait une remarque sur les regards complices que s'échangeaient le témoin et Amar Ramdani.**

VEN 9 OCT

# Saïd Makhlouf

**Interrogatoire de Saïd Makhlouf, un homme qui s'embrouille.**

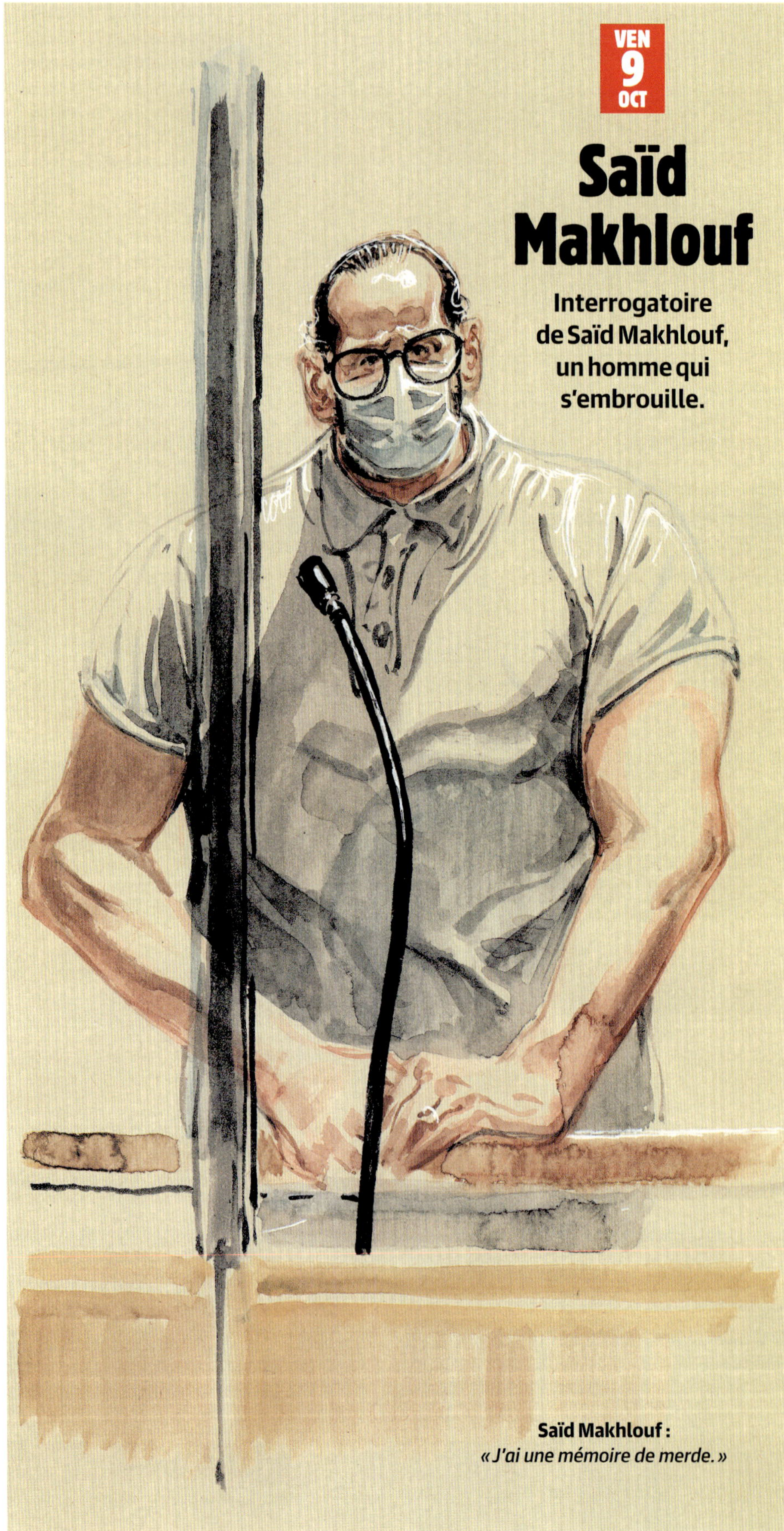

**Saïd Makhlouf :** *« J'ai une mémoire de merde. »*

Me Coutant-Peyre est revenue hier sur la structure juridique de ce dossier, dont elle dénonce les choix politiques. Selon elle, l'affaire d'armes concernant le trafiquant Claude Hermant ne doit pas être disjointe de la procédure des attentats de janvier 2015, sauf à vouloir protéger cet indicateur des services de police, dont chacun sait que c'est lui qui a vendu les armes utilisées par Coulibaly et qui pourtant n'est pas poursuivi en cour d'assises. De manière plus générale, il lui semble que les insuffisances de tous les services de l'État sont mises en évidence ; et que le parquet a ficelé un dossier qu'elle qualifie de *« rideau de fumée »* dont les lacunes ne visent qu'à masquer l'échec criant des services et les arrangements avec la vérité de ce qu'elle nomme une *« affaire d'État »*.

Elle a raison de réfléchir à la nature de ce qui nous résiste, car chaque jour nous faisons l'expérience, plus modestement — et sans pour autant nous prévaloir de quelque complot —, d'une opacité qui interroge notre capacité de jugement, et surtout de la fragilité des accusations, lesquelles semblent parfois ne tenir qu'à un fil, et n'avoir été rassemblées que faute de mieux, comme s'il fallait à tout prix qu'il y eût quelqu'un dans le box.

Ainsi de Saïd Makhlouf : c'est un homme qui suscite la sympathie, même si ses explications semblent incohérentes. Quelque chose de rond émane de sa personne. Est-ce sa corpulence, ses longs cheveux noués en catogan, ses grosses lunettes rectangulaires, ses sourires de chat qu'on devine sous le masque et sa complicité de gamin avec son cousin Ramdani ? Ou alors le fait qu'il soit passionné de cuisine, spécialisé dans la calzone et le fraisier, au point de lancer des « Top Chef » entre détenus ?

Quand on se fait une idée de quelqu'un, rien n'est secondaire : il n'y a pas de détail frivole, et l'on peut apprécier un être pour des raisons légères. L'humanité se donne tout entière à chaque instant, à travers l'inflexion d'une voix, le trouble d'un geste, le style d'une dérobade. Pas besoin d'avoir des idées convaincantes ou de faire preuve de qualités exemplaires : le charme — ou plus simplement la transmission d'une sympathie — agit en dehors des critères, brouillant ce qui les vérifie.

Nous écoutons cet homme paradoxal qui travaille comme ambulancier et fume du shit : *« C'est pas un peu incompatible, le cannabis avec l'ambulance ?»* lui a demandé le président le deuxième jour de ce procès. Il clame avec précision son innocence et en même temps il nous balade dans les contradictions brouillardeuses d'une prétendue *«mémoire de merde»*. On se dit que c'est un peu facile d'invoquer une amnésie ; on se dit aussi que ce trafiquant de stups, dont certains vont jusqu'à penser qu'il «tient» le trafic de son quartier, a un rapport assez particulier à l'argent : il vit chichement dans un deux-pièces à Gentilly, et avoue *«flamber»* — il aime *«cramer des billets»* dans les voyages et les soirées. L'enquête a montré qu'il menait aussi des escroqueries à la voiture avec Ramdani, et précisément celles-ci pourraient bien camoufler les raisons réelles de plusieurs déplacements dans le nord de la France, à Lille en particulier, qui lui valent des suspicions d'une extrême gravité (car nous avons vu, les semaines précédentes, que le trafic d'armes qui mène à Coulibaly prenait son origine là-bas).

Bref, avec lui, la duplicité prend des airs bonhommes. *«À la base,* dit-il, *je ne suis pas menteur.»* C'est tout le problème : les mensonges protègent, mais ils signalent aussi une culpabilité. Et lui, Saïd Makhlouf, dont on a découvert qu'il participait à des escroqueries — lesquelles nécessitent un véritable savoir-faire en matière de bobard convaincant —, n'a cessé, durant l'instruction, et encore ici, devant nous, de développer des histoires à dormir debout, surtout lorsqu'il s'agit de Coulibaly : ainsi distingue-t-on, à travers les versions approximatives et contradictoires d'un récit aussi fumeux qu'absurde, une Clio blanche qui réapparait ailleurs

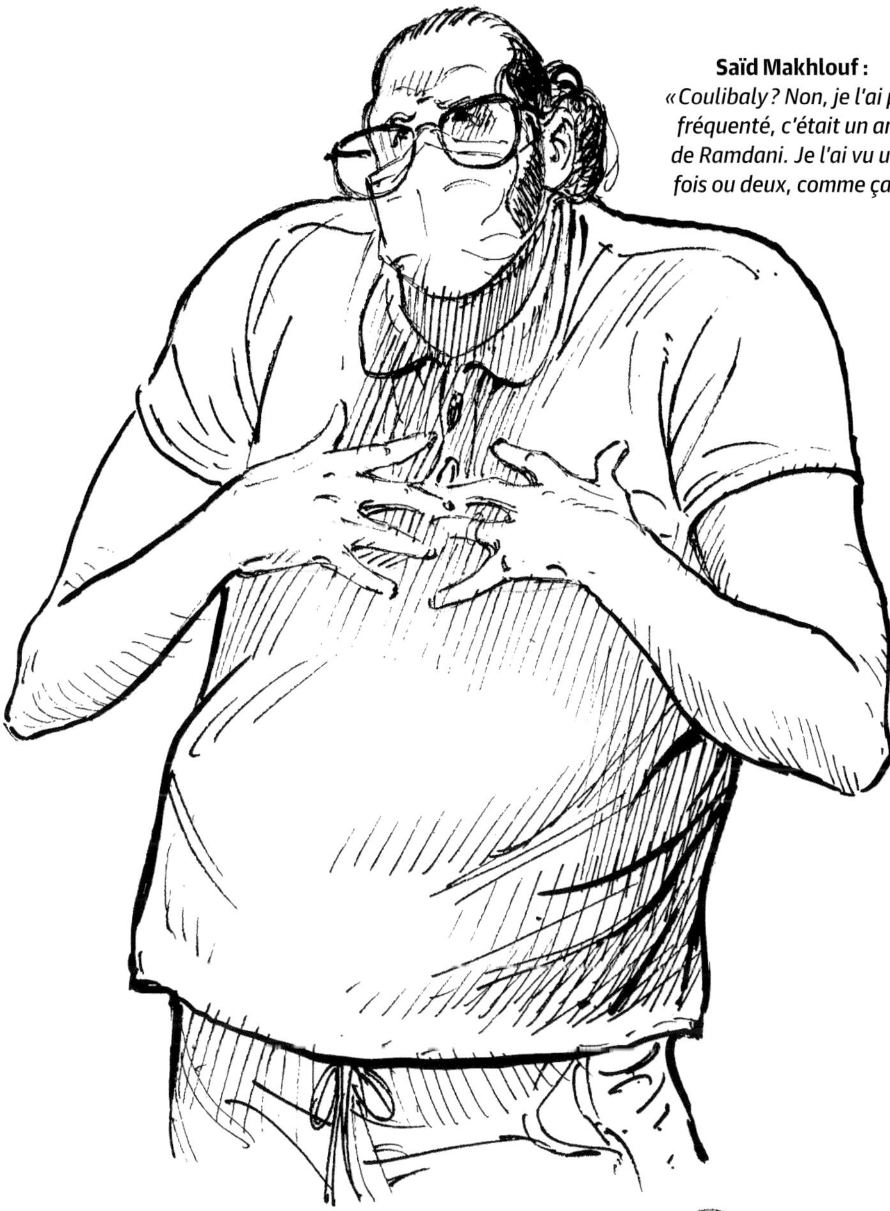

**Saïd Makhlouf :**
*«Coulibaly ? Non, je l'ai pas fréquenté, c'était un ami de Ramdani. Je l'ai vu une fois ou deux, comme ça.»*

*«Moi, je crame l'argent. Le trafic de beuh, ça me permet de joindre les deux bouts. [...] Je kiffe, je croque la vie à pleines dents.»*

*«J'suis un innocent, j'ai rien à voir dans tout ça.»*

dans cette enquête (Makhlouf aurait dépanné Coulibaly par hasard, et aurait même pris le volant pendant que le futur terroriste poussait la voiture), un restaurant chinois où le même Coulibaly surgit parfois *après* le dîner, parfois *pendant*, et toutes sortes de détails qui ne cadrent pas, un trousseau de clés, des amis censés lui avoir téléphoné sans qu'on en retrouve trace, et même son cousin Ramdani qui lui cache qu'il a amené Coulibaly dans son appartement en son absence, qui plus est la veille des attentats (on n'aurait pas pu faire mieux si l'on avait délibérément agi pour lui *coller de la complicité*).

Cet embrouillamini accable Saïd Makhlouf, et si, à mesure qu'il parle, la chronologie se met à devenir un peu louche, on continue pourtant à croire qu'il n'a rien à voir avec le terrorisme, encore moins avec la radicalisation, dont la cour elle-même semble considérer qu'il est étranger puisqu'elle ne lui pose plus de questions à ce sujet. Alors qu'en est-il de son ADN sur le Taser de Coulibaly? Il répète que non seulement il ne l'a pas touché, mais qu'il ne l'a jamais vu. Se serait-il mélangé à celui de Coulibaly lorsque celui-ci a été introduit dans son appartement par Ramdani?

Les invraisemblances ne prouvent rien, et surtout pas la culpabilité : elles ne font qu'entamer l'innocence. Avec Saïd Makhlouf, on ne sait plus ce qui relève de la défense maladroite ou de la dissimulation. Ici prévaut ce qu'on appelle l'« intime conviction » : contrairement à son compère Ramdani, dont la personne tout entière paraît imprégnée de comédie, Makhlouf semble mal mentir. Est-ce que mal mentir, c'est être sincère? Je pose la question avec malice, mais aussi avec sérieux. On est ici dans des dimensions de duplicité très subtiles; et il faudrait faire appel au génial inspecteur Auguste Dupin des *Histoires extraordinaires* d'Edgar Allan Poe pour sonder le degré de fabulation de ce qui se trame à l'intérieur du cerveau de Saïd Makhlouf.

Les fourvoiements d'un homme, sa légèreté, ses mensonges involontaires (catégorie inouïe que je découvre au fil de ce procès) ne nous disent pas ce que cet homme a pu faire de mal, et ne nous révéleront jamais rien de ses forfaits intérieurs (de ses secrets); mais en tissant ce que Me Coutant-Peyre appelle un *« rideau de fumée »*, ils nous invitent à penser d'abord à l'impossibilité, peut-être même à l'injustice qu'il y aurait à juger un homme qui s'embrouille. ●

**Mohamed B., un ami de Saïd Makhlouf :** *« On est de Gentilly, c'est une grande famille. Tout le monde se connaît, quoi. »*

**Le président :** *« Vous partiez en vacances avec Saïd Makhlouf ? »*

**Le témoin :** *« On faisait des voyages pas chers. »*

**Le président :** *« Lesquels ? »*

**Le témoin :** *« Ben, on est allés en Thaïlande. »*

**Le président :** *« Vous appelez ça des voyages pas chers ? »*

**Me Coutant Peyre note qu'il manque plusieurs témoins dans l'entourage de Claude Hermant. Elle parle d'une « affaire d'État » et dit que les accusés dans le box, c'est « un rideau de fumée ».**

**Pierre C., un ami de Saïd Makhlouf :** *« Je le connais depuis le lycée. [...] C'est quelqu'un de très avenant, de très chaleureux. On est partis en vacances ensemble. De le savoir ici, ça me peine beaucoup, car il ne correspond pas du tout à ce que peuvent penser certaines personnes. C'est quelqu'un de très généreux. »*

Un témoin, dont le surnom est « Mowgli », ne se souvient de rien.

**Saïd Makhlouf :** *« J'aime bien aller aux prostituées avant de prendre la route. »*

**Une amie de Saïd Makhlouf :** *« C'est quelqu'un de très bien. Excusez-moi, je suis un peu perturbée. Je suis très étonnée qu'il soit là. Son cœur est égal à sa taille. Il a un cœur énorme, et quand il peut aider, il aide. »*

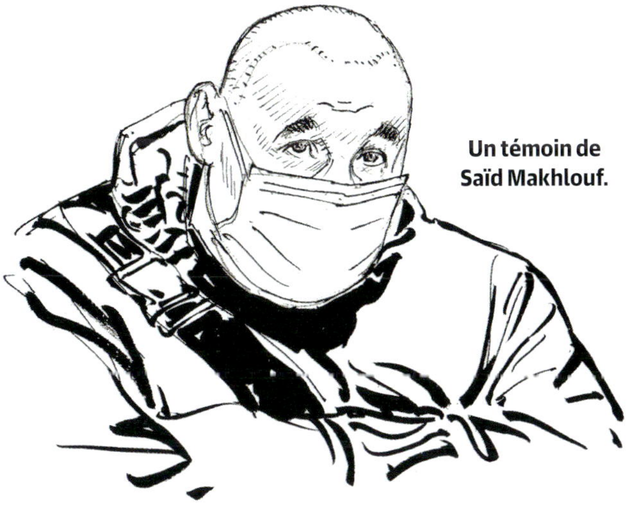

Un témoin de Saïd Makhlouf.

Saïd Makhlouf et son avocate, Me Royaux.

LUN
12
OCT

# Le rideau s'est levé

**Interrogatoire de Nezar Mickaël Pastor Alwatik. Son ex-femme, salafiste, vend la mèche.**

Il s'est passé, hier, quelque chose de décisif. Alors que depuis presque un mois et demi la question religieuse était systématiquement minorée, voire dissimulée par des accusés qui savent que dans un dossier de terrorisme leur appartenance à la foi musulmane sera interrogée, qu'on leur reprochera l'éventualité même d'être rigoriste, qu'on les soupçonnera d'être des intégristes, et même carrément des djihadistes, et qu'en se justifiant ils risqueront à chaque instant de donner ces signes de radicalisation que la cour cherche en eux, voici que Nezar Mickaël Pastor Alwatik a raconté d'emblée qu'en prison, à Villepinte, il s'était *« inscrit au culte »*. Avec Amedy Coulibaly, son camarade à la buanderie, ils se faisaient des *« challenges de sourates »*, Coulibaly exhortant Pastor Alwatik à apprendre par cœur des fragments du Coran : *« C'est lui,* dit-il, *qui donnait les challenges. Je suis musulman, j'essaie d'apprendre. »*

Une telle stratégie de la sincérité a d'abord été payante. Durant toute la matinée, Pastor Alwatik a déroulé son jeu, consistant à ne pas masquer sa proximité avec Coulibaly. Ainsi a-t-il raconté les vidéos de propagande que celui-ci lui montrait en faisant l'éloge de la charia : *« Je n'ai pas vu le mal,* avoue-t-il : *à l'époque, tout le monde parlait de combattre Bachar en Syrie. »*

Une fois sortis de prison, ils continuent à se voir : *« C'était mon ami »*, dit-il de Coulibaly. Et de fait, on a pu constater par la téléphonie que Pastor Alwatik était l'un des trois « interlocuteurs privilégiés » de l'auteur du massacre de l'Hyper Cacher : s'il encourt vingt ans de réclusion criminelle, c'est parce qu'on lui reproche d'avoir acquis, stocké et fourni des armes à Coulibaly, un pistolet semi-automatique Tokarev et un revolver Nagant qui ont été découverts dans l'appartement de celui-ci, et sur lesquels on a retrouvé son ADN.

Comme il n'a cessé, lors de sa garde à vue puis durant l'instruction, et encore hier pendant l'audience, de changer de version dans la narration des faits, ce qu'il raconte des trois journées précédant les attentats paraît aussi embrouillé que suspect.

On sait que le 5 janvier, il a passé plus de cinq heures en voiture avec Coulibaly, parcourant la région parisienne d'un rendez-vous à un autre, Coulibaly rencontrant alors tous ses interlocuteurs logistiques : Polat, Ramdani et Prévost, comme si ce jour-là se concluaient les préparatifs des attentats. De fait, tandis que la voiture est à l'arrêt sur le parking d'un centre commercial, Pastor Alwatik découvre dans le coffre un sac rempli d'armes. Il les touche, ainsi explique-t-il la trace de son ADN. Il aurait alors choisi de ne rien dire à Coulibaly : il aurait eu peur. Il y a toutes sortes d'incohérences dans son récit. Une histoire de sophrologue à dormir debout qui vise à maquiller ses allées et venues. Une accumulation de mensonges qui se retournent contre lui, une Clio qui disparaît, une parka aussi, un ordinateur sur lequel Coulibaly avait peut-être branché une clé USB et qu'il vend au frère d'un garagiste, tout de suite après avoir vu les attentats à la télévision. Il se débarrasse de tout : *« C'est la peur,* dit-il. *Je suis une merde. »*

Le mot « merde », il ne cesse de le répéter. Parlant des mensonges qu'il se met à tisser lors de ses auditions, il dit : *« Je me suis mis à raconter de la merde. »* D'autres signifiants circulent comme des lapsus en liberté : juste après les attentats, un type, sur une écoute téléphonique, l'appelle *« Mon frère Charlie »*, et ajoute *« al-Dawla »*, autrement dit l'État islamique. Le mot flotte dans son environnement, comme un poison, comme un virus. Pastor, lui, parle d'*« abîme »* : *« J'étais dans les abîmes »*, dit-il.

**Le président essaie d'y voir clair dans tous ces courants de l'islam :** *« De quelle secte parlez-vous ? Des takfiri ? Des khawarij ? »*

**Nathalie Maarek, la demi-soeur de Nezar Mickaël Pastor Alwatik.**

**Me Pugliesi, l'une des avocates d'Amar Ramdani.**

**Me Barré :** *« Lors d'une conversation téléphonique avec un certain H., votre interlocuteur dit : "Ouais,* Charlie Hebdo, *ha ha", et vous répondez en riant. Pourquoi est-ce que ça vous fait rire quand il vous appelle* Charlie Hebdo *? »*

**Nezar Mickaël Pastor Alwatik :** *« Ça me fait rire sur le coup, mais c'était une blague anonyme. »*

Et de fait, la détresse de Pastor semble s'élargir à mesure qu'il parle, comme si, en modifiant sans cesse son propos, il ne faisait que creuser son propre vide, ce trou entre « la merde » et « l'abîme », dans lequel sa vie depuis plusieurs années ne fait que sombrer.

C'est effrayant de voir quelqu'un sombrer. Les yeux perdus de Pastor Alwatik sont une image de la noyade, quelque chose de suicidaire traverse son marasme : *« J'ai raconté beaucoup d'inepties, et celui qui en paiera les conséquences, c'est moi. De toute façon, ma vie est foutue »*, dit-il.

À quoi un homme qui sombre peut-il se raccrocher ? Il y a chez Pastor Alwatik une demande d'identité urgente, quasi morbide : son nom même est double, à la fois musulman et juif. Il possède deux prénoms, qui obéissent eux aussi à la division qui le définit. On l'appelait *« le Juif »*, quand il était petit. *« Je suis à moitié juif, moitié catholique, moitié musulman »*, dit-il drôlement (et dans ce débordement de la logique, il faut entendre, plutôt qu'une maladresse, la vérité même de son surcroît impossible, une dérive intérieure de son identité, la schizoïdie intenable de ses origines).

Se cherche-t-il ? C'est l'évidence. Ce Marocain musulman qui fait shabbat avec la famille de sa sœur convertie au judaïsme, et porte alors la kippa, ne sait pas où se trouver. Peut-on habiter son propre déchirement ? Cela s'appelle la folie. Pastor Alwatik, lui, remplit cette vacance hallucinée par un amour inconsidéré pour sa mère : il ne parle que d'elle. Il dit : *« Je suis son dieu. »* La relation entre eux est vertigineuse : tandis qu'il est en prison, elle a un cancer. Il se sent coupable, et en sortant, pour retrouver le chemin, cherche à se marier.

La question du mariage est ici fondamentale. Car c'est là que revient Coulibaly : l'ami devient le « marieur ». Coulibaly va lui fournir une épouse. Ainsi Pastor Alwatik se marie-t-il avec une *« femme religieuse »,* autrement dit une salafiste. La mère de Pastor s'oppose à cet union : une femme intégralement voilée, elle appelle cela une *« ninja »*. Pastor Alwatik et la *« ninja »* se marient contre l'avis de la mère ; c'est un désastre. Pastor va jusqu'à partir en *« voyage de noces »* avec sa mère, non avec son épouse (je n'ose écrire qu'ainsi se réalise symboliquement l'inceste, en tout cas la substitution entre la mère et la mariée a lieu avec une netteté remarquable).

Pastor Alwatik semble tirer parti, durant son témoignage à la cour, de cette mésaventure qui l'exonère de tout radicalisme : l'intégriste, c'est elle, et lui se met en scène comme un homme qui souffre de la règle religieuse. Il se plaint de ne plus avoir de télévision, il ironise sur le voile intégral : *« On voit le visage, mais la tente Quechua, quoi. »* On se dit alors que ce mariage raté est la garantie de Pastor Alwatik : s'il a divorcé d'une *« femme religieuse »*, c'est qu'il est modéré.

Mais voici que dans l'après-midi apparaît cette femme. Elle vient témoigner à la barre, elle s'appelle Chaineze H., elle est entièrement voilée, on ne discerne que ses yeux, et encore sont-ils recouverts par des lunettes. Je reparlerai d'elle en détail demain, car son témoignage a tout changé, non seulement à l'image qu'on se faisait de Pastor, mais à ce procès lui-même : son témoignage est un événement.

Événement juridique, mais aussi événement politique. En effet, durant plus de trois heures, souffrant de crampes qui l'obligeront à continuer à parler assise, Chaineze H. va donner à la cour la clé d'un procès qui jusqu'à hier était verrouillé dans la dénégation de son objet idéologique : elle va désigner en Pastor le djihadiste qu'il dissimulait et, le désignant ainsi, va faire exploser la chape de mensonges qui protégeait le box des accusés, chacun d'entre eux ne cessant à peu de frais de camoufler son rapport avec l'islam radical.

Alors qu'on était enclin à la voir, elle, comme l'intégriste du couple (ce que Pastor Alwatik avait intérêt à faire accroire), voici qu'elle raconte une scène qui change tout. Pastor Alwatik a invité à la maison Coulibaly et sa femme, Hayat Boumeddiene. Les hommes sont d'un côté, les femmes de l'autre, et la porte est entrouverte. Un homme les accompagne qui n'était pas prévu, c'est Mohamed Belhoucine (qui s'est enfui en Syrie la veille des attentats), elle ne le connaît pas, il va parler pour le couple, c'est un *« rappel religieux »*, il est là pour les conseiller puisque le mariage va mal, elle s'attend à un sermon sur la patience, et voici, dit-elle, qu'*« on me faisait une exhortation »* : *« Le rideau se levait, on disait qui était qui. »* En effet, le discours de Belhoucine *« incitait à la haine et à la rébellion »*. Cette salafiste assumée reconnaît en lui l'idéologie takfiriste, qui prône l'extrémisme jusqu'à la mort des ennemis de l'islam. Elle quitte la chambre, et dans la voiture se dispute avec Hayat Boumeddiene qui l'accuse d'insinuer qu'ils sont des *« chiens de l'enfer »*.

Chaineze H. déroule alors lentement, mais fermement, son accusation ; et tandis que les avocats de la partie civile vont exiger ces précisions dont ils étaient privés depuis un mois et demi à cause de l'omerta à laquelle s'adonnent les accusés, elle va faire le portrait, touche après touche, d'un islam radical, anti juif, un islam qui *« souille l'islam »*, une *« secte »*, dit-elle, où l'on prône le djihad, où l'on regarde des vidéos sanguinaires, où l'on justifie les attentats. Cette femme répudiée par Pastor Alwatik le démasque tranquillement. Le miroir se retourne alors sur le box des accusés, il est aveuglant de clarté. ●

**Chaineze H., l'ancienne épouse de Nezar Mickaël Pastor Alwatik.**

*« Le fait d'avoir été répudiée par ces personnes, c'était pas destructeur, c'était salvateur. »*

*« Il a évoqué l'idée de faire la guerre sainte sans le dire clairement. Il a dit que c'était un projet, une fois que sa mère et sa femme étaient mises en sécurité. »*

**Nezar Mickaël Pastor Alwatik tente de discréditer son ancienne épouse :**
*« Comme elle le dit elle-même, je l'ai "virée comme une prostituée", donc je peux comprendre qu'elle souhaite se venger. Pour moi c'était incompréhensible, c'était comme dans un cauchemar. Je pense que cette affaire-là, elle l'a traumatisée, comme elle en a traumatisé beaucoup. »*

*« L'autre folle-là, avec sa cape de batman ! Deux heures qu'elle parle, elle raconte des salades ! Ce qu'il aurait fallu pour elle ?! Mais c'est une expertise de fou ! »*

*« Je suis une victime colatérale de ce qu'a fait ce bâtard. Une chose est sûre, je sais que j'ai rien à voir avec ça. Amedy, c'était mon ami, point barre. [...] Je lui dis de me ramener une femme, il m'a ramené un problème. »*

**Chaineze H., à propos des attentats :**
*« Que j'aie pu côtoyer une telle personne [Amedy Coulibaly], c'était un profond dégoût, une honte. Ça m'a choquée, ça m'a bouleversée. Ça m'a mise mal à l'aise parce que je suis quelqu'un qui affiche ma religion. C'est traumatisant. Ça a rien à voir avec les familles des victimes, mais c'est une honte. Je me dis : ces personnes-là, elles ont sali l'islam. »*

**Un avocat :**
*« Avez-vous averti M. Pastor Alwatik sur les dangers du takfirisme ? »*

**Chaineze H. :**
*« Oui. »*

**Pendant qu'elle témoigne, Nezar Mickaël Pastor Alwatik se bouche les oreilles.**

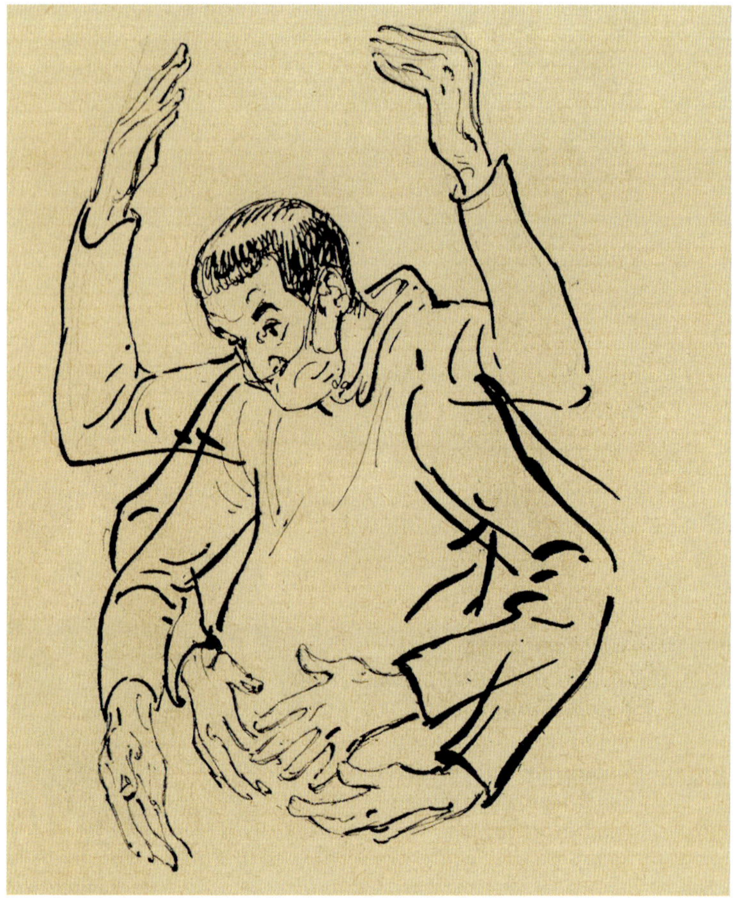

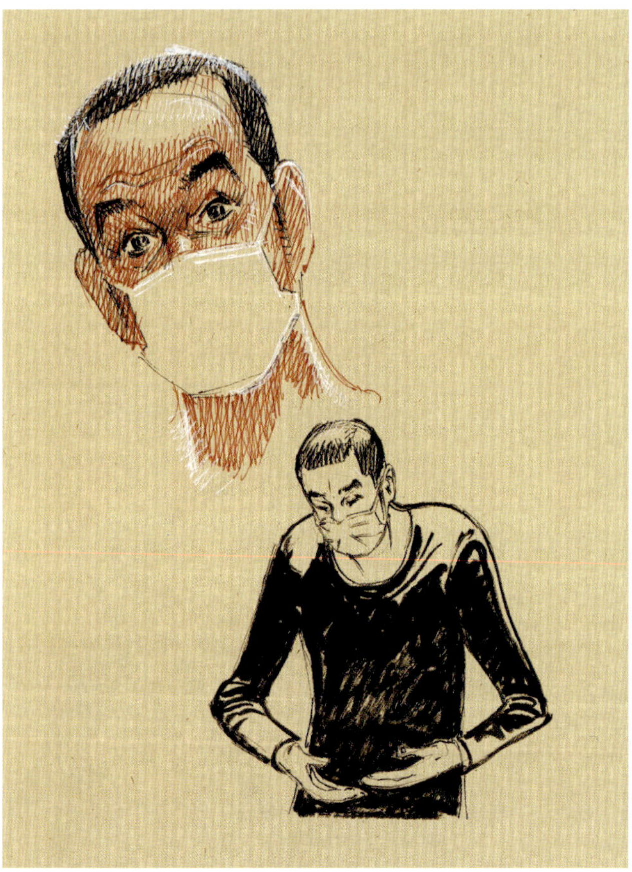

**Nezar Mickaël Pastor Alwatik :**
*« Ben moi, je suis pas d'accord, et y a l'autre folle qui en rajoute ! Et moi, quand je dis des choses, c'est de la merde. Alors ouais j'ai menti, ouais j'ai menti ! J'ai menti parce que j'avais peur ! Mais n'importe lequel qui vient là* [en parlant des témoins], *il vient, il devient une flaque. »*

*« Moi, ma famille, c'est le vivre-ensemble ! On n'est pas comme ça ! Jamais je vais aller tuer quelqu'un parce qu'il est juif, catholique, bouddhiste. Mais je suis qui, moi ?! Je suis Dieu ?! »*

**Margaux Samama, la nièce de Nezar Mickaël Pastor Alwatik :**
*« Je suis de confession juive, on est un peu la famille Benetton. Y a de tout dans notre famille. Il m'a toujours tirée vers le haut, c'était un pilier dans ma vie. J'étais devenu obèse, j'étais dans le corps de quelqu'un d'autre, il m'a appris à m'aimer. Il est top ! »*

*« Faire la guerre sainte, excusez-moi, mais c'est du gros foutage de gueule. Non, mon oncle n'a jamais eu ce genre de pensée, j'en suis sûre et certaine. »*

*« Sa femme* [voilée] *avait l'air d'être ouverte d'esprit, tellement ouverte d'esprit que ça me gênait. Comme si elle en rajoutait. C'est comme si moi qui suis traditionnaliste, je devenais loubavitch. Chez les musulmans ou chez les juifs, il y a des mariages où les gens se marient rapidement, c'est comme une rencontre arrangée. Il s'est marié avec elle par défaut. »*

*« Il a toujours été très fier qu'on l'appelle "le juif" dans la cité. »*

**M^e^ Dosé :**
*« Pourquoi elle* [son ancienne femme] *réagit comme ça ? »*

**Margaux Samama :**
*« C'est de l'ego, de l'orgueil. Peut-être qu'elle s'est sentie humiliée. C'est dur de se faire rejeter. Peut-être que c'est de la vengeance. »*

**Iklas B., ancienne petite amie de Nezar Mickaël Pastor Alwatik :**
*« J'ai connu Nezar trois semaines, un mois. Il m'avait fait rire, j'étais lycéenne. »*
**Stéphane Duchemin, assesseur :**
*« Vous échangez avec lui un SMS le 3 janvier 2015 à 6 h 25. Elle : "T'es salaf, c'est ça ?" Lui : "Moi, je suis juste sur le Coran et la Sunna." »*
**Iklas B. :**
*« La religion, ça m'intéressait pas trop. J'ai voulu me rassurer. Quand on connaît pas les gens… »*
**Stéphane Duchemin :**
*« À l'époque, vous étiez voilée et vous ne l'êtes plus. »*
**Iklas B. :**
*« Oui, mais je suis pratiquante et musulmane. En tant que musulmane, on n'a pas tous la même vision. »*
**Stéphane Duchemin :** *« Et cette question, vous vous la posez systématiquement quand vous rencontrez quelqu'un ? »*
**Iklas B. :** *« Non. »*
**Stéphane Duchemin :** *« Mais face à quelqu'un qui est assez "cool", c'est surprenant de poser cette question. »*
**Iklas B. :**
*« Pour moi, il est modéré, il fait ses cinq prières par jour. »*

MAR 13 OCT

# La tristesse et la connerie

**Un accusé brûle ses dernières cartouches et un témoin nous écœure.**

On entend tout et n'importe quoi dans un procès. Il y a des étincelles de vérité et des kilos de mensonges, des intensités de langage qui vous ouvrent à la pensée, des horreurs qui fécondent les ténèbres, de brusques lumières et des sursauts d'humanité. Des choses qu'on ne voudrait pas savoir et d'autres qui allument le désir de comprendre. Il y a le néant et le crime ; l'un et l'autre se dissimulent derrière le silence ou la douleur intarissable.

Hier, Pastor Alwatik ne s'arrêtait plus de parler, sans doute savait-il qu'il n'aurait bientôt plus la parole, et que l'occasion de se faire entendre, de s'expliquer, de convaincre serait bientôt perdue. Mais tout dans sa précipitation indiquait les cendres déjà froides d'un feu qui n'a pas vraiment brûlé : comment Pastor Alwatik aurait-il pu rendre compte véritablement de ses actes puisqu'il s'agissait pour lui de les masquer, de faire croire qu'il n'y en avait pas, qu'il n'avait rien fait, et que ces maudites armes sur lesquelles il y a son ADN, il les avait à peine touchées. Comment cet homme aurait-il pu éclairer des actes invisibles ?

À travers son flot de paroles, on percevait une solitude douloureuse, la détresse d'un homme qui s'est égaré dans son labyrinthe et ne parvient plus à s'orienter à travers les versions contradictoires de sa propre réalité. À un moment, il a dit : *« Si ça ne tenait qu'à moi, je resterais à l'isolement jusqu'à la fin de ma peine »*, et dans le mot *« peine »*, je n'ai pas seulement entendu la durée de sa réclusion, mais une tristesse sans fin.

Oui, il y a surtout *« ces ombres derrière les éléments de la cause »* dont parle Michel Foucault dans *Surveiller et punir*, son grand livre sur la prison, et il semble que ce soient elles qu'on juge ici plutôt que des actes improuvables. Car il y a peu de chances qu'on parvienne à reconstituer le cheminement exact des armes, de la cave de Claude Hermant à l'Hyper Cacher, et à identifier ceux qui les ont transportées : personne, dans le box, ne va avouer. Il n'y a donc que les ombres, et ce sont elles qui composent les ténèbres d'un procès aussi captivant que frustrant.

Quand, le soir, nous quittons la salle d'audience, quelque chose de désolant nous envahit, comme si l'épuisement qui est le nôtre à nous passionner aussi scrupuleusement pour ces énigmes se changeait en une pesanteur plus grave encore. Les actes invisibles prolifèrent tous seuls dans la nuit, tandis que nous pensons à ce qui pourrait les empêcher. Dans une telle pesanteur, les morts se promènent. Je ne les oublie jamais, ils sont là maintenant, pour toujours, avec moi, avec les paroles entendues depuis plus d'un mois, avec le silence de l'amour que nous pouvons éprouver pour ceux et celles que nous avons connus ou que nous ne connaissions pas, tous ceux qui étaient dans la salle de rédaction de *Charlie Hebdo*, et dont j'ai vu ce que je n'aurais pas dû voir. Je n'oublie pas non plus — ça me vient chaque nuit avec ces *« ombres derrière les éléments de la cause »* et avec les ténèbres dans la voix des criminels — la scène de

Les détenus dans leur box.

l'Hyper Cacher, les corps étendus dans les rayons et la silhouette des vivants gracieux ; et si ces fantômes peuplent mes cauchemars, je ne veux pas qu'ils s'en aillent, car tant qu'ils viennent dans mes nuits, la vérité continue à exister.

Et puis hier, un témoin a dit que *Charlie Hebdo « l'avait bien cherché »* ; il a dit, et l'on croit rêver : *« Ce qu'ils ont fait est grave. »* Il a ajouté, inversant tout : *« J'aurais préféré qu'ils soient condamnés par la justice. »* C'est le même qui a eu ce jugement, à propos de Coulibaly : *« Il y avait une certaine sagesse dans son discours. »*

Soyons clairs : la connerie est criminelle. Elle confond tout, elle justifie n'importe quoi. Le crime, c'est l'absence de pensée. Oser dire qu'on peut tuer des dessinateurs et des écrivains parce qu'avec leurs mots et leurs traits *« ils l'ont bien cherché »* relève juste de la plus ignoble des imbécillités. La justice sert sans doute à cela : en cherchant la vérité, en tranchant dans les ténèbres, elle nous aide très simplement à discerner la connerie, à révéler les appréciations les plus ineptes, à comprendre combien la stupidité conduit au crime.

Ce soir-là, quand on repense aux paroles qu'on a entendues dans une salle d'audience, sur terre, au début du XXIe siècle, on pleure de honte. ●

**Un témoin de Nezar Mickaël Pastor Alwatik qui ne dit pas grand-chose.**

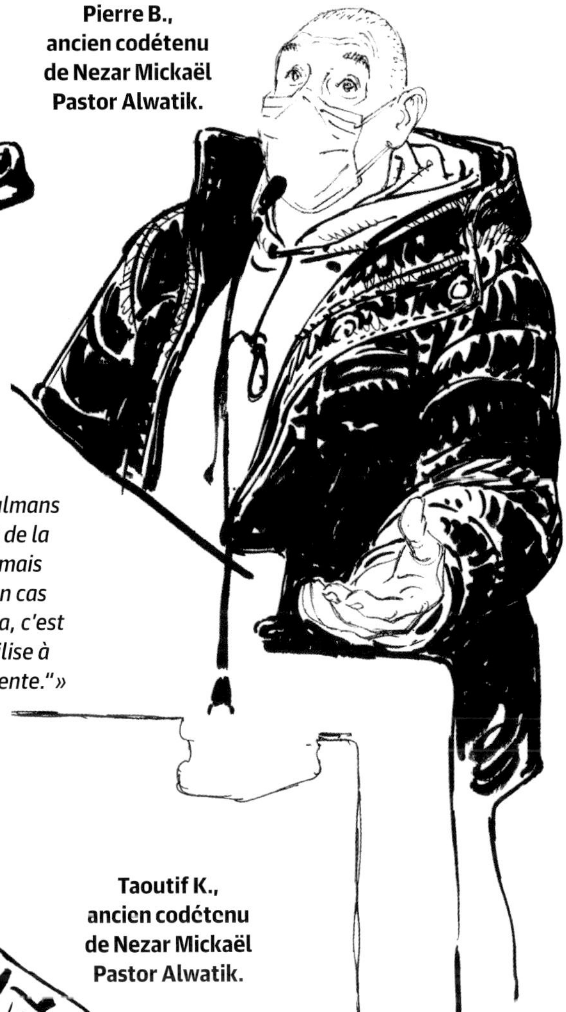

**Pierre B., ancien codétenu de Nezar Mickaël Pastor Alwatik.**

**Stéphane Duchemin, le juge assesseur :**
*« Vous utilisez la formule "pratiquant marrant." »*

**Pierre B. :**
*« Nous, on disait qu'on était "musulmans détente." On rigolait, on écoutait de la musique. On parlait de religion, mais "tranquille". Je vais parler de mon cas personnel car je suis un converti. Ça, c'est une expression que ma copine utilise à chaque fois : "T'es détente, t'es détente." »*

**Un témoin de Nezar Mickaël Pastor Alwatik.**

**Taoutif K., ancien codétenu de Nezar Mickaël Pastor Alwatik.**

**Stéphane Duchemin :**
*« Les services spécialisés disent que vous êtes connu pour votre proximité avec l'islam radical. »*

**Taoufik K. :**
*« Vous venez de me l'apprendre. »*

**Stéphane Duchemin :**
*« Vous avez dit aux policiers, à propos de* Charlie Hebdo *: "Je les portais pas dans mon cœur, j'aurais préféré qu'ils soient condamnés parce qu'ils ont blessé toute une communauté." »*

**Taoufik K. :**
*« Ma position, je la confirme : quand on sait qu'on est menacés par des terroristes, on va pas tirer la sonnette d'alarme. C'est 50 % de leur faute. C'est une insulte envers toute une communauté. L'insulte, c'est de caricaturer le Prophète. »*

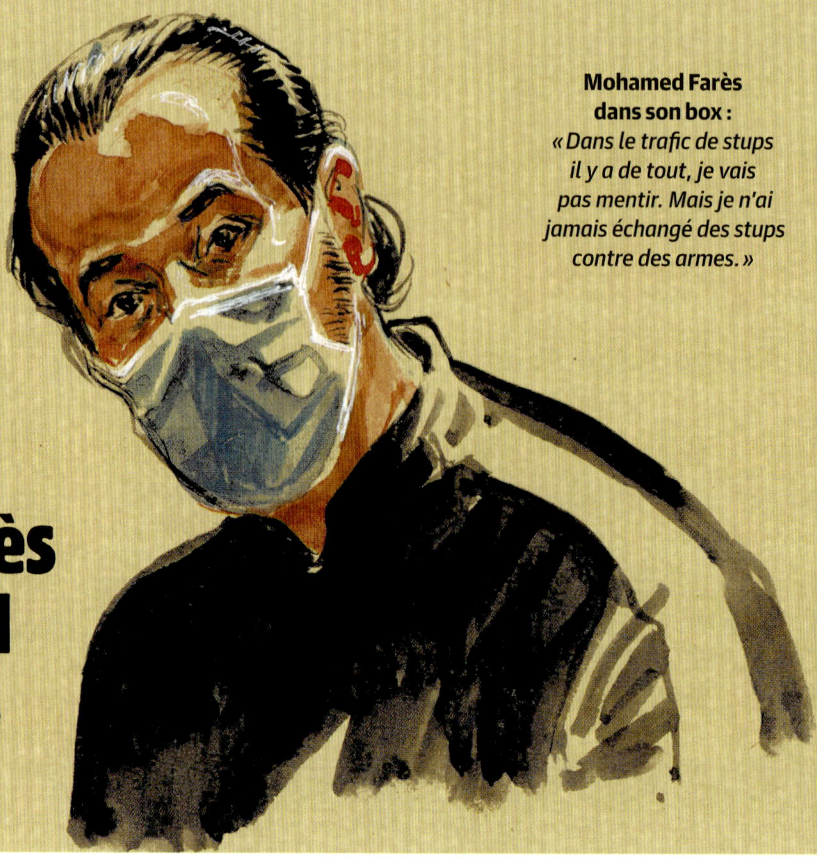

**Mohamed Farès dans son box :** *« Dans le trafic de stups il y a de tout, je vais pas mentir. Mais je n'ai jamais échangé des stups contre des armes. »*

MER 14 OCT

# Mohamed Farès et le Familial

**Un trafiquant de stups risque vingt ans, mais il se marre.**

« *Là où il y a de la drogue, il y a des armes* », dit Mohamed Farès. En nous livrant les clés de son milieu, cet homme de 31 ans, les cheveux noués en catogan, l'allure verticale et maigre d'un oiseau de proie, parle en professionnel : il dirige un trafic de drogue à Lille, *« héroïne et cocaïne »*, précise-t-il plusieurs fois, comme si derrière le box il faisait sa pub ; il s'y connaît, ce n'est pas à lui qu'on va la faire, d'ailleurs il ricane continuellement, parfois même il applaudit lorsqu'une avocate et un témoin se prennent de bec. Mais rien de spectaculaire chez lui : son insolence est comme rentrée, elle ressemble à de l'indifférence, il se marre, il s'en fout, c'est un patron de la drogue, un professionnel, je vous dis.

Serait-il donc protégé pour se permettre à ce point de surplomber les débats ? Il semble que non, et d'ailleurs en nous répétant *« là où il y a de la drogue, il y a des armes »*, il ne fait que désigner son territoire, celui d'un business très lucratif dont il est prêt, s'il le faut, à défendre farouchement les acquis. Un patron est un homme en guerre, un professionnel de la drogue se doit d'être armé, voilà tout. Mohamed Farès ne vend pas d'armes, il en fait usage à l'occasion, il en possède pour se défendre contre les rivaux ; s'il trafique, ce n'est pas des armes, mais — il le répète — de l'héroïne et de la cocaïne : *« Les armes, c'est une peine à deux chiffres, je gagnais bien ma vie avec les stups, pas besoin »*, dit-il, avec une clarté toute pragmatique.

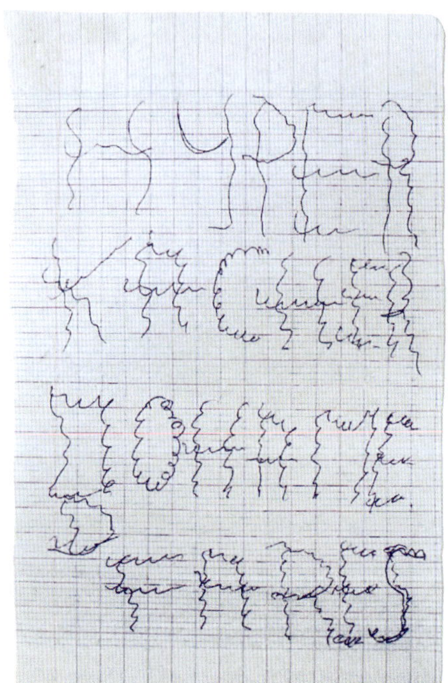

**La lettre anonyme qui a dénoncé Mohamed Farès à la police.**

Mais voilà : on reproche à ce professionnel de se mêler d'affaires qu'il ne maîtrise peut-être pas. Son sourire de décideur impitoyable n'y fera rien : ce n'est pas pour ses misérables kilos de poudre qu'on s'intéresse à lui, mais pour une « participation à une association de malfaiteurs terroriste criminelle ». Il aurait pris part à la fourniture de fusils d'assaut et de pistolets semi-automatiques Tokarev pour Amedy Coulibaly. On a retrouvé d'ailleurs une trace d'ADN de sa belle-sœur sur un Tokarev.

Mohamed Farès a beau dire que les armes, il les consomme mais ne les vend pas, un trafic d'armes semble bel et bien passer par le boulevard de Metz, cette artère lilloise où il exerce son pouvoir, où il contrôle le deal. Les enquêteurs pensent qu'il est l'un des maillons de la chaîne qui va du trafiquant d'armes Claude Hermant (qu'il connaît) à Coulibaly (qu'il ne connaît pas). On trouverait ainsi, sur le versant lillois de l'affaire, quelques individus intermédiaires, dont un certain Samir Ladjali, autre trafiquant d'armes notoire, qui fait lui aussi partie de la famille de Mohamed Farès (ce Ladjali, qui est en fuite, serait un

*(Suite page 127.)*

**Me Cechman, à Mohamed Farès :**
*« Vous hésitez à le dire, mais dites-le… que vous battiez votre femme, et c'est sans doute pour ça qu'elle s'est vengée en vous dénonçant. »*

**Samia Farès,**
**la sœur de Mohamed Farès :**
*« Mon frère, c'est quelqu'un de gentil, d'affectueux. Jamais de souci avec la famille, et voilà ! Ce qu'on lui reproche, c'est juste impossible, et voilà ! Mon frère, c'est un vendeur de drogue, pas un vendeur d'armes, pas un terroriste, et voilà ! »*

**Abderrahmane Farès,**
**le frère de Mohamed Farès,**
**est interrogé sur les attentats :**
*« Je peux pas me souvenir comme ça. Tous les jours il s'passe des choses. »*

**Abderrahmane Farès :**
*« Mon frère a toujours fait dans le trafic de drogue. On avait des nourrices, comme tous les dealers, dans Lille et ses alentours. On est musulmans avant tout, on essaye de faire de notre mieux, mais sans plus. En détention, on a plus de temps, donc on a plus de temps pour pratiquer. »*

**Jean-Michel Bourlès, l'avocat général :**
*« Vous venez de dire "musulmans avant tout", comment conciliez-vous religion et trafic de drogue ? »*

**Abderrahmane Farès :**
*« On peut avoir la foi et ne pas pratiquer concrètement, c'est dans la tête. Moi, personnellement, je me considère comme musulman, mais je pratique pas spécialement. »*

« Tout ce qui est attentat, je m'y intéresse pas trop. J'ai vu Amedy Coulibaly avec un fusil d'assaut, et comme je sais que l'ADN a été retrouvé sur une arme mais que je ne sais pas quelle arme, forcément je dis un fusil d'assaut. »

**Mohamed Farès :** *« Là ou il y a de la drogue, il y a des armes. C'est pour défendre son territoire. »*

*« Moi, on essaye de me faire porter le chapeau sur cette histoire-là ! »*

oncle ou un cousin, je n'ai pas tout compris), et deux accusés qui sont les voisins de box de Mohamed Farès : Saïd Makhlouf et Amar Ramdani, à qui, vous vous en souvenez si vous lisez chaque matin cette chronique, on reproche des voyages douteux — non justifiés — vers le nord. Ces deux-là, qui vivent en région parisienne et fréquentent Coulibaly, seraient entrés en contact avec le milieu lillois pour se fournir en armes (Makhlouf, figurez-vous, travaille aux Ambulances Farès, c'est-à-dire dans la boîte que dirige le père de Mohamed, le trafiquant de drogue).

J'ai peur que tous ces noms — *tout ce trafic* — ne vous paraissent aussi opaques que les transactions qu'ils masquent. Rassurez-vous : l'opacité est l'objet même de la chose. Elle est destinée à persévérer dans son être ; et rien ne se conserve mieux qu'une affaire non résolue. La clarté vieillit, l'opacité est toujours neuve.

Bref, comme il avait entendu que sa belle-sœur avait laissé de l'ADN sur une arme, Mohamed Farès a eu la mauvaise idée — pour sauver tout le monde — de parler en garde à vue d'un « fusil d'assaut » : il a pris sur lui, c'est de sa faute, c'est lui qui a introduit l'arme dans la famille. Manque de chance, il ne s'agissait pas d'un fusil d'assaut, mais d'un pistolet Tokarev. Pourquoi donc avoir parlé à la police d'un fusil d'assaut ? Car précisément, des fusils d'assaut, il y en avait à l'Hyper Cacher, et cet aveu qui se prétend un mensonge avait la cohérence même de la vérité.

Farès déclare aujourd'hui qu'il aurait inventé cette fable pour sauver son beau-frère Souliman, auquel le lie une incorruptible fidélité de gangster. Le grand cœur des trafiquants a produit des romans à la pelle et des films avec Belmondo (je veux dire des navets) ; il semble bien que la vie trépidante de la famille de Mohamed Farès relève elle aussi de ce genre un peu ancien. Fâcheries, règlements de comptes, circulation d'argent. Femmes ? Pas tellement. Mohamed Farès est musulman et, sur ce point ça ne rigole pas. L'un des membres les plus récalcitrants de la famille, une certaine Amel, qui n'a pas répondu positivement à l'invitation que la cour lui a faite de venir témoigner (et qui fera ainsi l'objet d'un mandat d'amener), semble l'objet d'un opprobre à cause de ses choix très libres en matière d'intimité. Dans la tribu Farès, on a des principes : la drogue à fond, les armes pourquoi pas, mais le sexe, niet.

On apprend aussi, je le dis en passant, que Mohamed Farès frappait sa femme ; il prétend en avoir honte, mais comme il en parle avec ce même ton de je-m'en-foutisme méprisant qu'il emploie pour la drogue, les armes et la religion, on se dit que ça pose juste *un peu problème* à ses yeux : peut-être est-ce mauvais pour les affaires.

Quoi qu'il en soit, ça ne sent pas bon au Familial (c'est le nom du restaurant où il donne ses rendez-vous), car en parlant de son plein gré d'un fusil d'assaut dans un dossier de terrorisme, Mohamed Farès a pour le moins fait une bourde dont il fait mine de ne pas voir les conséquences. On a beau faire comme si de rien n'était, la malfaisance grossit. Car les adeptes professionnels du mensonge que sont les trafiquants ignorent une vérité fondamentale du mal : il se propage comme un virus. Le mal à l'œuvre dans une famille ronge chacun de ses membres, comme un nœud de vipères qui enfantent leurs abominations sourdes et crèvent finalement de leur propre venin. C'est une loi certaine : elle est mythologique.

Dans les prises de parole de Mohamed Farès, les versions se succèdent en s'annulant. Créent-elles une confusion souhaitée ? Certes. Farès, en bon professionnel, s'adonne aussi au trafic de mensonges. Mais en pourrissant la situation, ces *« déclarations adaptatives »*, comme les appelle joliment l'avocate générale, ne font qu'empoisonner son cas : une lettre anonyme, émanant sans doute de sa propre famille, l'accuse d'être mêlé à la tuerie de l'Hyper Cacher. Décidément, ça sent mauvais au Familial. ●

**Roxane W., l'ancienne compagne d'Abderrahmane Farès (le frère de Mohamed Farès).**

**Roxane W., à propos de Mohamed Farès :**
*« On se racontait pas notre vie, on n'était pas fusionnels. Voilà, on n'avait pas de grande relation. »*

**Roxane W. conteste une déclaration de son audition selon laquelle Mohamed Farès ne la regardait pas :**
*« J'ai jamais dit ça. J'ai signé ça ? Non, je n'ai jamais dis ça. Je me rappelle très bien ce que j'ai dit, je devais être sous le choc. »*

**Me Senyk :**
*« Madame, vous avez peur de quelque chose ? Vous avez peur pour votre sécurité ? »*

**Roxane W. :**
*« Non ! »*

**L'enquêtrice de la SDAT raconte le départ des frères Belhoucine avec Hayat Boumeddiene. Ils ont fui en Syrie juste avant les attentats.**

**Pour en avoir le cœur net, Régis de Jorna, le président, fait diffuser l'enregistrement de l'audition de Roxane W.**

**Le président :**
*« Vous avez indiqué que les deux frères étaient étudiants. Ils ont abandonné car ils se sont consacrés à l'idéologie radicale, indiquant que Mohamed ne cachait pas son intérêt pour l'EI. »*

**L'enquêtrice de la SDAT :**
*« Oui. »*

JEU 15 OCT

# Une journée sous pression

**Les témoins ne parlent pas, ils ont peur.**

**Mohamed Farès :** *« Quand j'ai dit que je voyais des Parisiens, c'était pour "faire le Johnny". »*

Certains jours, les nerfs sont à vif. Est-ce notre fatigue qui s'accumule ou la tension qui émane de certains témoins, de leur silence crispé, de la peur qui baigne leur silence ? Toujours est-il qu'au fil des heures la salle d'audience se met à bouillonner et qu'on flirte alors à chaque instant avec l'incident, avec le drame.

À cet égard, les témoins de Mohamed Farès — c'est-à-dire avant tout sa famille — auront réussi, à force de dénégations embrouillées, de rétractations et de volte-face insolentes, à imprimer à ce procès la dimension navrante d'une comédie de l'omerta. Ainsi se trouvait-on partagé entre l'exaspération de devoir écouter des témoins qui ne veulent pas parler (et dont certains, comme Amel B., l'ancienne belle-sœur de Mohamed Farès, ou Chinaze B., son ex-compagne, ne voulaient même pas venir et ont dû faire l'objet d'un mandat d'amener) et le dépit de constater que la manifestation de la vérité était non seulement contrariée, mais aussi empêchée, voire bafouée par un verrouillage familial qui exerçait son contrôle sur tous ceux qui venaient à la barre.

Avant-hier, le témoignage de Roxane W., ancienne compagne d'Abderrahmane Farès, le petit frère de l'inculpé, avait été entièrement parasité par son refus de reconnaître ce qu'elle avait pourtant affirmé durant ses multiples auditions, à savoir que Mohamed régnait sur chacun des membres de la famille, et qu'il ne lui avait jamais *« adressé un regard »*, ce qu'elle expliquait par la religion musulmane. À bout d'arguments, rejetant ses propres déclarations, prétendant qu'elle *« n'avait pas dit ça »*, elle finit par insinuer que c'était la police elle-même qui avait rédigé ses réponses.

L'avocat général lui avait alors rappelé vigoureusement qu'il était peut-être confortable de ne pas reconnaître sa propre parole, mais qu'il était hélas impossible de faire croire qu'elle n'avait pas existé, car les auditions en garde à vue étaient filmées : *« Vous n'avez pas remarqué la petite webcam ? On ne vous l'avait pas montrée ? »*

Cette petite leçon de procédure calma le jeu, et d'ailleurs l'audience d'hier commença par un visionnage en bonne et due forme d'un extrait de garde à vue que Roxane W. avait contesté : on constata l'évidence, à savoir qu'elle avait bel et bien dit ce qu'elle prétendait ne pas avoir dit.

Une chose intéressante la concernant : alors que Me Cechman lui avait demandé si elle avait subi des pressions, elle répondit : *« Ils vont m'en vouloir, mais je ne pense pas qu'ils vont me taper. »*

Cette phrase, nous l'avions tous en tête lorsqu'Amel et Chinaze B. sont venues témoigner. Amel a commencé en déclarant : *« Je n'ai rien à dire. »* Puis elle a ajouté : *« Je n'ai pas envie de faire d'effort. »* Le président lui a alors rappelé que des gens étaient morts dans cette affaire et qu'on avait retrouvé chez Coulibaly une arme sur laquelle il y avait son ADN, ce qui était d'une gravité telle qu'elle exigeait au minimum un peu de sérieux de sa part.

Mais Amel B. conserva jusqu'au bout de son « témoignage » cette désinvolture singulière où se lit la nonchalance la plus impudente (celle qui, soyons clairs, se fout de notre gueule). On tourna ainsi autour de cette scène que la famille Farès ne veut pas reconnaître : quelqu'un (un certain Souliman, frère d'Amel) a introduit une arme à la maison. *« Souliman avait l'arme complète dans la main, il la démontait. J'étais dans le salon, je regardais la télé »,* dit Amel dans une déposition que lui lit le président. On comprend alors qu'elle touche le chargeur.

*« Il ne faut pas parler de ça »,* réagit-elle. Elle ne cesse de jeter des coups d'œil affolés au box : *« J'ai peur pour moi. Ils vont me démonter à sang. »* Cette expression résonne encore dans mon esprit : *« me démonter à sang »,* ça ne s'invente pas. Je veux dire qu'elle contient la vérité, c'est-à-dire la violence extrême qui régit les rapports de cette famille — *« à sang »* devant s'entendre bien sûr comme le synonyme de *« jusqu'au sang »,* mais aussi comme la signature même des liens familiaux, ce qui relie les parents, les enfants, les frères et les sœurs : sang et violence ne faisant ici qu'un.

On entendra dans la journée une lecture d'écoutes téléphoniques qui montrent que Souliman et sa mère ont fait pression sur Amel pour qu'elle revienne sur ses déclarations. Puis, lorsque ce sera au tour de Chinaze, l'ex-compagne de Mohamed Farès, de parler, on assistera à l'effondrement d'une femme cadenassée dans son impossibilité à reconnaître sa propre parole. On n'y comprendra d'abord plus rien, et le premier assesseur se mettra à lire, pendant presque une heure, l'entièreté des déclarations contradictoires de Souliman, brûlant nos nerfs et reléguant Chinaze B. dans un silence aussi passif qu'exaspéré. On comprendra juste que Souliman et elle mettent en cause intégralement Mohamed Farès, qui serait responsable d'avoir introduit l'arme dans la famille et qui l'aurait transmise (vendue ?) à des *« Parisiens »,* en lesquels elle reconnaissait Saïd Makhlouf. Ainsi se nouerait la chaîne d'un trafic d'armes lillois passant par un trafic de drogue et débouchant sur du terrorisme, puisque l'arme, celle-ci, mais d'autres encore arriveront dans les mains d'un certain Coulibaly.

À un moment, Chinaze B. raconte (ou est-ce dans une de ses dépositions qu'on

**Chinaze B., l'ancienne compagne de Mohamed Farès :**
*« Tout d'abord, je veux donner mon soutien aux familles des victimes. Toutes mes condoléances. Je suis maman, j'ai un enfant, donc je comprends. Cet attentat m'a beaucoup touché. Je suis* Charlie Hebdo. *»*

**Jean-Michel Bourlès, l'avocat général :**
*« Pourquoi ne vous entendiez-vous pas avec votre belle-sœur ? »*

**Mohamed Farès :**
*« J'ai appris qu'Amel était pas respectable, elle avait plusieurs relations. »*

**Abdelaziz Abbad s'emporte quand on interroge son ancienne femme sur sa vie congugale :**
*« C'est quoi, ici ? Une agence matrimoniale ? Qu'est-ce que j'ai à faire ici ? »*

nous lit ?) que Mohamed Farès l'a tabassée parce qu'elle n'était pas à la maison pour lui ouvrir la porte un jour qu'il voulait aller aux toilettes. On imagine alors la vie suppliciée de cette femme de trafiquant qui se mure devant nous dans un silence entrecoupé de dénégations. Elle se venge ? Oui et non. Elle essaie de vivre, elle a un enfant, elle dit qu'elle veut oublier. « Ils » vont la taper. Elle parle et ne peut pas parler. Elle ne parle pas et doit parler. Le désespoir est une contradiction vécue. Comment sortir de ce cauchemar, de cette vie, de cette salle d'audience ?

Car la violence subie nous enferme. La violence dont on est l'objet ne fait pas seulement de nous des victimes, elle nous empêche de nous constituer comme victimes, elle nous assujettit à l'impossibilité elle-même, nous ne sommes plus que ça, une boule d'impossibilité. La violence a réussi son coup, puisqu'en nous infligeant sa peur (la peur qu'elle ne recommence), elle protège celui qui la commet : la violence est indésignable.

Ce matin, en écrivant ce texte, il me semble que le réel le plus vif, c'est-à-dire celui qui fait vaciller l'existence, celui qui la rapproche de son propre renversement (la mort), réside là, dans le corps tremblant d'une femme terrorisée.

Alors, quand une avocate de la partie civile qui se croit soudain investie d'un droit à creuser la plaie, sans même comprendre qu'une plaie n'a pas besoin de s'exprimer pour parler, interroge le témoin qui a craqué devant nous, et qui de toute façon n'a plus rien à dire — car grâce à ses accusations, Mohamed Farès, son ex-compagnon qui la tabassait *« à sang »*, est nu face à ses crimes —, quand cette avocate en remet une couche en lui demandant encore de préciser sa douleur, de faire parler ce qui non seulement ne peut parler, mais n'en a plus besoin puisque tout n'est plus que larmes et vérité, on est écœuré. La tension de la journée explose, le témoin veut sortir, l'audience est suspendue un bref instant, et dans le box qui semble soudain la cage d'un zoo humain où s'affolent des désespérés, l'un des détenus se met à crier, sa révolte éclate. Pendant quelques minutes, cette foire à l'indécence, cette violence généralisée me donnent le vertige, et moi aussi j'ai envie de hurler, il faut que je m'en aille, que je fuie le supplice, je suis soudain le frère de ce détenu révolté et de cette femme qui n'en peut plus. Ils veulent sortir d'ici. Oui, sortez-moi d'ici, c'est la seule vérité qui vaille. ●

**L'enquêtrice de la SDAT détaille les lignes téléphoniques utilisées par Ali Rizat Polat :**
*« Ali Riza Polat utilise six lignes. De fin 2014 au 7 janvier 2015, il change régulièrement de ligne. Il sera en contact avec Coulibaly jusqu'au 7 janvier à 1 h 30 du matin. Polat passe 475 appels avec Amedy Coulibaly. »*

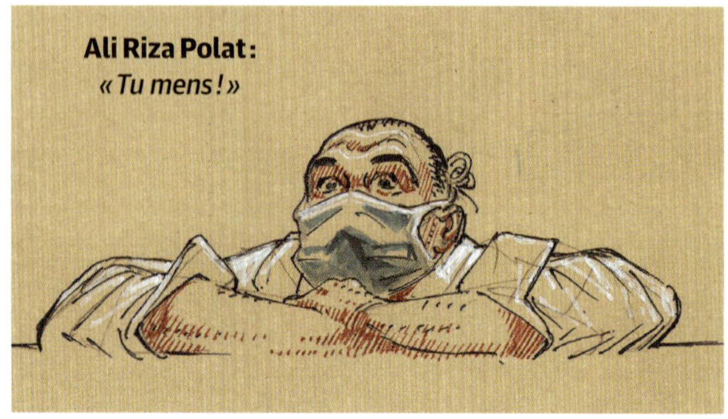


**L'enquêtrice de la SDAT :**
*« La première ligne sert de contact avec sa famille. Aucun appel avec Amedy Coulibaly. »*

*« La deuxième ligne est utilisée du 11 septembre 2014 au 6 janvier 2015. Deux cents contacts avec Metin Karasular. »*

*« La troisième ligne est utilisée du 2 novembre au 6 décembre 2014 pour contacter Amedy Coulibaly et Willy Prévost. Il contacte quatre lignes d'Amedy Coulibaly qui sont des lignes conspiratives. Du 22 novembre au 6 décembre, deux cents deux contacts avec Amedy Coulibaly, et du 5 au 6 décembre, vingt-neuf contacts avec Willy Prévost. »*

L'enquêtrice de la SDAT : « Il traite de mécréantes sa sœur et sa mère. »
Ali Riza Polat : « Ça, tu vas le payer ! »
Régis de Jorna, le président, rappelle à l'ordre Ali Riza Polat qui vient de proférer des menaces contre le témoin.
L'enquêtrice de la SDAT : « La quatrième ligne est utilisée du 8 décembre au 29 décembre 2014 pour contacter Amedy Coulibaly et Willy Prévost. Cent quatre-vingt seize contacts avec Coulibaly durant cette période avec cette ligne. »
« La cinquième ligne est utilisée du 29 décembre 2014 au 5 janvier 2015, 20 h 09, pour contacter cinquante fois Amedy Coulibaly, sept fois Willy Prévost et une fois Christophe Raumel. »
« La sixième ligne est remise à Ali Riza Polat par Amedy Coulibaly la nuit du 5 janvier et a été utilisée jusqu'au 7 janvier, à 1 h 30 du matin. Trente SMS sont échangés avec Amedy Coulibaly. »
L'enquêtrice de la SDAT : « Le 7 janvier, aux alentours de 11 heures, 11 h 30, Willy Prévost déclare qu'Ali Riza Polat est venu récupérer les deux téléphones et la carte grise de la moto utilisée pour abattre la policière municipale de Montrouge. »

Metin Karasular médite dans son box.

VEN 16 OCT

# L'horreur et la pensée

**La décapitation d'un enseignant par un islamiste fait passer le procès au second plan.**

C'est très difficile d'écrire ce matin. Si j'assiste à ce procès, c'est parce que je crois que le mal ne doit pas être seulement dénoncé et combattu, mais aussi pensé — c'est-à-dire *expliqué*. J'ai été professeur pendant plus de quinze ans en région parisienne, j'ai enseigné dans des collèges de banlieue où la violence sociale ne s'arrêtait jamais, et je sais combien s'efforcer chaque jour d'*expliquer* est fondamental. Expliquer n'est pas justifier, expliquer n'est pas provoquer.

La parole de la justice dont nous faisons l'expérience à ce procès ne suffit pas ; aucune parole ne se suffit à elle-même, surtout pas celle de la répression. Penser la violence, penser le mal, penser le crime, penser la terreur politique, penser l'islamisme radical, penser les religions, penser la foi, penser le blasphème, aucune parole n'est de trop pour le faire : la pensée appelle la pensée, c'est-à-dire le dialogue. Penser, ça veut dire demander à quelqu'un ce qu'il pense. Les professeurs font ainsi avec leurs élèves. Penser avec les autres veut dire mettre en rapport des idées, les moduler, les nuancer, les faire avancer ou les faire reculer. Ça n'a jamais lieu tout seul : il faut, pour penser, plusieurs paroles. La mise en présence des paroles pour penser, c'est l'expérience à quoi nous prenons part ici, au tribunal de Paris, depuis plus d'un mois ; et c'est l'expérience à quoi prennent part tous les enseignants et tous les élèves chaque jour, à l'école.

Qu'on assassine un professeur parce qu'il essaie de penser avec ses élèves, qu'on le tue parce qu'il se tue à essayer d'expliquer, comme tous les enseignants, qu'on ne tue pas quelqu'un qui ne pense pas comme vous, c'est non seulement une abomination, mais c'est aussi un attentat contre l'école elle-même, contre l'idée même d'éducation, contre la pensée, contre le fait de se parler, contre le fait de demander à quelqu'un ce qu'il pense. C'est une tentative pour nier l'éducation. Car que font les professeurs, que faisait ce professeur d'histoire-géographie avant d'être mis à mort ? Il expliquait ce que signifie être libre en France. Cela s'appelle l'éducation civique, et c'est la chose la plus importante qui soit dans les écoles, celle qui s'avère la plus nécessaire : la société française est en proie à une attaque incessante contre ses valeurs, c'est pourquoi expliquer ces valeurs est devenu si urgent, c'est pourquoi penser est plus que jamais décisif. Ce professeur d'histoire-géographie était si scrupuleux qu'il a pris la précaution, avant de montrer des caricatures de Mahomet, de prévenir ses élèves que cela pouvait éventuellement les déranger. Sa pensée était si scrupuleuse qu'elle allait jusqu'à se mettre à la place des possibles offensés, et qu'elle devançait l'éventuelle offense pour expliquer que selon la loi et la raison, et aussi selon le bon sens, *il n'y a pas d'offense,* aucune volonté d'offenser, et aucune raison de se sentir offensé. L'intelligence comprend cela. Mais en plus de l'intelligence, qui s'apprend, notamment à l'école, il y a, en France, un droit et une liberté : celle de penser, de s'exprimer, de rire et de croire. Droit et liberté de croire en la religion qu'on aime, qu'elle soit musulmane, juive ou catholique, ou autre ; droit et liberté de ne croire en rien. Lorsque cet homme a pris soin de penser la possibilité de l'offense et a *expliqué* pourquoi il n'y avait pas offense, il a fait ce que font tous les enseignants : non pas imposer leur pensée mais se mettre à la place de leurs élèves, et leur expliquer. Les enseignants, en France, vont-ils devoir arrêter d'expliquer ? Vont-ils devoir se censurer, et donc se taire ? L'école doit-elle s'arrêter ? La France n'en finit plus de découvrir que le crime est par nature obscurantiste, et que l'obscurantisme ne cherche qu'à tuer la lumière et à nier l'esprit. Nous sommes tous des enseignants : nous expliquons, nous pensons, nous parlons avec les autres. Cela s'appelle vivre et être libre.

Une phrase de Nietzsche me revient, elle dit : *« Un homme offensé est un homme qui ment. »* Les tueurs qui se disent offensés par les caricatures de Mahomet mentent pour justifier leur volonté de tuer ; ils mentent sur l'islam, ils mentent sur Mahomet. Un homme qui aime sa religion, un homme qui chérit sa foi, que celle-ci soit musulmane, juive, catholique ou autre, n'est jamais offensé, surtout pas par l'humour. Un homme qui aime sa religion pense et parle avec les autres : il parle de ce qu'il aime, il parle de sa religion. Parlons de religion, pensons les religions. Continuons à enseigner, à comprendre, à expliquer, à écouter toutes les paroles. ●

**Le docteur Roland C., psychiatre, intervient en vidéoconférence pour parler de Nezar Mickaël Pastor Alwatik :**
*« Il a un QI supérieur à la moyenne et une bonne capacité pour analyser la situation. Dimension d'hypomanie ; quand on a cette caractéristique, on est un peu manipulateur. »*

**Le docteur Roland C., psychiatre, à propos de Saïd Makhlouf :**
*« Sujet qui n'est pas facilement déprimé, même dans le cadre de son incarcération. Il signalera des traits de dépression assez fugaces. Il est plutôt joueur, séducteur, avec une potentialité à la manipulation. »*

**Jean-Yves M., psychologue clinicien, à propos de Mohamed Farès :**
*« Il signifie qu'il n'est ni prosélyte ni assidu et qu'il ne s'est pas radicalisé. Il se voit étranger à la dynamique d'attentat. J'ai tenté quelque chose sur la charia, mais il ne s'est pas exposé. Il dit qu'il a évolué, qu'il ne veut pas recommencer mais ne veut pas donner les noms de ses grossistes. »*

**Metin Karasular :**
*« Si je peux m'accrocher à un serpent pour monter à la surface, je m'accroche à un serpent. »*

**Intervention des avocats après la décapitation de Samuel Paty, professeur d'histoire-géographie, le vendredi 16 octobre :** *« La robe est le symbole de la défense de la liberté d'expression. »*

LUN 19 OCT

# Le monde selon Karasular

**On écoute Metin Karasular, et le procès sombre dans la farce triste.**

On pense encore à la décapitation de Samuel Paty, on est tendu vers sa mort, vers l'horreur que les assassinats islamistes ouvrent dans notre pays, on est encore en train de se demander comment il va être possible d'aller à l'école et comment il est possible désormais d'être libre ; même la cour, en ce 35e jour de procès, tient à exprimer son émotion, suivie par des avocats de la défense et des parties civiles, Me Chevais et Me Malka entre autres, et voici que, dans son box, Metin Karasular se lève. Les interrogatoires continuent, c'est à son tour de parler.

Karasular est un Kurde costaud et rondouillard de 50 ans, à l'accent belge, dont on ne parvient pas à saisir, lorsqu'il parle, s'il est en colère ou s'il geint. Depuis six semaines, il passe ses après-midi au fond du box à dormir avec son camarade Michel Catino. Tous les deux forment à leur manière une bande, celle de Charleroi, spécialisée dans la magouille tous azimuts ; s'ils rivalisent de ronflette, s'ils possèdent malgré eux cet air pittoresque des comédies de seconde zone où tout sombre dans l'approximation cocasse de la foirade, ils sont quand même responsables de gros trafics, notamment dans le domaine du jeu, qui semble a priori plus toléré en Belgique qu'en France ; et derrière ces jeux clandestins, on dirait bien qu'il y a des armes qui passent, et des armes qui ont servi à Coulibaly. C'est du moins ce que l'instruction a conclu.

Tout commence, comme dans un récit de Nicolas Gogol, avec l'arrivée d'un homme qui tombe en panne devant un garage. « Garage » est un grand mot, il s'agit d'un poste insalubre entouré d'épaves où s'entassent de vieux pneus. Comment le visiteur a-t-il atterri devant ce nulle part ? Il se présente sous le nom d'Ali Kemal, sa camionnette est remplie de marchandises, principalement des robes de mariée, des chaussettes, des fruits secs ; et il cherche des dattes.

Dans une autre version du récit (car Metin Karasular, à l'imitation des rapsodes antiques, varie sa psalmodie), l'homme cherche de l'herbe. Il est exubérant et chaleureux, voici que les deux hommes parlent en turc, ils sont frères, ils sont cousins, ils se jurent déjà fidélité, et comme dans Gogol, le nouvel arrivant va inoculer l'enfer dans ce garage.

L'avez-vous reconnu ? C'est Ali Riza Polat, le « lieutenant » de Coulibaly. Et bien sûr qu'il ne cherche ni dattes ni herbe (encore que), ni même à rafler pour le seigneur des ténèbres son quota d'âmes mortes — mais avant tout des armes.

On se souvient qu'on a retrouvé chez Karasular, dans ce fourbi couvert d'excréments où de grands sacs-poubelle contenaient la paperasse de son commerce, une liste de la main de Polat, et que cette commande d'armes correspondait plus ou moins à l'arsenal de Coulibaly. Il y a aussi une histoire de sac rempli d'armes rouillées, je vous la fais courte aujourd'hui car le déploiement des vicissitudes liées à ce sac, dont les armes, du moins certaines, ont fini au fond de la Meuse, nous entraînerait dans le vertige d'une longue digression, et mes phrases ne cesseraient de s'élargir, au point de creuser des méandres aussi illisibles qu'une confession karasularienne.

Bref, Coulibaly en personne est venu au garage avec Polat afin de vendre une voiture, cette Mini issue d'une escroquerie qu'il cherchait à céder hors de France car elle était gagée. La transaction a bel et bien eu lieu, l'acheteur étant un Grec qui ne paiera jamais intégralement son dû à Coulibaly, mais il semble qu'elle masque un achat d'armes, Karasular cachant sous ses airs d'agressivité ahurie les compétences d'un fournisseur, du moins celles d'un magouilleur incontournable, celui

**Metin Karasular :**
*« J'ai commencé à mentir, j'ai fait comme tout le monde. Je vous dis la vérité. »*

*« Tous les vendeurs de femmes, de drogue, tout le monde venait dans mon café. »*

*« Ces armes-là, c'était impossible de trouver des cartouches. Mais je leur ai rien dit. J'ai dit ça pour les mettre dans la merde à eux. »*

**Metin Karasular et Michel Catino.**

qui peut vous trouver aussi bien de la drogue que des explosifs.

Des armes ont-elles vraiment transité par Karasular ? Il y a des traces, mais pas de preuves. Il y a de la téléphonie, il y a la présence obsédante d'Ali Riza Polat, qui viendra même armé, le 9 janvier, après les attentats, terroriser la famille de Karasular pour obtenir encore un peu d'argent. Karasular clame son innocence, et c'est vrai que tout en lui détonne avec cette malfaisance terroriste, ne serait-ce que son appartenance un peu exagérée, mais quand même avérée — familiale —, au PKK, le Parti des travailleurs du Kurdistan, ennemi juré de Daech. On voit mal ce petit trafiquant gueulard et guignolesque impliqué dans la tactique d'un attentat islamiste. Même ses armes, quand il en trouve, sont pourries.

On se demande d'ailleurs ce que Coulibaly est venu faire dans cette galère interlope (c'est à cause de Polat, dont la vocation est décidément celle du bousilleur), mais on sait, du moins on comprend, que l'enfer possède une dimension grotesque. À cet égard, il y a une scène absolument cruciale, où l'on perçoit la dimension démoniaque de Coulibaly, et la peur de Karasular. Ça se passe au garage, ils sont assis pour négocier à propos de la voiture, Coulibaly attend le fric, et voici que Karasular lui donne 2 000 euros. *« Le Noir,* dit Karasular, *il a jeté l'argent par terre, il était méchant. »* Karasular va revenir obsessionnellement à cet instant qui l'a glacé, comme s'il y avait là un blasphème : pour un trafiquant comme lui, jeter de l'argent, c'est détruire la possibilité même de tout rapport, c'est brûler le monde. Le mal s'incarne ici à ses yeux sous la forme d'une brusquerie de caïd : celui qui traite l'argent comme de la merde règne sur tous ceux qui le respectent ; il règne même ailleurs, pas dans ce garage, il est là où ça brûle dans les âmes.

Ainsi a-t-on l'impression que ces deux-là, Coulibaly et Polat, sont venus apporter la peste. Car le récit de Karasular, évidemment très embrouillé, porte témoignage d'une sorte de malheur qui l'accable lourdement. Il ne peut plus en sortir, il s'est fait piéger par la souillure (et je remarque que Coulibaly a fréquemment procédé de la sorte, en mouillant ses interlocuteurs, en les compromettant par vice). Il est évident que les affaires de Karasular n'étaient déjà pas très claires, mais à partir du moment où il a eu affaire avec le duo Coulibaly-Polat, les choses ont pris une tournure incontrôlable qui a dépassé très largement ses déboires habituels de brocante vénale : l'enfer engloutit les turpitudes.

C'est pourquoi il se plaint tellement, c'est pourquoi il geint. La violence dont il est capable est comme saisie par cette violence plus fondamentale, plus métaphysique, plus terrible qu'ont apportée les deux acolytes parisiens. *« Le ciel m'est tombé sur la tête »,* dit-il. N'a-t-il pas vu des armes sur le toit ? Même les miracles sont foireux chez Karasular. Et bien sûr qu'il raconte n'importe quoi, bien sûr qu'il est en roue libre et se fout de nous, mais en même temps, cet homme ne coïncide plus avec lui-même, ses yeux sont égarés, il joue une comédie et il est joué par elle, il n'y a plus que du désespoir en lui, il s'agite dans un lieu où l'esprit ne peut que s'affoler.

Ce roi de l'embrouille, qui s'embrouille lui-même et nous embrouille avec lui, s'est perdu à travers un effroi qui le dévisage d'une manière glacée. Là, il n'y a plus rien de rocambolesque, tout se vide comme un siphon délirant, et la parole de Karasular devient une bouillie confusionnelle, dans laquelle les choses et les noms flottent comme des restes minables. *« On va brûler tous ensemble »,* dit-il en un éclair. Karasular a vu le diable. ●

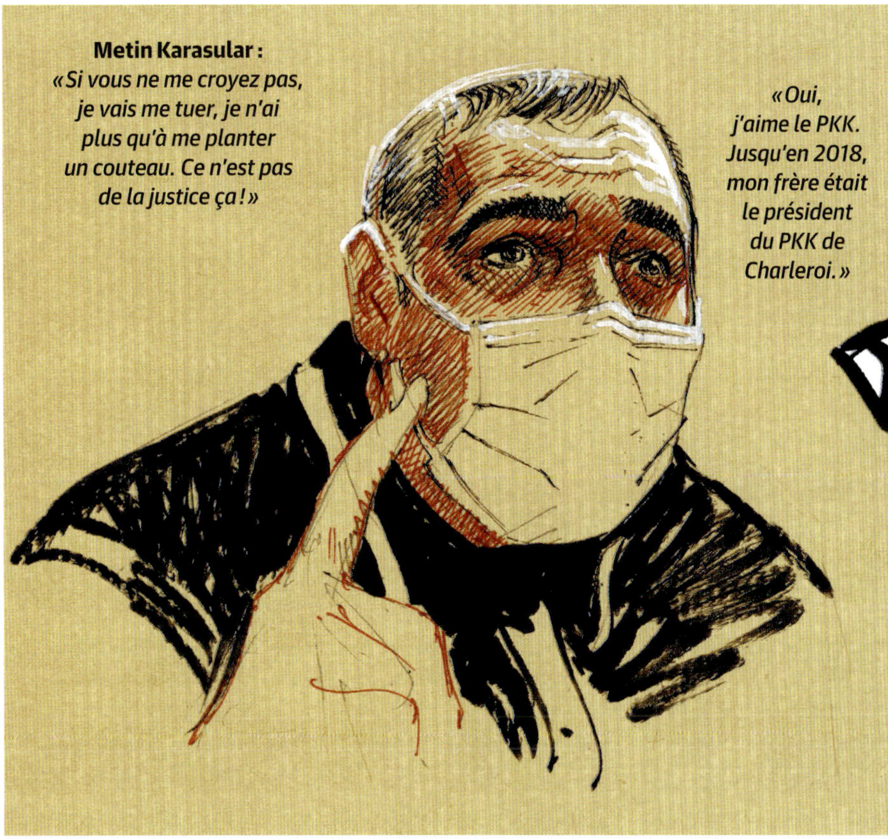


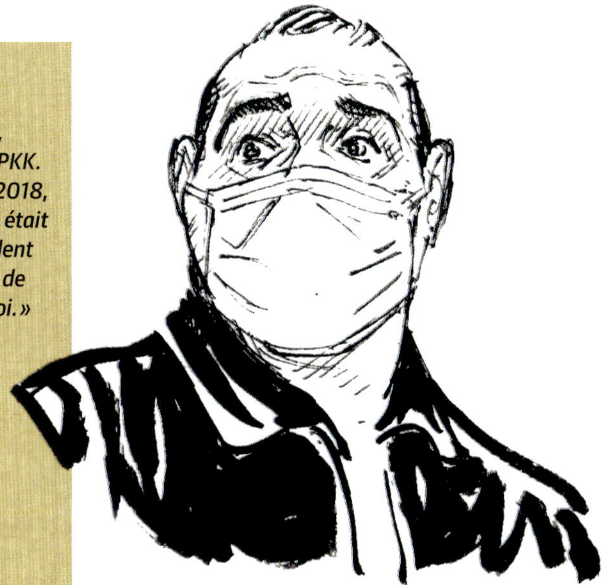

*« Je suis un professionnel du jeu. Si on joue ici, je prends de l'argent à tout le monde ! »*

*« J'ai pas besoin d'armes. Il faut passer devant vingt-cinq membres de ma famille avant de m'atteindre à moi ! »*

**Sofia I., l'ancienne maîtresse de Metin Karasular :**
*« Je l'ai connu quand je travaillais dans un café. Je suis désolée, je comprends pas bien les questions... »*

**Ayten Karasular, l'épouse de Metin Karasular :**
*« Le 10 janvier, Metin nous a demandé de quitter la maison. C'est tout. »*

**Metin Karasular :**
*« La liste d'armes qu'on a trouvée dans ma maison ? Je sais pas comment elle est arrivée là ! »*

**Stéphane Duchemin, le juge assesseur :**
*« Vous avez trouvé deux armes sur votre toit ? »*

**Metin Karasular :**
*« Je les ai trouvées là. Qu'est-ce que vous voulez que je vous dise ?! Avec Michel, on s'est dit : "On les prend", voilà. »*

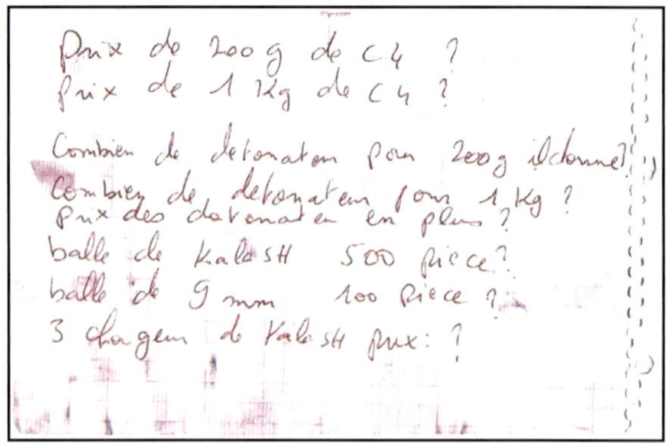

Prix de 200 g de C4 ?
Prix de 1 Kg de C4 ?
Combien de detonateur pour 200 g (donné) ?
Combien de detonateur pour 1 Kg ?
Prix des detonateur en plus ?
balle de Kalash 500 pièce ?
balle de 9 mm 100 pièce ?
3 chargeur de Kalash prix : ?

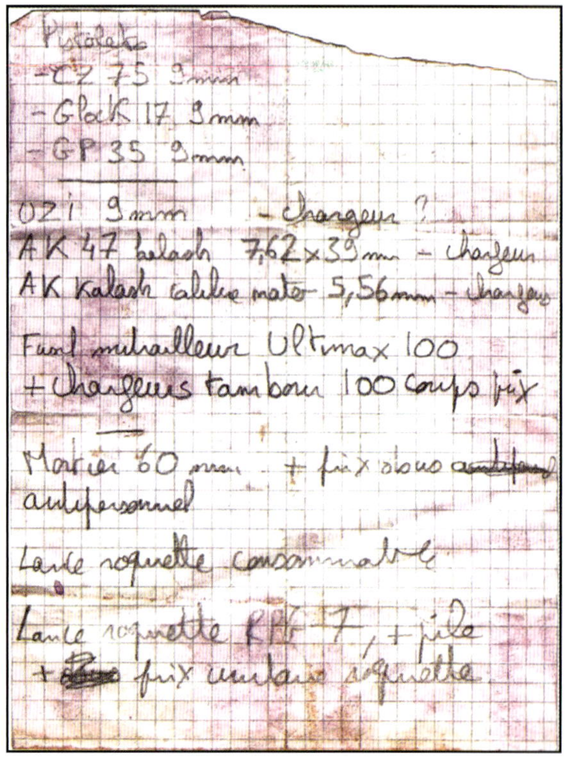

Pistolets
- CZ 75 9 mm
- Glock 17 9 mm
- GP 35 9 mm

UZI 9 mm - chargeur ?
AK 47 kalash 7,62x39 mm - chargeur
AK kalash calibre mater 5,56 mm - chargeur
Fusil mitrailleur Ultimax 100
+ chargeurs tambour 100 coups prix
Mortier 60 mm + prix obus ~~antiperso~~ antipersonnel
Lance roquette consommable
Lance roquette RPG 7, + pile
+ ~~[illegible]~~ prix unitaire roquette

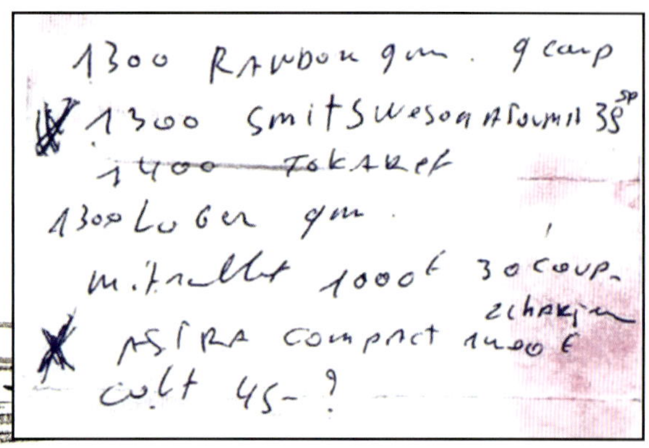

1300 RANDOM 9 mm. 9 coup
X 1300 SMITSWESON ASOUMIL 38 SP
~~1400 TOKAREF~~
1300 LUGER 9 mm.
mitraillet 1000 € 30 coup. 2 chargeur
X ASTRA compact 1400 €
colt 45 - ?

**Ci-dessus et ci-contre, des billets de la main d'Ali Riza Polat qui demandent les prix de munitions et d'armes, ainsi que des billets de la main de Metin Karasular qui lui fournissent les tarifs. Ces billets ont été trouvés dans le garage de Metin Karasular.**

**Cetin Karasular, le frère cadet de Metin Karasular :** *« Nous, en étant kurdes, je peux vous certifier que notre façon de voir les choses est totalement contraire à celle de Daech. »*

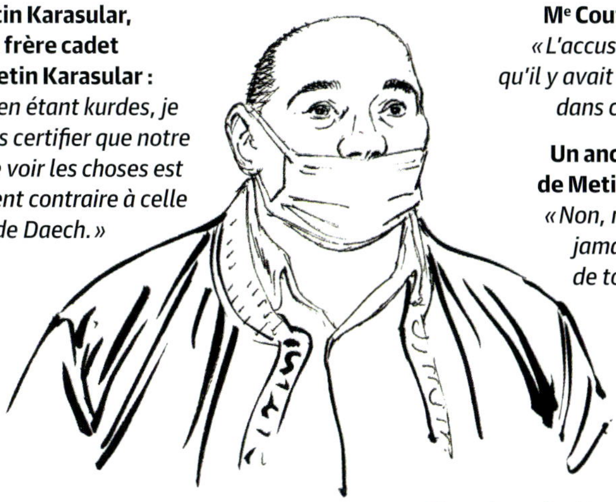

**Me Coutant-Peyre :** *« L'accusation prétend qu'il y avait un trafic d'armes dans ce garage. »*

**Un ancien associé de Metin Karasular :** *« Non, madame, j'ai jamais rien vu de tout cela. »*

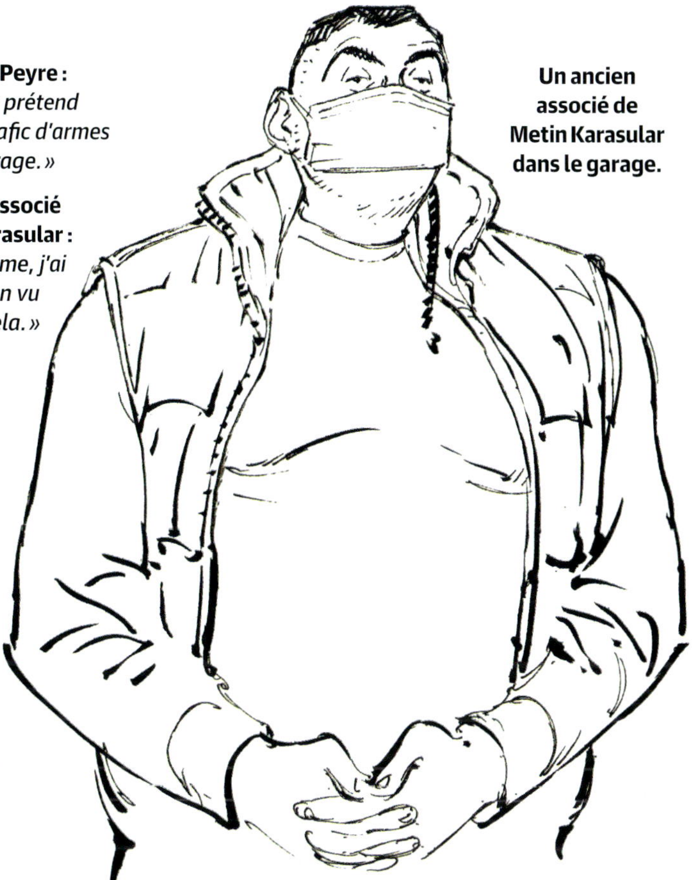

**Un ancien associé de Metin Karasular dans le garage.**

**Epaminondas T., dit « le grec », dans l'import-export de voitures vers l'Est de l'Europe.**

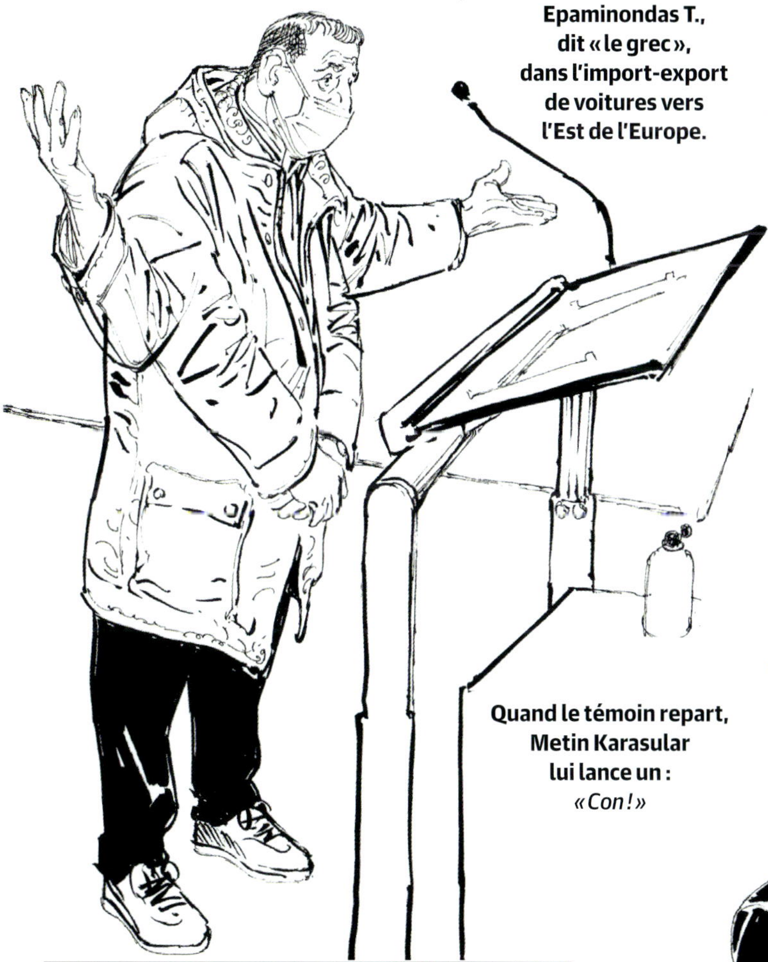

**Quand le témoin repart, Metin Karasular lui lance un :** *« Con ! »*

**Le président :** *« On dit que vous faites parti du Mossad ? »*

**Epaminondas T. :** *« Non, pas Mossad, j'ai deux nationalités : grecque et israélienne. »*

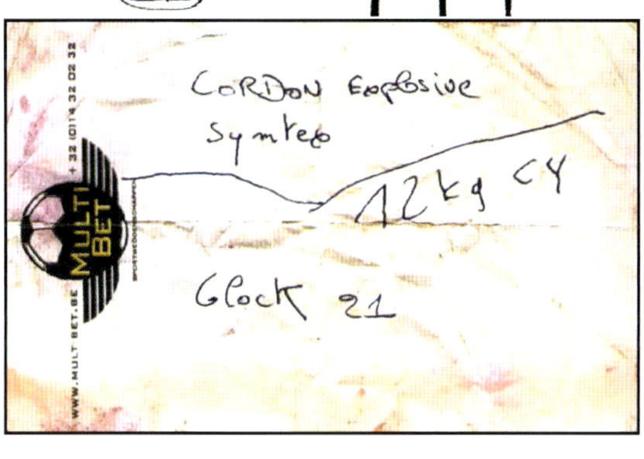

**Lamia B., l'experte psychologue qui a examiné Metin Karasular :** *« Il a une très forte externalisation. C'est-à-dire que quand ça fonctionne, c'est grâce à lui, et quand ça ne fonctionne pas, c'est à cause de facteurs externes. Tous les éléments qu'il va donner, Il va les faire converger pour appuyer son innocence. »*

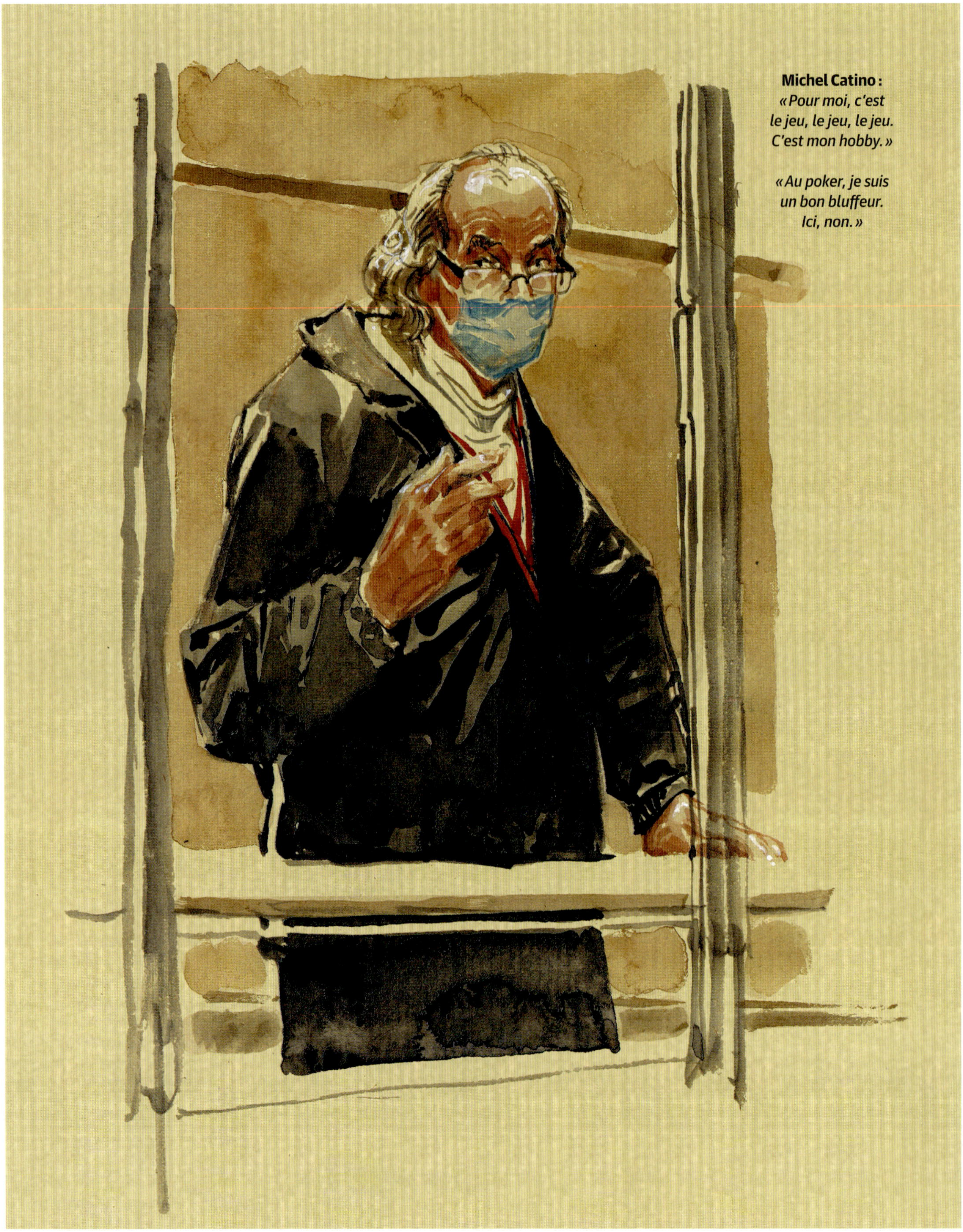

**Michel Catino :**
*« Pour moi, c'est le jeu, le jeu, le jeu. C'est mon hobby. »*

*« Au poker, je suis un bon bluffeur. Ici, non. »*

MAR 20 OCT

# Michel Catino va au casino

**On interroge Michel Catino, qui lui-même s'interroge sur sa présence ici.**

Ils vont par deux, comme dans les mythes, l'un étant parfois le double de l'autre. Il y a les frères Kouachi, Coulibaly et Polat, Ramdani et Makhlouf, Prévost et Raumel, Abbad et Martinez, Karasular et Catino. Parfois il y a un chef, et l'autre fait alors figure de bras droit, de lieutenant, d'exécutant, d'homme de main ou de confiance. Parfois ce sont des acolytes, des comparses, l'identité de l'un complétant celle de l'autre, comme les deux visages d'un seul être. Ainsi de Michel Catino, qui refuse les identités auxquelles on l'assigne, et dit qu'il est *« celui qui donne un coup de main »* à Karasular.

Michel Catino est cet homme singulier que l'âge met à part des accusés du box, et qui semble évoluer dans un univers personnel hors du temps. Il a presque 70 ans, se moque complètement du procès, mais sans arrogance. Et s'il dit ne pas avoir lu son propre dossier, ce n'est pas comme Meursault dans *L'Étranger* d'Albert Camus : aucune revendication existentielle chez Catino. S'il manifeste un quelconque sentiment de l'absurde, c'est avant tout d'être jugé ici pour terrorisme.

C'est vrai qu'on a du mal à le croire : qu'un homme aussi peu impliqué dans l'existence puisse être mêlé à des faits aussi graves semble relever de la mauvaise plaisanterie. Car Michel Catino ne s'intéresse vraiment à rien. Ce n'est pas une posture : *« L'actualité, la politique, les journaux, la télé »*, il s'en fout totalement. Avec son air de retraité désorienté, ses cheveux longs négligés entourant une calvitie, ses lunettes qui ne cessent de tomber, son fort accent belge qui fait bredouiller chacun de ses propos et ses emportements de vieil homme impatient, il semble, au milieu de ses codétenus aguerris comme des loups, l'erreur judiciaire incarnée. D'ailleurs, on dirait que tout cela le fatigue : *« Vous me posez des questions à faire bouillir la tête des gens. »*

Alors, qu'a-t-il fait ? *« Je reconnais que j'ai transporté un sac »*, dit-il. Des sacs, il y en a au moins deux. Une fois, il apporte de la drogue dans les Ardennes à Miguel Martinez et Abdelaziz Abbad, il est payé pour le voyage ; quant à l'argent de la drogue, il le rapporte à Metin Karasular, en Belgique. Cette histoire n'intéresse pas tellement la cour d'assises, même si l'on a la confirmation qu'il connaît ses trois voisins de box.

Il y a un autre voyage, un autre sac, qui éveille la curiosité des juges. On a déjà eu une version de cette péripétie car elle concerne Ali Riza Polat. En gros, celui-ci aurait acheté des armes pour Coulibaly auprès de Karasular, mais Coulibaly, à

**Michel Catino :** *« C'est la première fois que je tiens des fusils chez moi et ce sera la dernière. Par contre, les stupéfiants, c'était pas la première fois. »*

réception, aurait protesté que les armes étaient de la merde et qu'il fallait les renvoyer. Entre-temps, Abdelaziz Abbad, qui cherche à acheter de la drogue, est descendu des Ardennes vers la région parisienne, car Karasular l'a orienté vers Polat : là, il voit un sac d'armes — *« un sac de sport noir contenant des armes rouillées, pourries, de la merde, laisse tomber »*. Polat lui demande de le remonter pour le rendre à Karasular, Abbad refuse.

Et c'est ainsi qu'on envoie Michel Catino chercher le sac et le remonter. C'est Miguel Martinez, l'acolyte d'Abbad, qui lui fait cette commande. Il lui promet 500 euros pour le voyage, 250 à l'aller, 250 au retour. Catino raconte qu'il ne connaissait même pas le chemin, il n'a pas Internet sur son téléphone : une fois à Paris, il appelle Polat et se fait guider. Il ne touche pas le sac, c'est Polat qui le charge dans son coffre. Catino remonte en voiture, son téléphone est déchargé, il va jusqu'à chez lui, à Charleroi, gare la voiture, le sac est toujours dans le coffre. Une fois son téléphone chargé, il repart vers les Ardennes, direction Revin, et là non plus, dit-il, il ne touche pas le sac : c'est Martinez qui le prend dans le coffre.

Autrement dit, Catino n'a jamais su ce qu'il y avait dedans. D'ailleurs, il ne demande jamais, il ne veut pas savoir. Lui, ce qu'il fait, c'est passer des sacs à la frontière afin de *« gratter un petit billet »*. Bluffe-t-il ? Est-il vraisemblable qu'on puisse risquer ainsi sa vie sans vérifier le contenu de ce qu'on transporte ? N'est-il pas recommandé de savoir, ne serait-ce qu'afin de proportionner le prix de la course à l'importance de la marchandise ? Comme le rappelle avec bon sens le premier assesseur, on ne transporte pas des armes comme on transporte des dattes.

Mais Catino a la tête ailleurs : sa passion, c'est le jeu. Il ne pense qu'à ça. Même dans le box, il ne peut pas s'empêcher d'en parler. L'un des premiers jours du procès, il avait déclaré qu'il allait au casino et que, lorsqu'il n'avait plus d'argent, il revenait à la maison. C'est en effet au casino de Namur qu'il va jouer. Au poker, principalement. Quand il parle du sac de Polat ou de la drogue de Karasular, Michel Catino semble amorphe, il n'existe pas, ni le sac, ni la drogue, ni ces êtres agités pour si peu n'existent : seul existe le jeu. Catino dit qu'une fois il a *« passé cinq jours sans dormir ni manger »* : il était au casino.

**Samir Ladjali, recherché depuis le début de ce procès.**

**Le président :**
*« Comment avez-vous rencontré Claude Hermant ? »*

**Samir Ladjali :**
*« J'ai voulu acheter sa friterie et je me suis retrouvé avec des armes. »*

**Le président :**
*« Vous les vendiez ? »*

**Samir Ladjali :**
*« Non, je les photographiais et je lui rendais. »*

**Christopher S., un témoin de Willy Prévost.**

**Harry V. R., qui tient une boutique de stock américain, témoigne à propos du trafic d'armes.**

**Le président :**
*« Quel type d'armes vendez-vous ? »*

**Harry V. R. :**
*« Des armes qui sont de la Seconde Guerre mondiale. »*

Et quand enfin on vérifie sa téléphonie pendant les attentats de janvier 2015, parce qu'on le soupçonne d'avoir, comme les autres, coupé ses communications et détruit sa puce pour ne pas être pris, on découvre qu'il avait juste laissé son téléphone dans sa voiture pour aller jouer : Catino était au casino, il avait plongé dans cette absence de temps qui fait se confondre le jour et la nuit. Oui, du 7 au 15 janvier, il était non-stop au casino, la surveillance des jeux en fait foi. C'est à peine croyable, et l'on peut bien sûr ne pas le croire, on peut même s'imaginer que s'accomplit ainsi la pire des dissimulations — le bluff suprême —, mais voilà : tandis que le monde s'est écroulé les 7, 8 et 9 janvier 2015, Michel Catino, dans un état second, jouait aux cartes. ●

**Me Lauvaux :**
*« Du 7 au 9 janvier, vous êtes non-stop au casino. Vous comprenez que ça peut choquer ? »*

**Michel Catino :**
*« Y a des tués partout. Moi je suis dans mon pays, en Belgique, je m'occupe pas de ce qui se passe dans les autres pays. Y a que le jeu qui compte. »*

MER
21
OCT

# Abdelaziz Abbad maîtrise son jeu

**On interroge Abdelaziz Abbad, et il nous embrouille définitivement.**

**Abdelaziz Abbad :**
*« Moi, mon truc, c'est les stups. Une seule fois on m'a demandé des armes. »*

Abdelaziz Abbad se lève. Depuis le début du procès, il est le plus silencieux ; il est aussi le seul à avoir déjà été condamné pour meurtre, le seul qui a tué un homme. Il y a quelques jours, il s'est mis à hurler dans le box, et sa révolte m'a fait mal tant elle semblait juste : il n'en pouvait plus d'être ici, il n'en pouvait plus de ce procès, de ces journées interminables, de ces témoins à côté de la plaque. Il encourt vingt ans de réclusion criminelle : on lui reproche ses contacts avec Ali Riza Polat, avec Metin Karasular et avec Michel Catino, ainsi — c'est plus surprenant, plus grave aussi — qu'avec Saïd Kouachi. On le soupçonne d'avoir cherché des armes, fusils d'assaut, pistolets automatiques, lance-roquettes, chargeurs et munitions, gilets pare-balles, et de les avoir fournies à celui-ci.

Voilà, c'est à lui de répondre aux questions de la cour, il est prêt. Aucune nervosité, il croise les bras et parle avec précision. Il a une connaissance parfaite de son propre dossier, il dit : *« Dans mes déclarations, il y a des choses fausses et il y a des choses vraies. »* Le culot d'une telle phrase semble ne déranger personne. Ainsi Abdelaziz Abbad cherche-t-il continuellement à maîtriser son propre discours et, plutôt que d'exposer des faits, ne cesse de commenter les versions successives qu'il en a déjà données. Là où Amar Ramdani, autre maestro du contrôle (qui lui fait exactement face dans le box, comme son double en miroir), verrouillait la logique de ses interventions, Abdelaziz Abbad exerce sa virtuosité sur le brouillage continuel du vrai et du faux.

Il dit qu'il n'est qu'un trafiquant de stups, mais dans son cas, il y a des armes partout. D'ailleurs, lui-même le reconnaît : *« J'ai dit n'importe quoi pour remplacer "armes" par "stups." »*

Il faut savoir qu'Abbad tenait un garage dans les Ardennes avec son camarade Miguel Martinez. C'est la « filière ardennaise » du dossier. D'ailleurs, après réflexion, je crois que c'est plutôt Martinez qui tenait ce garage, enfin je ne sais plus, je ne saurais dire exactement mais, de toute façon, à ce point d'irréalisation de la réalité par les accusés eux-mêmes, une telle imprécision vous paraîtra peut-être secondaire. Ce dont on peut être sûrs, c'est qu'ils font du trafic (voyez comme Abbad est fort : il nous oblige à tourner en rond).

Si l'on reconstitue les choses en essayant de transpercer l'embrouillamini qui les enveloppe, Abbad serait allé voir Polat à Grigny, en région parisienne, pour des stups. Celui-ci lui aurait montré des armes : *« Il voulait s'en débarrasser,* dit Abbad, *il a voulu me les refourguer. »* Ce seraient les fameuses « armes rouillées ». Mais étaient-elles vraiment rouillées ? En tout cas, Abbad les refuse et rentre à Charleville sans rien : ni stups ni armes.

Metin Karasular, le faux garagiste kurdo-belge qui règne sur les jeux clandestins à Charleroi, en Belgique, travaille avec les deux Ardennais ; c'est lui qui aurait, à l'origine, fourni ces armes

**Abdelaziz Abbad :**
*« On arrête pas de me dire que peut-être que c'était Saïd Kouachi que j'aurais vu, peut-être. »*

**M[e] Coutant-Peyre cherche à déstabilliser Abdelaziz Abbad, qui conteste les propos de son client :**
*« Pendant les interrogatoires de garde à vue, vous avez le droit de mentir. C'est uniquement sur la base de vos déclarations qu'on apprend qu'il y a eu un sac d'armes. [...] Vous vous êtes bien retrouvé en possession d'armes ? »*

**Abdelaziz Abbad :**
*« Bah, je sais pas ! »*

**Ali Riza Polat s'emporte :**
*« Six mois avant il vendait des armes. Fils de pute, sac à merde ! »*

**Abdelaziz Abbad lui répond :**
*« Arrête de pleurer dans ta cagette. Tu auras le droit de parler, de dire ce que tu veux. Qu'il se révolte contre lui-même, qu'il arrête d'insulter les gens. »*

(rouillées ou pas) à Polat. Il dit à Abbad de les prendre quand même, quitte à les brader. Étrange parcours de ces armes qui, depuis la Belgique, descendent vers Paris et pourraient remonter vers les Ardennes. Alors, vrai ou faux ? La question semble soudain fumeuse, comme le réflexe d'un monde ancien, comme un préjugé : dans le monde du n'importe quoi, il n'y a ni vrai ni faux, il n'y a que ce qu'on a intérêt à dire.

Dans une autre version de cette légende ardennaise, les armes (rouillées ou pas) sont revenues à Charleville. On a alors une pensée émue pour Rimbaud, on se demande si Abbad a lu Rimbaud, on se souvient que Rimbaud avait fini par faire lui aussi du trafic d'armes loin de sa ville natale, en Éthiopie, à Harar, et l'on se dit qu'il y a peut-être une fatalité, ou ne serait-ce qu'une détermination sociale : à Charleville, même les poètes finissent par vendre des armes, alors Abbad n'avait pas le choix, monsieur le juge.

Dans cette version, c'est Michel Catino, vous vous souvenez, qui rapporte, sans le toucher, le sac d'armes au duo Martinez-Abbad. On raconte que les armes ont ensuite été cachées, dans une salle de bains, je crois, sous une baignoire, et que peut-être elles auraient fini au fond de la Meuse. Cette version a l'avantage de faire tout disparaître : les trafiquants, eux aussi, proposent des soldes.

Le destin de ce sac d'armes (rouillées ou pas) oscille incontestablement entre le dérisoire et le fabuleux, mais la cour est raisonnable : elle a préféré se concentrer sur une autre version de la geste abbadienne. On y voit deux hommes surgir un matin (ou un après-midi, ou peut-être un soir, même si c'est moins probable) devant le garage d'Abbad (ou de Martinez, ou disons des deux) et là, il n'y a pas d'ambiguïté : ils veulent des armes. Le premier type est un copain d'Abbad, un certain Marouan, le deuxième *« ressemble à Saïd Kouachi »*. C'est du moins ce qu'a dit Abbad en garde à vue et, bien sûr, il ne cesse depuis de corriger cette bourde. Lui qui maîtrise tellement son discours s'était donc tiré une balle dans le pied d'entrée de jeu : prononcer le nom de Saïd Kouachi au sein même de la procédure des attentats de janvier 2015 ne pouvait que déclencher l'hystérie des services. Abbad se plaint aujourd'hui qu'on s'acharne contre lui, mais il est définitivement celui qui a peut-être procuré des armes à Saïd Kouachi, et le pire, c'est que c'est lui-même qui l'a dit.

Le pseudo-Kouachi lui aurait ainsi demandé deux kalachnikovs, des pistolets automatiques, des chargeurs et des gilets pare-balles, autrement dit l'arsenal exact qui a servi pour la tuerie dans les locaux de *Charlie Hebdo*.

Pourquoi avoir cité Saïd Kouachi ? lui demande l'avocate générale. La question s'impose en effet : Abbad n'aurait-il pas eu intérêt à se taire, comme savent si bien le faire la plupart des accusés, même lui ?

À partir de là, on perd le fil. L'argumentation d'Abbad s'enroule dans les spirales d'un autocommentaire aussi rigoureux que fluctuant. Deux avocates des parties civiles, Me Barré et Me Cechman, vont parvenir néanmoins à brusquer sa logique et à faire percevoir les failles dans son montage justificatif, notamment sur la question d'une ligne téléphonique plus que suspecte, qui indique des connivences avec Mohamed Farès et la filière d'armes du Nord, ainsi que sur la question des mots exacts qu'il a utilisés pour identifier Saïd Kouachi, mots qui l'accusent, quoi qu'il en dise.

Tout chez Abbad n'est que contradiction, et il en joue. Chez d'autres, la contradiction serait un défaut, au moins un défaut de vérité ; chez Abbad, c'est une arme pour anéantir toute possibilité de vérité. Le menteur classique dit : *« Croyez-moi. »* Abbad, quant à lui, ne cesse de dire : *« Ne me croyez pas. »* Et c'est efficace, car à ce point de paradoxe, tout, même les phrases censées en rendre compte, est empoissé par la falsification. Alors on s'énerve tous un peu, frustrés de ne pouvoir accéder à autre chose qu'un commentaire de commentaire de commen-

*(Suite page 150.)*

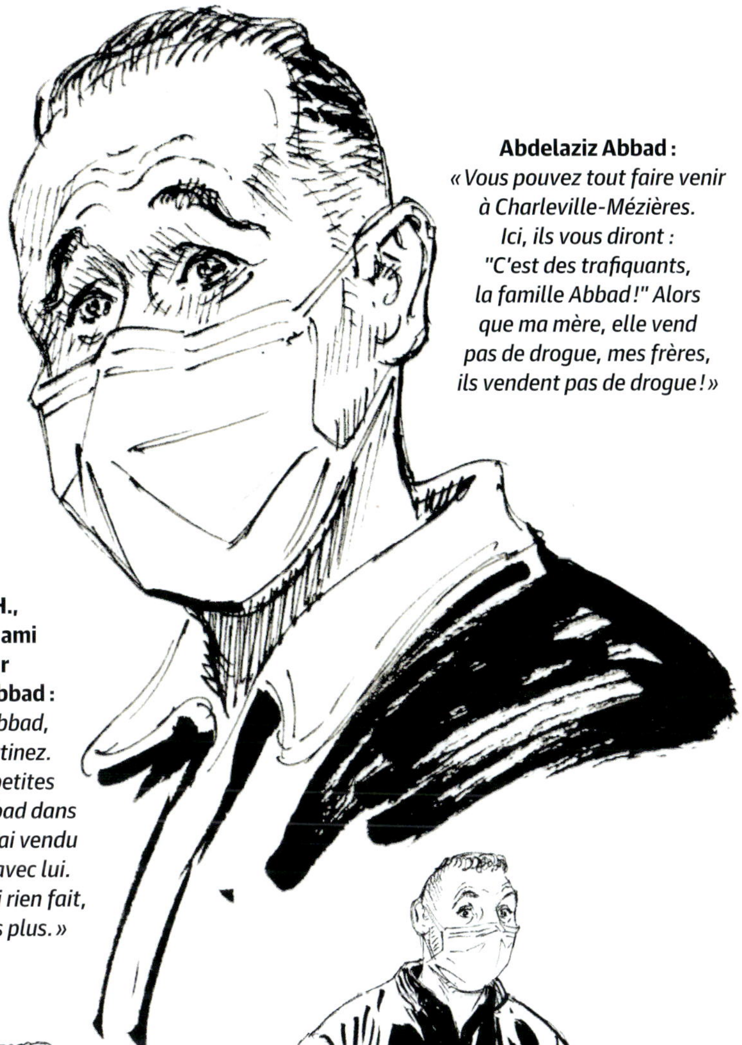

**Abdelaziz Abbad :**
*« Vous pouvez tout faire venir à Charleville-Mézières. Ici, ils vous diront : "C'est des trafiquants, la famille Abbad !" Alors que ma mère, elle vend pas de drogue, mes frères, ils vendent pas de drogue ! »*

**Teddy L., témoin ayant aidé Sandy C. à se débarrasser des armes, en vidéoconférence depuis sa prison :**
*« Elle m'a dit qu'il y avait plusieurs armes chez elle. Moi, quand je suis arrivé, j'ai vu trois armes : le fusil de chasse et les pistolets. »*

**Marouan H., ancien petit ami de la sœur d'Abdelaziz Abbad :**
*« Je connais Abbad, je connais Martinez. Je faisais des petites affaires avec Abbad dans les stupéfiants, j'ai vendu des stupéfiants avec lui. Avec Martinez, j'ai rien fait, je le connais pas plus. »*

**Marouan H. :**
*« Il a dit que je lui avais présenté Saïd Kouachi, mais c'est pas vrai. Je connaissais pas les Kouachi, je leur ai jamais parlé. »*

*« Abbad dit qu'il les connaît pas* [les Kouachi], *alors qu'il habite à 50 m de chez eux ! »*

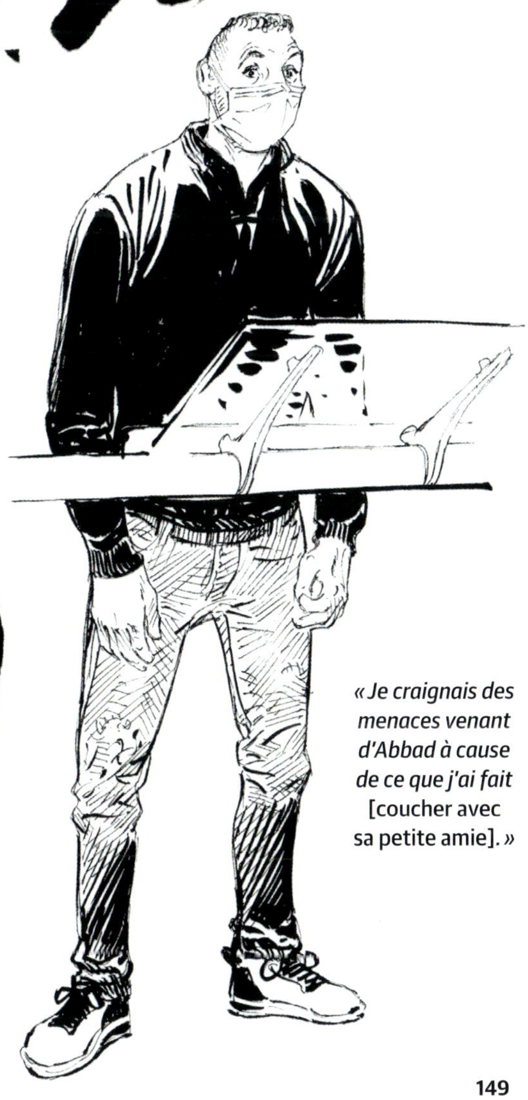

*« Je craignais des menaces venant d'Abbad à cause de ce que j'ai fait* [coucher avec sa petite amie]. *»*

**Sandy C, qui a caché des armes chez elle :**
*« J'étais amoureuse de Nabil Y. Il a caché des armes à côté de ma baignoire. […] J'ai vu un gros pistolet noir et plein de petits pistolets dans un sac, avec des balles. »*

**Le docteur Jean-Luc P., expert psychologue, à propos d'Abdelaziz Abbad :**
*« Il se victimise, dit qu'il n'a absolument rien fait. Il a une propension à se positionner comme un petit délinquant. »*

taire. Y a-t-il eu des faits, ou n'étaient-ils déjà que des ombres rapportées ?

*« Je raconte une histoire de droit commun. Je suis en train de m'y impliquer »*, c'est Abbad qui prononce ces phrases incroyables devant nous. On comprend bien sûr leur but : se soustraire aux accusations de terrorisme. Mais ce qu'elles ont de particulier, c'est qu'elles relèvent d'un métadiscours sur le procès lui-même. Abbad se place, veut se placer comme le narrateur juridique de son propre récit. Les autres accusés subissent le procès et, en répondant à l'interrogatoire, ils témoignent de leur passivité ; Abbad, lui, cherche à maîtriser non seulement le récit, mais aussi la nature de celui-ci (en précisant qu'il raconte *« une histoire de droit commun »*, c'est-à-dire en imposant cette version).

Une telle tactique de la parole n'a pas seulement agacé les avocats ou les journalistes, mais également l'un des témoins, Marouan H., celui qui était venu au garage avec le pseudo-Kouachi : ainsi, à la barre, s'est-il emporté contre Abbad : *« Vous allez me faire croire qu'il ne sait pas reconnaître Saïd Kouachi, alors qu'il a vécu quinze ans à 50 m ? Non, mais là, c'est du foutage de gueule. »*

Même Ali Riza Polat, à sa manière débridée, s'est emporté contre Abbad : *« Tu vendais des armes six mois avant, sac à merde ! »* a-t-il dit. À quoi Abbad a rétorqué depuis le box d'en face : *« Arrête de pleurer dans ta cagette, là. »* Me Coutant-Peyre, intervenant pour calmer le jeu, a fait cette remarque : *« Mon client est toujours révolté »*, à laquelle Abbad a répondu avec ces mots que je trouve assez profonds : *« Qu'il se révolte contre lui-même. »* ●

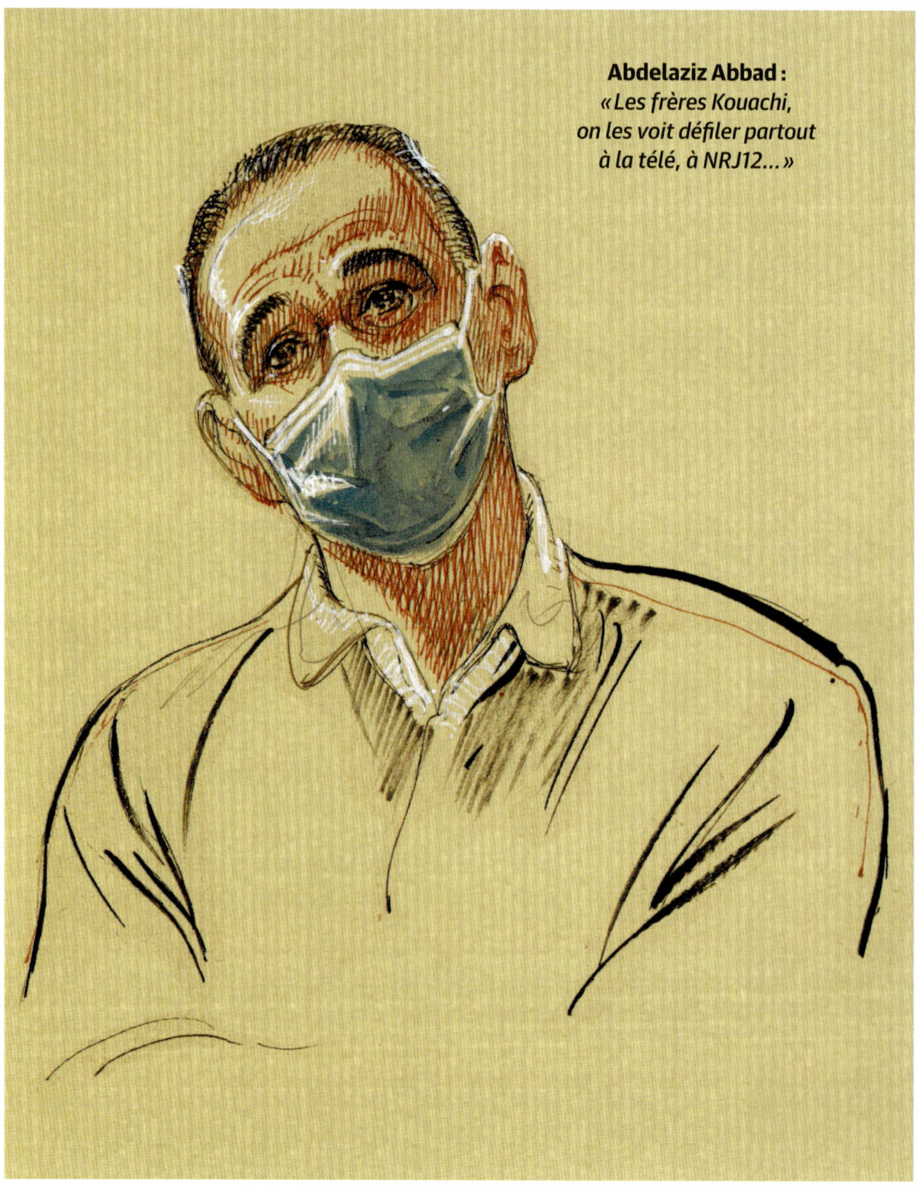

**Abdelaziz Abbad :**
*« Les frères Kouachi, on les voit défiler partout à la télé, à NRJ12… »*

**Julie Holveck, l'avocate générale, interroge Abdelaziz Abbad :**
*« Vous connaissez bien Soumya Bouarfa, puisque vous étiez amis quand vous étiez à l'école avec elle ? »*

**Abdelaziz Abbad :**
*« J'ai jamais été au courant que Soumya Bouarfa était mariée avec Saïd Kouachi ou quelque chose comme ça. [...] Elle est venue ici, je l'ai connue au collège, elle a rien à voir, il va falloir arrêter avec ça ! »*

JEU 22 OCT

# Les eaux noires

**Le procès s'est déroulé sans le chroniqueur de *Charlie*.**

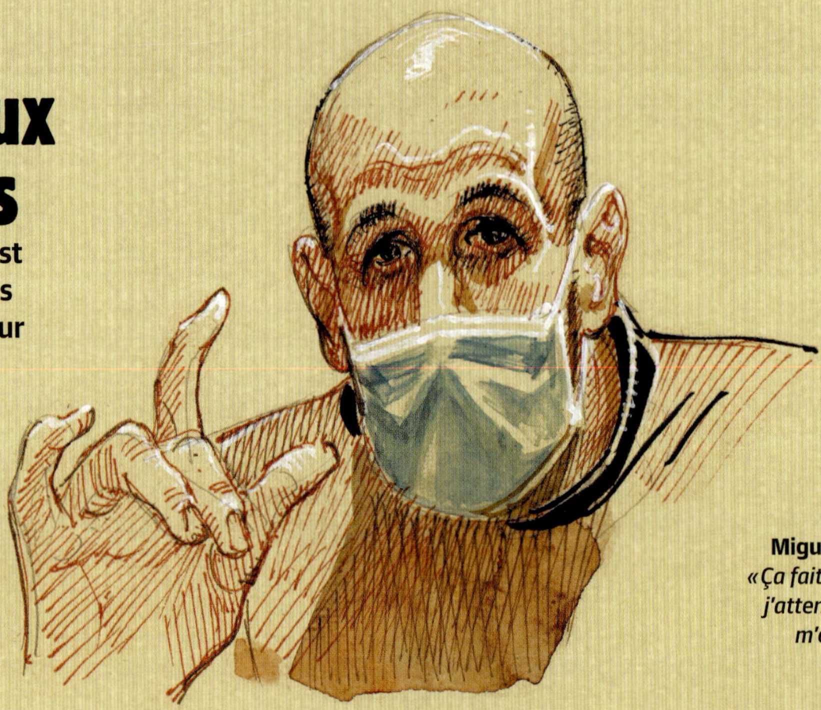

**Miguel Martinez :** *« Ça fait longtemps que j'attends de pouvoir m'exprimer. »*

Ça devait arriver. Hier matin, après trente-sept jours d'audience et trente-sept chroniques écrites chaque nuit de 4 h 30 à 7 heures du matin, je n'ai pas trouvé la force d'aller au procès. L'épuisement, l'horreur de la décapitation de Samuel Paty qui persiste, le discernement qui faiblit, la saturation des ténèbres qui essaient de vaincre notre esprit, et cette épaisseur qui nous enveloppe quand il y a trop de crime et plus assez de lumière : tout cela s'est jeté soudain sur moi.

Nous sommes tous absolument seuls avec ce procès : même s'il donne en miroir sur la France entière, même s'il en réfléchit les divisions, les déchirements, les tourments ; même si certains jours, à force d'intelligence, il nous ouvre à une communauté de paroles qui se contredisent et parfois miraculeusement s'accordent, il renvoie chacun de nous à la solitude de la nuit. Dans l'insomnie viennent les démons, c'est-à-dire tout ce que la politique ne parvient pas à régler, et les attentats qui s'accumulent déversent leur noirceur dans nos âmes pour les pourrir.

Une lectrice de *Charlie Hebdo* m'a écrit pour me dire que le nom de l'un des accusés, Karasular, voulait dire en turc *« les eaux noires »*. Nous veillons toute la journée sur ce procès, nous écoutons la parole des accusés, des avocats, des témoins et de la cour, nous tendons l'oreille vers ce qui nous échappe ; et lorsque nous rentrons chez nous, le soir, la fatigue prend le dessus et répand dans notre sommeil ces eaux noires que l'esprit a absorbées au contact du mal. Écrire ce texte, chaque nuit, c'est se dresser contre une telle crue ; c'est lui opposer la lumière des mots qu'on transmet : c'est *de l'âme pour l'âme* — de la mienne à la vôtre.

Il se passe quelque chose d'effrayant, de vraiment terrible dans ces ténèbres que le procès remue. Il y a certes la comédie des mensonges quotidiens, *ces frères humains* qui se débattent pour sauver leur peau, qui se sont fait avoir et essaient de nous avoir. Mais il y a aussi dans ces ténèbres un autre remuement, celui d'où les morts font signe, et rien n'est plus juste à mes yeux que d'être capable de les écouter dans la nuit, d'être disponible à leurs volontés.

Hier, c'était l'interrogatoire de Miguel Martinez, le comparse d'Abdelaziz Abbad, dont je vous ai parlé le jour d'avant. Mes camarades de *Charlie,* François Boucq et Agathe André, y étaient ; ils m'ont raconté. J'ai compris que Miguel Martinez, cet Ardennais qui tenait un garage et à qui l'on reproche d'avoir recherché des armes avec Abbad, n'était finalement que très peu impliqué, et qu'il n'était pas un terroriste. Abbad lui avait financé son garage, et il avait ainsi une dette, qu'il a essayé de rembourser en aidant son associé quand celui-ci a été dans la difficulté (il a trempé dans le trafic d'armes censé apporter de l'argent à Abbad lorsque celui-ci était en fuite, sans un sou, après le meurtre de Jaouel Rondeau). Même chose pour sa prétendue radicalisation : depuis le début de ce procès — depuis quatre ans qu'il est en prison —, on le regarde, parce qu'il ose ne pas cacher son amour de l'islam, comme un musulman radical. Mais s'il aime sa religion, il déteste le crime : c'est un modéré passionné. On lui imputait une ridicule obsession pour le crime après qu'a circulé la rumeur de son rire face à une vidéo de « décapitation » : en vérité, cette vidéo ne contenait aucun acte de barbarie, c'était son beau-père, témoin hier à la barre, qui avait inventé cette histoire pour lui nuire. Son avocate, M^e^ Pugliese, a démontré que la vidéo, mettant en scène des coups de pelle, était en réalité extraite d'un film de fiction d'Albert Dupontel qui a fait rire Miguel Martinez, comme il a fait rire 1 million de spectateurs. ●

**Miguel Martinez, à propos d'Abdelaziz Abbad :**
*« Je laisse pas un mec dans la merde, je laisse pas un pote en galère. À l'époque, je me sens redevable, je lui dois de l'argent, donc déjà il y avait l'histoire de la dette. »*

**M^e Pugliese, l'avocate de Miguel Martinez :**
*« Vous êtes entendu en garde à vue et, spontanément, vous dites que Saïd Kouachi s'est rendu à votre garage, pourquoi ? »*

**Miguel Martinez :**
*« Parce que je veux faire preuve de bonne foi, je pense que ça peut être utile à l'enquête. »*

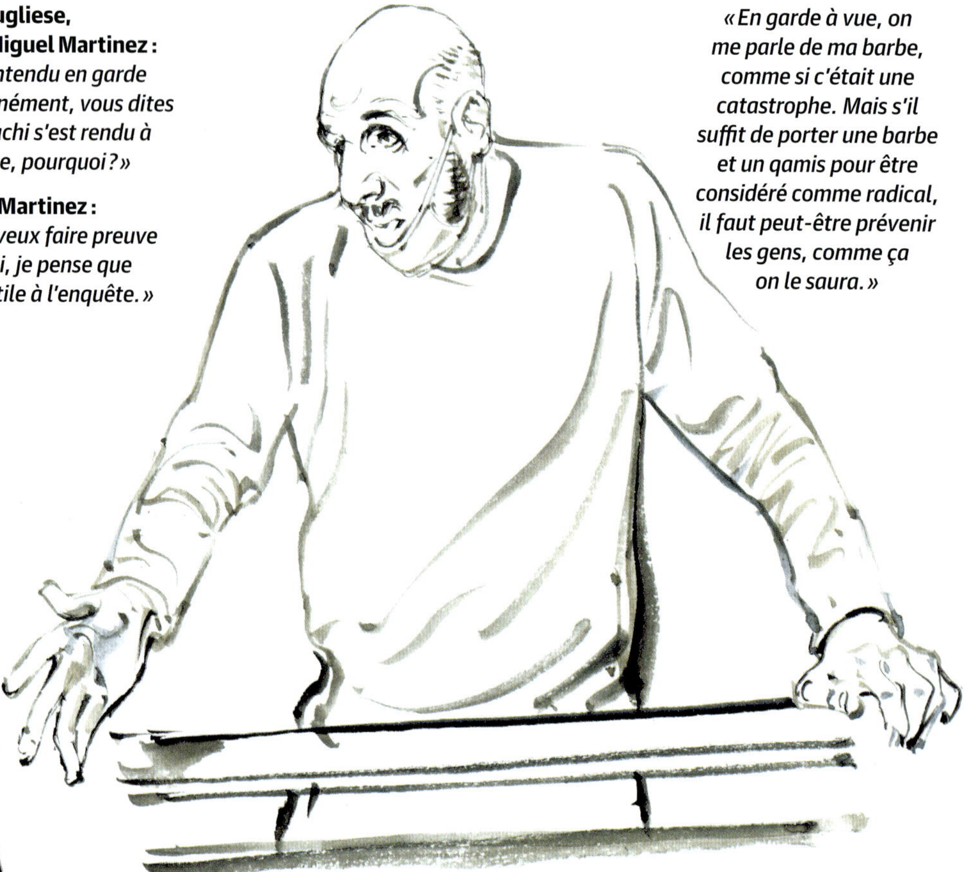

*« En garde à vue, on me parle de ma barbe, comme si c'était une catastrophe. Mais s'il suffit de porter une barbe et un qamis pour être considéré comme radical, il faut peut-être prévenir les gens, comme ça on le saura. »*

*« Je veux être jugé pour ce que j'ai fait, mais pas pour ce que je n'ai pas fait ! »*

**M^e Pugliese :**
*« Donc, la religion, c'est très important pour vous ? »*

**Miguel Martinez :**
*« Ça a son importance, oui. Je ne m'en cache pas. »*

**M^e Pugliese :**
*« Vous pensez qu'on peut tuer pour défendre le Prophète ? »*

**Miguel Martinez :**
*« Non, c'est que des dessins. On ne tue pas des gens pour des dessins. »*

**Le président, entouré de ses assesseurs.**

**Le docteur Ion-Valeriu F., l'expert psychiatre qui a examiné Miguel Martinez, en visioconférence :**
*« On relève une addiction éthylique et une addiction au cannabis. »*

**Miguel Martinez :**
*« J'ai pas toujours eu une vie propre, j'ai un passé et je m'en cache pas. Y a plein de trafiquant de stups autour de moi, je côtoie pas d'avocat dans la vie, ni de juge, c'est une affaire de milieu. »*

**Julie Holveck, l'avocate générale :**
*« Selon vous, est-ce que M. Abbad fait faire le sale boulot par les autres ? »*

**Miguel Martinez :**
*« Non… je ne crois pas. »*

**Juste à côté de lui, Abdelaziz Abbad, détendu.**

**Carole S.,**
**la mère d'Émilie V.**
**et l'ancienne épouse**
**de Patrick V. :**
*« M. Martinez, c'est quelqu'un de bien. Et Patrick V., c'est un menteur. Vous savez, j'ai été mariée avec lui. »*

**Me Pugliese,**
**l'une des avocates**
**de Miguel Martinez :**
*« Miguel Martinez vous a-t-il demandé de vous convertir ? »*

**Émilie V.,**
**la compagne de**
**Miguel Martinez :**
*« Je ne suis pas allée me convertir officiellement. Je me sens musulmane, oui. Je ne pratique pas la religion. Il ne m'a jamais forcée à quoi que ce soit. »*

*« Pourquoi mon père a menti ? Pour que Miguel reste le plus longtemps possible en prison. »*

**Me Pugliese :**
*« Il me semble que j'ai vu la vidéo dont vous parlez, qui correspond à un film. Avez-vous vu* Bernie, *de Dupontel ? »*

**Patrick V. :**
*« Je ne regarde pas ce genre de vidéo. »*

**Patrick V.,**
**le beau-père de Miguel Martinez :**
*« J'en revenais pas. Miguel Martinez regardait avec d'autres personnes une vidéo quand je suis arrivé dans le garage, on y voyait une femme recevoir un coup de pelle en plein visage. »*

**Stéphane Duchemin,**
**le juge assesseur :**
*« Vous parliez d'une décapitation dans votre déposition. »*

**Patrick V. :**
*« Je ne sais pas si c'était une décapitation, mais c'était tout comme... Le pire, c'est qu'ils riaient. »*

**M^e Pugliese :**
*« Vous ne parlez pas ? »*

**Fabrice F., l'associé de Miguel Martinez dans le garage :**
*« Non. »*

**M^e Pugliese :**
*« Vous ne vous posez pas de question ? »*

**Fabrice F. :** *« Non. »*

**M^e Pugliese :** *« Vous ne vous souvenez pas quand vous avez commencé votre association avec Miguel Martinez ? »*

**Fabrice F. :** *« Non. »*

**M^e Pugliese :**
*« On a l'impression que le garage que vous aviez avec M. Martinez est une affaire en carton. »*

**Fabrice F. :** *« … »*

**M^e Pugliese :**
*« Et maintenant, qu'est-ce que vous faites ? »*

**Fabrice F. :**
*« Je suis retourné en carrosserie. »*

**Bougara A., un proche de Martinez et propriétaire du garage mitoyen de la maison où les armes ont été déposées.**

**M^e Pugliese :**
*« Vous dites avoir été agressé par M. Martinez. »*

**Bougara A. :**
*« J'ai pas envie de parler de M. Martinez. Si on n'a rien à me reprocher, j'ai envie de quitter cette salle. »*

*« J'aimerais qu'on parle de moi, j'ai pas à parler sur quelqu'un d'autre. »*

**Bougara A. :**
*« Tout ça, c'est des histoires de rues. Je veux plus parler de tout ça. […] Je lui ai dit : "J'en ai marre, je t'entends dans ma tête." »*

**David D., adjudant-chef de la gendarmerie de Lille. Il intervient flouté en vidéoconférence pour parler de Claude Hermant :**
*« Il y a peut-être un souci dans la gestion des sources. »*

**M^e^ Coutant-Peyre :**
*« Si je vous suis, vous n'étiez au courant de rien, vous ne savez rien. Alors pourquoi protégez-vous votre identité ? »*

**David D. :**
*« Parce que je ne veux pas mettre en danger les autres sources dont je suis en charge. »*

**M^e^ Coutant-Peyre :**
*« Et vous n'aviez pas connaissance que Claude Hermant était trafiquant d'armes ? »*

**David D. :**
*« Trafiquant d'armes, non. »*

**VEN 23 OCT**

# La liberté fait mal, mais elle est le seul bonheur

**Une femme revient de Syrie, des petits menteurs continuent à mentir, et un homme qui a ordonné la tuerie de *Charlie Hebdo* refuse de nous parler.**

Nous attendons des réponses, mais nous n'en aurons pas. Notre colère n'y fera rien, pas plus que nos larmes : nous aurons beau poser des questions, écouter, chercher à comprendre, nous resterons seuls avec notre vide, seuls avec les morts. Ce procès lui-même ne nous offrira finalement que la trace incomplète d'une vérité et de petits bouts de responsabilité : une histoire effilochée, à la fois macabre et dérisoire, traversée de connivences flottantes, où s'entrecroisent dans l'ombre des silhouettes démoniaques qui vont jusqu'au bout, mais aussi des suiveurs sous emprise, des garagistes aux abois, des trafiquants de drogue implacables, des escrocs débiles. Ce petit groupe se déchire et fait du fric en empoisonnant le monde ; il y a des voitures, des armes, des services rendus, des coups de téléphone à n'en plus finir, des dettes, encore des dettes, de l'argent qui manque et de l'argent qu'on flambe ; il y a des ordres là-dessus, avec un dieu à qui certains font allégeance et qui a bon dos, car tout cela donne sur le crime et finit en flaque de sang. Les flaques de sang n'ont pas d'avenir, et pourtant nous en interrogeons l'oracle : nous espérons trouver de la vie là où il n'y a plus que de la mort. Et quand arrive un témoin de tout ce sang, même s'il nous en semble trempé, même si d'évidence il a pris part au malheur qui nous touche, nous cherchons en lui des signes qui pourraient nous éclairer, peut-être même nous aider. Nous guettons de la consolation sur les lèvres des cruels. Nous cherchons du cœur, même chez les infâmes.

Oui, nous ne cessons d'attendre des réponses car, par-delà notre désir de justice, nous voulons comprendre, et calmer ce besoin infini de clarté qui anime nos existences. Le président de la cour l'a dit hier, d'une manière presque désespérée, pour briser le silence d'un témoin qui ne voulait pas communiquer, il a dit ce que nous cherchons : *« Qu'est-ce qui a amené ceux qui ont tué à commettre le crime ? »* C'est une question presque absurde, tant elle touche à l'essence même des choses cachées depuis la création du monde ; mais c'est une question qui appelle l'existence à se dénuder et nos esprits à tendre vers elle comme des enfants qui ont soif, comme des innocents qui n'ont peur de rien. Cette question est la plus vieille du monde, et s'il est tragique, en un sens, de continuer à se la poser, il est beau qu'elle nous déchire toujours, et il faut espérer qu'elle ne nous quitte jamais, car le jour où nous ne la poserons plus, c'est que nous serons vaincus par elle : POURQUOI LE MAL ?

Voilà, nous n'aurons sans doute pas de réponse, ni des malfaiteurs ni de leurs commanditaires, les trafiquants nous parleront de leurs trafics, les voleurs parleront de leur butin, mais personne n'obligera jamais personne à s'affronter soi-même. Lorsque nous venons le matin au procès, nous imaginons peut-être, comme des fidèles entrant au temple, que la vérité nous attend et que sa lumière nous sera non seulement délivrée, mais aussi expliquée. Autant interroger le Sphinx lui-même, ou la balance de la justice, qu'on voit accrochée au-dessus de la cour, et dont personne ne sait de quel côté elle penche.

Bref, nous n'obtiendrons jamais que quelques nouvelles, et le plus souvent contradictoires, comme chaque matin, comme hier avec Sonia Mejri, l'ex épouse d'un chef de l'État islamique, dont l'apparition en visioconférence, depuis la maison d'arrêt de Fleury-Mérogis où elle est en détention provisoire depuis son retour de Syrie, nous a fait l'effet d'une lueur étrange : nous avions oublié que ces histoires sordides de sacs d'armes, de sachets de coke, de voitures escroquées dans lesquelles nous nous noyons depuis des semaines au rythme des témoignages tronqués et des accumulations de mensonges ne sont en réalité que l'arrière-fond d'un paysage plus vaste — d'un autre désert —, celui du djihad et des décombres de l'État islamique, qui eux-mêmes ne sont que le décor sanguinaire d'une guerre de religion.

Sonia Mejri, dont la calme sobriété a soudain contrasté avec ce festival d'élucubrations dont les audiences nous accablent depuis quelques semaines, a raconté qu'elle avait été mariée en Syrie avec Abdelnasser Benyoucef, l'*« émir des opérations extérieures »* de Daech, c'est-à-dire l'homme qui était chargé d'organi-

**Sébastien V., lié au trafic d'armes de Claude Hermant.**

**Le président annonce que l'audition de Peter Cherif est reportée en fin de journée :** *« C'est lié à son refus et à la nécessité qu'il comparaisse. »*

**Sébastien V. :** *« Il s'est entouré de jeunes, donc plus influençables, pour les faire participer à des choses illégales, possiblement du trafic d'armes. »*

**Anthony L., témoin dans le réseau d'armes lillois :** *« Moi, je vais pas pouvoir vous aider car j'avais aucun lien avec le trafic d'armes. J'ai rien fait. J'ai été condamné à quatre ans d'emprisonnement alors que j'avais rien fait. »*

ser les attentats en Europe : c'est lui qui s'était occupé de recruter Amedy Coulibaly. Cantonnée à sa fonction de *« femme de maison »*, faisant des enfants, faisant le ménage, faisant à manger, Sonia Mejri a vécu cinq ans avec Daech, reléguée dans l'ignorance et l'esclavage, subissant des viols, *« notamment des choses interdites en islam, comme la sodomie »*. Celle qui a connu Hayat Boumeddiene, la femme de Coulibaly, dans un camp d'où elle s'est échappée pour rentrer en France clandestinement avec ses trois enfants, se dit revenue de l'idéologie djihadiste, à laquelle elle avait succombé à la suite d'une *« mauvaise rencontre »*, un homme qui lui fait penser, dit-elle, au prédicateur radicalisé Abdelhakim Sefrioui, celui qui a rendu possible la décapitation de Samuel Paty. Et alors que son témoignage était achevé, Sonia Mejri a tenu à encourager *Charlie Hebdo* : *« C'est important que vous continuiez, parce que c'est vraiment ce qu'ils détestent. C'est ce qu'ils veulent : créer un malaise dans la société. Je pense aux familles des victimes. Vous représentez la liberté. Ne lâchez pas ! »*

Ces propos ont été diversement accueillis, mais j'y entends de la sincérité : on ne revient pas de l'enfer syrien pour balbutier des bobards, comme font nos pauvres trafiquants, et bien sûr qu'il s'agit pour elle de sauver sa peau, mais sauver sa peau n'implique pas nécessairement de mentir : le visage de Sonia Mejri est nu, sa fatigue est extrême, elle veut vivre, et la liberté lui manque.

Nous avons ensuite attendu la visioconférence de Peter Cherif, annoncée toute la journée et reportée d'heure en heure à cause, nous disait-on, de négociations serrées, le commanditaire de la tuerie de *Charlie Hebdo* refusant de déposer. Ainsi, en attendant, avons-nous écouté d'autres témoins, tous liés à la « filière Claude Hermant », ce trafiquant d'armes dont il est acquis qu'il a vendu celles qu'on a retrouvées en possession d'Amedy Coulibaly. Trafiquant dont je rappelle que, sous prétexte d'avoir été jugé dans une autre juridiction, il est actuellement en liberté. Trafiquant dont chaque témoin confirme qu'il était un indicateur de gendarmerie et qui semble, comme tel, singulièrement protégé (l'absence de questions des avocats généraux, dès qu'il est question de lui, à la fois déconcerte, alarme et désespère).

Après les mots si importants de Sonia Mejri, la parole couarde des complices d'Hermant nous a semblé carrément pathétique : gendarmes mouillés qui s'obstinent à ne rien voir, employés mutiques d'une friterie où l'on stocke des kalachs, vendeur certifié et raciste qui se fournit sur Internet — toute une petite population minable et criminelle, liée par l'impunité, et dont l'hypocrisie glaçante aura fini par nous lasser, alors qu'il faudrait surtout se révolter, car les attentats de l'Hyper Cacher, et peut-être de *Charlie Hebdo,* prennent leur source ici, dans un trafic d'armes couvert (ou plutôt mal couvert) par les services de la gendarmerie et de la douane, dans le scandale d'un commerce qui ne se cache même pas, dans le fiasco et la connerie.

La connexion avec la visio put enfin être établie, et nous découvrîmes, sous une lumière blafarde, un homme au crâne rasé, assis au bout d'une table, dont on ne voyait pas les yeux. Il y avait autour de lui des policiers cagoulés, qui se sont éclipsés. Les murs étaient verts. L'homme avait les mains liées. Un micro était posé sur la table devant lui, et son long fil serpentait dans le vide comme dans un tableau de Bacon. Tout, dans ce boyau verdâtre, semblait glauque et terrible. L'homme portait un pull gris frappé du mot « ICON ». C'était Peter Cherif.

Il s'est passé quelque chose qui n'a pas fini de nous faire réfléchir. Une chose dont l'obscurité est à la mesure du crime dont elle est la signature. Une chose qui ouvre ses mâchoires dans la nuit. Une chose qui émane de l'adversaire et qui, en un sens, est elle-même l'adversaire. Lorsque le président de la cour lui a demandé, comme à chaque témoin, de donner son nom, son âge, son domicile et sa profession, Peter Cherif n'a pas répondu, mais il a prononcé des paroles pieuses. Ces paroles étaient une guerre, elles étaient la guerre elle-même, la guerre spirituelle, dont on sait qu'elle est souvent plus brutale que les champs de bataille. Il a commencé par réciter la *chahada* en arabe, c'est-à-dire la profession de foi de l'islam, par laquelle le fidèle atteste qu'il n'y a pas de divinité en dehors de son Dieu et que Mahomet est son messager.

Puis, bras croisés, il a déclaré que le seul témoignage qu'il donnerait vient de Dieu, et qu'il se soumettait à ce Dieu qui est *« une réalité »* (il a ajouté qu'il avait des *« preuves »* de la *« réalité scientifique de Dieu »*) : *« Au nom de Dieu et d'Allah le Miséricordieux, que sur le prophète Mahomet soit la meilleure des bénédictions et la meilleure des prières. »* Il a dit qu'il parlait depuis sa cellule au nom d'Abraham, de Moïse, de Jésus et de Mahomet, c'est-à-dire depuis la vérité elle-même, *« révélée »* et *« réfléchie »* : *« On m'a forcé à venir témoigner. Je ne répondrai à aucune question. Je n'appelle pas au crime. J'appelle tous les gens à ouvrir les yeux sur leur présence sur cette terre. »*

Puis Peter Cherif s'est tu, il s'est écarté de la table et a plongé dans la lecture d'un petit livre qu'il tenait entre ses mains liées, sans doute un coran. Le président de la cour lui a posé des questions, un avocat des parties civiles lui en a posé aussi, mais ces paroles tombaient dans un vide qui, à chaque seconde, devenait plus inquiétant, comme du pus qui grossit. Car le silence de Peter Cherif nous toisait, et il était évident que c'était dans son silence que nous tombions, comme dans un piège que la récitation du Coran avait tissé à notre intention.

**Patrick H., ancien militaire belge et vendeur d'armes neutralisées avec certificat sur Internet :** ***« J'avais pignon sur rue ! »***

Il y avait quelque chose d'irrespirable et d'absolument frustrant dans cette confrontation avec le silence d'un terroriste, car nous l'avions enfin sous les yeux, cet homme qui a commandité le massacre de *Charlie Hebdo* mais, même ligoté, il nous échappait. Cette scène était insupportable, car elle révélait notre impuissance : nous ne pouvons opposer aucune parole à un homme qui se tait. Nous avons beau faire, nous sommes incapables de l'atteindre, et sans doute aurions-nous dû nous y prendre autrement, et refuser la situation, mais n'est-ce pas le tribunal lui-même qui l'avait voulue ? Tout s'est passé comme si nous étions en train de perdre la guerre, comme si nous l'avions perdue.

Mais faut-il réellement discuter avec les terroristes ? Faut-il s'échiner à établir la communication avec quelqu'un dont le but est de la rompre ? Nous ne devons pas nous considérer comme les victimes d'une rupture de communication, c'est-à-dire comme des offensés. Ceux qui se plaignent du silence de Peter Cherif et qui vont s'offusquer de son caractère méprisant ne comprennent pas que la guerre est spirituelle. Ce tueur se réfugie dans une dimension mystique qui arrange ses intérêts, ainsi échappe-t-il à toute dimension juridique. Et nous-mêmes aurions sans doute tout intérêt à ne pas nous cantonner dans cette dimension qui, pour les terroristes, est irrecevable. Le procès doit tendre vers sa fin, qui est la manifestation de la vérité, et son corollaire pénal, qui énoncera des réponses sous la forme de peines. Mais la vérité qui nous occupe, et à laquelle nous nous livrons sous la forme de l'écriture et de la pensée, doit nous opposer d'une autre manière encore au silence djihadiste. Cette vérité est tout aussi spirituelle que celle de Peter Cherif, mais elle ne s'affirme pas à travers une guerre, ni même à travers la récitation d'une quelconque leçon de piété. Nous affirmons une liberté, et c'est elle qui se donne à la fois comme un commencement et comme une fin. Nous opposons à ceux qui nous maudissent et nous tuent la joie de cette liberté, dont nous savons qu'elle est irréductible. La liberté contre la mort : c'est toute l'histoire de France qui nous rappelle à cette victoire. Oui, nous avons la liberté, et elle est plus forte que la mort. Eux, ils se soumettent (à Dieu, à l'islam). Une phrase de Ben Laden me revient soudain : *« Nous aimons la mort comme vous aimez la vie. »* Cette phrase est parfaitement exacte : à la mystique islamiste de la mort nous opposons l'amour absolu de la vie, autrement dit la liberté. C'est ainsi que Peter Cherif, enfoui dans son silence, doit être combattu ; c'est ainsi qu'au-delà de son cas doit être affrontée la mise en scène religieuse islamiste. Non par la frustration de paroles qu'on ne trouverait pas à leur opposer, mais par notre témoignage historique, qui est celui de la liberté. Elle est notre mystique à nous, une mystique profane, un sacré sans religion, elle seule a vocation à s'affirmer comme absolu et, en tant que tel, à vaincre son contraire, c'est-à-dire la soumission.

J'écris ce texte depuis plus de quatre heures, je l'improvise pour vous, pour moi. Le jour se lève, et je pense en souriant à notre solitude, cette solitude si belle qui se confond avec la vie elle-même, la vie occidentale, si pleine d'intensités et de chagrin, notre vie de livres et de films, de verres de vin en terrasse, de gaieté, de désespoir et d'amour, notre vie tout à la fois précaire et absolue. J'écris cette phrase : la liberté fait mal, mais elle est le seul bonheur. ●

**Sonia Mejri :**
*« Ma mère est française, mon père est tunisien. À chaque fois que j'ai voulu vivre comme une Française, j'ai été délaissée par ma famille. J'ai beaucoup culpabilisé. Ça s'est passé en quelques mois, entre avril et septembre 2014. Daech a proclamé le califat. J'ai été crédule pour y croire. j'ai rencontré une fille sur Facebook qui s'était mariée sur Internet. »*

**Elle est l'ancienne femme d'Abdelnasser Benyoucef, djihadiste responsable des opérations extérieures :**
*« Hayat Boumeddiene me disait qu'il voulait que les frères Kouachi et Amedy Coulibaly fassent ça ensemble pour créer une cohésion entre Daech et al-Qaida. »*

*« J'ai fait une mauvaise rencontre en 2014. Il s'appelle Rachid Bédou* [son recruteur]. *C'est vraiment comme M. Sefrioui* en ce moment. »*

*Abdelhakim Sefrioui, l'imam impliqué dans la décapitation de Samuel Paty à Conflans-Sainte-Honorine.

**Elle part en Syrie en septembre 2014 :**
*« C'était chez Daech. Au tout début, quand je suis arrivée, on m'a proposé de me marier avec lui, on ne m'a pas dit qui il était, et après il me l'a dit et il m'a dit qu'il avait organisé l'attentat de* Charlie Hebdo, *l'Hyper Cacher, de Sid Ahmed Ghlam et un attentat raté en Belgique. »*

*« J'étais femme à la maison et je faisais le ménage. Chaque fois que je demandais ce qu'il faisait, il me disait de ne rien lui demander. Je ne savais pas ce qu'il faisait, mais je savais avec qui il était. Au tout début, après mon mariage, je lui ai demandé son prénom. Il m'a dit que son prénom était Nasser et qu'il valait mieux pour moi que je n'en sache pas plus. J'ai eu deux enfants avec lui. Il a reçu une balle à la jambe qui a sectionné une veine et il est mort quelques jours plus tard. Je me suis remariée avec un autre membre de Daech. J'ai eu un enfant avec lui. Lui, il était juste un soldat. »*

**Victime de viols conjugaux, elle parvient à s'enfuir et à franchir la frontière syro-turque.**

*« L'attentat de* Charlie Hebdo *a fait beaucoup de bruit, et à cette époque-là, j'avais accès à Internet, j'ai pu le voir sur Internet. Pour moi, c'était pas normal que des personnes qui n'avaient rien fait payent pour ce qui se passe en Syrie. Ce sont des émotions qu'on ne peut pas montrer. Si vous montrez que vous êtes contre eux, vous risquez la mort. Il y avait l'Amniyat, c'est une sorte de service secret. À la fin, ils exécutaient des personnes pour de simples paroles. »*

*« Je voudrais dire quelque chose. Par rapport à* Charlie Hebdo. *C'est important que vous continuiez car c'est vraiment ce qu'ils détestent. Ne lâchez pas. Ils veulent créer un malaise dans la société. Vous représentez la liberté. C'est ce qu'ils détestent le plus. Ne lâchez pas. »*

**Peter Cherif apparaît en vidéoconférence depuis la prison, habillé d'un tee-shirt « Icon » :**
*« Au nom de Dieu le Clément et le Miséricordieux, le seul témoignage que je vais vous apporter aujourd'hui, c'est le témoignage de l'unicité de Dieu. C'est le seul message que je vais vous apporter aujourd'hui. »*

*« C'est que Dieu est un système de pensée. Il est fondé sur une vision scientifique de la réalité de Dieu. Je m'efforce de suivre la voix de Dieu, qui a été révélée à Abraham, ensuite à Moïse, ensuite à Jésus, et ensuite à Mahomet. »*

LUN 26 OCT

# Ali Riza Polat : « J'ai fait tout ça ? »

**Après un samedi consacré aux expertises psychologiques des victimes, on a commencé à interroger hier Ali Riza Polat sur le fond.**

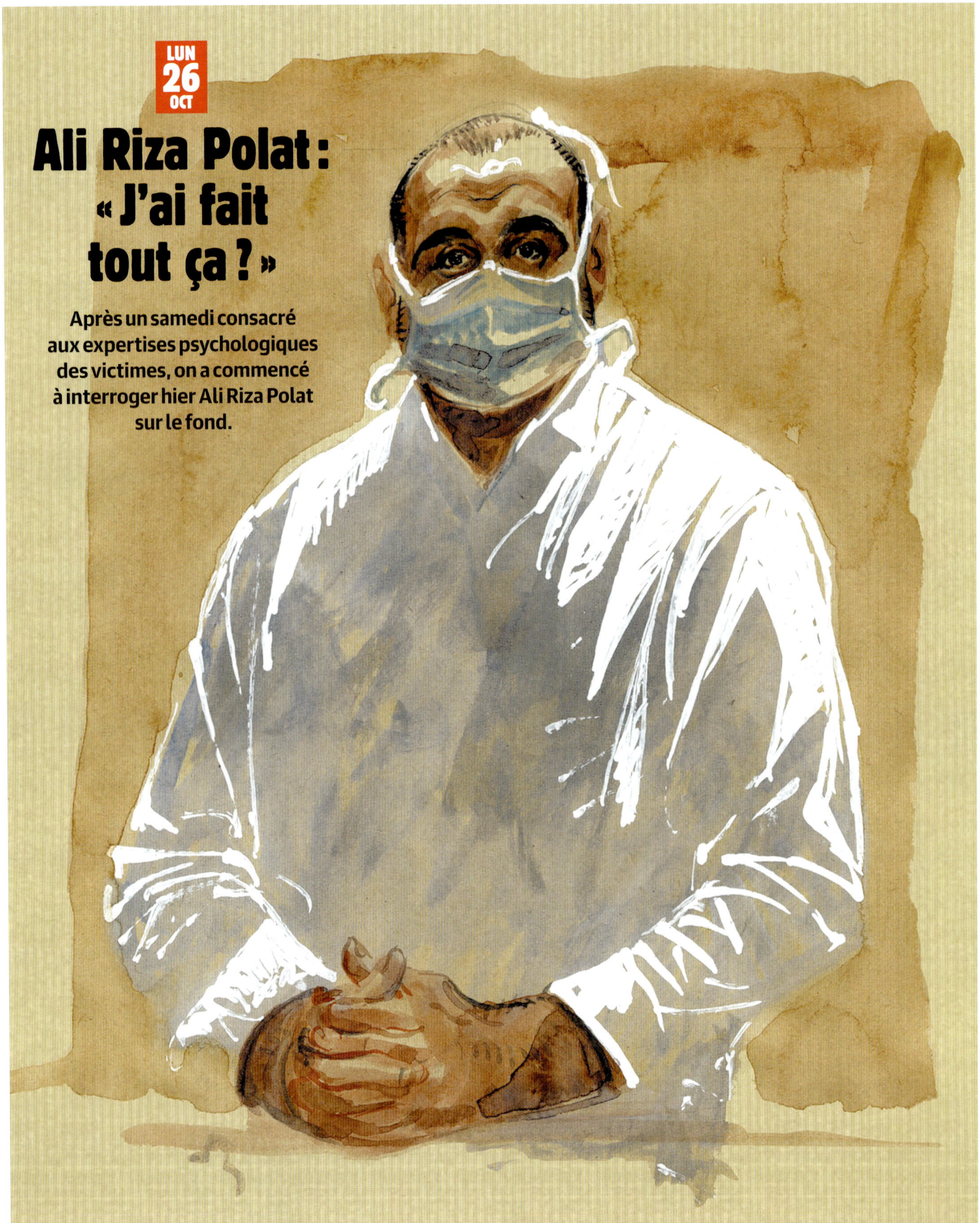

Ali Riza Polat est-il coupable ? Si oui, coupable de quoi ? Il semble d'un côté que tout accuse cet homme si proche de Coulibaly et présent à ses côtés quasiment jusqu'au bout, cet homme qui, depuis deux mois, s'agite derrière la vitre du box, s'emporte, vitupère, insulte et ne cesse de menacer, comme quelqu'un qui brûle ses navires et tire ses dernières cartouches ; et d'un autre côté, pour peu qu'on démêle sous l'épaisseur imprécatoire de son discours tempétueux une logique et un récit, on se dit qu'après tout ça se tient, et que peut-être cet homme *« virulent »* et *« défavorablement connu des services »,* comme le caractérisait l'enquêtrice de la SDAT, a trempé considérablement dans cette affaire sans jamais connaître les desseins de Coulibaly.

Plus les jours d'audiences s'accumulent, plus la vérité semble une chimère, un monstre composé de tous les mensonges qu'on a entendus ici. Et peut-être au fond n'est-elle jamais que cela, une fiction qu'on bricole avec des versions qui tiennent vaguement ensemble. Le président a eu cette formule désespérée : *« On n'a que la vérité judiciaire. La vraie, elle est autre. »* Il voulait dire que la vérité réside dans ce qu'on ne sait pas. Mais il y a des jours où il semble précisément que *« ce qu'on ne sait pas »* constitue 90 % de la réalité, et que la réalité elle-même, c'est-à-dire ce qui s'est vraiment passé, ne sera jamais amené à la lumière. Autrement dit, la *« manifestation de la vérité »,* comme l'énonce la formule si belle du tribunal, n'aura pas lieu ; et peut-être n'est-ce qu'à partir de la conscience de cette impossibilité qu'on peut s'engager à penser ce qu'on entend, à en apprécier les inflexions, les nuances, les points de vertige et les impasses.

Il y a, comme dans un récit d'Henry James, une *« image dans le tapis »*, et celle-ci ne se dissimule pas comme un secret terrible qui attirerait vers lui — vers son absence — toutes nos forces de discernement : non, cette image manquante est la structure même de la parole qui circule dans l'enceinte de ce tribunal. Depuis deux mois, toutes les paroles sont manquantes car aucune d'entre elles n'est en mesure d'avoir accès à l'ensemble du puzzle ; elles ne peuvent que le compléter, et en le complétant, elles le déforment, car bien sûr, aucune d'entre elles n'aurait intérêt à ce qu'il soit achevé : si une telle chose avait lieu, on verrait alors, comme dans ces romans trop déductifs d'Agatha Christie qui nous livrent soudain *toute la lumière,* une scène où les accusés se passeraient de la main à la main des sacs d'armes, et où ces armes correspondraient exactement à celles qu'on a retrouvées chez les tueurs.

Mais une telle clarté n'existe que dans l'illusion pittoresque du fantasme : la vérité ne se dégage pas comme ça de son corset d'ombres imprécises et d'approximations épuisantes. La réalité est opaque, répétitive, mensongère, incompréhensible — comme les accusés, qui n'en sont que les représentants. En un sens, ils ne la trahissent pas, ils ne maquillent pas le réel, ils en manifestent la nature contradictoire. Quant à nous, nous ne faisons que nous initier à cet éloignement, à cette limite, à cette perte. Cette expérience est aussi terrible que de fixer un tronc d'arbre et d'y voir trembler le monde. Nous sommes

dans une cour d'assises, et le mot « assises » semble d'un coup se liquéfier : il n'y en a pas, tout coule entre nos doigts, et seule l'attention, c'est-à-dire l'amour inconditionnel du langage et de toutes les paroles, saura nous empêcher de nous noyer dans l'océan du mensonge. Nous trouverons quand même, grâce à notre concentration, un filigrane, un récit, une île, peut-être même un archipel.

Alors, Polat ? La lecture, en prélude à son interrogatoire, des faits qui lui sont reprochés, a laissé pantois la salle entière. Polat lui-même s'est étonné : *« J'ai fait tout ça ? »* En effet, dans ce dossier, il est partout : il lui est reproché l'ensemble des actes criminels et terroristes commis par les frères Kouachi et par Coulibaly. Et tandis que le président énumère les infractions pour lesquelles il encourt la réclusion criminelle à perpétuité, et qu'il redit tous les noms des victimes de ces actes dont il se serait rendu complice, le vertige nous prend, tant les dégâts sont considérables. Des morts, des blessés, des traumatisés, des vies détruites, du malheur, encore du malheur. Tout ça par connerie. Par fanatisme et débilité. Par monstruosité.

Le président interroge toute la matinée Ali Riza Polat sur ses liens avec Coulibaly, sur ses rapports avec les autres accusés, sur l'achat, auprès de Karasular, de la Mini, et sur ses étranges voyages à l'étranger, autrement dit sa fuite à partir du 9 janvier 2015, d'abord au Liban (il aurait même tenté alors de passer en Syrie mais aurait été refoulé), puis en Thaïlande, avant de revenir en France, d'être sous filature, enfin d'être arrêté.

Les réponses de Polat ont alors empli la salle d'audience durant plusieurs heures, et le récit de son emploi du temps durant les cinq années précédant les attentats était si minutieux et digressif qu'il nous aurait fallu une semaine entière pour en suivre les méandres embrouillés (la cour a prévu, de fait, de l'entendre encore aujourd'hui).

La faconde de Polat est horizontale, comme une tache d'huile : elle se répand. Il est parfois intempestif, et se met à crier comme s'il revivait les événements : *« J'veux pas aller en taule »*, hurle-t-il (alors que, de fait, il y est). Puis le voici qui décortique son propre comportement avec une précision remarquable. Mais est-ce avec la forfanterie, le désespoir ou la conscience affolée qu'il faut colmater les béances qui l'accusent ? Polat se noie et nous noie dans des détails qui ne cessent d'affluer dans son discours, détails qui ne font que chercher à attirer notre attention ailleurs que sur les actes qui le mettent en cause. Ainsi, une *autre histoire* criminelle occupe-t-elle l'attention de Polat, et il la ramène sans cesse au premier plan, pour à la fois expliquer et occulter celle qui nous intéresse : une histoire sordide d'escroquerie immobilière, où un enfant aurait trouvé la mort dans un bois, et dont on aurait brûlé le corps à l'acide.

Une liste d'armes, écrite de sa main, et qu'on a retrouvée chez Karasular, l'incrimine incontestablement. Selon lui, c'était pour un braquage — *« pour faire péter les banques »,* dit-il. Son amour de l'argent, il le réaffirme : *« Je suis né sans rien, mon père était bon à rien, je veux de l'argent. »* Sa conversion à l'islam, il ne l'explique pas : *« Lisez le Coran, vous comprendrez. »* Et de fait, les journées entières à prier dans sa chambre, comme en témoigne sa mère, surprennent chez un Kurde alevi comme

*(Suite page 167.)*

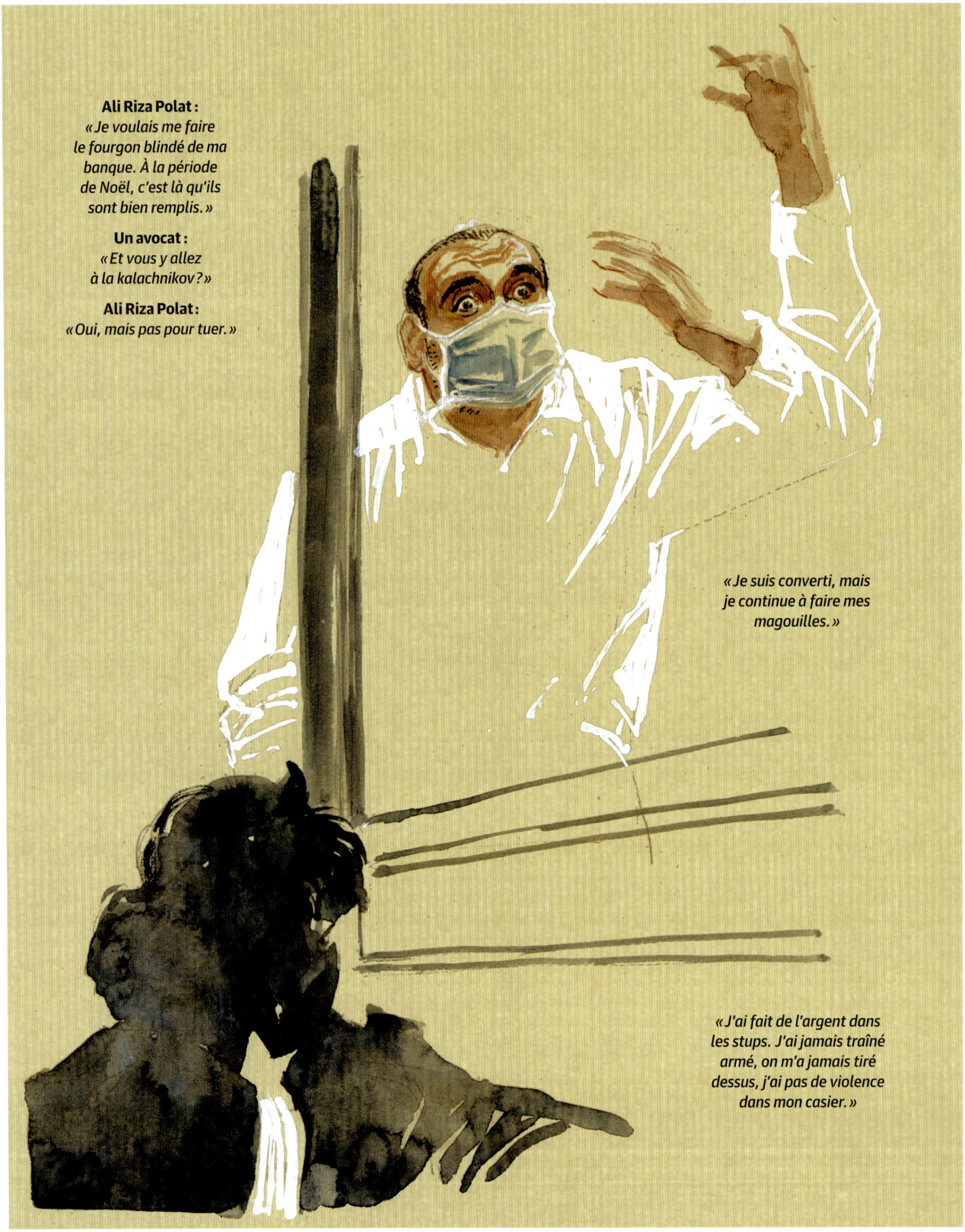
**Ali Riza Polat :**
*« Je voulais me faire le fourgon blindé de ma banque. À la période de Noël, c'est là qu'ils sont bien remplis. »*
**Un avocat :**
*« Et vous y allez à la kalachnikov ? »*
**Ali Riza Polat :**
*« Oui, mais pas pour tuer. »*
*« Je suis converti, mais je continue à faire mes magouilles. »*
*« J'ai fait de l'argent dans les stups. J'ai jamais traîné armé, on m'a jamais tiré dessus, j'ai pas de violence dans mon casier. »*

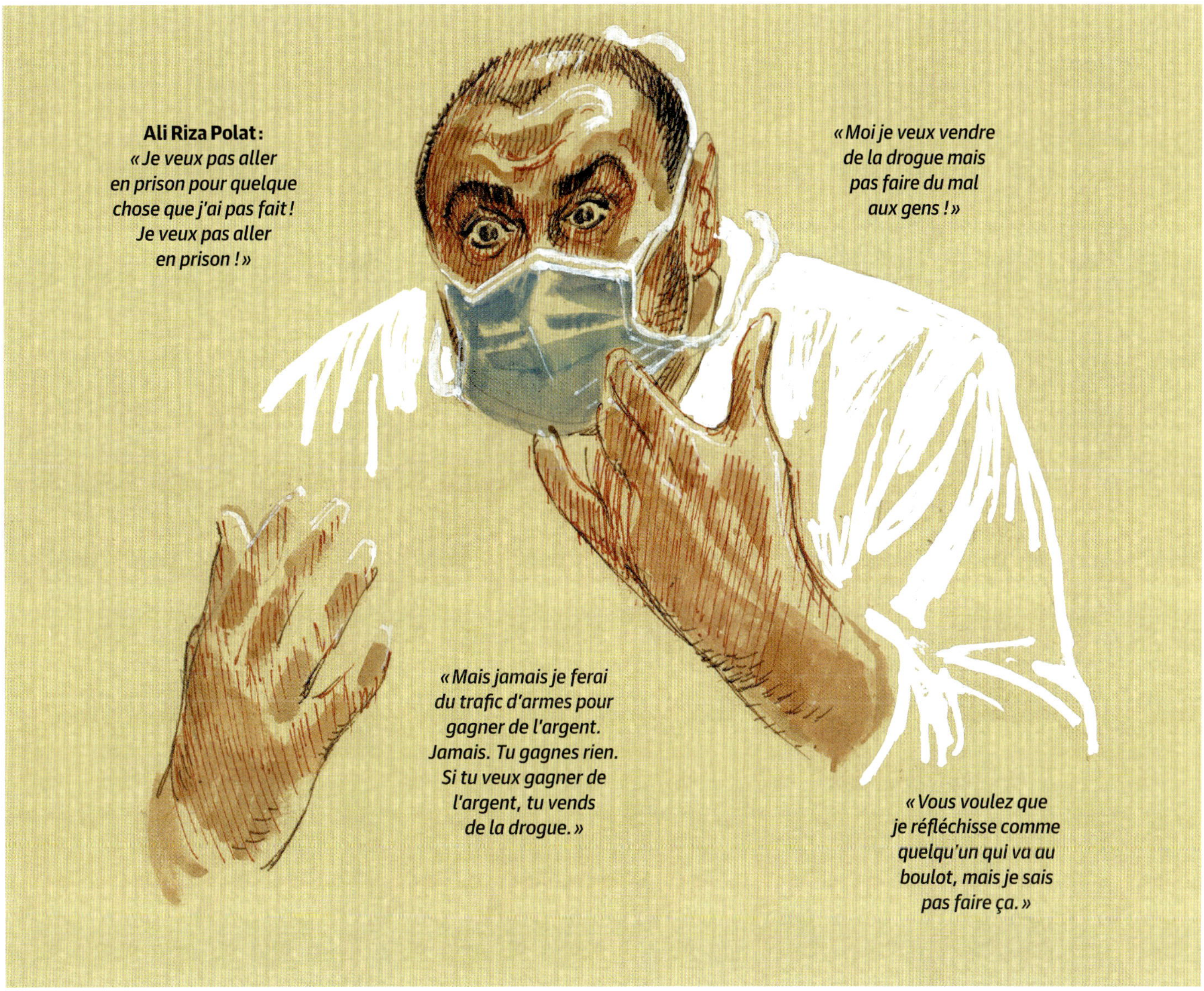


lui, c'est-à-dire chez un modéré : on comprend que, modéré, il ne l'était donc plus. Radicalisé, alors ? On aurait entendu, sur des écoutes téléphoniques, sa mère se plaindre à ce propos : Polat, enfermé dans sa chambre avec le Coran, l'aurait traité de *« mécréante »* et de *« perverse »*.

Venue à la barre, elle s'est empressée de nier : jouant à celle qui comprend mal le français et affublée d'une interprète-bouclier, la mère de Polat est allée jusqu'à affirmer qu'elle ne connaissait pas le mot *« mécréant »*, et qu'elle ne pouvait donc pas l'avoir prononcé, que ce soit en français ou en turc, et que d'ailleurs en turc il n'existait pas (ce qui est le comble pour un pays si musulman). Le frère de Polat, quant à lui, l'a couvert en interprétant la colère qu'aurait suscitée dans sa famille sa conversion, non pas parce que celle-ci aurait l'excès d'une radicalisation, mais à l'aune de l'histoire des Kurdes alevis massacrés par les musulmans en Turquie.

Il a été beaucoup question de duplicité, et avec son habituelle effervescence échevelée, le Dr Coutanceau, expert en psychiatrie, a parlé, à propos de Polat, de *« réactivité situationnelle déclenchant des types d'impulsivité »*, et de *« transgressions dans l'atteinte aux biens »* qu'il *« assume tranquillement »* (j'aime assez ces périphrases techniques quasi loufoques, pour dire ce que Polat lui-même résume avec plus de netteté : *« Je suis un bandit »*).

Un étrange témoin, étrange au sens de « louche » — Madi N. —, est venu en fin d'après-midi accabler Polat, et lester les forfanteries de celui-ci d'un poids de culpabilité effrayant. C'est lui, Madi N., qui affirme que Polat cherchait à acheter des armes et cherchait également, en décembre 2014, c'est-à-dire quelques semaines avant le massacre de l'Hyper Cacher, un appartement *« pour un pote »*. On pense évidemment à Coulibaly et à l'appartement conspiratif de Gentilly ; et avec ces accusations, le rôle de commissionnaire très actif de Polat se précise d'une manière crue. Mais ce Madi N. tremperait, selon Polat, dans la sombre affaire du crime de l'enfant brûlé à l'acide, et ne chargerait Polat qu'afin de se débarrasser d'un témoin gênant. Polat, comme il ne cesse de le dire, ne serait pas l'équipier zélé de Coulibaly, mais un *« bouc émissaire »*, que tout le monde accuse par commodité. Est-ce crédible, ou Polat est-il perdu ? Nous en saurons plus aujourd'hui, puisque l'interrogatoire continue. La suite, comme on dit, à la prochaine chronique. ●

**Sercan Polat,**
**le frère d'Ali Riza Polat :**
*« Moi, mon frère, je le connais depuis très longtemps... c'est mon frère ! Il était dans le trafic de drogues, dans les escroqueries. Pas radicalisé comme vous dites, mais il s'est converti, oui. Il était dans les magouilles, tout ça. Il ne vend pas d'armes. »*

**Safiye Kaya,**
**la mère d'Ali Riza Polat,**
**avec une interprète :**
*« C'est un enfant avec qui j'ai pas de problèmes, sauf qu'il voulait pas travailler. »*

**Safiye Kaya :**
*« Toujours il m'a dit : "Maman, je suis innocent", droit dans mes yeux. Quand je sortais de la prison, j'oubliais toujours mon chemin pour rentrer chez moi. »*

**Jean-Michel Bourlès, l'avocat général :**
*« M. Polat vous met en cause dans deux dossiers : un dossier d'escroquerie à plusieurs millions d'euros et un dossier d'assassinat. »*

**Madi N., ancien animateur qui vient de la même cité qu'Amedy Coulibaly :**
*« Bah, on va lui poser la question. »*

**Jean-Michel Bourlès :**
*« Alors pourquoi a-t-il dit ça ? »*

**Madi N. :**
*« Parce que j'ai fait une déposition contre lui. »*

**Roland C., psychiatre :**
*« Il a une logique sociopathique, assumant la transgression des atteintes aux biens. »*

**Régis de Jorna, le président :**
*« À propos d'Amedy Coulibaly, est-ce qu'on le craignait ? »*

**Madi N. :**
*« Il y avait certaines personnes qui le craignaient dans notre ville. »*

**Le président :**
*« Pourquoi était-il craint ? »*

**Madi N. :**
*« Parce qu'il avait une notoriété de personne assez méchante et influente sur certains jeunes. »*

**Jean-Michel Bourlès :**
*« Quand vous revenez aujourd'hui, vous mentez comme un arracheur de dents. Vous avez peur ? »*

**Madi N. :**
*« Non, j'ai pas peur. Mais c'est l'ambiance d'être là à la barre, on va dire. »*

MAR 27 OCT

# Le monologue de Polat

**L'interrogatoire d'Ali Riza Polat se poursuit et nous ne l'écoutons plus.**

« *Le mensonge, il faut bien le travailler* » : c'est une phrase de Polat, il l'a prononcée hier, elle lui est venue comme ça, dans le flux intarissable d'une logorrhée qui aura duré deux jours, au cours d'un interrogatoire que nous attendions tous depuis le début du procès, lui le premier, tellement il en avait annoncé le caractère révélatoire, tellement il nous y avait préparés. Et ce rendez-vous avec lui-même n'aura finalement rien révélé d'autre que cela : le travail infini de ce qu'il faut bien appeler, comme lui, le mensonge. Car celui-ci n'aura cessé, pendant deux jours aussi denses qu'outranciers, de se donner à entendre à travers une dépense insensée d'énergie : *« Le mensonge, il faut bien le travailler. »* Et de fait, Polat le travaille comme un boulanger malaxe sa pâte, y revenant sans cesse, pétrissant à pleines mains, devant nous, une matière qu'il façonne sans jamais la lâcher, lui offrant une forme qui est celle de son esprit.

Ainsi le monologue de Polat prit-il la place du monde, et en occupa toutes les places : Polat joua absolument tous les rôles, celui de l'expert en téléphonie, maniant avec dextérité ses procès-verbaux et citant les cotes comme font les avocats et la cour, celui du président, du procureur général, celui de son avocat, et surtout son propre rôle, ce qui l'amena à saturer l'espace de l'audience au point d'user très vite l'écoute des parties civiles et des journalistes, qui peu à peu, ne sachant plus se repérer à travers une telle zizanie verbale, ont cessé de taper sur leur ordinateur ou de prendre des notes.

Nous attendions tous que Polat nous explique enfin ce qui avait eu lieu, car il était notre dernier espoir pour y voir un peu clair. Je crois que nous avions vraiment cru qu'il saurait apporter une lumière à sa façon, brusque, cassante, crue et finalement indiscutable. Mais non : écoutant Polat, tendant l'oreille désespérément vers un discours en roue libre qui n'aura cessé de partir dans tous les sens, nous n'avons rien compris. Est-ce aussi embrouillé dans sa tête pour qu'il ne parvienne jamais à énoncer quoi que ce soit avec clarté ? Nous aurons assisté, impuissants et ennuyés, au naufrage d'un homme qui se perd dans l'opacité d'un cafouillage juridico-justificatif qui ne convainc personne. Les protestations de Polat, censées éclaircir son rôle auprès de Coulibaly, de Prévost, de Karasular et des autres, censées même le disculper, n'auront fait que l'obscurcir, tant il n'aura fait que passer du coq à l'âne et pinailler sur des détails sans parvenir jamais à nous les faire comprendre.

J'écris ces phrases avec tristesse, car j'aurais aimé que cet homme se découvre à travers l'épreuve de la vérité, qu'il nous fasse changer d'avis et que nous nous rendions compte soudain à quel point il avait raison. Mais au lieu de cela s'est effondrée à travers un tel micmac épileptoïde l'idée que Polat pouvait nous transmettre quoi que ce soit. Devant nous, Polat rendait fou le langage, et sa plaidoirie en faveur de son innocence sombrait à mesure de ses digressions les plus décousues. Il aurait pu parler encore toute la nuit, et une journée de plus, une semaine, tout l'hiver même, tant cette ivresse de la justification à laquelle il s'est adonné devant nous pour sauver sa peau semblait sans fin.

Il y a un personnage de *Herzog*, le grand roman de Saul Bellow, qui dit : *« Je peux tout justifier. Je ne peux rien justifier. »* Entre le tout et le rien de la justification, il y a l'infini de la logorrhée : celui qui commence à vouloir s'expliquer sur lui-même n'en finira jamais. L'interminable est la vérité du coupable qui n'accepte pas sa culpabilité ; ainsi va-t-il chercher par tous les moyens à la récuser. Mais quelqu'un qui est coupable ne peut rien faire d'autre, en parlant, qu'élargir le champ de sa faute ; il aura beau faire, en cherchant à brouiller celle-ci, il ne fera que s'embrouiller, et s'enfoncer dans un enfer où l'on se débat en vain, multipliant les phrases, les parenthèses, les incises et surtout les répétitions, et cela dans l'espoir de trouver enfin une issue, la porte du box des accusés qui s'ouvrirait comme une lumière dans le cœur, une vérité enfin établie clairement qui effacerait l'accumulation insupportable des prétextes, des allégations hasardeuses et des bobards si gros qu'on a fini, à force de se les répéter, par y croire.

Cet usage désastreux du langage de Polat nous aura vus abandonner la partie : comment suivre le cheminement verbal d'un homme qui se perd ainsi lui-même dans la confusion la plus stérile ? Il y avait une sorte de carnaval terrible, de bouffonnerie triste à l'œuvre dans sa parole : tout y était en effet sens dessus dessous, tout y était retourné. Polat empruntait sans s'en rendre compte la rhétorique de tous ses interlocuteurs du tribunal, comme s'il se jugeait lui-même et mettait en scène son propre procès. Ainsi aura-t-on assisté au spectacle angoissant d'un homme prisonnier de ses raisonnements, et rejouant interminablement son interrogatoire à défaut de s'y soumettre. Il y a quelque chose d'intrépide chez Ali Riza Polat, qui est sa vraie nature, et c'est cette liberté qu'il fait flamber à travers une conduite de langage insensée qui le condamne à s'enfoncer. Polat aura été le héros de ce procès. Un héros intempestif, capable de grossièreté, mais aussi d'une subtilité obsessionnelle. Un personnage tragique, qui se perd lui-même. ●

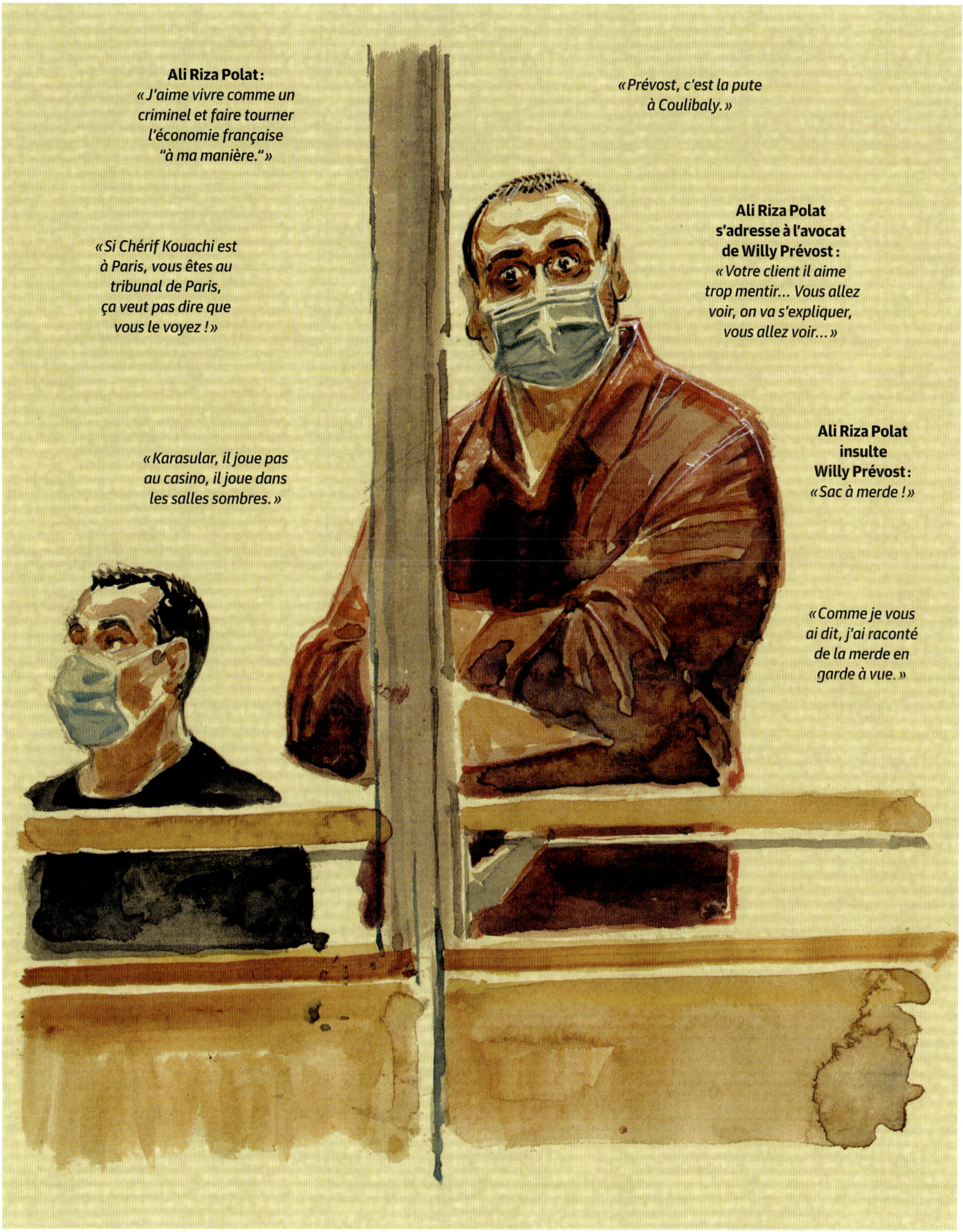
**Ali Riza Polat :**
*« J'aime vivre comme un criminel et faire tourner l'économie française "à ma manière." »*
*« Prévost, c'est la pute à Coulibaly. »*
*« Si Chérif Kouachi est à Paris, vous êtes au tribunal de Paris, ça veut pas dire que vous le voyez ! »*
**Ali Riza Polat s'adresse à l'avocat de Willy Prévost :**
*« Votre client il aime trop mentir… Vous allez voir, on va s'expliquer, vous allez voir… »*
*« Karasular, il joue pas au casino, il joue dans les salles sombres. »*
**Ali Riza Polat insulte Willy Prévost :**
*« Sac à merde ! »*
*« Comme je vous ai dit, j'ai raconté de la merde en garde à vue. »*

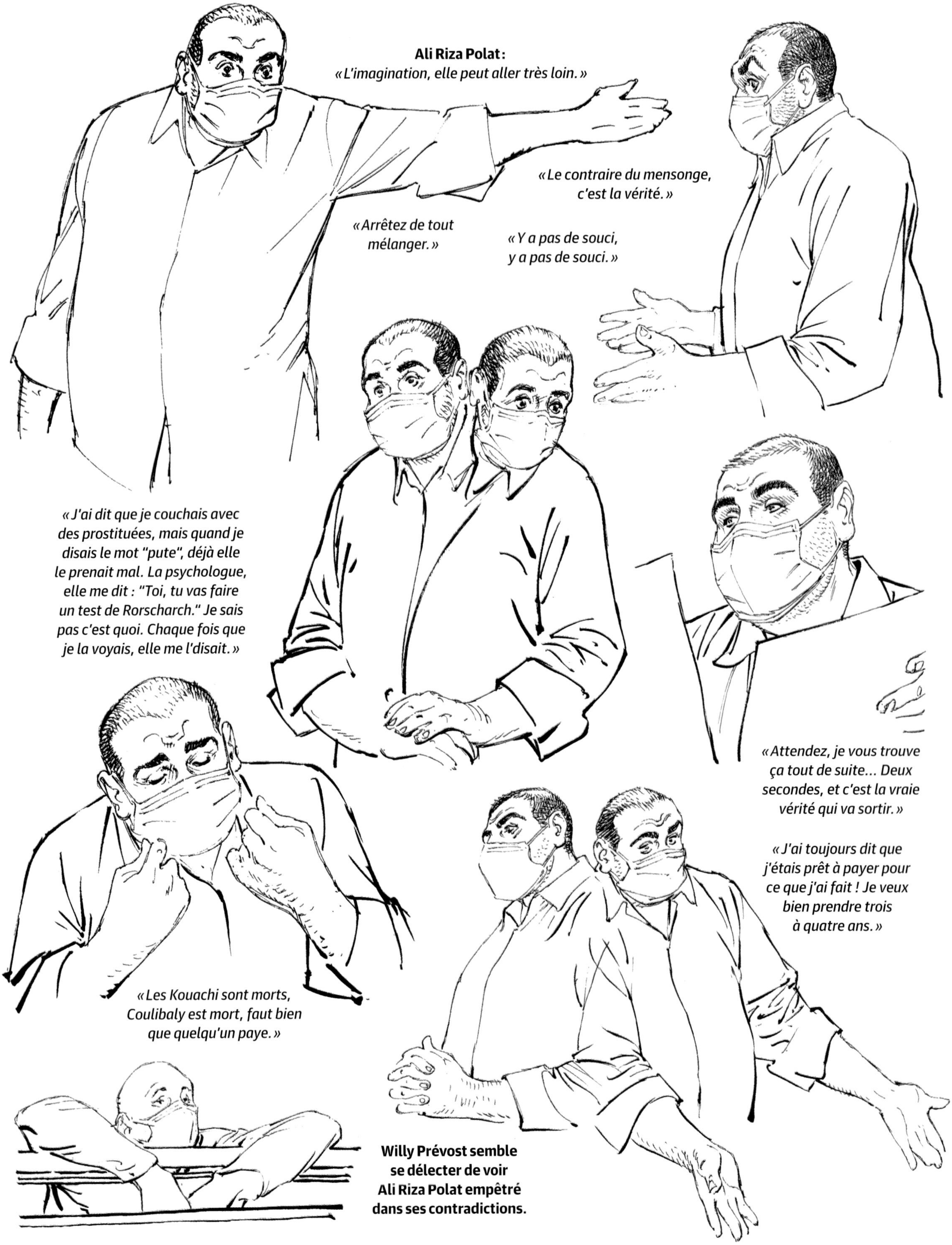
**Ali Riza Polat :**
*« L'imagination, elle peut aller très loin. »*
*« Le contraire du mensonge, c'est la vérité. »*
*« Arrêtez de tout mélanger. »*
*« Y a pas de souci, y a pas de souci. »*
*« J'ai dit que je couchais avec des prostituées, mais quand je disais le mot "pute", déjà elle le prenait mal. La psychologue, elle me dit : "Toi, tu vas faire un test de Rorscharch." Je sais pas c'est quoi. Chaque fois que je la voyais, elle me l'disait. »*
*« Attendez, je vous trouve ça tout de suite… Deux secondes, et c'est la vraie vérité qui va sortir. »*
*« J'ai toujours dit que j'étais prêt à payer pour ce que j'ai fait ! Je veux bien prendre trois à quatre ans. »*
*« Les Kouachi sont morts, Coulibaly est mort, faut bien que quelqu'un paye. »*
**Willy Prévost semble se délecter de voir Ali Riza Polat empêtré dans ses contradictions.**

**M^e^ Lévy, l'avocat de Willy Prévost, tente de poser une question à Ali Riza Polat.**
**Ali Riza Polat :**
*« Pas de problème, je vais tout expliquer, on va tout reprendre depuis le début. La téléphonie, je vais tout reprendre. »*
**Ali Riza Polat cherche à s'innocenter par rapport à l'attentat mené par Coulibaly :**
*« Je faisais 120 kg à l'époque, est-ce que vous avez trouvé des gilets pare-balles double XL ? »*
*« J'ai arrêté de manger du porc parce que ça me donnait des boutons. »*
**M^e^ Coutant-Peyre semble dépassée par la logorrhée de son client.**
**Alors que M^e^ Coutant Peyre, son avocate, va pour se lever, Ali Riza Polat s'adresse à elle :**
*« Laisse-leur poser des questions. »*
*« Dans la vie, plus j'ai entendu les gens, plus j'ai eu des problèmes. »*
*« J'ai acheté le livre* Comment faire la prière, pour enfants. *»*
*« Le Coran, je l'ai acheté à la Fnac à 5 euros et je me suis converti. »*
**Ali Riza Polat, sans son masque.**

Me Witt, l'avocate de Christophe Raumel, explique que les accusations de violence portées par l'ex-compagne de son client n'ont pas été retenues, après enquête.

MER 28 OCT

# Une (fausse) journée de transition

**Coup de théâtre et hantise du virus.**

Les interrogatoires se sont achevés, et hier les avocats se tournaient déjà vers leurs plaidoiries, qui s'étaleront sur plus d'une semaine, ouvrant une nouvelle séquence dans la dramaturgie de ce procès au planning incertain, fluctuant, interminable. Nous devions profiter de cette journée de transition pour écouter des témoignages qui avaient été reportés, mais aussi, d'après certains journalistes, pour entendre l'énoncé des requalifications proposées par les avocats ; et enfin — chose la plus attendue — nous devions assister aux confrontations entre les accusés.

Mais dans ce procès passionnant où le juste et l'injuste, le bien et le mal, la vérité et le mensonge ne cessent de se retourner en leur contraire, et qui semble à chaque instant condenser à lui seul ce qui renverse le monde et le remet sur pied, rien n'a eu lieu comme prévu.

Voici que Me Clémence Witt, l'avocate de Christophe Raumel, s'avance vers la barre. Sa belle gravité laisse deviner une annonce décisive. Elle rappelle que le 6 octobre, Aminata S., l'ex-compagne de Christophe Raumel et mère de sa fille, avait accusé celui-ci de la frapper, et d'être allé jusqu'à la menacer afin qu'elle ne vienne pas témoigner. Ce témoignage avait alors complètement détruit l'idée que nous nous étions faite de Christophe Raumel, le seul accusé à comparaître libre, qu'il nous arrive d'oublier tant sa présence sur son strapontin est discrète, tant sa solitude est pudique.

En effet, après son interrogatoire, nous étions beaucoup à penser que cet homme n'avait pas fait grand-chose de mal, et même pas grand-chose du tout, et que par rapport aux autres accusés, en regard de la gravité des faits qui leur étaient reprochés, il y avait quelque chose, chez lui, de presque innocent. En quelques minutes, les « révélations » d'Aminata S. avaient balayé cette impression : Christophe Raumel avait bien caché son jeu, c'était un frappeur de femme, un sale type, et à ce titre, même si cela n'avait rien à voir avec d'éventuelles menées conspiratives en vue d'une entreprise criminelle, voire terroriste, on s'était forgé une autre idée de cet homme, une idée complètement négative.

**Les dessinateurs pendant l'audience, placés en contrebas du président et de ses assesseurs.**

Me Witt explique qu'une enquête avait aussitôt été ouverte, et de nombreux actes diligentés, tant les infractions envers les femmes font désormais, comme elle le dit, *« l'objet d'une attention particulière de la justice »*. Elle nous annonce alors ce que nous commencions à deviner : aucune infraction n'a été commise par Christophe Raumel sur la personne d'Aminata S., ni violence, ni pression, ni menace. Tout était inventé par elle. *« Le témoignage d'Aminata S. n'était pas celui d'une femme menacée,* dit Me Witt. *C'était une mise en scène odieuse pour détruire un homme. »* Mieux — pire, devrait-on dire —, c'est cette femme qui harcelait Christophe Raumel, c'est elle qui l'intimidait, le menaçait, le violentait. Et, à travers ce gravissime retournement de situation, où quelqu'un s'octroie le rôle de la victime pour maquiller son rôle de bourreau, il faut lire la définition même de l'infamie.

On frémit à l'idée de s'être autant trompé sur quelqu'un, on se dit que le pouvoir de l'accusation brouille toujours notre jugement, a fortiori lorsque cette accusation vient d'une femme qui, profitant de notre sensibilité acquise à la cause des femmes battues, nous abuse.

Me Witt regagne sa place dans un silence quasi sacré, nous lui savons gré d'avoir *rétabli la vérité*, et nous ressentons puissamment cette satisfaction qui nous vient des choses justes.

La journée continue, ou plutôt recommence, et le président demande à Ali Riza Polat de se lever. Celui-ci va-t-il reprendre son monologue frénétique ? Au contraire : son avocate, Me Coutant-Peyre, lui donne l'occasion d'apparaître sous un autre jour. Polat est calme, et dit justement qu'à l'avenir il va se calmer, le calme étant ici la forme même de la raison. Il y a soudain une douceur dans la voix de Polat, qui, sans même que nous ayons besoin de nous poser la question de sa sincérité, et mieux que s'il avait eu recours à ses démonstrations, nous convainc. Cet homme, comme tous les hommes, est seul, et sa solitude nous apparaît enfin. Qu'on soit un enfant ou un monstre, qu'on s'endurcisse ou se

**Yacine N., témoin d'Abdelaziz Abbad en vidéoconférence.**

repente, à un moment, on se retrouve face à son propre abîme, au bord d'une falaise qui est l'existence elle-même : chez Ali Riza Polat, la falaise donne sur le silence. Il y a un vertige à se taire, quand toutes les paroles ont été usées, quand on a tiré toutes ses cartouches.

Ainsi n'avons-nous pas été étonnés lorsque, quelques heures plus tard, rendant impossibles les confrontations entre les accusés, et la poursuite même du procès, nous avons appris que Polat était malade, qu'il avait vomi, qu'on l'avait renvoyé dans sa prison pour être soigné et testé au Covid, et qu'ainsi l'audience était suspendue en attendant le résultat que nous aurons le lendemain matin. ●

JEU 29 OCT

# Redonner vie à la parole par la parole

**L'attentat perpétré dans la basilique Notre-Dame de Nice a déchiré la journée d'audience et les premières plaidoiries.**

C'était hier la dernière matinée de l'instruction, avant que l'audience bascule, à partir de l'après-midi, et pour une dizaine de jours, dans les plaidoiries des avocats de la partie civile et de la défense, ainsi que dans le réquisitoire du ministère public. Ainsi a-t-on pu entendre toutes sortes d'éléments d'enquête utiles non seulement à la manifestation de la vérité, mais aussi nécessaires à la consistance des plaidoiries.

À défaut de réelles confrontations, comme il avait été prévu pour clore ces longues et passionnantes semaines de débats, des questions complémentaires ont été posées par les avocats des parties civiles (principalement Me Cechman) et par les avocats de la défense (principalement Me Coutant-Peyre) aux accusés, c'est-à-dire principalement à Polat et à Prévost, lesquels ont fini par s'interpeller directement d'un box à l'autre.

Nous avons visionné l'audition en garde à vue d'une témoin qui prétendait que les policiers avaient trahi ses propos, et avons pu vérifier leur fidélité. Nous avons pris connaissance d'une lettre de Mohamed Farès, l'avons même vue projetée sur grand écran, et avons savouré son mélange lyrique de sourates et de prosaïsme : l'auteur, en un précipité syntaxique où la syncope exclamative injurieuse le dispute aux traits de louange religieuse, évoquant tout à la fois, en une expression digne de l'Ecclésiaste, le *« vieux soleil »*, et les aléas de sa vie en prison : *« J'ai fait tomber mon teuch dans les toilettes. »*

Écoutant la lecture du PV d'un proche de Coulibaly qui n'est jamais venu, nous avons pu entendre cette phrase remarquable, une sorte d'aphorisme de Coulibaly : *« Mon argent est plus halal que le tien. »* Cette phrase m'a fait longuement penser, et il faudrait en développer la profondeur, par-delà son caractère grotesque, mais aussi en vertu de ce grotesque (car il n'y a pas seulement de quoi penser dans les subtilités de la philosophie mais aussi dans l'incongruité des platitudes). Ainsi, que l'argent ne soit pas seulement considéré comme propre ou sale, ou même blanchi, mais qu'il puisse obéir, fût-ce sur le mode de la blague, à des appréciations sur l'échelle de la pureté, implique qu'on y voie du sacré. Dans le banditisme musulman, dans celui, du moins, de Coulibaly, on concevrait donc l'argent comme un substitut de l'échange spirituel, et les billets de banque, selon des critères qui n'appartiennent qu'à leur possesseur, pourraient se voir gratifiés d'une bénédiction, sans doute imaginaire, mais néanmoins parlante : car l'extension du domaine de la pureté à la sphère de l'argent pose de grands problèmes, et quoi que fasse croire sur ce point l'islamisme, qui se prétend une alternative au capitalisme, il en est surtout un usager fasciné et un adepte fanatique. Dans le djihadisme coulibalien, Allah s'énonce en euros.

Enfin, tandis que sur nos portables arrivait la nouvelle d'un attentat commis dans la basilique Notre-Dame de Nice, le troisième attentat depuis le début des audiences, et que les appels au massacre se multipliaient toute la journée sur les réseaux sociaux, encourageant les musulmans à tuer des Français, nous avons pu voir, projetées sur l'écran du tribunal, les armes des Kouachi. Est-ce la concomitance ? L'effroi suscité par l'image de ces kalachnikovs qui avaient massacré la rédaction de *Charlie Hebdo* et celui qui nous envahissait à la pensée d'une nouvelle mise à mort commencèrent à emplir nos têtes, d'autant que Me Marie-Laure Barré, qui avait demandé cette projection, nous fit peu à peu comprendre, en attirant notre attention sur le caractère ancien et rafistolé de ces armes qui avaient pourtant fonctionné, qu'elles pouvaient très bien correspondre à celles dont nous avions tellement parlé : les fameuses armes « rouillées », et pas si rouillées que ça, contenues dans le sac de la filière lilloise. Voir les armes des Kouachi nous glaça le sang.

**Amar Ramdani :** *« Polat dit que je le connais. Non. Si je connais quelqu'un, je le connais directement. »*

**On projette sur l'écran géant de la cour les armes utilisées pour l'attentat de janvier 2015.**

Enfin, l'après-midi, commencèrent les plaidoiries, et tandis que le glas sonnait à 15 heures dans toutes les églises de France pour honorer les victimes de l'attentat du matin, j'ai pensé qu'un tel crime, commis dans un lieu sacré, affectait de ses ténèbres l'entièreté du monde : cet acte noir, en même temps qu'un assassinat, relevait de ce *« crime d'iniquité »* dont parle Paul dans la seconde épître aux Thessaloniciens. Car en souillant le sanctuaire, en pénétrant à l'intérieur du temple, un tel crime ne s'adresse pas seulement aux trois personnes dont il a supprimé la vie d'une manière infâme, mais, à la possibilité même d'être indemne : à travers ces trois personnes qui priaient, c'est bien sûr l'appartenance à la religion catholique qui est visée, mais surtout, je crois, l'innocence elle-même.

Ainsi ai-je écouté les plaidoiries des avocats avec une émotion qui en a élargi encore l'ampleur politique. La parole est ce qui donne vie, elle fait *« réexister »,* comme l'a dit magnifiquement Me Jean Reinhart dans sa plaidoirie pour Catherine Gervasoni, la veuve de Frédéric Boisseau. La réexistence prend à nos yeux figure éthique : elle est l'autre nom de la mémoire, c'est-à-dire de la « vérité inaccessible », à laquelle on accède finalement, par la parole, lorsque le cœur et l'esprit coïncident, et que s'ouvre alors cette communauté à la fois politique et émotive qui nous relie.

Je voudrais répéter certaines phrases essentielles qui ont été prononcées lors de ces premières plaidoiries, et transmettre toutes celles que j'ai notées : il me faudra plusieurs chroniques pour le faire, et pour continuer à méditer sur ce qui s'est médité à voix haute hier. J'essaierai ainsi, à partir de demain, de rassembler ces voix inouïes à travers lesquelles s'ouvre la liberté. ●

**Ali Riza Polat :**
*« C'est un simulacre de justice ! »*

**Ali Riza Polat :**
*« Je vais vous dire la vérité ! »*

**Un avocat :**
*« Lors d'un interrogatoire de M. Farès, il dit qu'il vous revoit au KFC à Roubaix. »*

**Amar Ramdani :**
*« Moi, je mange pas au KFC. »*

POLICE

**Me Bloch, l'avocat de l'association France-Israël :** *« Vous êtes, mesdames et messieurs de la Cour, le dernier remparts à cette barbarie. »*

**Me Gachi, l'avocate du MRAP.**

VEN 30 OCT

# Parler pour quelqu'un d'autre

**Les avocats des parties civiles continuent à plaider.**

Les paroles des avocats remplissent depuis deux jours la salle d'audience. Si, après tant de semaines de débats, elles semblent s'éloigner du cœur violent et ambigu des faits, si avec elles nous quittons la reconstitution judiciaire des responsabilités et leurs faisceaux d'hypothèses contradictoires, ces paroles ne se réduisent pourtant pas à l'exercice d'un *lacrymae*, ni à quelque chant de consolation : les avocats viennent porter la parole des morts ou des survivants, et faire entendre la douleur de leurs familles.

Ce chœur de robes noires a quelque chose d'antique, et il est beau d'assister à ce récital continu de voix qui, à la barre, et avec une solennité parfois hors d'âge, semblent relayer celles et ceux qui ne peuvent parler, n'ont pas voulu venir témoigner devant la cour, ou dont la pudeur va jusqu'à penser que le silence, peut-être, en dit plus long. Parler pour les autres, non pas à leur place, mais en leur faveur, n'est-ce pas une forme de noblesse ? Je crois que le plus beau dans la vie n'est pas de parler pour soi, mais pour quelqu'un d'autre (c'est aussi le mystère de la littérature).

Si ces plaidoiries ont installé depuis deux jours un climat d'humanisme qui apaise, si certaines flirtent avec un certain roucoulement droit-de-l'hommiste qui relève au mieux du coup d'épée dans l'eau et ne brasse finalement que le vent d'une indifférence polie (car on sait que les grands mots, même les plus beaux, liberté, égalité, fraternité, sont vides de sens si l'on se contente d'en ânonner les principes, et doivent être réincarnés à chaque instant), il faut savoir entendre la manière qu'elles ont de situer l'essentiel à hauteur de vie, à hauteur de souffrance, à hauteur d'innommable.

Ainsi Me Comte, qui plaidait au nom de plusieurs victimes de *Charlie Hebdo*, Philippe Lançon, Tignous et Honoré, a-t-il indiqué cette hauteur en citant quelques phrases du *Lambeau*, qui parlent — tentent de parler — de l'impossible même, c'est-à-dire de l'instant de la mort. J'ai passé une partie de la nuit à relire ce grand livre de Philippe Lançon, et j'ai retrouvé le passage, que j'avais souligné à l'époque, et que je recopie en entier tant il est fondamental : *« Les dessinateurs n'avaient pas eu le temps de penser au dessin qui se refermait sur eux. Ont-ils pensé à quoi que ce soit ? Si oui, qu'a pensé chacun d'eux ? J'ai tendance à croire qu'ils n'ont eu le temps de penser à rien, et moi, en tout cas, je n'avais pensé à presque rien. L'effroi, c'était peut-être ça : la réduction au minimum de l'écart séparant la dernière seconde de vie de l'événement qui va l'interrompre, une mort administrée sans préavis. Dans cet écart, il n'y a pas de place pour grand-chose. Pourtant ce peu de chose n'en finit pas. Tout le reste, quand on survit, lui est soumis. »*

**Me Scemama, l'une des avocates de la Licra, cite Pierre Perret.**

**Me Coutant-Peyre :** *« Je tiens à dire que je n'ai toujours pas retrouvé mon carnet avec mes notes des trois premières semaines, monsieur le Président. »*

**Les plaidoieries de la partie civile.**

C'est à une telle éthique du laps que devrait s'accorder toute parole, afin de s'épargner l'égarement, ou tout simplement pour ne pas raconter n'importe quoi. Ce *« peu de chose »* est la grande chose, cet *« écart »* est l'existence elle-même. Le langage est une expérience de rencontre avec ce qui se dérobe ; non seulement il s'en rapproche, mais peut-être même en vient-il : la parole, qu'elle soit écrite ou prononcée, témoigne de ce laps mieux qu'aucun humain, elle se situe là, entre la vie et la mort, elle est *« soumise »*, comme dit Philippe Lançon, à cet intervalle qui est la doublure de chaque instant.

C'est ainsi que certaines paroles nous émeuvent plus que d'autres, non parce qu'elles tireraient plus sur la corde sensible (cette facilité ne nous comble pas), mais parce qu'elles s'exposent à faire parler ce laps, cet écart, ce peu de chose — parce qu'elles semblent savoir que l'essentiel réside dans la connaissance déchirante et déchirée d'un tel abîme. Cela implique de s'accorder à un monde de nuances, où l'on n'affirme plus rien qui ne soit modulé par une compréhension de son contraire, où l'approfondissement de ce qu'il en est d'être un humain ne peut plus se réduire à une opposition entre le bien et le mal, ni se satisfaire de reconnaître trop vite celui-ci dans les confortables régions du préjugé.

Ainsi avons-nous pu entendre certains avocats s'éloigner sans vergogne de telles nuances, et l'un d'entre eux s'arroger carrément le droit non seulement de juger, mais de trancher, et agresser les accusés par son mépris, les traitant d'*« incultes »* et d'*« ignares »*, et se gargarisant d'appartenir, lui, comme sa cliente, à une classe sociale cultivée, capable d'avoir des conversations auxquelles ils (les accusés) ne *« comprendraient rien »*. Je me permets de penser au contraire que sa cliente, psychanalyste géniale, n'aurait jamais souscrit de son vivant à une telle bassesse de vue, ne serait-ce que par exigence intellectuelle.

Accabler des accusés, nous n'en sommes plus là : il fallait venir avant (car évidemment ce genre d'avocats n'aura rien suivi de l'évolution des débats, ne sera jamais venu en quarante-cinq jours et ne se sera déplacé que pour sa plaidoirie) ; il fallait donner du temps aux accusés pour pouvoir se permettre de les juger. La cour leur en a donné, et nous-mêmes leur avons donné notre temps ; mais certains qui se croient cinglants ont préféré se dispenser d'un tel travail, et leur parole tape à côté : le ressentiment est toujours lamentable. À ce propos, il y a une phrase de Nietzsche que j'aime bien : *« Qu'y a-t-il de plus humain ? — Épargner la honte à quelqu'un. »*

Heureusement, il y a des êtres dont l'absence totale d'arrogance semble une grâce naturelle, et dont les paroles sont un bienfait : non seulement elles nous apportent une vue sur ce qu'il en est d'être un humain, mais elles nous gratifient par leur justesse. C'est celle de Me Guttadauro, l'avocate de Sigolène Vinson. À un moment, elle a dit que sa cliente, survivante de la tuerie de *Charlie Hebdo*, et dont je vois chaque jour à l'audience combien elle est attentive, s'était inquiétée pour les accusés, et voulait savoir s'ils avaient des livres en prison. Une telle attention déborde même l'exigence morale de la phrase de Nietzsche. Et c'est en vertu d'une telle délicatesse et d'un tel cœur, et non par quelque prétention à la supériorité, que Me Guttadauro a pu dire aux accusés, qui n'auront fait que poursuivre devant nous leurs escroqueries par le mensonge : *« Vous n'avez pas été à la hauteur de Sigolène Vinson. »* ●

**Me Reinhart, l'avocat de Catherine Gervasoni, la compagne de Frédéric Boisseau, termine sa plaidoirie en récitant un poème de Rimbaud, *Le Dormeur du val*.**

**Me de Montbrial, l'avocat de Zineb El Razoui :**
*« Vous jugez au nom du peuple français, ce quatrième pilier que vous représentez, parce que c'est toute la beauté de notre système, ce pilier doit être implacable. »*

**Me Boisgard, l'une des avocates de la famille Boisseau :**
*« La plaie pour eux est encore béante. »*

**Me Richard, l'avocate du fils de Bernard Maris :**
*« Ils ont tant éclairé les débats qu'ils nous ont éblouis. »*

**Me Grégory Lévy,**
**l'avocat du compagnon d'Elsa Cayat :**
*« Elle se définissait comme athéiste pratiquante. Son dernier livre était* Noël, ça fait vraiment chier ! *»*

**Me Labi,**
**l'une des avocates de la famille de Franck Brinsolaro :**
*« Les morts ont le droit à la parole de ceux qui les évoquent. »*

**Me Terel,**
**l'avocat de SOS Racisme :**
*« Même les lâches peuvent servir à la révolution. La peur est une technique. »*

**Me Boubée,**
**l'avocate de Gérard Gaillard :**
*« Il y a l'après, le syndrome de stress post traumatique remplacé par le stress qui ne le quittera jamais, et cette peur de perdre sa vie à jamais. »*

**Me Guttadauro,**
**l'avocate de Sigolène Vinson :**
*« J'aimerais qu'elle remonte à la surface, pour voir les étoiles. »*

**Me Comte,**
**l'avocat de Philippe Lançon,**
**Chloé Verlhac, Hélène Honoré**
**et Patrick Pelloux :**
*« Nous avons une exception française que je trouve détestable, qui consiste à mettre en place des juridictions spéciales. Je crois à la présence du peuple, je crois à la nécessité, à la pédagogie, mais tel n'est pas le cas. »*

*« Lorsqu'on a accompagné des victimes, elles déteignent sur vous. »*

*« Si on veut être nombreux sur les barricades, il faut que toutes les libertés soient défendues. Les libertés sont indivisibles ! »*

**Me Tardy :**
*« Votre décision doit être un rempart au fanatisme. »*

**Me Saumon**
**et Me Tardy,**
**les avocats**
**de Laurent Léger.**

**Me Canis,**
**l'avocat des proches de Michel Renaud :**
*« Beaucoup ont parlé de procès historique. Historique ou pas, ce procès sera essentiel pour les parties civiles car elles ont pu s'exprimer devant vous. Relater leur peine, leur douleur. »*

**Le vendredi 30 octobre, le procès est suspendu suite à trois cas de Covid parmi les prévenus. Pendant un mois, le procès est reporté chaque semaine car l'état de l'un des principaux accusés, Ali Riza Polat, ne lui permet pas de venir dans le box.**

**Chaque semaine, le président de la cour, Régis de Jorna, dresse l'état de santé des différents accusés.**

**Pour permettre au procès de continuer, le ministère de la Justice publie une ordonnance qui autorise l'accusé Ali Riza Polat à comparaître de sa cellule par visioconférence.**

**Aussitôt, les avocats s'insurgent contre cette décision et, le 27 novembre, le Conseil d'État suspend l'ordonnance.**

**Me Akorri, l'avocate de Mohamed Farès :**
*« Je peux vous certifier que si tous les accusés ne sont pas régulièrement testés, mon client ne se rendra plus à l'audience. C'est très clair ! »*

**Les avocats de la défense vent debout contre la gestion de l'agenda des audiences.**

**L'accusé Abdelaziz Abbad profite de la confusion des débats pour jouer les victimes :**
*« Qu'est-ce que c'est que ce tribunal ? Y en a marre de ce foutoir ! On se moque de qui ? Je devrais même pas être là ! »*

**Abdelaziz Abbad :**
*« Si ça continue comme ça, je ne vais plus venir ! »*

**Dès la reprise du procès, l'accusé Ali Riza Polat crache bruyamment à plusieurs reprises dans un sac et finit par crier :** *« Emmenez-moi à l'hôpital ! »*

**Après avoir fait un point sur l'état de santé d'Ali Riza Polat, le président, Régis de Jorna, déclare :** *« Nous pouvons reprendre le cours du procès où nous nous étions arrêtés. »*

**MER 2 DÉC** **JEU 3 DÉC** **VEN 4 DÉC**

# Charlie Hebdo vivra

**Après un mois de suspension, le procès a repris, avec les plaidoiries des avocats des parties civiles, dont celles, fulgurantes, des représentants de *Charlie Hebdo*.**

Le procès a repris après un mois de suspension, l'accusé Ali Riza Polat, touché par le Covid, ayant enfin été jugé apte à comparaître. Mais à peine le président de la cour, Régis de Jorna, avait-il mentionné que l'accusé souffrait encore d'une « *persistance des vomissements* » que celui-ci, derrière la vitre du box, faisait entendre moults dégorgements, crachements et expectorations en direction du sol où, semblait-il, on avait placé à son usage un récipient pour en récupérer le dépôt intime.

Ali Riza Polat, à la personne et à la santé duquel étaient suspendus depuis un mois la cour, les juges d'instruction, les avocats des deux parties, les greffiers, les parties civiles, les policiers et les journalistes, c'est-à-dire l'emploi du temps d'une centaine de personnes, à qui avait été accordé, depuis un mois, le droit légitime d'être malade et de se soigner, cracha, protesta, réclama qu'on l'hôpitalisât, fut menacé d'expulsion (ce à quoi il répondit « *Je m'en bats les couilles* »), chercha à s'allonger sur le sol, puis fut expulsé.

Ainsi avons-nous pu revenir à l'essentiel d'un procès qui avait fini par perdre son cap, sa substance, son sens. Ainsi Me Lanquette, représentant la famille du policier Ahmed Merabet assassiné par les Kouachi, dénonça-t-il avec force l'acharnement des chaînes de télévision à diffuser la séquence de sa mort, et la souffrance que cet acte de torture inflige à sa famille : « *L'exécution d'un homme n'est ni un spectacle ni une information.* » Il posa également la question essentielle des responsabilités : qui, parmi les accusés, assume ses actes ?

Me Saidon a rappelé avec pertinence ce paradoxe : les accusés n'ont eu de cesse de nous rappeler qu' « *à la cité, tout se sait* », et pourtant ils ont dit qu'ils ne savaient rien : ils ont nié avoir eu connaissance des desseins terroristes de leurs amis. Il s'est interrogé sur l'opposition, selon lui fallacieuse, entre délinquance et terrorisme : « *Tous les délinquants ne sont pas terroristes, mais tous les terroristes ont été délinquants* ».

Me Szwarc, rappelant combien ce procès cristallait de troubles dont souffre la société, a synthétisé avec clarté les perturbations qui avaient affecté les audiences au point d'en devenir le sujet : problèmes de micros et de salles, pandémie et irruption de règles d'exception (masques, ordonnance judiciaire, maladie), attitude de certains témoins qui ne viennent pas, ne se souviennent plus, disent l'inverse de ce qu'ils ont déclaré, menaces contre les avocats et les agents de l'État, enfin procédures de haute sécurité, attentats.

Me Assor, qui parlait pour la mémoire de Bernard Maris et pour Hélène Fresnel, la compagne de celui-ci, a fait le portrait d'un homme « *lumineux et doux* », économiste modeste et génial, travaillant avec le plus grand naturel à la fois à *Charlie Hebdo* et à la Banque de France, et qui n'aura eu de cesse de questionner, sous l'obsession de l'argent, des comptes « *jamais soldés* » et des dettes « *jamais acquittées* », c'est-à-dire une pulsion de mort inhérente au capitalisme lui-même, qui éclaire aussi ce qui a lieu dans le terrorisme.

Enfin la remarquable plaidorie de Me Zagury nous fit du bien. La parole fait du bien, et on l'oublie souvent. Le bien qui ne relève pas que du plaisir : en se partageant, il fonde la possibilité même des existences collectives. Ainsi Me Zagury, qui représente la famille de Clarissa Jean-Philippe, la policière assassinée par Coulibaly à Montrouge, nous a-t-il démontré, d'une manière passionnante, que nous avions sans doute assisté durant ces longs mois de procès à un obscurcissement de la vérité dû à sa dissimulation par les accusés, mais que s'en plaindre n'était pas légitime : la vérité existe malgré sa récusation. À nous de l'entendre *quand même*. Et lui-même a su, grâce aux débats oraux dont sont faites ces audiences, reconstituer celle qui concerne Clarissa Jean-Philippe.

Pourquoi a-t-elle été tuée ? Qui plus est d'une balle dans le dos ? Cette victime, moins *« oubliée »*, a-t-il dit, qu'*« isolée »* entre les deux grands événements que sont la tuerie de *Charlie Hebdo* et celle de l'Hyper Cacher, a rendu manifeste par sa mort le fait que Coulibaly avait pour dessein d'attaquer un centre communautaire juif, composé d'une synagogue et d'une école. Le meurtre de Clarissa Jean-Philippe ne relève pas du hasard d'une balle perdue : il témoigne de la préméditation, ce jour-là, d'un crime antisémite que Coulibaly n'a finalement pu accomplir, et qu'il a exécuté le lendemain en tuant des Juifs à l'Hyper Cacher : *« L'Hyper Cacher, le lendemain, c'est parce qu'il* [Coulibaly] *a raté ce jour-là. »*

Les accusés qui, au fil de ce très long procès, semblaient souvent plongés dans une torpeur, comme s'ils n'étaient pas concernés, ont été pris directement à partie. Me Nourredine a donné le ton : *« Les victimes espéraient des réponses. Elles n'ont entendu que du déni, des mensonges et de la lâcheté. »* L'exaspération provoquée par les mensonges des accusés, incapables durant ces mois d'audience de faire face à leur vérité, rendait nécessaire que les parties civiles accusent, quitte à basculer parfois dans le réquisitoire.

En centrant leur réquisitoire sur l'antisémitisme, Me Cechman et Me Korchia, chacun à leur manière, ont recontextualisé la haine qui a pu conduire aux crimes de l'Hyper Cacher, ainsi qu'à ceux de Montrouge. À travers leurs plaidoiries, le fantôme du terroriste Mohamed Merah, l'auteur des attentats de mars 2012 contre des militaires à Montauban et contre une école juive à Toulouse, a ressurgi : Me Cechman a rappelé que Coulibaly, venu en repérages devant l'école juive de Montrouge, n'aura fait, dans ses intentions, que *« venir en symétrie reproduire ce que Merah a fait : école juive, moto, intervention matinale »*.

Me Korchia a pulvérisé l'ignorance derrière laquelle les accusés se protègent : impossible, selon lui, de ne pas être au courant de la radicalité religieuse de Coulibaly, des raisons, liées au terrorisme, pour lesquelles il avait précédemment été incarcéré, ainsi que de la nature de ses projets. Il y a au cœur de cette opération, dit-il, un *« cercle de confiance »* : *« sans lui, pas de préparation, pas de commission d'attentat »*.

Remontant la longue histoire de la haine antijuive depuis l'affaire Dreyfus, Me Cechman a détaillé jusqu'à l'insupportable l'instant de la mort de Yoav Hattab et François-Michel Saada, assassinés par Coulibaly à l'Hyper Cacher. *« Comment sont-ils morts ? »* a-t-elle demandé. Car dans le crime on ne donne pas la mort, on l'administre : Me Cechman a rappelé la barbarie de Coulibaly rouant de coups l'une des victimes après l'avoir abattue à bout portant, et tirant l'autre au sol comme un sac pour ramener sa « prise » à l'intérieur du supermarché.

Ceux qui ont participé à la mise en place des attentats de janvier 2015 en sont responsables. Selon Me Cechman, *« la responsabilité de l'un fait tomber l'autre, et*

*ainsi de suite : si l'un sait, cela suffit à faire tomber tous ceux qui ont participé ».*

Et puis il y a eu les plaidoiries des avocats de *Charlie Hebdo*. J'aimerais être capable de vous transmettre l'émotion qui nous a traversés durant presque quatre heures à l'écoute des quatre plaidoiries des avocats de *Charlie Hebdo*, Raphaële Hennemann, Marie-Laure Barré, Nathalie Senyk et Richard Malka. J'ai eu la sensation que pendant quelques minutes leurs paroles modifiaient le monde.

Modifier le monde, oui : déplacer des préjugés, déverrouiller des consciences, éveiller des lueurs, affranchir. N'est-ce pas ce qui a lieu lorsqu'une parole fait entendre sa propre liberté et la propage comme le plus beau, le seul cadeau qu'on puisse faire ? Cela rappelle les Lumières, et elles étaient là, vendredi 4 décembre, flamboyantes, non pas intactes mais revitalisées, comme neuves : à travers le plaidoyer de Richard Malka, on entendait la raison fougueuse et l'indocilité implacable des Encyclopédistes.

Que s'est-il passé exactement ? Que s'est-il dit ? Les lecteurs de *Charlie* voudraient savoir, mais en vérité ils savent déjà : ils savent puisqu'ils lisent et aiment *Charlie*. Ce qui habite *« l'idée-*Charlie *»*, comme l'appelle Richard Malka, c'est une liberté qui s'est énoncée hier avec une gravité effervescente, celle qu'on trouve tout seul, celle qu'on se donne à soi-même lors des grands rendez-vous avec l'Histoire.

Les quatre voix qui représentent *Charlie Hebdo* ont parlé pour les morts et pour les survivants — pour les *« innocents »*, comme préfèrent le dire avec justesse Riss et Simon Fieschi. Il faudra bien un jour qu'elle trouve à s'accomplir en France, cette *politique des innocents* qui est la seule véritable politique. Alors disons pour le moment qu'elle prend le nom de toute parole libre, le nom de la littérature, le nom de *Charlie*. Les quatre voix qui portent cette parole ont parlé pour les familles de ceux et celles qui étaient dans la salle de rédaction le 7 janvier 2015 ; elles ont parlé merveilleusement, et avec l'intensité de l'intelligence vécue, de la douleur et de la révolte, de la résistance et de la beauté de chaque vie.

Je voudrais donc saluer une bonne nouvelle : celle d'une parole qui a répondu à la tragédie du 7 janvier 2015. Cette réponse, *Charlie Hebdo* ne cesse de la donner par sa propre existence, chaque semaine, depuis bientôt six ans ; mais dans le cadre de ce procès si longuement attendu, et qui n'a cessé de frôler sa propre

**Me Lanquette, l'un des avocats de la famille d'Ahmed Merabet :**
*« Peut-être que toutes les personnes impliquées ne sont pas dans le box, mais ça ne dédouane pas ceux qui y sont. »*

**Me Tripet, l'une des avocates de Michel Catalano :**
*« Michel Catalano est un héros. »*

**Me Chabert, agent judiciaire de l'État :**
*« Ce qui est important pour garantir une liberté, et j'aimerais vraiment que vous l'entendiez, c'est la loi. »*

**Me Andrei, l'avocat des policiers ayant tenté d'arrêter les frères Kouachi à la sortie de *Charlie Hebdo* :**
*« Ces policiers, à part de très rares exceptions, sont des gens courageux qui font leur métier avec honnêteté tous les jours. »*

**M^e^ Coutant-Peyre informe la cour que son client n'a pas été suffisamment soigné. Le président lui rétorque :** *« Il a un traitement qu'il refuse de prendre. »*

**Me Salem-Cormier et Me Chirac-Kollarik, les avocats de plusieurs policiers qui ont croisé les frères Kouachi dans leur fuite.**

**Me de Villèle, l'avocat des gendarmes qui ont tenté d'arrêter les frères Kouachi dans l'imprimerie de Dammartin-en-Goële :** *« Ils ont fait honneur à la gendarmerie. »*

**Me Levildier, l'avocat de Jonathan B. (agent municipal et collègue de Clarissa Jean-Philippe) :** *« Les accusés n'ont pas tué Clarissa Jean-Philippe, mais ils ont armé celui qui l'a fait. »*

impossibilité, il fallait des mots. Il fallait que se donne à entendre une parole qui ne se contente pas d'ânonner de beaux principes impuissants, ni d'entonner une nouvelle fois le poétique ronron de ce que Simon Fieschi, notre merveilleux ami, nomme la *« victimologie »*. Et cette parole à quatre a eu lieu : subtile, délicate, pugnace, véhémente, insolente, frondeuse. En ayant lieu, elle a produit instantanément un effet libérateur qui s'est propagé à tous les vivants présents dans la salle, mais aussi, je le crois, aux morts, à ceux de *Charlie* du moins, qui ont souri. Faire sourire les morts, c'est la plus grande chose qu'on puisse faire en vivant. Cela s'appelle la catharsis, cela s'appelle aussi l'amour.

En ce sens, la visée philosophique de Richard Malka aura été juste : les crimes appellent une réponse pénale, mais ils exigent qu'on leur oppose une vérité qui est tout autre, qui relève, justement, de l'autre, de la différence, c'est-à-dire du symbolique. Il existe un point qu'aucun crime ne peut souiller, un point qui résiste à la destruction. C'est le *tout autre*, la part indomptable qui est en chacun de nous : cette innocence que le monde des criminels veut à chaque instant nous voler pour que cela n'existe plus, pour qu'il n'y ait plus sur terre d'innocence possible, et encore moins de liberté.

*Charlie* est aujourd'hui l'un des noms de cette dimension du tout autre. Malka l'a dit en des termes politiques : *« Pour rester libre, encore faut-il parler librement. »* Et c'est ce qui a eu lieu hier, c'est ce qui a fait frissonner d'une joie historique une salle d'audience du tribunal de Paris, un jour de décembre, au début du XXI^e^ siècle.

*« On peut redonner vie à la parole par la parole »*, cette phrase vient de loin, elle vient de la fin du XVIII^e^ siècle, elle vient des très vieux ghettos juifs de l'Europe de l'Est, et elle me vient ce matin tandis que j'écris ces mots pour vous transmettre cette bonne nouvelle : *Charlie* a été grand. La grandeur n'est pas arrogante, elle est tout simplement ce qui fait lever la tête. Et il fallait voir comment les têtes se sont levées, jusque dans le box des accusés, pour écouter ces quatre voix.

La parole de *Charlie* est grande. Il fallait qu'elle manifeste à ce point sa grandeur, c'est-à-dire non seulement la puissance de son émotion mais sa hauteur de vue. Et c'est précisément en réponse au crime, et pour honorer ses morts, qu'elle devait redonner vie à son nom. Ainsi, à la fin de sa plaidoiries, Richard Malka a-t-il crié : « Charlie *vivra ! »* ●

**M^e^ Moughli, l'un des avocats de la famille d'Ahmed Merabet, demande l'arrêt de la diffusion publique de la vidéo de l'assassinat d'Ahmed Merabet :**
*« J'espère qu'ils pourront comprendre que cette vidéo est un traumatisme. »*

**Me Nourredine, l'avocate des agents de la voierie de Montrouge qui ont fait face à Amedy Coulibaly :**
*« Les victimes espéraient des réponses des accusés. Elles n'ont entendu que du déni, des mensonges, de la lâcheté. »*

**Me Mouhou, l'avocat de journalistes de l'agence de presse *Premières Lignes* :**
*« Je demande à la cour de laver le sang des victimes. »*

**Me Ludot, l'avocat de l'employé de la station Avia de Villers-Cotterêts, braqué par les frères Kouachi.**

**Me Szwarc, l'avocate de nombreuses parties civiles, dont Fanghui W. (responsable de la société voisine des locaux de *Charlie Hebdo*) :**
*« Ce sont juste des personnes qui se sont trouvées sur le chemin des terroristes ou à côté, et elles n'étaient pas préparées. »*

**Me Zagury, l'avocat du père de Clarissa Jean-Philippe :**
*« Je plaide pour restaurer le souvenir de Clarissa Jean-Philippe dans sa dignité. »*

**Me Klugman, l'avocat de plusieurs otages de Coulibaly dans l'Hyper Cacher :** *« Aujourd'hui, chaque Français juif sait qu'il est la cible. Quand cela cessera-t-il ? »*

**Me Maktouf, l'avocate de Lassana B., victime de l'Hyper Cacher :** *« En France, on ne punit pas des idées, mais des actes. »*

**Me Korchia, l'avocat de plusieurs victimes de l'Hyper Cacher.**

**Me Berger-Stenger, l'avocate de la famille de François-Michel Saada.**

**Me Siksik, l'avocat de la famille de Yohan Cohen.**

**Me Nicolas, l'un des avocats de la famille de Clarissa Jean-Philippe :** *« Après trois mois d'un procès harassant, nous sommes tous Clarissa. »*

**Me Journé, l'avocat du fils de Philippe Braham.**

**Me Cechman, l'avocate des familles de Yoav Hattab et de François-Michel Saada :**
*« Je fais le vœu que votre verdict soit le bâtisseur d'un chemin supposé impossible, d 'abdiquer cet islam radical, ce djihad, et que, au nom du peuple français, vous rétablissiez les principes de notre démocratie où chaque Juif a sa place. »*

**Durant sa plaidoirie, Me Cechman cite *J'accuse* d'Émile Zola.**

**La cour, pendant les plaidoiries.**

**Me Hennemann, l'une des avocates de plusieurs victimes de *Charlie Hebdo* :**
*« Il nous reste et pour toujours une œuvre considérable. Les vidéos, leurs écrits, leurs dessins évidemment. C'est un héritage incroyable qu'ils nous laissent. Cet héritage, c'était leur idéal : celui de la liberté, de la dérision, de l'émancipation, du partage et de la vie pleinement vécue. »*

**Me Senyk, l'une des avocates de plusieurs victimes de *Charlie Hebdo* :**
*« Il suffit d'ouvrir un numéro de* Charlie *et ils sont tous là. Il y a une puissance qui ne s'éteindra pas. »*

**M^e^ Malka,**
**l'avocat de *Charlie Hebdo* :**
*« Alors vous voyez, on n'a pas le choix. Renoncer à la libre critique des religions, renoncer aux caricatures de Mahomet, ce serait renoncer à notre histoire, à l'Encyclopédie, aux grandes lois de la République. [...] Ce serait renoncer à ce droit si merveilleux d'emmerder Dieu, monsieur le Président.* Charlie Hebdo *ne peut pas y renoncer, et nous n'y renoncerons jamais. »*

*« Je ne plaide pas pour l'histoire. Je n'en ai rien à faire de l'histoire. Je veux plaider pour aujourd'hui, pas pour demain. »*

*« C'est à nous, et à personne d'autre, de trouver les mots, de les prononcer pour recouvrir le son des couteaux sous nos gorges. À nous de rire, de dessiner, de jouir de nos libertés, face à des fanatiques qui voudront nous imposer leur monde de névroses et de frustrations. C'est à nous de nous battre pour rester libres. C'est ça qui se joue aujourd'hui. »*

*« Rester libre, cela implique de pouvoir dire ce que l'on veut des croyances sans être menacé de mort, abattu par des kalachnikovs ou décapité. Or ce n'est plus le cas aujourd'hui dans notre pays. »*

**M^e^ Barré,**
**l'une des avocates de plusieurs victimes de *Charlie Hebdo* :**
*« Mais pour qui se prennent-ils à prétendre, dans leur vanité boursouflée, éradiquer la liberté, le rire, la pensée, de la surface de la Terre ? »*

**M^e^ Barré :**
*« Je sais qu'une partie de leur douleur a été déposée ici, devant vous, dans cette salle, et qu'elle y restera. »*

**M^e^ Malka :**
*« Ils pourraient tous nous tuer, ça ne servirait plus à rien, parce que* Charlie *est devenu une idée. Et* Charlie *pourrait disparaître aujourd'hui, cette idée vivrait encore. On ne peut pas tuer une idée, c'est pas la peine d'essayer.* Charlie Hebdo, *vous en avez fait un symbole ! Vous en avez fait une idée ! On ne la tuera plus. »*

Les deux avocats généraux Julie Holveck et Jean-Michel Bourlès.

LUN 7 DÉC MAR 8 DÉC

# Les réquisitions

**Les réquisitions des deux représentants du parquet national antiterroriste ont duré une journée et demie : les peines demandées sont sévères.**

Comment se caractérise une culpabilité en matière d'association de malfaiteurs terroriste ? *« On ne peut exiger une preuve absolue »*, dit Julie Holveck, l'un des deux avocats généraux qui, avec Jean-Michel Bourlès, portent l'accusation. Il suffira, nous dit-elle d'emblée, que les magistrats de la cour en aient *« l'intime conviction »*.

Tâche ardue, périlleuse, et qui relève au mieux de la gageure, tant les *« angles morts »,* selon les propres termes de Julie Holveck, donnent peu de visibilité dans cette affaire qui, comme on a pu le constater en trois mois d'audiences, manifeste avant tout des zones d'ombre, des parties inachevées, des parties soigneusement rendues illisibles à force de mensonges, de dénégations, de versions raturées et réécrites par des accusés qui se cramponnent au flou qui les préserve.

On aura ainsi pu entendre depuis le début du procès, sur fond d'amnésie simulée, les manières les plus farfelues, les plus indécentes aussi, de noyer le poisson. On aura eu la sensation, face aux onze prévenus, que si tout les accusait, rien ne nous permettait d'en être sûrs. Un tel doute pourrait suffire à ne pas les condamner, mais en matière de terrorisme, c'est l'inverse qui semble prévaloir, la fameuse *« intime conviction »* des juges faisant pencher la balance.

En écoutant le double réquisitoire de Julie Holveck et Jean-Michel Bourlès, parfois brillants, parfois expéditifs, souvent énergiques dans leur démarche et pour le moins essoufflés dans leurs déductions, nous avons ainsi eu la sensation décourageante d'avoir dépensé trois mois de notre vie pour peu de chose, tant leurs minutieuses synthèses semblaient n'apporter rien de neuf ou presque par rapport au dossier de l'instruction.

On pourra ainsi trouver excessive la grille de lecture fonctionnelle qui enserre dans un même schéma les tandems Abbad-Martinez et Karasular-Catino, et bien sévère également le couperet qui s'abat sur certains de ces accusés qu'on ficelle un peu vite avec les autres (je pense en particulier à Catino, qui se retrouve, contre toute logique psychologique, crédité d'une participation à une entreprise criminelle terroriste parce qu'il aurait vu Coulibaly, ou vu Polat qui a vu Coulibaly). De même, on peut considérer la démonstration accusatoire contre le tandem Ramdani-Makhlouf relativement vaporeuse : certes, les allégations de Ramdani sont fumeuses, et le colmatage de l'emploi du temps de son tandem fleure bon le bricolage insolent, mais ne choisit-on pas d'accuser son cousin Makhlouf, très en retrait dans cette affaire, sur la seule foi d'un témoignage emberlificoté ?

À l'inverse, la démonstration accablante à l'endroit de Farès, qui a avoué d'emblée avoir vendu l'une des armes qui a servi à Coulibaly, s'assortit d'une requalification *a minima* : il échappe à la caractérisation de « terrorisme ». Une telle réquisition peut à la fois sembler logique (Farès ne connaissait pas Coulibaly) et discutable, car son commerce devient-il soudain imperméable à ses effets ? Sa responsabilité dans les crimes n'est-elle pas au contraire originaire, au même titre qu'un Claude Hermant qui nourrit sans scrupule la possibilité même du terrorisme qui, sans armes, n'existerait pas ?

J'arrête : on va critiquer à l'infini chaque réquisition, chacun aura son idée, chacun bichonnera son *« intime conviction »*, et personne ne pourra s'entendre avec personne sur « la juste peine » à prononcer.

Je préfère reposer la question : ne se serait-il rien passé en presque cinquante audiences ? On ne peut le croire : on était là, on a tout écouté, et des lignes ont bougé, des personnalités se sont révélées, on a vu des filigranes apparaître, des connexions se préciser, des absences se creuser.

**Jean-Michel Bourlès, l'avocat général.**

J'en demande peut-être trop : ces trois mois de procès m'ont passionné, et comme les parties civiles qui attendent des réponses, j'attends une profondeur qui est sans doute illusoire car ces crimes sont si graves, ils ont tellement modifié notre quotidien, et la conscience de ce qu'il en est de vivre aujourd'hui, en France, que nous nous accrochons à l'idée que leur jugement sera décisif, et que la lumière sera faite sur l'incompréhensible.

Mais précisément, ce que nous laissent entendre ces réquisitions, c'est peut-être avant tout le caractère injugeable de telles abominations : il ne serait possible d'appréhender des actes terroristes qu'à travers leurs à-côtés, leurs intermédiaires, leurs commissionnaires.

**Julie Holveck, l'avocate générale :** *« Il y a des procès où, face à l'horreur des crimes, il faut garder la tête de marbre. »*

Je rêvais au contraire que nous allions entrer dans la tête de cette *« nébuleuse de délinquants terroristes »*, comme l'appelle avec justesse Julie Holveck, et que nous parviendrions à déployer des trésors de psychologie afin de pénétrer dans le plus vif, le plus terrible du vivant qui tue, du vivant qui aide à tuer, du vivant qui nourrit la mort ou — qui sait — du vivant innocent.

J'imaginais qu'un procès de cour d'assises était une occasion d'interroger les ténèbres, celles qui incubent dans la tête des criminels, celles qui en semant la terreur nous dévisagent et tendent un miroir métaphysique à l'espèce humaine tout entière ; je pensais que nous allions tracer le cheminement de cette emprise du mal sur les actes, qui se lit aisément dans l'esprit des frères Kouachi et plus encore dans l'âme damnée de Coulibaly.

**Michel Catino**

Sans doute, pour diagnostiquer cette rupture de lumière et *« entrer dans le cercle du maléfice »*, faudrait-il être Dostoïevski ; et les accusés ne sont certes pas les frères Karamazov ; mais la médiocrité de leur démarche nous assigne-t-elle à demeurer sur le terrain du pistage toujours incomplet des connexions ? N'y a-t-il pas d'autres vérités que celle qui s'allume à la lueur du délit ? Tout crime appartient à l'esprit. Rien n'est plus terrible que l'esprit.

Quelqu'un comme Coulibaly le savait, qui est allé rafler consciencieusement des âmes, les prendre pour nourrir la mort. L'abomination semble restée collée aux flaques de sang des 7, 8 et 9 janvier 2015 : en réalité, elle est là, autour de nous, elle stagne avec tous ceux qui cherchent à ne pas l'oublier, elle persiste car nous ne lui avons pas encore fait face.

Le rapport de chacun à la religion implique des degrés d'appréciation pénale, et l'on aura beaucoup cherché chez les accusés, et le plus souvent en vain, une radicalisation islamiste dont chacun sait qu'elle se manifeste avant tout par son absence de trace. Mais le rapport de chacun au mal ne se réduit pas à ses positions religieuses ; bien plus, elle les transcende, et il arrive que ces positions ne soient que de surface, purement militantes, idéologiques, alors que le mal et la pulsion de mort qui l'anime sont la véritable religion intime des criminels qui instrumentalisent tout dans leur vie au service de ce vice, le plus monstrueux qui soit.

Il m'aura semblé que nous avions laissé intacte en chacun des accusés, inentamée, à peine interrogée, sa part vraiment ténébreuse. Ce qu'il y a de terrible dans une conscience, et qui pactise avec des jouissances noires, est bien plus redoutable que ce que toutes nos investigations socio religieuses peuvent imaginer. Le concept même d'islamisme radical, dans sa folie meurtrière, ne rend pas compte de tels abîmes, car il se contente encore d'être une description sociologique. Dans nos cauchemars, nous savons de quoi il s'agit. Les Karamazov ne sont pas les seules créatures au monde à avoir dialogué avec des démons qui les avalent.

Le lendemain matin, ce n'est pas sans trouble qu'on a assisté à la lecture des peines demandées par le parquet national antiterroriste. On croyait attendre ce moment, mais en réalité on ne faisait que le redouter. Ces hommes qu'on a vus et écoutés quotidiennement depuis trois mois étaient punis devant nous, et nous étions témoins de leur punition. Quelque chose d'irréversible s'engageait sous nos yeux, d'insupportable aussi ; et quand bien même nous sommes aux côtés des victimes, et très proches de certains survivants de *Charlie Hebdo*, quand bien même nous attendons pour eux une justice qui soit capable de leur redonner un peu de la vie qu'ils ont perdue, nous ne cessons de douter et d'être tiraillés par des contradictions qui nous poussent à exécrer les châtiments, et plus encore à haïr la jouissance punitive, celle qui anime les grégarités et fait naître la barbarie.

Ali Riza Polat s'endort encore.

La juste peine existe-t-elle ? Est-on sûr que celle qui est demandée est proportionnée à l'implication réelle de chacun des accusés ? Ce vertige est celui-là même de la justice, qui en assume les risques et choisit de trancher.

Quant à nous qui n'avons pas à trancher, et qui assumons une *liberté de ne pas savoir juger*, il nous revient de rester dans ce vertige jusqu'au dernier moment, afin de continuer à nous poser des questions, à nous demander si tel accusé est vraiment coupable des faits qui lui sont reprochés, à veiller sur la moindre parole qui serait susceptible de nuancer, de part et d'autre, des jugements qui sont en train de durcir, trop peut-être, et qui appellent nécessairement qu'on soit capable de penser leur contraire.

#### VOICI LE DÉTAIL DES PEINES REQUISES

**Ali Riza Polat** est le seul à être jugé pour complicité des attentats terroristes : le parquet réclame à son encontre la réclusion criminelle à perpétuité, assortie d'une peine de sûreté de vingt-deux ans.

**Willy Prévost,** jugé pour association de malfaiteurs terroriste criminelle : dix-huit ans de réclusion, assortis d'une peine de sûreté des deux tiers.

**Christophe Raumel,** le seul à ne pas avoir de mention à caractère terroriste dans les accusations qui sont portées contre lui : cinq ans de détention.

**Nezar Mickaël Pastor Alwatik,** pour association de malfaiteurs terroriste : vingt ans de réclusion, assortis d'une peine de sûreté des deux tiers.

**Amar Ramdani,** pour association de malfaiteurs terroriste criminelle : dix-sept ans de réclusion, assortis d'une peine de sûreté des deux tiers.

**Saïd Makhlouf :** treize ans de réclusion.

**Mohamed Farès :** sept ans de réclusion, assortis d'une peine de sûreté des deux tiers.

**Abdelaziz Abbad,** pour association de malfaiteurs terroriste : dix-huit ans de réclusion, assortis d'une peine de sûreté des deux tiers.

**Miguel Martinez :** quinze ans de réclusion, assortis d'une peine de sûreté des deux tiers.

**Metin Karasular :** quinze ans de réclusion, assortie d'une peine de sûreté des deux tiers et d'une interdiction de territoire français.

**Michel Catino :** quinze ans de réclusion, assortis d'une peine de sûreté des deux tiers.

Enfin, à l'encontre des trois accusés absents de ce procès, les peines maximales ont été requises : pour Hayat Boumeddiene, l'épouse d'Amedy Coulibaly, toujours en fuite, trente ans de réclusion ont été requis pour association de malfaiteurs terroriste. Quant aux frères Belhoucine, présumés morts en Syrie : vingt ans de réclusion pour Mehdi, et la réclusion à perpétuité pour Mohamed. ●

Les accusés dans leur box.

MER 9 DÉC

# Comment sauver des hommes

**Les plaidoiries des avocats de la défense ont commencé.**

On peut, avec des mots, renverser des montagnes, on peut sauver la vie d'un homme. C'est l'objet même des plaidoiries de la défense, et c'est pourquoi elles sont parfois si intenses : il arrive qu'on vienne à peine d'entendre les réquisitions du procureur — et avec elles le spectre de la sentence qui s'agite dans la tête des accusés — que déjà une parole s'élève qui va rejouer leur destin, rallumer une espérance et, peut-être, rattraper une erreur.

Les scènes de crime de *Charlie Hebdo*, de Montrouge et de l'Hyper Cacher sont si effrayantes qu'elles ne cessent d'éclipser les individus qui sont soupçonnés d'y être, d'une manière ou d'une autre, pour quelque chose. On n'arrive pas à faire le rapport, tout demeure abstrait, vide, aveugle — il y a un hiatus ; ou alors, lorsqu'on fait le rapport, lorsqu'on se fixe sur l'un ou l'autre des accusés et qu'on cherche à préciser concrètement leur participation en utilisant les faits qui ont été établis contre eux, on se met à brûler de dégoût, on les confond avec le crime, avec la mort de dix-sept personnes.

Dans les deux cas, c'est impossible, on ne peut se projeter : on ne cesse de les incriminer dans le vide, sans parvenir à raisonner, ou alors on ne fait que les voir à travers une flaque de sang qui les néantise.

C'est pourquoi, même si elle peut paraître légitime, même si son caractère subversif rejoint des raisonnements qu'on se tient, concernant notamment la faillite des services de renseignements, on peut douter de l'efficacité d'une plaidoirie comme celle de Me Coutant-Peyre, dont le caractère avant tout politique, visant à attaquer l'État et à le considérer comme étant, à sa façon administrative, un terrorisme, se révèle contre-productif pour l'homme qu'elle défend, c'est-à-dire Ali Riza Polat, qui, comme tous les accusés dans ce procès, mais peut-être plus encore que les autres, a besoin qu'on l'extirpe de l'image des scènes de crime qui nous hantent et nous empêchent d'y voir clair.

Ainsi Me Van Rie, qui défend le même client, a-t-il fait réexister Polat — un Polat non radicalisé, un Polat *« victime de Coulibaly »,* un Polat ordinaire, qui panique et fait n'importe quoi. Il n'est pas évident que ce portrait rectifié convainque qui que ce soit, mais du moins a-t-on pu entendre dans le détail combien les indices peuvent parler autrement que selon le sens que leur donne l'accusation, et combien même une cause désespérée peut être défendue en pointant des incohérences qui l'accablent : *« On reproche tout à Polat,* a dit Me Van Rie, *surtout ce qui ne nous convient pas. »*

La plaidoirie de Me Witt concernait quant à elle Christophe Raumel, et elle a été absolument remarquable. Certes, le *« périmètre d'implication »* de son client, comme elle dit, était réduit (il a accompagné Prévost lors d'achats qu'il a stockés pour lui), mais la clarté percutante de chacun de ses énoncés aura manifesté le décalage entre ce qu'est Raumel et la supposée menace qu'il représente. En l'écoutant, on était convaincu, mieux : on éprouvait de la satisfaction à constater qu'un homme, quel que soit ce qu'il a fait, est bien défendu.

*(Suite page 200.)*

**Miguel Martinez, Metin Karasular et Michel Catino.**

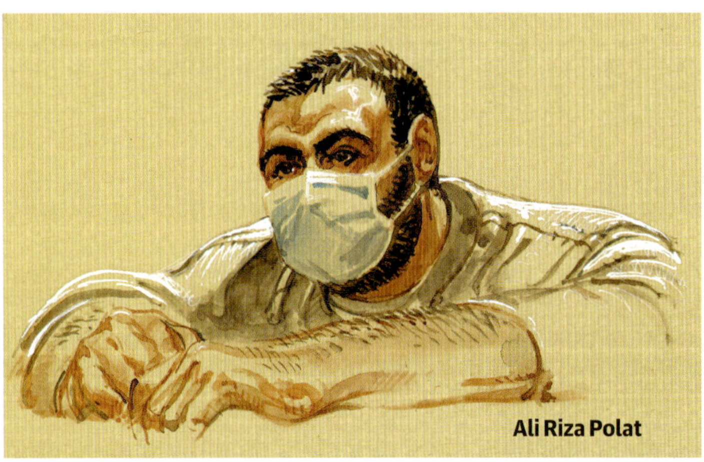
**Ali Riza Polat**

Les avocats de la défense.

Me Van Rie, l'autre avocat d'Ali Riza Polat :
*« Vous avez le droit de dire que vous avez des doutes. Et parce que vous appliquez le droit, vous acquitterez M. Polat. »*

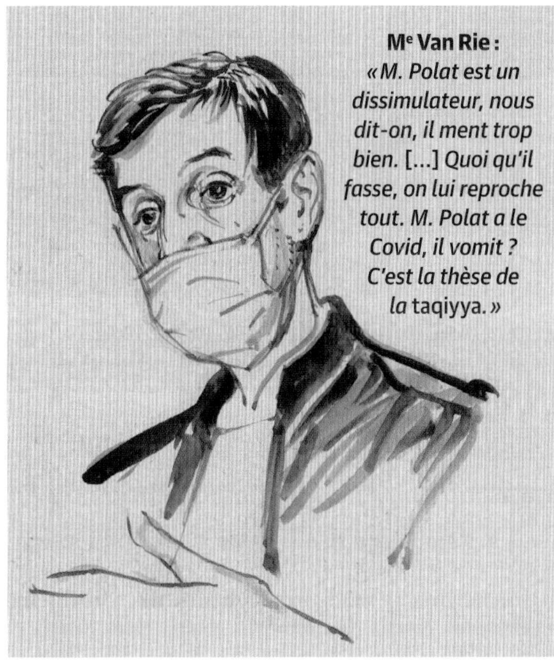
Me Van Rie :
*« M. Polat est un dissimulateur, nous dit-on, il ment trop bien. […] Quoi qu'il fasse, on lui reproche tout. M. Polat a le Covid, il vomit ? C'est la thèse de la* taqiyya. *»*

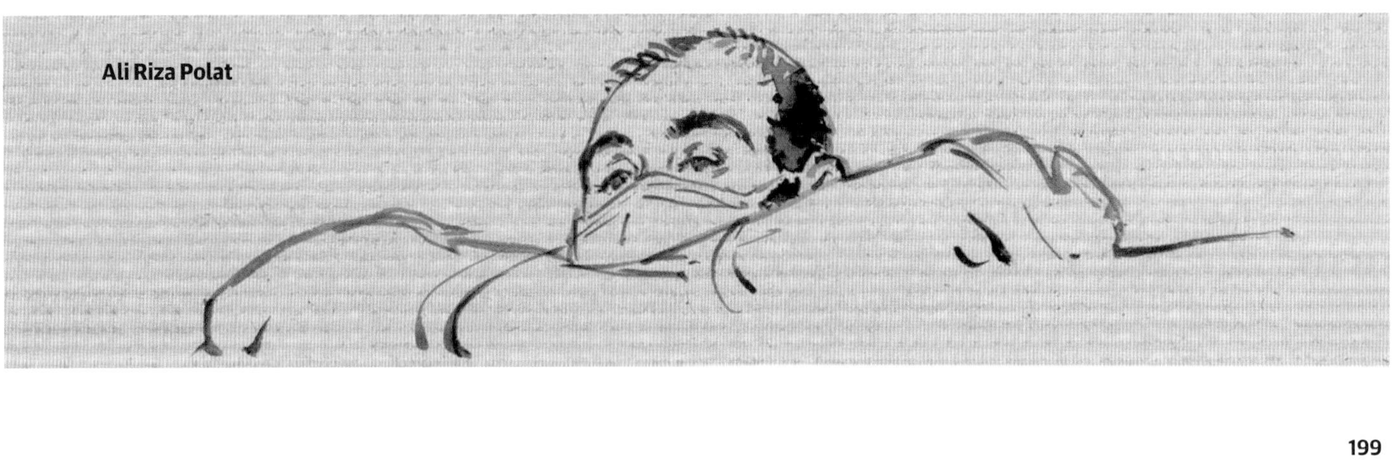
Ali Riza Polat

Michel Catino a lui aussi été bien défendu : le parquet ayant requis contre lui, à la surprise générale, quinze années de prison, il était nécessaire que ses avocats le débarrassent des approximations qui l'accusent. Me Brown a ainsi déconstruit des supputations, désactivé des conjectures, clarifié des ambiguïtés et procédé à des déductions qui, au final, ont réussi à produire le portrait d'un homme qui n'a pas fait grand-chose de criminel. Est-ce l'habileté magique d'une avocate douée ? Pas seulement. La rigueur de la démonstration venait ici nous décrire un étrange cas de délinquance quasi passive : ce septuagénaire indifférent pris dans une histoire de djihadistes semble une anomalie.

J'en profite pour dire à quel point être cité dans les plaidoiries de la défense m'amuse : c'est une forme de reconnaissance à laquelle je ne m'attendais pas. Il y a là une mise en abyme vertigineuse : mon commentaire du procès étant intégré à son déroulement, si bien que je me retrouve à commenter cette intégration, c'est-à-dire l'effet produit par mon texte, sans que je sois dupe des intentions qui président à un tel mouvement (mon portrait de Michel Catino étant cité comme garantie puisqu'il porte la signature *« Charlie Hebdo »*).

Soyons justes : l'écriture, en tant que telle, est si libre qu'elle ne vise ni à accuser ni à innocenter, elle dépasse toute appropriation ; mais la narration qu'elle offre est elle-même libre de convenir à qui désire la faire sienne ou la rejeter.

Enfin, la plaidoirie en faveur de Metin Karasular, portée entre autres pendant plus de deux heures, dans un style haut en couleur, par Me Bouchat, aura eu le mérite de désembrouiller un peu ce qui touche aux activités d'un homme qui *« a toujours vécu dans la marginalité »*, un trafiquant d'armes qui se retrouve, à cause notamment de Polat, prisonnier d'une histoire dont il semble difficile de se défaire, même si, comme l'a rappelé avec une grande clarté Me Bouchat, il n'a jamais eu l'attitude d'un terroriste, s'étant présenté spontanément à l'autorité judiciaire et ayant toujours coopéré.

Après cette première salve de défenses, demeure toujours, inexpliquée, la question des armes des frères Kouachi et d'Amedy Coulibaly : par qui sont-elles donc passées ? ●

Me Bouchat :
« Karasular semble être perdu dans cette affaire. Le trafic semble être un recours courant dans son fonctionnement. C'est ça, le mobile. »

Me Bouchat

Me Chevais, l'un des avocats de Metin Karasular :
« Ma France a moi est accueillante, généreuse, humaine et reconnaissante. Elle n'a de plus grande richesse que sa diversité. [...] Mais ma France va mal. Elle devient sourde. [...] Prenons garde que la gangrène sénile ne détruise pas l'esprit qui a fait la France. »
« Souvenez-vous que la justice est une vieille dame aveugle qui ne sait lire que le droit. »

Le président, Régis de Jorna.

Me Apelbaum, l'un des avocats d'Abdelaziz Abbad : *« Je suis fatigué, fatigué du réquisitoire que nous avons entendu. »*

JEU 10 DÉC

# La colère de la défense

**Trois accusés étaient défendus hier par de jeunes avocats, brillants et inspirés.**

Les très sévères réquisitions du parquet antiterroriste ont galvanisé la défense. À la nécessité de porter la voix des accusés s'est joint le sentiment d'une injustice qui les écrasait. Ainsi les avocats qui défendaient hier Abdelaziz Abbad, Miguel Martinez et Willy Prévost l'ont-ils fait avec une fougue aussi précise que rageuse.

Me Durand-Poincloux a ironisé sur la thèse du parquet selon laquelle Saïd Kouachi serait venu *« se servir en armes »* dans le garage d'Abbad et Martinez, faisant d'une *« rencontre fortuite »* un événement *« compatible avec les éléments de la procédure »* : on ne l'a pas prouvée, mais comme elle n'est pas impossible, l'accusation tire d'une chose pas impossible une certitude. *« L'absence d'impossibilité conduit à dix-huit ans de réclusion criminelle. »*

Ainsi le flou qui prolifère dans l'instruction de cette affaire où un sac d'armes *« pourries »* aurait transité entre les mains de nombreux accusés qui sont dans le box (et certains, uniquement à cause de lui) s'est-il métamorphosé au point de susciter d'opportunistes fabulations propres à servir, selon l'avocate, le désir qu'a l'accusation de faire d'Abbad un terroriste. *« La seule chose qui est ressortie de l'enquête,* affirme-t-elle, *c'est du transport d'armes ».*

Me Apelbaum a lui aussi dénoncé la fabrication d'une histoire *« surréaliste »* visant à faire d'Abdelaziz Abbad un radicalisé proche des Kouachi. Avec une pugnacité caustique, il a également déploré le fait qu'on ait tellement reproché aux accusés de mentir durant ces mois d'audiences : *« On veut qu'ils disent la vérité, on veut qu'ils soient dignes »,* comme si c'était uniquement à eux de la dire, et de bien se comporter, comme si un procès était forcément le lieu d'un miracle, celui de la vérité sortant à la fin de la bouche de tous. À cette fable lénifiante, Me Apelbaum a opposé la réalité plus brutale des gardes à vue, nous invitant à nous rappeler *« dans quelles conditions on recueille la parole des hommes. »*

Me Pugliese a quant à elle posé cette question directe, amère, inquiète : *« Est-ce qu'on peut y croire encore, à la justice antiterroriste ? »* Décrivant, au long d'une plaidoirie menée avec une grande clarté et un brio rigoureux, tout un système judiciaire qui s'est construit dans la peur depuis les attentats de 2015, elle indique que, face à lui, on se sent très fragile, surtout quand on pense qu'il ment. Du moins concernant son client, Miguel Martinez, dont le parquet a eu besoin d'en faire le radicalisé de ce dossier. À peine avait-il poussé la porte de la juge d'instruction que celle-ci s'exclamait : *« Je n'avais pas encore eu de barbu. »* Ce trait d'esprit allait devenir une thèse. Rappelant le faux témoignage de son beau-père qui prétendait qu'il se délectait de vidéos de décapitation (Me Pugliese démontra à l'audience qu'il s'agissait en réalité d'un extrait de *Bernie*, un film de Dupontel), *« on a construit la radicalisation de Martinez,* dit-elle, *pour que le dossier antiterroriste tienne »,* allant jusqu'à lui attribuer, de manière hallucinée, une barbe rousse, celle d'un légendaire sultan, celle qui, dans les fantasmagories, relève de la cruauté.

Alors *« pourquoi s'est-il occupé de ce sac d'armes »* ? Un service, pour aider son ami Abbad, traqué, sans argent — un *« sale service »* qui dit la loyauté de Martinez, un transport d'armes qui ne nécessite pas de se retrouver dans une cour d'assises spécialement constituée.

Enfin Me Lévy a défendu Willy Prévost. Dans sa plaidoirie dense, affûtée, nourrie de toute une littérature sur l'islam radical, il s'est employé à montrer comment il était impossible que Prévost soit le lieutenant de Coulibaly puisqu'il en était avant tout le souffre-douleur : *« À tous ceux qu'il connaissait, Coulibaly a planté un couteau dans le dos. »* À cet égard, *« le corps de Willy Prévost est à lui seul une histoire de la violence »*, a rappelé Me Lévy (Prévost ayant été entre autres passé à tabac à coups de batte de base-ball par Coulibaly).

Non seulement Prévost ne pouvait pas être au courant des projets terroristes de son *« ami »*, affirme Me Lévy, mais il ne *devait* pas l'être : il était nécessaire pour Coulibaly que personne, et surtout pas Prévost, ne fût au courant, car aux yeux de celui-là, Prévost en était *« indigne »*. C'est cette indignité sociale que Me Lévy a principalement analysée, et la *« relégation »* d'un homme dans la ville des grincements de dents (Grigny).

*« Frères humains »* : ces mots de Villon ont scandé la plaidoirie de Me Lévy, ils résument la tonalité d'un monde tragique que, selon la défense, l'accusation ne veut pas voir. ●

**Abdelaziz Abbad, durant la plaidoirie de ses avocats.**

**Me Apelbaum**

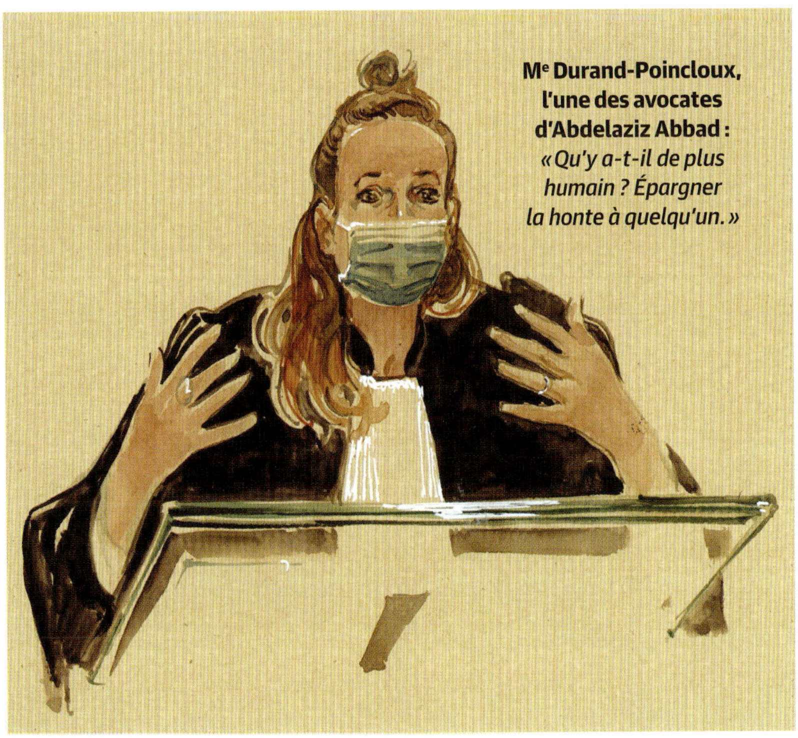

**Me Durand-Poincloux, l'une des avocates d'Abdelaziz Abbad :** *« Qu'y a-t-il de plus humain ? Épargner la honte à quelqu'un. »*

**Me Pugliese, l'une des avocates de Miguel Martinez :** *« C'est un dossier en réalité qui transpire la peur et la déraison. »*

Me Lévy,
l'avocat de
Willy Prévost.

Amar
Ramdani

Me Lévy :
« Sanctionnez l'erreur commise, mais laissez-lui la possibilité d'aimer la vie ! »

Me Lévy :
« Willy Prévost ce n'est pas un frère d'armes, un frère de religion, c'est le souffre-douleur sur lequel on peut écraser tous ses mégots. »

**Me Saint-Palais, l'un des avocats d'Amar Ramdani :** *« Je vous demande le discernement nécessaire. »*

**Me Saint-Palais**

VEN 11 DÉC

# Les dossiers bleus

**La défense de Saïd Makhlouf et Amar Ramdani nous a fait sérieusement douter.**

L'accusation a-t-elle apporté des *« preuves absolues »* de la culpabilité des accusés ? C'est Me Saint-Palais, l'un des deux avocats d'Amar Ramdani, qui a posé, hier, la question. C'est en effet au parquet d'apporter la preuve que les hommes qui sont dans le box ont participé à une association de malfaiteurs terroriste, et non à eux de prouver leur innocence : c'est le sens même de tout procès.

Ainsi apparaît-il aux yeux de tous, du moins de ceux qui les ont encore ouverts après les trois mois de cette veillée presque folle qu'aura été ce procès des attentats, que l'accusation n'a pas apporté de preuves tangibles : non seulement elle s'est beaucoup tue durant les débats, mais ses réquisitions ont surpris par leur agressivité de principe. Est-ce par *« un appétit de condamnation »*, comme l'a dit Me Saint-Palais avec son sens de la formule spectaculaire ?

On sent qu'il faut des coupables, et que faute d'avoir dans le box les auteurs des attentats, faute peut-être aussi d'avoir pu arrêter les responsables qui ont armé Coulibaly et les Kouachi, on veut punir ceux qui sont là, fussent-ils de petites mains. Comme l'a fait remarquer Me Pugliesi, l'autre avocate d'Amar Ramdani : *« Quand on a 4 millions de personnes qui descendent dans la rue le 11 janvier 2015, on n'a pas envie de dire que les armes proviennent d'un indic. »*

Hier, Me Royaux a défendu Saïd Makhlouf avec âpreté : à la violence de l'accusation, à la violence de ce qu'il vit depuis qu'il est incarcéré, elle a opposé une autre violence, celle d'une révolte qui l'a vue déchiqueter les charges qui pèsent contre son client, au point qu'à la fin on se disait qu'il n'en restait rien. C'est l'effet que produit, sans doute, une défense bien menée ; c'est peut-être aussi que Makhlouf n'y est pas pour grand-chose. Il y a son ADN sur la lanière d'un Taser — dont Me Royaux nous rappelle qu'il ne s'agit pas d'une arme létale —, parce que Coulibaly se serait assis, en son absence, sur son divan. Voilà tout. Mais que venait faire ici Coulibaly ? Ramdani, qui avait les clés de son cousin, l'aurait fait entrer. L'histoire est embrouillée, mais Me Royaux nous assure qu'il n'y en a pas d'autre, et qu'il faut la croire : Makhlouf est incriminé pour un divan.

**Saïd Makhlouf**

Alors Ramdani, justement ? Sa défense, menée par le tandem Saint-Palais/Pugliesi, a été passionnante. Nous étions au centre du dossier, et quelle que soit notre position intime sur ce procès, quelles que soient nos attentes, il faut le dire et être juste : c'est le plus souvent grâce à la défense que nous affrontons enfin le cœur des faits, leurs détails, les trajectoires d'engrenage, les simultanéités.

Il a parfois semblé, en écoutant la longue et très précise plaidoirie de Me Pugliesi, que nous apprenions enfin certaines choses, après trois mois, et alors que le procès touche à sa fin dans quelques jours. Le volet des ventes d'armes, tenu à l'écart par l'instruction, tu par l'accusation, et brandi de manière beaucoup trop abstraite par la défense, s'est enfin ouvert grâce au travail vigoureux de Me Pugliesi, et l'on a entendu les dates des livraisons, on a eu les prix, les noms, et l'on a dès lors pu comprendre, et peut-être admettre, ou même être convaincu que Coulibaly avait donc déjà sa filière d'achats et qu'il n'avait pas besoin de tous ceux qui sont dans le box.

Selon elle, Ramdani, dont elle a retracé avec minutie la manière irrégulière avec laquelle on l'a fait *« entrer dans la*

*procédure »*, est avant tout un escroc, ami de Coulibaly, qui n'a pas pu faire partie du cercle de confiance de celui-ci — et n'a donc pas pu être au courant de ses projets terroristes, encore moins y participer — parce que Coulibaly ne se confiait qu'à des extrémistes.

Qu'on soit convaincu ou non par la démonstration de Me Pugliesi, on a eu l'impression qu'elle avait fourni un travail colossal, et qu'il était dommage que la parole ne lui ait été donnée qu'en toute fin de ce procès. En nous rappelant que Coulibaly avait autofinancé ses crimes et possédait 60 200 euros, obtenus grâce à ses escroqueries, elle nous a appris soudain que *« les attentats lui avaient coûté 12 500 euros »*. Ce chiffre nous a glacés, non pour son montant, mais parce que nous était redonné brutalement à entendre que le crime est chiffrable, que la tuerie est une dépense, et que la mort de dix-sept personnes coûte de l'argent. On a eu l'impression, en fin d'après-midi, vers 18 heures, alors que la fatigue accumulée depuis trois mois pèse sur nos corps, sur nos nuques endolories, sur nos cernes trop lourds et nos pensées qui s'assombrissent définitivement, que sa pile de dossiers bleus, posée sur la vitre de la barre et qu'elle ouvrait pour en sortir des informations précises, parfois inédites, contenait encore d'autres vérités, et que peut-être l'une d'elles aurait suffi à éclairer cet effrayant trou noir qu'est le dossier incomplet, frustrant, tragique et inacceptable des attentats de janvier 2015.

Mais laquelle ? Quelle vérité ? Nous avons beau l'exiger pour les morts, pour les survivants, pour les accusés eux-mêmes, elle reste manquante, falsifiée ou illisible. Et si l'on a eu hier après-midi la sensation que Me Pugliesi s'en était approchée au plus près, nous avons vu aussi, en un éclair mélancolique, ses dossiers bleus s'éloigner, et glisser peut-être dans l'oubli, comme ces cartons qui s'entassent au fond d'un grenier et contiennent une lettre que personne ne lira plus. ●

**Mᵉ Malapert, l'une des avocates de Nezar Mickaël Pastor Alwatik :** *« Dans ce dossier, il y a ceux qu'on croit et ceux qu'on ne croit pas. »*

**Mᵉ Akorri, l'avocate de Mohamed Farès :** *« Il est comme nous, il n'a juste pas pris le bon chemin. »*

LUN 14 DÉC

# Les dernières paroles

**Après les plaidories de la défense, les accusés ont pu parler une dernière fois.**

Une émotion particulière flottait hier dans la salle d'audience. Après avoir tellement souhaite que ce procès aille jusqu'à son terme, nous sentions tous combien il allait être difficile d'en finir avec lui : ne lui avions-nous pas consacré trois mois de notre vie ?

Mᵉ Akorri plaide pour défendre Mohamed Farès : *« Un stupeux qui a l'air de s'en foutre,* dit-elle, *est-ce que ça fait un coupable de cour d'assises ? »* Elle rappelle que les accusés sont *« des nôtres »* : ils ne sont pas *« au ban de la société, ils en font partie »*, *« les délinquants,* dit-elle, *c'est la société »* ; et l'on se souvient, en l'écoutant, des analyses de Michel Foucault dans *Surveiller et punir* : la prison échoue à réduire les crimes, mais parvient très bien à *« produire la délinquance ».*

Se succèdent à la barre plusieurs avocats de l'accusé Pastor Alwatik, d'abord Mᵉ Malapert, qui essaie d'atténuer les faits accablant son client et de mettre en doute le témoignage de son ex-femme incriminant sa radicalité religieuse ; puis Mᵉ Arnaud brosse le portrait d'un *« musulman lambda »* pour qui le sacré relève avant tout des femmes, celles de sa famille, qui fondent sa vraie religion.

Enfin, Mᵉ Dosé aura été la dernière avocate à plaider durant ces audiences et elle aura brillamment, quoique d'une manière désespérée, clôturé ce procès avec une plaidoirie politique qui répondait à celle de Richard Malka, son confrère des parties civiles. Dénonçant ce qu'une magistrate a appelé des *« peines de malade »* requises par le parquet à l'encontre des accuses, et critiquant le desequilibre entre des parties civiles trop nombreuses et la défense qui, arrivant en dernier dans le tour de paroles, devient inaudible, elle a décrit les mécanismes de la *« machine à broyer »* judiciaire, mais aussi les *« bas-fonds du manichéisme »,* l'outrance partout, au tribunal, dans les médias, et a posé cette question qui résonne encore en nous : *« Pourquoi la religion est-elle devenue l'opium des prisons ? »*

Elle a raison : de quoi la religion a-t-elle pris la place ? Quel est cet abîme, ce vide immense qu'elle révèle aussi violemment en chaque vie ? Pourquoi est-il si facile pour cette *« escroquerie religieuse »* qu'est l'islamisme de s'introduire dans l'esprit des délinquants ? Pour contrer ce qu'elle appelle *« l'analphabétisme religieux »,* ne serait-il pas judicieux, comme elle le suggère, d'enseigner l'histoire des religions à l'école ? De faire entendre la part commune aux trois monothéismes ? La laïcité aurait tout à y gagner. La paix civile aussi.

*(Suite page 209.)*

Me Dosé,
l'une des
avocates de
Nezar Mickaël
Pastor Alwatik.

Me Arnaud,
l'un des avocats
de Nezar Mickaël
Pastor Alwatik :
« Je crois à votre
rigueur. »

Me Malapert

Me Dosé :
« Ils n'étaient pas,
ils ne sont pas, ils
ne seront jamais les
auteurs directs de
ces attentats. »

**Christophe Raumel :** *« J'ai honte. »*

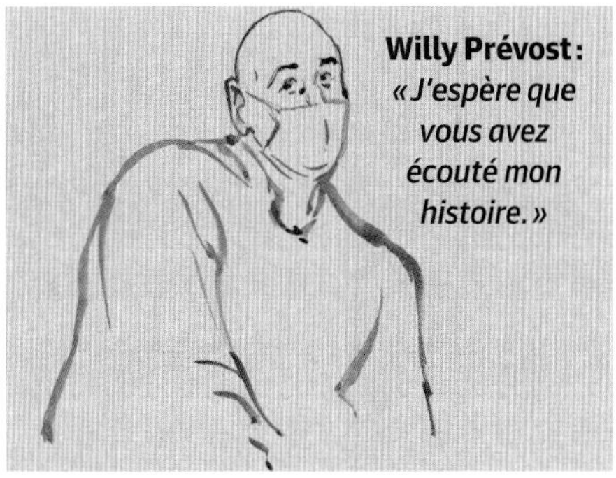

**Willy Prévost :** *« J'espère que vous avez écouté mon histoire. »*

**Ali Riza Polat :** *« J'ai rien à voir dans cette histoire-là. »*

**Abdelaziz Abbad :** *« Ma compassion est sincère. »*

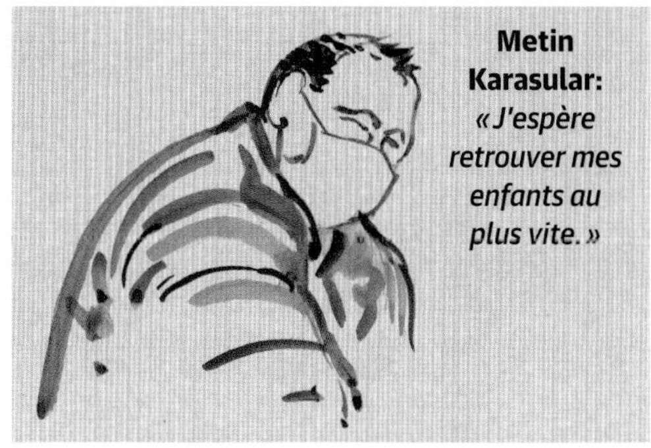

**Metin Karasular :** *« J'espère retrouver mes enfants au plus vite. »*

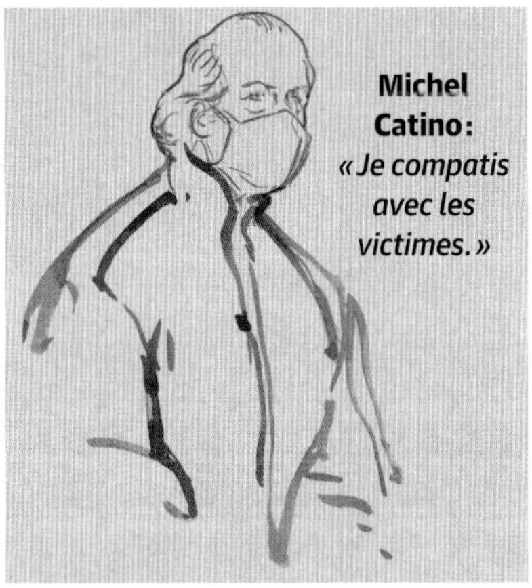

**Michel Catino :** *« Je compatis avec les victimes. »*

**Saïd Makhlouf :** *« J'ai confiance en la justice française. »*

**Mohamed Farès :** *« Je suis innocent. »*

**Miguel Martinez :** *« Je suis pas un terroriste. »*

**Amar Ramdani ne parvient pas à s'exprimer.**

**Nezar Mickaël Pastor Alwatik :** *« Je n'ai rien à voir avec ça ! »*

Le président de la cour, Régis de Jorna, a annoncé enfin : *« Les débats sont fermés »*, puis la parole a été donnée aux accusés, qui ont exprimé leur compassion envers les familles des victimes. Martinez a bouleversé l'assistance par sa modestie et son espérance : lui qui nous regarde si intensément depuis le début du procès a dit que quelqu'un était venu lui parler un jour, pendant une pause, et qu'il gardait précieusement ce moment d'humanité en lui. Ramdani, si disert, n'est pas parvenu à s'exprimer, s'étouffant en pleurs.

Et la journée s'est achevée en une vision inoubliable, celle d'une survivante et de parties civiles allant parler avec les accusés, Martinez, dans le box, enlevant alors fugacement son masque pour offrir son visage. Quelque chose d'un peu fou, de très simple aussi, se manifestait à ce moment-là, qui rompait le tabou de la loi et la distance qu'elle prescrit : la beauté du cœur qui s'ouvre.

Mais en sortant de la salle, les scènes de crime me revenaient l'une après l'autre, et en m'éloignant du tribunal, tandis que la pluie battait sur le périphérique, à la porte de Clichy, je revoyais les images des massacres de *Charlie Hebdo*, de Montrouge et de l'Hyper Cacher, puis les visages des accusés nous cherchant du regard à travers le box : deux visions insupportables.

Nous avons cherché le rapport entre ces deux visions, mais l'avons-nous trouvé ? Nous attendions la vérité, et nous avons le malheur pour tous : victimes, familles, accusés.

Le verdict sera rendu mercredi à 16 heures. ●

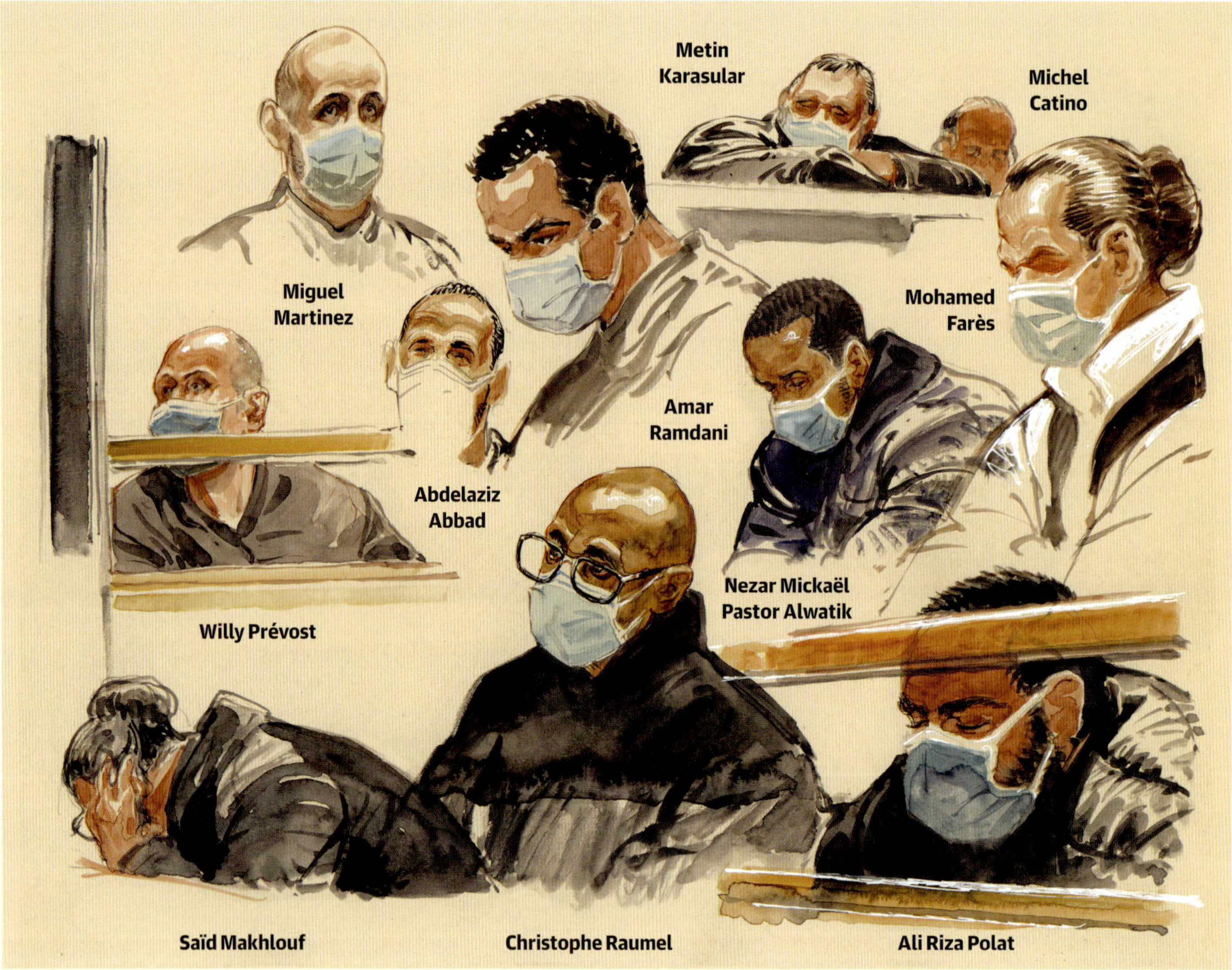


# Verdict

La cour d'assises spécialement constituée a reconnu les onze accusés présents coupables. Elle a condamné Ali Riza Polat à trente ans de réclusion, assortis d'une peine de sûreté des deux tiers pour complicité de crimes terroristes.

Amar Ramdani : vingt ans de réclusion, assortis d'une peine de sûreté des deux tiers pour association de malfaiteurs terroriste.

Nezar Mickaël Pastor Alwatik : dix-huit ans de réclusion, assortis d'une peine de sûreté des deux tiers pour association de malfaiteurs terroriste.

Willy Prévost : treize ans de réclusion pour association de malfaiteurs terroriste.

Autrement dit, la cour a reconnu ces quatre accusés coupables d'activités en rapport avec le terrorisme. Pour les sept autres, elle a considéré les faits qui leur étaient reprochés comme relevant seulement de l'association de malfaiteurs : elle a ainsi écarté la qualification terroriste qui était demandée par le parquet.

Abdelaziz Abbad est condamné
à dix ans de réclusion.
Metin Karasular à huit ans.
Mohamed Farès à huit ans.
Saïd Makhlouf à huit ans.
Miguel Martinez à sept ans.
Michel Catino à cinq ans.
Christophe Raumel à quatre ans.

Par ailleurs, est jugé par défaut Mohamed Belhoucine, présumé mort en Syrie, condamné à la réclusion à perpétuité pour complicité de crimes terroriste avec une peine de sûreté de vingt-deux ans. Hayat Boumeddiene, la compagne d'Amedy Coulibaly, elle aussi en fuite : trente ans de réclusion, avec une peine de sûreté des deux tiers. Mehdi Belhoucine, le frère de Mohamed Belhoucine, également présumé mort en Syrie, a quant à lui été acquitté, car déjà condamné pour les mêmes faits.

Après trois mois et demi de procès, trois mois et demi d'une aventure extraordinaire, d'une véritable endurance de l'esprit que j'ai menée pour vous chaque jour, je vous salue, chers lecteurs, avec amitié. ●

**FIN**

*Paris, mercredi 16 décembre 2020*

# Annexes

# Les frères Kouachi, tueurs fusionnels

**Photo extraite du téléphone portable de Soumya Bouarfa, l'épouse de Saïd Kouachi.**

Saïd et Chérif Kouachi ont passé deux ans sur un canapé. Ils jouaient à la PlayStation en ligne, l'un à Aubervilliers, l'autre à Reims : en communiquant entre eux, ils passaient sous les radars de la DGSI.

Le service de renseignements intérieur français, qui les suivait de 2012 à 2013, s'est ainsi laissé endormir, et a cessé de surveiller d'aussi paisibles islamistes, préférant concentrer ses efforts sur la vague de départs de djihadistes en Syrie.

En 2011, Chérif Kouachi avait pourtant rejoint un camp d'entraînement d'al-Qaida au Yémen, accueilli par Peter Cherif, vétéran de la bataille de Falloujah, devenu cadre d'AQPA (al-Qaida dans la péninsule arabique).

Lors de ce séjour, Chérif Kouachi, interdit de sortie du territoire, avait tranquillement roulé les services en empruntant le passeport de son frère. Ordre lui aurait été donné là-bas, par le cheikh Anwar-al-Awlaqi, responsable des opérations extérieures d'AQPA, d'attaquer *« les rédacteurs de magazines ayant publié des contenus blasphématoires à l'égard du Prophète »,* comme le précise une note de la DGSI. Or, *France-Soir* ayant cessé de paraître, il n'est plus resté en France que *Charlie Hebdo* à avoir publié les caricatures de Mahomet.

Le 7 janvier 2015, Saïd et Chérif Kouachi ont donc pu commettre leur tuerie sans être repérés : un roupillon de deux ans a tenu lieu de stratégie.

Comment vivaient donc ces deux faux endormis ? À la maison, l'ambiance était du genre austère : les femmes d'un côté (c'est-à-dire aux fourneaux), les hommes de l'autre (PlayStation et chicha). Cela s'appelle un projet de civilisation.

Nés en 1980 et en 1982, Saïd et Chérif ont eu une enfance chaotique. Ils faisaient partie d'une fratrie de cinq enfants qui vivait dans le 19e arrondissement de Paris. Le père, un ferrailleur d'origine algérienne, était le plus souvent absent ; et lorsqu'il revenait, c'était pour frapper sa femme et ses enfants. La mère, algérienne elle aussi, était sans profession (selon plusieurs sources, elle faisait des ménages et se prostituait). Le père meurt alors que les deux Kouachi ont 9 et 11 ans. Trois ans plus tard, c'est la mère qui est retrouvée morte dans sa cuisine.

Saïd et Chérif Kouachi, déjà fusionnels, sont envoyés avec deux de leurs frères et sœurs dans un foyer en Corrèze. Saïd est taiseux, introverti, mal voyant, asthmatique, toujours malade (le jour des attentats, il souffrait d'une gastro, a dit sa femme). Chérif est une grande gueule qui fait le caïd et se rêve footballeur professionnel. En 2000, ils remontent à Paris, l'un pour un CAP hôtellerie, l'autre pour une formation en électrotechnique : échec total. En 2003, ils rencontrent Farid Benyettou, un jeune prédicateur réputé dans le quartier des Buttes-Chaumont, qui incite les musulmans à partir faire le djihad en Irak : ils suivent ses cours et se radicalisent.

La filière des Buttes-Chaumont est démantelée, on est en 2008, Chérif Kouachi prend trois ans de prison. À Fleury-Mérogis, il rencontre Djamel Beghal, son second mentor, qui a fomenté un attentat contre l'ambassade américaine à Paris, ainsi qu'Amedy Coulibaly, alias « Dolly », un délinquant radicalisé avec qui, plus tard, il se concertera pour faire un carnage.

Chérif sort de prison, les deux frères se trouvent chacun une femme, vivent d'allocations et de trafics de vêtements sur internet. Jusqu'au matin du 7 janvier 2015 où Saïd, venu de Reims, vient sonner chez son frère à Gennevilliers : ils envoient un SMS à Coulibaly et disent qu'ils partent ensemble « faire les soldes ». En réalité, ils vont massacrer la rédaction de *Charlie Hebdo*.

Le GIGN les abat deux jours plus tard. Un sourire sardonique persiste sur leur visage, comme sur ceux des pendus, dit-on, au Moyen Âge. ●

Photo extraite du téléphone portable de Soumya Bouarfa, l'épouse de Saïd Kouachi.

# Amedy Coulibaly, la religion de la mort

Il avait les yeux globuleux. Plusieurs témoins l'ont noté : ses yeux étaient gros, ronds et tournaient comme ceux d'un démon. Son arme préférée était la batte de baseball, qu'il utilisait en général en forêt, où il emmenait ceux qui lui devaient de l'argent pour les frapper. Il était allé en pèlerinage à La Mecque et dans ses vidéos se faisait appeler Abou Bassir Abdallah al-Ifriqi . Bien que n'étant jamais allé s'entraîner dans les camps de l'État Islamique, il s'était autoproclamé soldat du califat.

Amedy Coulibaly aimait la moto, les jeux vidéos, montrer ses muscles et avoir l'air profond. Il pensait que la charia doit être appliquée à 100 %. Il était l'auteur de cette phrase immortelle : *« Mon argent est plus hallal que le tien. »*

Né en 1982 à Juvisy-sur-Orge (Essonne), dans une famille d'origine malienne, il est le seul garçon d'une fratrie de dix enfants. Son père est à l'usine, sa mère fait des ménages. Il grandit dans le quartier de la Grande-Borne, à Grigny (Essonne), fait un BEP d'installateur-conseil en audiovisuel électronique. Très précoce, il participe pendant son année de 1re bac pro à un cambriolage de motos à Combs-la-Ville (Seine-et-Marne). La police intervient, son meilleur ami meurt d'une balle dans le ventre.

Il trafique alors des stupéfiants, mais se spécialise dans le braquage, dévalise à 20 ans une banque à Orléans, puis deux cafés à Paris. On le coince : six ans de prison.

À Fleury-Mérogis, il se fait remarquer en faisant entrer deux mini-caméras par les parloirs et filme les conditions de détention : la vidéo est diffusée à la télé, dans le magazine *Envoyé spécial*. Ses codétenus le surnomment « Dolly », pour sa supposée ressemblance avec la brebis clonée. Il rencontre Djamel Beghal, le vétéran du djihad, qui l'initie à l'islam radical et à qui il rendra visite dans le Cantal pour s'entraîner au maniement d'armes (c'est là qu'il photographiera sa femme voilée tirant à l'arbalète).

À sa sortie, il ne supporte plus les « kouffars » (mécréants), s'éloigne de sa famille, se marie religieusement avec Hayat Boumeddiene, qui arrête de travailler et porte le voile intégral. Ils vivent à Bagneux (Hauts-de-Seine). Il travaille à l'usine Coca-Cola, joue au poker sur internet, voyage avec son épouse. En 2010, il est reçu à l'Élysée par le président Sarkozy, lors d'une rencontre sur l'emploi des jeunes, et les deux hommes se serrent la main. Ce *« parfait jeune de banlieue qui cherche à s'en sortir »*, comme on le qualifiait alors, avait déclaré au *Parisien* qu'il voulait un autographe du président : *« Le rencontrer en vrai, c'est impressionnant ! »*

Quelques mois plus tard, il est arrêté pour avoir projeté, avec un certain Chérif Kouachi, rencontré en prison, de faire évader l'un des auteurs de l'attentat de 1995 du RER à Saint-Michel. Il prend cinq ans, et en maison d'arrêt, à Villepinte, fréquente la présumée « secte de la buanderie », où se retrouvent des détenus radicalisés.

Grâce à une « conduite exemplaire », il sort avant terme. Commence alors, de mai 2014 à décembre 2014, une période plus discrète où, en compagnie de sa femme, qui arbore désormais le niqab, il fréquente les mosquées de la région parisienne et se rend à La Mecque.

En revenant de voyage, sa femme et lui passent dire bonjour à Chérif Kouachi et son épouse, à Aubervilliers ; ils leur offrent de petits cadeaux. Puis il se met à collecter ses dettes, comme le veut l'idéologie djihadiste : tous ceux qui lui doivent de l'argent sont alors mis à contribution, l'un pour lui fournir, en échange de sa dette, des kalachnikovs, l'autre une voiture, un autre encore une moto, des gilets pare-balles, des pistolets, des tasers.

Enfin, il se coordonne avec les frères Kouachi et, les 8 et 9 janvier 2015, passe à l'action. ●

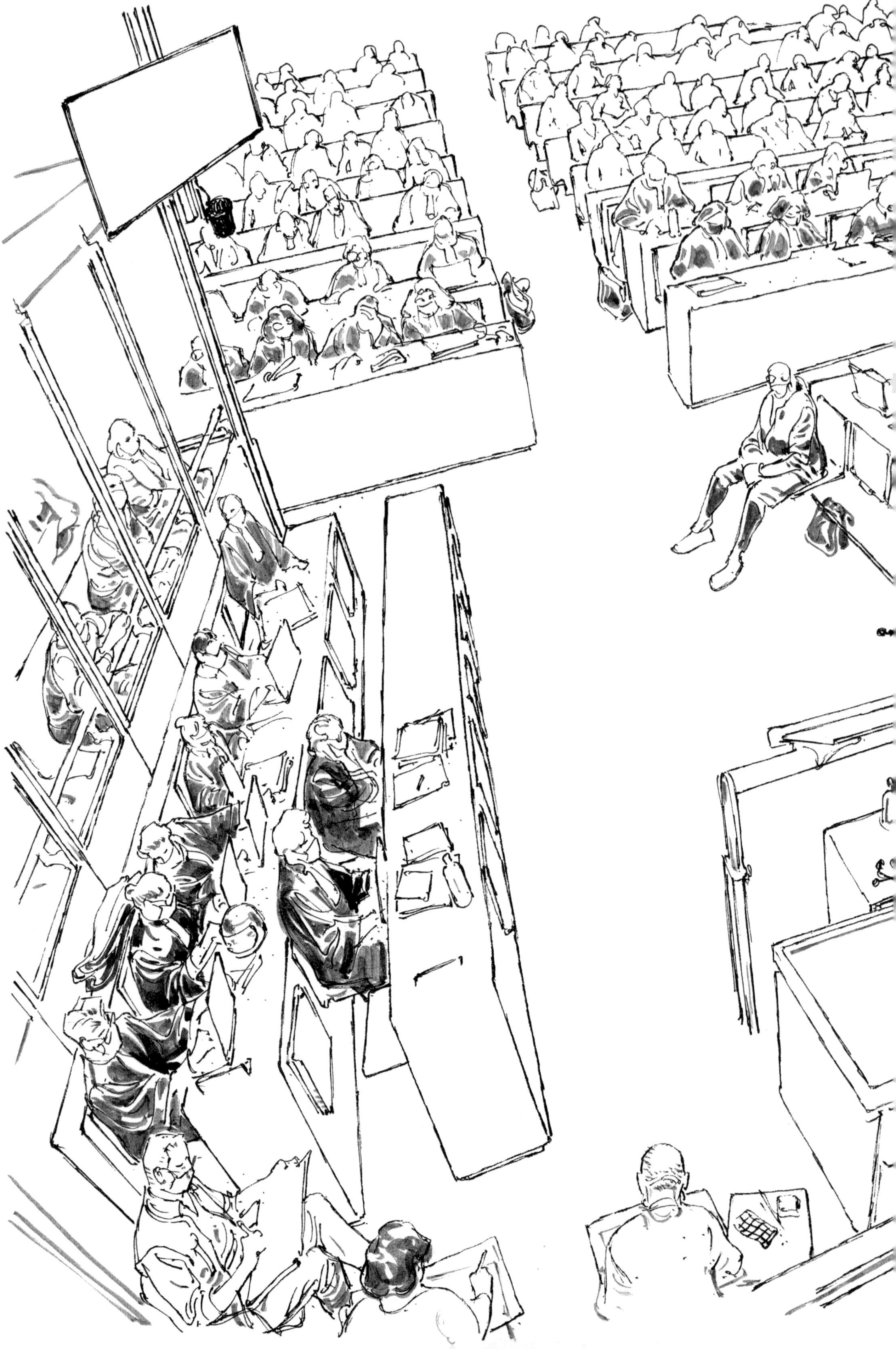

# LES AUTEURS

## Yannick Haenel, l'écriture continuelle

Il a passé les cinquante-quatre jours d'audience à prendre plus de sept cents pages de notes sur de gros cahiers noirs. C'est la première fois qu'il mettait les pieds dans un tribunal ; il a vécu cette expérience comme une aventure métaphysique : endurance des ténèbres, recherche de la lumière.

Son idée, c'était que la vérité se trouve entre les lignes, d'où le projet de tout écouter et de tout noter. Les jours où il n'y comprenait plus rien —, où les accusés mentaient trop — il se récitait la phrase de Melville, l'auteur de *Moby Dick,* son écrivain préféré : *« En ce monde de mensonges, la vérité est obligée de fuir dans les bois comme un daim blanc effarouché. »*

Le soir, après le procès, il n'arrivait plus à écrire. Il se levait alors à 4 h 30 pour remettre son texte à 7 heures. Ce rythme l'a grisé, l'épuisement est devenu sa drogue, écrire est sa passion.

D'habitude, il n'écrit pas si vite : il lui faut deux ou trois ans pour écrire un roman, et beaucoup de solitude. On raconte qu'il écrit toute la journée au lit, qu'il lui arrive de ne parler à personne, sauf à son chat et aux oiseaux, et que sa tête est mystiquement alvéolée.

**1967 :** naissance à Rennes le 23 septembre.
**1996 :** premier roman, *Les Petits Soldats* (La Table Ronde, « Vermillon »).
**2009 :** publication de *Jan Karski* (Gallimard, « L'Infini »), polémique avec Claude Lanzmann.
**2015 :** entre à *Charlie Hebdo.*
**2017 :** publication de *Tiens ferme ta couronne* (Gallimard, « L'Infini »), prix Médicis.
**2020 :** Dernier livre, *Papillon noir* (Gallimard, « L'Infini »).

## François Boucq, l'œil-esprit

Dans la forêt initiatique, Boucq est celui qui apprend à être invisible : le grand maigre, rapide et concentré, celui dont l'œil est un javelot. Le voici qui perce la salle d'audience : dessiner, c'est lancer son œil dans l'espace.

Son trait découpe les nuances, dévoile ce qui est caché : son crayon accède à l'invisible. C'est le monde de l'esprit qui l'intéresse, ce qui s'agite, terrible et muet, au creux des plis, sous l'apparence de chacun, loin derrière le charme et les rides, vers des lignes de fuite.

Quand on a compris qu'à cause du Covid on allait devoir garder le masque, on a tous râlé : comment écouter la parole d'un accusé sans voir son visage ? Les dessinateurs étaient embarrassés ; pas Boucq : il sait que nos visages sont une comédie, et que l'art du dessin la démasque. Boucq est assis, décontracté, entre la cour et la barre où viennent les témoins. Depuis leur box, les accusés scrutent le dessin en train de se faire. Il leur arrive de l'encourager ou de protester : être dessinés les fascine.

Avec ses encres noires ou ses portraits en couleur sur papier kraft, Boucq fait exister les accusés pour nous tous, il nous transmet leur présence.

**Mars 1955 :** date de sa conception, avant son entrée dans le monde, quelques mois plus tard.
**Printemps 1962 :** commence sa socialisation grâce au dessin.
**Novembre 1975 :** premières illustrations dans *Le Point* et débuts dans la BD, technique d'écriture apprise des anciens Égyptiens.
**Janvier 1998 :** Grand Prix de la ville d'Angoulême pour toute « son œuvre », alors qu'elle n'est même pas achevée.
**2015 :** Riss use de tout son pouvoir de persuasion pour qu'il collabore à *Charlie.*
**2020 :** dernière BD, *New York Cannibals* (Le Lombard).

Nos remerciements à Agathe André pour sa présence constante et si chaleureuse à nos côtés, et à toute l'équipe de *Charlie* qui a reçu nos chroniques et dessins très tard le soir et très tôt le matin sans jamais se plaindre : Julia, Laure, Lorraine, Sanandra, Véronique, Jean-Luc et Xavier.